はじめに

　本書は、「大学入学共通テスト」（以下、共通テスト）攻略のための問題集です。

　共通テストは、「思考力・判断力・表現力」が問われる出題など、これから皆さんに身につけてもらいたい力を問う内容になると予想されます。

　本書では、共通テスト対策として作成され、多くの受験生から支持される河合塾「全統共通テスト模試」「全統共通テスト高2模試」さらに2021年度共通テスト第1日程の問題も、解説を加えて収録しました。

　解答時間を意識して問題を解きましょう。問題を解いたら、答え合わせだけで終わらないようにしてください。この選択肢が正しい理由や、誤りの理由は何か。用いられた資料の意味するものは何か。出題の意図がどこにあるか。たくさんの役立つ情報が記された解説をきちんと読むことが大切です。

　こうした学習の積み重ねにより、真の実力が身につきます。

　皆さんの健闘を祈ります。

本書の特色と構成

1．河合塾の共通テスト模試を精選収録

　　本問題集は、大学入学共通テスト対策の模擬試験「河合塾全統共通テスト模試」を精選収録したものである。各問題は、多くの候補問題の中から何度も検討を重ね、練られたものであり、本番の試験で今後も出題が予想される分野を網羅している。

2．大学入学共通テストの出題形式演習が可能

　　本問題集は、大学入学共通テストの出題形式（時間・配点・分野・形式・難易度など）を想定しているので、与えられた時間で問題を解くことによって本番への備えができる。

3．自己採点による学力チェックが可能

　　各回の問題には、自己採点によりすぐ学力チェックができるように解答・採点基準・解説が別冊で付いている。特に、詳細な解説により、知識の確認と弱点の補強が確実にできる。「設問別正答率」「設問別成績一覧」付き。

4．学力判定が可能

　　共通テスト換算得点対比表と全統共通テスト模試のデータで、学力の判定ができる。

5．短期トレーニングに最適

　　収録されている各回の問題それぞれが、1回の試験としてのまとまりをもっている。1回1回のペースを守り、決められた手順に従ってこなしていけば、実戦力養成として最小の時間で最大の効果があげられると確信する。次頁に示す使用法に従って、本書を効果的に活用してほしい。

本書の使い方

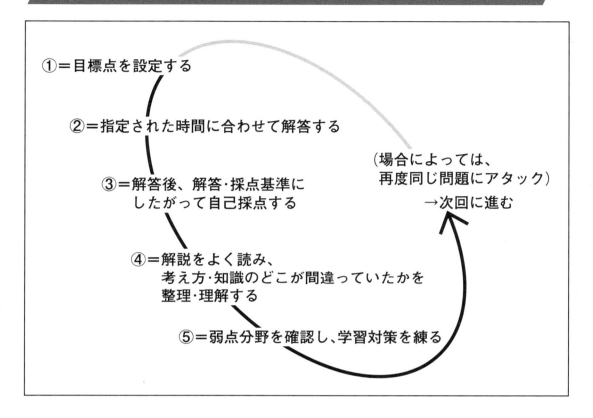

◎次に問題解法のコツを示すので、ぜひ身につけてほしい。

解法のコツ

1. 問題文をよく読んで、正答のマーク方法を十分理解してから問題にかかること。
2. すぐに解答が浮かばないときは、明らかに誤っている選択肢を消去して、正解答を追いつめていく（消去法）。正答の確信が得られなくてもこの方法でいくこと。
3. 時間がかかりそうな問題は後回しにする。必ずしも最初からやる必要はない。時間的心理的効果を考えて、できる問題や得意な問題から手をつけていくこと。
4. 時間が余ったら、制限時間いっぱい使って見直しをすること。

目　次

はじめに		1
本書の特色と構成		2
本書の使い方		3
出題傾向と学習対策		5
出題分野一覧		7

	[問題編]	[解答・解説編（別冊）]
第1回（'20年度第1回全統共通テスト模試）	9	1
第2回（'20年度第2回全統共通テスト模試）	41	37
第3回（'20年度第3回全統共通テスト模試）	73	75
第4回（'20年度全統プレ共通テスト）	105	109
第5回（'19年度全統共通テスト高2模試）	137	145
大学入学共通テスト '21年度第1日程（'21年1月実施）	169	181

出題傾向と学習対策

英語（リーディング）

　1990年以来31年の長きにわたって毎年１月に実施されてきた「大学入試センター試験」が2020年１月の実施をもって終了となり，2021年１月からは「大学入学共通テスト」が始まって，英語のリーディング試験にも出題形式と出題内容に変化がありました。１月16日(土)に行われた第１日程の試験は，以下のような内容と形式でした。

第１問	A	ビジュアル読解問題（携帯メールのやりとり）
	B	ビジュアル読解問題（ウェブサイト）
第２問	A	ビジュアル読解問題（評価表，コメント）
	B	読解問題（オンライン掲示板）
第３問	A	ビジュアル読解問題（ウェブサイト上のQ&A，ホテルまでの案内図）
	B	読解問題（学校新聞）
第４問		ビジュアル読解問題（Eメールのやりとり，表・グラフ・イラスト付き）
第５問		ビジュアル読解問題（ニュース記事，プレゼンテーション用のスライド）
第６問	A	ビジュアル読解問題（記事，ポスター）
	B	ビジュアル読解問題（論説文，グラフ）

　センター試験には，発音・アクセント，文法・語法，語句整序，および対話文完成という，いわゆる「英語の知識を試す問題」がありましたが，共通テストではその種の問題はまったく出題されず，すべて読解問題となりました。試験時間は，センター試験と同じ80分ですが，読まなければならない英語の総語数は，共通テストが約5,500語で，センター試験の約4,300語を1,000語以上上回っています。また，センター試験のように「一問一答」の問題ばかりでなく，複数の選択肢を選ぶ問題も出題されています。

　共通テストでは，単に「知識を蓄える力＝記憶力」ではなく，「知識を有効に使って思考する・判断する・表現する力」を様々な種類のテクスト(＝読み物)の読解力を試すことを通じて測ることを意図した問題が出題されています。

　テクストを読んで，概要や要点を把握する力や，必要な情報を的確に見つける力を使って，問題を解かなければなりません。また，「本文と図表の情報を組み合わせて解答する問題」「複数の文章の情報を読み取って解答する問題」「事実(fact)と意見(opinion)を区別する問題」「読み取った情報から推測をする問題」などが出題されますから，センター試験よりハードルの高い試験となっていますので，入念な準備を行いましょう。

　上記のように，「思考力・判断力・表現力」の３つの力を十分に発揮するためには，「知識の蓄積」が必要です。あからさまな文法・語法・語句整序などの問題が出題されないからといって，そ

の種の問題演習をまったく無視して英語の知識を蓄えなかったら，結局は「英語の知識を使いながら英文を読む」というしっかりとした読解力は身につきません。君たちの読解力が「砂上の楼閣」にならないよう，市販の代表的な文法・語法の問題集を利用して1冊，最低2回解くことによって「知識による基礎固め」を怠らないでください。

　受験生の皆さんが，来年の「共通テスト英語(リーディング)試験」に十分に対処できるようになることを願ってやみません。

　Keep studying!

出題分野一覧

	14センター試験	15センター試験	16センター試験	17センター試験
第1問 出題形式・内容	A 発音 ／ B アクセント	A 発音 ／ B アクセント	A 発音 ／ B アクセント	A 発音 ／ B アクセント
第2問 出題形式・内容	A 文法語法 ／ B 対話完成文 ／ C 語句整序	A 文法語法 ／ B 語句整序 ／ C 応答完成文	A 文法語法 ／ B 語句整序 ／ C 応答完成文	A 文法語法 ／ B 語句整序 ／ C 応答完成文
第3問 出題形式・内容	A 問1・問2 意味類推 ／ B 不要文選択 ／ C 意見の要約	A 対話完成文 ／ B 不要文選択 ／ C 意見の要約	A 対話完成文 ／ B 不要文選択 ／ C 意見の要約	A 対話完成文 ／ B 不要文選択 ／ C 意見の要約
第4問 出題形式・内容（図表問題）	A 内容一致（図表） ／ B 内容一致（広告）	A 内容一致（図表） ／ B 内容一致（広告）	A 内容一致（図表） ／ B 内容一致（広告）	A 内容一致（図表） ／ B 内容一致（広告）
第5問 出題形式・内容	ヴィジュアル問題 ・絵の選択 ・内容一致	長文総合（メール） 内容一致	長文総合（物語） 内容一致	長文総合（物語） 内容一致
第6問 出題形式・内容（長文総合）	A 内容一致 ／ B 内容一致	A 内容一致 ／ B 内容一致	A 内容一致 ／ B 内容一致	A 内容一致 ／ B 内容一致

	・18センター試験	19センター試験	20センター試験	21共通テスト 第1日程
第1問 出題形式・内容	A 発音 ／ B アクセント	A 発音 ／ B アクセント	A 発音 ／ B アクセント	ビジュアル読解問題 ／ A 携帯メール ／ B ウェブサイト
第2問 出題形式・内容	A 文法語法 ／ B 語句整序 ／ C 応答完成文	A 文法語法 ／ B 語句整序 ／ C 応答完成文	A 文法語法 ／ B 語句整序 ／ C 応答完成文	A ビジュアル読解問題（評価表，コメント） ／ B 読解問題（オンライン掲示板）
第3問 出題形式・内容	A 不要文選択 ／ B 意見の要約	A 不要文選択 ／ B 意見の要約	A 不要文選択 ／ B 意見の要約	A ビジュアル読解問題（ウェブサイト上のQ&A） ／ B 読解問題（学校新聞）
第4問 出題形式・内容（図表問題）	A 内容一致（図表） ／ B 内容一致（広告）	A 内容一致（図表） ／ B 内容一致（広告）	A 内容一致（図表） ／ B 内容一致（広告）	ビジュアル読解問題 Eメールのやり取り（表，グラフ）
第5問 出題形式・内容	長文総合（物語） 内容一致	長文総合（物語） 内容一致	長文総合（物語） 内容一致	ビジュアル読解問題 ニュース記事（プレゼン用スライド）
第6問 出題形式・内容（長文総合）	A 内容一致 ／ B 内容一致	A 内容一致 ／ B 内容一致	A 内容一致 ／ B 内容一致	ビジュアル読解問題 ／ A 記事，ポスター ／ B 論説文，グラフ

第 1 回

── 問題を解くまえに ──

◆　本問題は100点満点です。次の対比表を参考にして，**目標点**を立てて解答しなさい。

共通テスト換算得点	27以下	28〜41	42〜52	53〜62	63〜71	72〜79	80以上

偏差値 ➡　　　37.5　　　42.5　　　47.5　　　52.5　　　57.5　　　62.5

得　　点	21以下	22〜31	32〜41	42〜51	52〜61	62〜71	72以上

〔注〕　上の表の，
　　　「共通テスト換算得点」は，'19年度の全統マーク模試と'20年度大学入試センター試験との相関と，大学入学共通テストの難易レベルを考慮したものです。
　　　「得点」帯は，'20第1回全統共通テスト模試の結果より推計したものです。

◆　問題解答時間は80分です。

◆　問題を解いたら必ず自己採点により学力チェックを行い，解答・解説，学習対策を参考にしてください。

◆　以下は，'20第1回全統共通テスト模試の結果を表したものです。

人　　　数	104,116
配　　　点	100
平　均　点	46.4
標　準　偏　差	20.1
最　高　点	100
最　低　点	0

（解答番号 ⌈ 1 ⌋ ～ ⌈ 43 ⌋ ）

第 1 問 （配点 10）

A Recently you met your school's new exchange student from Canada. He likes to read, so you lent him a copy of your favorite English novel. When he returned it, you found this note inside.

Hi there,

　You were right, Takeshi! I felt like I could see the forest and hear the birds calling back and forth to each other. I was so eager to find out what happens to the characters that I could not stop reading. Also, I found the main character very funny. I think you and I have the same taste in books, and I would love to get together to talk about the book. I would also like to hear about other authors that you like. Let me know if you want to meet and have a chat after school sometime. Thursdays are best for me because I do not have tennis practice.

Your friend,
Lewis

— 10 —

問1　Lewis wrote you a note and told you that he ☐ 1 ☐ .

    ① thought the story you wrote was funny

    ② wants to play tennis with you

    ③ was impressed with the book

    ④ would like to get together to read a book

問2　Lewis wants to know if you ☐ 2 ☐ .

    ① are going to hike through the forest again

    ② are interested in talking to him sometime

    ③ have tennis practice next Thursday

    ④ want him to return the book soon

B You visited your town's English website and found this notice.

Rakugo Festival: "The World of Imagination"

The international citizens of our town are invited to learn more about *rakugo*, a traditional way of telling stories in Japanese culture. In rakugo, one performer brings a whole world to life with only the power of his or her words and a few props, such as *tenugui* (Japanese towels) and *sensu* (folding fans). Let your imagination run free as you enjoy performances of these funny and moving stories. They will be performed in either Japanese or English. The festival will also feature talks by experts on the rakugo art form.

Festival Schedule

START	EVENT	LOCATION
November 20		
START	EVENT 1　**Rakugo Basics PART 1**	LOCATION
7 p.m.	Talk: "The History of Rakugo" (Japanese with English translation)	Town Hall
November 21		
START	EVENT 2　**Traditional Stories**	LOCATION
1 p.m.	"*Jugemu*" (Japanese)	Hill Theater
1:30 p.m.	"The Cat's Bowl" (English)	
2 p.m.	"Unwelcomed Invitation" (English)	
START	EVENT 3　**Rakugo Basics PART 2**	LOCATION
7 p.m.	Talk: "Using Rakugo Props" (Japanese with English translation)	Town Hall
November 22		
START	EVENT 4　**New Rakugo**	LOCATION
3 p.m.	"Sisters" (English)	Hill Theater
3:30 p.m.	"*Akai Mushi*" (Japanese)	
4 p.m.	"The Lost & Found Office" (English)	

- The fee for each event is 500 yen. There is also a festival pass available for 1,600 yen, which covers the fees for all four events.
- We would like to thank the Hill Theater for their support in organizing this festival.

To buy a festival pass, drop in at our box office located in the Hill Theater.

▶▶ Town Hall Event Calendar

— 12 —

問1　The purpose of this notice is to let people know about ⬚3⬚.

① a competition in traditional Japanese art forms
② a film festival in Japanese and English
③ classes in rakugo offered at local schools
④ storytelling performances and presentations

問2　People who go to the festival will have the opportunity to ⬚4⬚.

① hear old and new rakugo stories
② learn about rakugo props at the Hill Theater
③ perform in front of a live audience
④ see rakugo performed with translation

問3　If you want to go to all of the events on the schedule and pay as little as possible, you should ⬚5⬚.

① buy tickets ahead of time for 500 yen each
② get ticket information on the web
③ go to the Hill Theater to buy a pass
④ visit the festival box office at the Town Hall

第 2 問　(配点　20)

A　You are a member of the art club at school. Another member, an exchange student from Thailand, wants the club to try something Japanese. On a website, she found information about traditional Japanese crafts.

MAKING DESIGNS ON CLOTH

This traditional method has been used to make beautiful designs on kimonos in Japan since the late 1600s. My mother taught me how to use these techniques to create some nice designs for my walls.

Yūzen Dyeing

Materials

A	pencil	paper	*aobana* ink	white cloth
B	rice paste (in a tube with a fine point)		soybean juice	large brush
C	small brush	dye (a few colors)	hand steamer	

Instructions

Step 1 (using **A**)
1. Draw a design on a piece of paper. Traditional designs include birds, leaves, and flowers.
2. Copy your design onto a piece of white cloth with *aobana* ink, which is juice from a blue flower. Let the ink dry indoors for 8 hours.

Step 2 (using **B**)
1. Apply rice paste to the outline of your design. The paste will prevent your dyes from spreading onto other areas of the cloth. Let the paste dry indoors for 4 hours.
2. With a large brush, cover the cloth with soybean juice. This will help the dyes to show up better on the cloth.
3. Let the cloth dry indoors for 10 hours.

Step 3 (using **C**)
1. With a small brush, color in your design with as many dye colors as you like. Let the dye dry indoors for 2 hours.
2. Apply hot steam to the cloth. This will dissolve the rice paste and reveal your beautiful colors and designs.

REVIEW & COMMENTS

thecraftymouse　August 8, 2019 at 18:09
This is fun to do with my kids on weekends.

ivy@fabricwarehouse　December 8, 2019 at 3:03
Often the materials in American stores are not high quality. I always order the *aobana* ink online from Japan.

第 1 回

問 1　You might try this craft if you wanted to ⬚6⬚ .

　　① make something to decorate your home
　　② produce colorful art on rice paper
　　③ try painting something on wood
　　④ use materials you usually throw away

問 2　If you follow the instructions, the drying time adds up to about ⬚7⬚ .

　　① twelve hours
　　② twenty hours
　　③ twenty-two hours
　　④ twenty-four hours

問 3　According to the website, if you wanted to make this craft in the way it was made in the past, you might ⬚8⬚ .

　　① let the cloth dry in the sun
　　② paint images from nature
　　③ use dye made from soybeans
　　④ use only the colors blue and red

問 4　According to the website, one **fact** (not an opinion) about this craft is that ⬚9⬚ .

　　① *aobana* ink is used in Steps 1 and 3
　　② art clubs should give it a try
　　③ it is more than three hundred years old
　　④ it is very popular in Thailand

— 15 —

問5　According to the website, one **opinion** (not a fact) about this craft is that
　　　10 .

①　flowers make the prettiest design
②　some materials are better made in Japan
③　the paste keeps the dye in place
④　you need brushes of two sizes

B Your English teacher gave you an article to help you prepare for the debate in the next class. A part of this article with one of the comments is shown below.

No More Wasted Food

By Sylvia Dahl, Miami, Florida
September 15, 2019 · 9:01AM

Elementary schools in Miami have started a program to reduce food waste. The program includes a "share table," a space in the cafeteria where children leave food they do not eat and other students can pick it up freely. School cafeteria workers also package unserved food into frozen meals that students can take home on Fridays and eat over the weekend.

"This program was a long time coming," says cafeteria worker Elena Cruz, who proposed the idea to the Miami School Board after reading about the program's success and popularity in Indiana. "I hated getting rid of good food in the cafeteria for so many years." Student Sam Gordimer says, "I like the extra snacks. Sometimes I even bring home potato chips or raisins for my little brother."

Some, however, are concerned about safety because Miami temperatures can climb to over 90°F (32℃) in the autumn and spring. "The share table is not refrigerated," says parent Tyler Jones. "While students are not supposed to put food there that can spoil, I'm sure they'll do it anyway. Someone might get sick." He also worries about sending kids home with frozen meals. "Some kids have long walks home. What works in Indiana, where the weather is cooler, might be dangerous in Florida," he says.

---

75 Comments

Newest
Veronica Gonzalez September 16, 2019 · 1:13PM
I understand the concerns about food spoiling, but this program is worth considering because food waste is so bad for the environment. I think Florida schools must educate kids carefully about food safety. If they do, the program will work well.

問1　According to the article, students in elementary schools in Florida can now ☐11☐.

① eat school cafeteria meals on Saturdays and Sundays
② package frozen cafeteria meals to give to elderly people
③ take basic cooking lessons from school cafeteria workers
④ take part in a program to test out new cafeteria food

問2　In a debate, your team will support the statement, "Florida elementary schools should follow Indiana's program to reduce food waste." In the article, one **opinion** (not a fact) helpful for your team is that ☐12☐.

① children who see adults waste food copy that behavior
② it feels bad to throw away food that is still fine to eat
③ it is wrong to throw away food while some people go hungry
④ many people in Indiana support the program

問3　The other team will be on the opposite side. In the article, one **opinion** (not a fact) helpful for that team is that ☐13☐.

① children share unhealthy food like candy and potato chips
② children will not follow safe practices for the share table
③ it is not fair to ask cafeteria workers to do extra work
④ the temperatures in Miami are higher than those in Indiana

— 18 —

第 1 回

問4　In the 2nd paragraph of the article, "a long time coming" means that this program 　14　.

① is likely to last for a while

② should have started much earlier

③ will be difficult to keep going for a long time

④ worked in the past but no longer works now

問5　According to her comment, Veronica Gonzalez 　15　 the statement made by the parent from Florida.

① has no particular opinion about

② partly agrees with

③ strongly agrees with

④ strongly disagrees with

第3問 （配点 10）

A You found the following story in a blog written by an exchange student in your school.

A Trip to the Zoo
Sunday, April 21

　Yesterday, my host family took me to a wonderful Japanese zoo. Many of the animals we saw were ones I had not seen before except in books and movies. Actually, I had never been to a zoo. The town in Wales where I am from is small and does not have one.

　Because it is spring, there were many new baby animals at the zoo. We saw baby ducks, mountain goats, wolves, wildcats, and many more. The people who worked there were asking visitors to suggest names for all of the new arrivals. My host brother chose the name "Stripes" for his favorite, a baby tiger. I thought the cutest baby animal was one that was all one color. I suggested that the zoo name it "Crow" for the color. My host father thought it was silly to give one animal the name of another animal, but I think it is a lovely name. My host mother took photos of our favorite animals.

　In two weeks, the zoo will post the names for each baby animal on the wall outside of each animal family's habitat. My host parents said we could go back then to see if our names were chosen. I hope they pick my name, but either way, I am looking forward to seeing those cute baby animals again.

第 1 回

問 1　At the zoo, ☐16☐.

　① more animals were kept than at the zoo in Wales
　② no birds except crows were seen flying in the sky
　③ the host brother was wearing a shirt with stripes
　④ visitors were asked to submit baby animals' names

問 2　You learned that the writer of this blog ☐17☐.

　① had an idea for naming a tiger, but the host father disagreed
　② hoped to go to the zoo again with some friends at school
　③ loved taking pictures of some baby animals in a zoo
　④ visited a zoo for the first time and liked a baby bear

— 21 —

B You found the following article on a website for volunteer language teachers in Japan.

Learning and Community

Sakurai Kazumasa (Volunteer Language Teacher)

Many foreigners come to live in Japan without being able to speak a word of Japanese. I teach Japanese at a community center every weekend, and our classes help foreigners communicate better at school or at their jobs.

Mary, an exchange student from England, told a friend of mine that she was afraid she would never be able to speak Japanese because all the Japanese classes she had looked at were too expensive for her to afford. So my friend suggested that she come to one of my classes at the community center. Mary was pleased to discover that the classes are relatively cheap because they are taught by volunteers.

One weekend, Mary offered to cook a traditional British dish for the volunteer teachers. We were happy to accept since we like to try food from other countries. Mary and I went to the supermarket. When she bought the ingredients, she was shocked that beef was so expensive in Japan.

Later that day, Mary arrived at the community center with an enormous pie. The delicious smell of meat and vegetables filled the room, and everyone was looking forward to eating the pie. Mary told us that she had been making pies with her grandmother ever since she was young, so she was sure it had turned out great. But as she was placing the pie on a table, she bumped into a chair and dropped the pie on the floor. It broke open, and meat and vegetables went everywhere. Mary almost started crying, but the volunteers told her not to worry about it and thanked her for working so hard for them. Together, everyone cleaned up the mess, and the volunteers took Mary to a nearby restaurant, where everyone enjoyed eating and talking.

問1　According to the story, Mary's feelings changed in the following order: 18 .

① concerned → confident → upset → happy → surprised

② concerned → happy → surprised → confident → upset

③ concerned → happy → upset → surprised → confident

④ concerned → surprised → confident → happy → upset

⑤ concerned → surprised → upset → confident → happy

⑥ concerned → upset → surprised → confident → happy

問2　Mary discovered that 19 .

① her city had several British restaurants

② Japanese classes taught by volunteers were free

③ Japanese people dislike traditional British dishes

④ some food costs more than she expected

問3　From this story, you learned that Mary 20 .

① accidentally ruined a dish she cooked and went out to eat with her teachers

② could not find the ingredients that she needed, so she bought a pie to share instead

③ invited volunteer Japanese teachers to eat at a popular restaurant with her

④ volunteered to teach English at the community center on weekends

第4問 (配点 16)

You are doing research on fertility rates around the world. You found two articles.

The World's Decreasing Fertility Rate　　　　**by Ryan McKinley**
　　　　　　　　　　　　　　　　　　　　　　　　　　　July 2019

　　The "fertility rate" of a place is the number of children a woman can be expected to have during her childbearing years (ages 15-49). This number is an important measure for predicting how well an economy will function in the future. For instance, if most of the population of a country is made up of older retired people, the country's economy can suffer because there are not enough young people to work and support them. However, an economy with too many young people may not provide enough jobs to employ all of them.

　　According to an international study, global fertility rates have declined by 50% since the 1960s. The graph shows the fertility rates in various areas around the world in 1960 and in 2015, which makes it clear just how much fertility rates have fallen over that 55-year period.

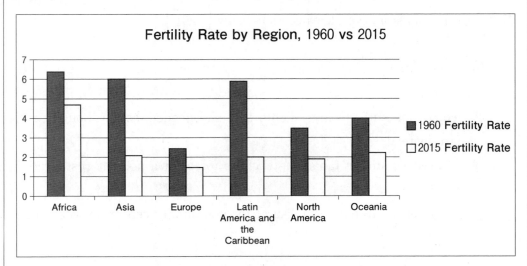

　　Today, the global fertility rate is around 2.5 children per woman. Researchers have identified a variety of factors that may have influenced this decline. One reason is that in many parts of the world women have become more educated and are spending more time at work. Another reason is that today's advanced medical equipment and procedures help prevent a lot of deaths during birth and early childhood, which means women have fewer children.

In my opinion, developed nations with decreasing birth rates should accept young people from nations with higher fertility rates to make their economies stable. Such immigration will help to solve the problem of overpopulation in West Africa and South Asia. It can also ensure that there are enough young people to work and support older people in developed countries when they retire. Furthermore, employers should encourage women to have children by offering them paid time off in late pregnancy and after giving birth.

Opinion on "The World's Decreasing Fertility Rate"   **by J. R.**

August 2019

As a physician with forty years of experience helping women give birth, I have seen the decline firsthand. According to Ryan McKinley's article, my region had one of the highest average fertility rates per woman in 1960. But by 2015, that rate had fallen to around 4.7. Thankfully, our cultural values will likely keep the fertility rate from continuing to fall too quickly.

In my country, more and more women graduate from high school and seek a university education every year. Non-governmental organizations dedicated to women's reproductive health have started up at many regional hospitals. They teach women about birth control and family planning. People are beginning to see that if they have fewer children, they can provide better opportunities for those children to receive good education.

However, some changes will be slow to come. Despite the progress of our social values, many people in my country still think that the woman's role is to cook and clean the home. People also see children as a kind of wealth and having many children can increase one's social status. Although I believe these values can lead to certain problems, I am confident that even in the future, when my children get old and retire, there will be a new generation of younger workers who will be able to support them.

問1　Neither Ryan McKinley nor the physician mentions ☐ 21 ☐.

① a connection between fertility rates and culture
② the economic dangers of having too few young people
③ the potential impacts of immigration on an economy
④ the welfare of children in developed countries

問2　The physician is from ☐ 22 ☐.

① Africa
② Asia
③ Latin America
④ Oceania

問3　According to the articles, the fertility rate has generally declined because women ☐ 23 ☐.　(Choose the best combination from among ① to ⑥.)

A. are going to school in higher numbers
B. do not have enough room in their homes
C. have more access to advanced medicine
D. today need to do more housework

① A and B
② A and C
③ A and D
④ B and C
⑤ B and D
⑥ C and D

— 26 —

第 1 回

問4　Ryan McKinley states that fertility rates 24 , and the physician states that they 25 . (Choose a different option for each box.)

① cannot be stable in traditional developing societies
② could be affected by financial support from employers
③ have increased by 50 percent over a decade
④ may not continue to drop rapidly in some places
⑤ show that raising children costs more today than in the past

問5　Based on the information from both articles, you are going to write a report for homework. The best title for your report would be " 26 ."

① Strategies to Delay Childbirth and Focus on Careers
② The Dangers of Overpopulation and How to Stop It
③ The Drastic Decline in the Fertility Rate in North America
④ Why Women are Having Fewer Children Worldwide

第5問 (配点 20)

Your group is preparing a poster presentation entitled "The Hero of Scotland," using information from the magazine article below.

Robert Bruce, known as "Good King Robert," is famous for establishing the independence of Scotland from England in the early 14th century. Before that, Scotland was ruled by England. In 1292, the English king, Edward I, appointed an English baron as the king of Scotland. However, after becoming King of Scotland, the baron refused to accept Edward I as his ruler and gathered an army to fight against him.

Edward I defeated the baron's Scottish army, but soon afterward, the Scots began to demand freedom from England. Famous Scots like William Wallace tried and failed to gain independence. After William Wallace died, Robert Bruce declared himself the Scottish king in 1306. In response, Edward I captured Bruce's wife and killed his brother. This forced Bruce to go into hiding on the island of Rathlin off the coast of Ireland.

Bruce was miserable on the island. The walls of his house there were so thin that he could hardly endure the cold Irish winds and pounding rain. He spent long days considering the cost of his dream for Scotland's independence. Bruce knew that many Scottish people had shed blood in pursuit of this goal, including his own brother. Many more were crying for their husbands, brothers, fathers, or sons lost during the war. Bruce considered leaving Scotland altogether to fight with the Crusaders against the enemies of Christianity in the Holy Land.

According to legend, Robert Bruce came very close to giving up on his dream of Scottish independence. But one night, while lying in his bed, he observed a spider hanging by a thread from a wooden beam — a piece of wood to support the roof — near the ceiling. The spider was trying to swing itself over to another beam under the roof to make a web. Six times, the spider tried and failed. Bruce remembered that he himself had fought England six times and had been defeated each time. Bruce decided that if the spider failed a seventh time, he would abandon Scotland. If the spider succeeded, however, he would return to fight for freedom once more. The seventh time, as Bruce watched, the spider swung itself forward and reached the other beam. It then began building its web in earnest. Bruce got up and immediately returned to Scotland.

While Bruce had been on Rathlin, Edward I had died and been replaced by Edward II. Over the next eight years, Bruce united groups from across Scotland to engage in numerous battles against Edward II. Although the Scottish army of 5,000 men was much smaller than the English army of 20,000 men, Bruce's leadership and clever strategic planning helped Scotland to win. The war finally ended in 1314, with a decisive victory for Robert Bruce at the Battle of Bannockburn. Today, a statue stands there in Bruce's honor.

Despite this defeat, Edward II refused to accept Scotland's freedom from England. Scotland's leaders quickly worked together to gain recognition from the Pope — the leader of the Roman Catholic Church — as an independent kingdom. The Pope approved this request in 1324. Soon after, in 1327, Edward II was replaced by Edward III. This new king gave up the English claim to Scotland and signed a peace treaty with Robert Bruce. Bruce died in 1329, and he is buried in the town of Fife at Dunfermline Abbey.

The Hero of Scotland

■ The Life of Robert Bruce

Period	Events
1290s	Edward I appointed an English baron as the king of Scotland
1300s	27 ↓ 28 ↓ 29
1310s	30
1320s	31 ↓ Edward III signed a peace treaty with Bruce ↓ Bruce passed away

Robert Bruce

■ About Bruce's Exile

▶ He considered abandoning his dream of Scottish independence for the following reasons: 32

▶ He eventually returned to fight for the following reason: 33

■ A Shift in Scottish Leadership

▶ The English ruled Scotland until the early 1300s.

▶ Eventually, Scotland became independent for the following reasons: 34

問1 Members of your group listed important events in Bruce's life. Put the events into the boxes ☐ 27 ☐ ～ ☐ 31 ☐ in the order that they happened.

① Bruce came out of hiding to fight the English

② Bruce claimed the Scottish throne

③ Bruce won the Battle of Bannockburn

④ Bruce's brother was killed

⑤ Edward III succeeded to the throne

問2 Choose the best combination to complete the poster. ☐ 32 ☐

A. He was considering joining the Crusaders.

B. He was determined to rescue the queen from prison.

C. His army was smaller than Edward II's army.

D. Large numbers of people had already died for Scotland.

① A and B

② A and C

③ A and D

④ B and C

⑤ B and D

⑥ C and D

問3 Choose the best statement to complete the poster. ☐ 33 ☐

① He received news that the English king had died.

② He saw a spider succeed after failing many times.

③ He thought it the best way to honor his brother.

④ He was inspired by seeing a spider catch a fly.

問4　Choose the best combination to complete the poster. ☐34

A. Edward II's army was defeated after a lengthy battle.

B. Edward III abandoned England's claim to Scotland.

C. Robert Bruce died after he had lost all his hope.

D. Robert Bruce's army had more advanced weapons.

E. The baron appointed by Edward I refused to fight.

F. The Pope agreed to recognize Scotland's independence.

① A and D

② B and F

③ C and E

④ A, B and E

⑤ B, C and D

⑥ D, E and F

⑦ A, B, C and E

⑧ A, D, E and F

⑨ B, C, D and F

第6問 （配点 24）

A You are preparing for a group presentation on vehicle technology for your class. You have found the article below.

Safety and Self-Driving Cars

[1]   A self-driving car is one that can travel safely from one place to another with little or no help from a human driver. Self-driving cars are currently being developed by several technology and automobile companies. Many experts say the technology will lead to far safer roads than we have today. However, manufacturers must overcome complex barriers before the dream of a driverless world can be brought to life.

[2]   Statistics show that about 1.3 million people around the world die in vehicle accidents every year, and that more than 90% of accidents are caused by drivers' mistakes. Will the use of self-driving cars lead to fewer traffic accidents? On certain tasks like games, computers with artificial intelligence can already perform better than people. Autopilot, the system of automated sensors and controls that does much of the basic work of flying planes, has made airplane crashes much rarer. The artificial "drivers" of self-driving cars do not get distracted by music, conversation, eating, or phones, nor do they suffer from fatigue. According to a study by the Eno Center for Transportation, replacing about 90% of vehicles in America with self-driving cars would result in 4.7 million fewer accidents every year.

[3]   A self-driving car, however, knows only as much as it is programmed to know. In 2018, the first fatal accident involving a self-driving car hitting a pedestrian occurred in an Arizona city. In this case, the car did not recognize a woman as a person it must stop for, because she was not in a designated crosswalk. The car's software was not aware that sometimes people do not follow the rules of the road.

[4]   Developers of self-driving technology call incidents like this "edge cases": situations in which general principles for safe driving are unable to produce an appropriate response to unusual circumstances. Self-driving cars do not have a lifetime of human experiences on and off the road to draw upon, so programmers are trying to imagine as many "edge cases" as possible — training a car to know the difference between a deer, a moose, and a cow, for example. While these animals might seem similar when detected by the sensors on a self-driving car, they tend to behave differently, and pose different dangers, when faced with a vehicle on a rural road.

[5]   Unfortunately, it is nearly impossible to imagine every scenario that might confuse a self-driving car. Self-driving cars and the people who program them will likely have to learn about some things the hard way: by responding with programming changes after something has already gone wrong rather than before. Some critics say that self-driving cars are not worth this risk. Many people are even protesting the testing of the cars in their neighborhoods.

[6]   And yet, as a society, we already take a similar risk with new teenage drivers. We know that these drivers, with their lack of experience and skills, pose a special danger to others, but also that the only way for them to learn is to go out on the road and gain that experience under a variety of conditions. The same can be said for self-driving cars. Supporters of the technology argue that the goal of far greater safety in the future is worth the risk today.

問1   According to the article, vehicle accident statistics have shown that
    35 .

① a large majority of vehicle crashes are caused by human error

② as many as 1.3 million traffic accidents occur every year

③ human drivers have performed better than self-driving vehicles

④ it's still too early to rely on self-driving technology

問2　According to the article, the traffic death in Arizona happened because
　　　36 　.

　　① a pedestrian crossed a street, ignoring the red light
　　② a self-driving car was not programmed to understand the situation
　　③ a woman ran out into a crosswalk too quickly to be detected
　　④ the sensors on a self-driving car suddenly stopped working

問3　In Paragraph [4], the author brings up three animals in order to discuss
　　　37 　.

　　① a type of vehicle accident that is uncommon in rural areas
　　② changes that can be made to self-driving cars after accidents
　　③ instances in which self-driving technology can save people's lives
　　④ scenarios in which a self-driving car might respond the wrong way

問4　Which of the following statements best summarizes the article?　 38

　　① Several major automobile companies say self-driving cars with improved
　　　safety features will be on the market within twenty years.
　　② Studies show that teenagers are less concerned about the safety of self-
　　　driving cars than older people are.
　　③ Testing self-driving cars comes with some dangers, but it is likely that
　　　they will eventually lead to safer roads.
　　④ The dream of self-driving cars is unlikely to be realized because too
　　　many people are worried about the consequences.

B You are studying how women participate in world politics. You are going to read the following article to understand the history and current representation of women in government.

In 2018, the prime minister of Ethiopia announced that for the first time in history, half of the cabinet members were women, including the Minister of Defense and the Minister of Peace. It might seem normal for men and women to be equally represented in government. However, this situation is extremely uncommon at both local and national levels in most countries. In Cameroon, for example, only 7% of mayors nationwide are women. In Brazil, 52% of the population is female, but only 11% of their National Congress members are women. On average, only 20% of parliament members in Asia are female. Sub-Saharan Africa has a higher percentage of women in parliament than Asia, while the Middle East has a slightly lower percentage than Asia, and Pacific nations have the lowest percentage.

Women face unique challenges in their pursuit of equal political representation. Some people believe that women are unfit to hold office, claiming that their moods change frequently and that they are too delicate to participate in serious arguments. Others worry that women will easily give in to the demands of other countries. Women themselves may be afraid of public criticism based on their gender, especially if it negatively affects their children and family life. For example, in 2016, the prime minister of Spain was criticized for breastfeeding her child during a meeting of parliament. The prime minister of New Zealand also drew negative feedback for having a child while she was in office as well as for taking maternity leave. Compared to men, women are more frequently judged by the public based on their appearance, likeability, marital status, and number of children.

Despite these challenges, female participation in politics has been slowly increasing worldwide. As of 2019, 24.3% of parliament members are women, a significant gain compared to the 11.3% of seats they held in 1995. The

Americas and Europe have the highest and second highest average percentages of female politicians respectively. There were also 20 female heads of government in 2018, roughly double the number in 2000. Most of these female leaders have been European, including Chancellor Angela Merkel in Germany and the former Prime Minister Theresa May in Great Britain. Although the Rwandan president is male, the country's parliament has the most female participation of any government, with women occupying over 61.3% of seats. Only two other countries, Cuba and Bolivia, have parliaments with more than half of the seats occupied by women. Some countries have established a set number of seats that must be occupied by women to encourage them to participate in politics.

Data has shown that the presence of women in government councils can have a positive impact on the local services provided. In Norway, for example, greater numbers of women present in city councils were correlated with increased funding for childcare. Women often act as political leaders by increasing the number of cooperative projects between political parties and bringing issues of equality and human rights to the public's attention. Women working in government most commonly occupy positions related to social affairs, families, children, the elderly, and disabled people. Less frequently, they are involved in work related to the environment, energy, employment, or trade. Although they are still not equally represented in politics worldwide, people are increasingly acknowledging that women have a right to participate in government.

問1　One reason that women have not been equally represented in politics is that they ☐39☐.

① are not allowed to vote in elections in some countries
② are viewed as not very good at political arguments
③ feel that political careers will prevent them from getting married
④ tend to have critical views about politics

問2　Out of the following four graphs, which illustrates the situation the best? ☐40☐

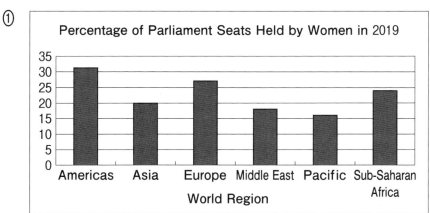

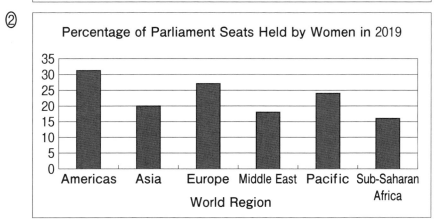

③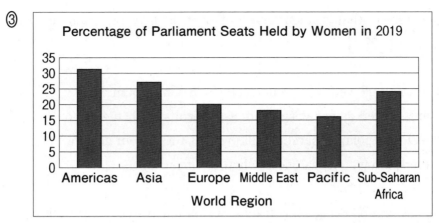

④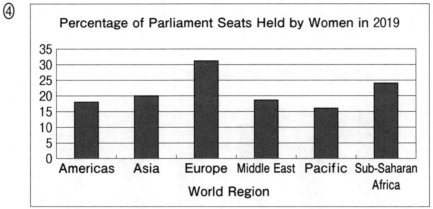

問3　According to the article, which two of the following tell us about the current situation of women in politics?　(**Choose two options**. The order does not matter.)　 41 ・ 42

① Female political leaders often help parties to work together on certain projects.
② Female politicians generally work in the environment and energy sectors.
③ Only three countries have parliaments in which over 50% of members are female.
④ The presence of women in local governments has no impact on local services.
⑤ Women in Brazil enjoy equal representation in local but not national politics.

問4　The best title for this article is 43 .

① Increasing Participation of Women in Politics
② Rwanda Sets an Example for Gender Equality
③ The Impact of Chancellor Merkel and Prime Minister May
④ Women and the Right to Vote Worldwide

第 2 回

第2回

―――― 問題を解くまえに ――――

◆　　本問題は100点満点です。次の対比表を参考にして，**目標点**を立てて
解答しなさい。

共通テスト 換算得点	26以下	27～40	41～51	52～61	62～72	73～79	80以上

偏　差　値　➡　　　　37.5　　　42.5　　　47.5　　　52.5　　　57.5　　　62.5

得　　　点	24以下	25～34	35～44	45～54	55～64	65～74	75以上

〔注〕　上の表の，
　　　　「共通テスト換算得点」は，'19年度の全統マーク模試と'20年度大学入試センター試験との
　　　相関と，大学入学共通テストの難易レベルを考慮したものです。
　　　　「得点」帯は，'20第2回全統共通テスト模試の結果より推計したものです。

◆　　問題解答時間は80分です。

◆　　問題を解いたら必ず自己採点により学力チェックを行い，解答・解説，
学習対策を参考にしてください。

◆　　以下は，'20第2回全統共通テスト模試の結果を表したものです。

人　　　数	363,965
配　　　点	100
平　均　点	49.9
標　準　偏　差	20.1
最　高　点	100
最　低　点	0

― 41 ―

$\left(\text{解答番号} \boxed{1} \sim \boxed{43} \right)$

第1問 (配点 10)

A Many people from abroad live in your neighborhood. Yesterday, you passed by a local park and saw the following notice posted in English.

Attention Neighbors:

　Last week's typhoon damaged both the slide and the jungle gym. They will be undergoing repairs until the end of October, so please do not use them during this time. They are both marked with wide red tape.

　Also we would like to remind you that the City Marathon is being held next Sunday. As the course runs past here, it is likely this park will be filled with people cheering on the runners. We would like to suggest that families with young children avoid using this park on the day of the marathon. There is another park 500 meters north of here that is smaller, but it should be less crowded.

Sincerely,
City Hall Parks Division

問 1　The notice informs you that 　1　.

① some playground equipment was damaged
② the date for the marathon is going to change
③ the park got a new slide and a new jungle gym
④ the start of the marathon is marked with red tape

問 2　The notice also suggests that 　2　.

① children play in the park next Sunday
② more runners should sign up for the City Marathon
③ people should support runners from a different park
④ some people play in a different park next Sunday

B You visited your town's English website and found an interesting notice.

Call for Non-Japanese Volunteers: Summer Camp

This summer, we will host a summer camp for children 10–15 years old. The camp aims to encourage friendships between Japanese and non-Japanese children through spending time outside and learning life skills together.

We are looking for ten volunteers to help us run some camp activities. We also need ten people to help with cooking and cleaning up after meals. Only basic Japanese is required, so please contact us if you are non-Japanese, over 20, can speak basic Japanese and are interested in helping out! All workers will receive breakfast and lunch for free every day of the summer camp.

Program Schedule

August 5 – 6	Orientation for camp workers Children's registration
August 10	Introduction to outside living: (1) How to set up a tent, (2) How to build a fire
August 11	How to catch and cook fish
August 12	How to make useful tools: (1) Making baskets from grass, (2) Making a wooden bowl
August 13	Games at the park: soccer, volleyball, and basketball
August 14	Mountain hike and boat trip
August 15	Drawing and painting outside

- Camp activities will be held in both English and Japanese. The camp will start at 8 a.m. and end at 5 p.m. each day.
- The camp will cover all travel expenses for camp workers.

To learn more about the program, click **here**.

▶▶International Affairs Division of the Town Hall

第2回

問1　The purpose of this notice is to find people who 　3　.

① can make baskets for the camp workers
② can teach Japanese to foreign children
③ can work at a children's summer camp
④ wish to send their children to camp

問2　The participating children are going to 　4　.

① learn to find animals in the forest
② play several different sports outside
③ swim in the lake near the camp
④ visit an art museum in the mountains

問3　All non-Japanese camp workers will be expected to 　5　.

① be able to cook
② bring their own lunch
③ have a lot of camping experience
④ speak at least two languages

第2問 （配点 20）

A A foreign exchange student from Morocco gave you some turmeric, a yellow spice often used in Moroccan food. You found a recipe online to make use of her gift.

EASY MOROCCAN RECIPES
Many Moroccan families eat this traditional African pasta every day. It's a colorful, healthy dish that the whole family can enjoy.

Moroccan Couscous

Ingredients (serves about 10)

A	🥄×3 olive oil	1 green pepper	3 tomatoes
	2 large onions	2 large carrots	salt & pepper
B	🥛×5 water	🥄×2 turmeric	500g couscous
	🥛×1 raisins		
C	🥄×2 olive oil	🥄×2 lemon juice	15g garlic

Instructions

Step 1: Make **A**
1. Heat the oven to 200℃. Cut the vegetables into small pieces.
2. Mix the vegetables with the salt, pepper, and oil in a large bowl. Roast them in the oven for 15 minutes.

Step 2: Make **B**
1. Put the water in a large pot on the stove. Add the turmeric, and set the stove to high.
2. When the water starts to boil, turn off the stove. Add the couscous and raisins, and then cover the pot.
3. Leave the pot to stand for 5 minutes.

Step 3: Put **A**, **B**, and **C** together
1. Stir all of the ingredients for **C** together in a bowl.
2. Add **C** and **A** to the pot containing **B** and mix for 3 minutes. Serve hot.

REVIEW & COMMENTS

Sam_Brown21 *January 12, 2019 at 22:15*
Good recipe, but I accidentally dropped some turmeric on my shirt, and now it's yellow. I tried to wash it off, but it's impossible to get the color out.

@coastal_kitchen *March 30, 2019 at 15:23*
I like to add mint or coriander in Step 3. Also, if you put it in the fridge, it's just as good the next day.

第2回

問1　This recipe would be good if you want to 　6　 .

   ①   cook a light snack

   ②   enjoy an Asian recipe

   ③   make a vegetarian meal

   ④   prepare a delicious dessert

問2　If you follow the instructions, Steps 2 and 3 will take at least about 　7　 .

   ①   8 minutes

   ②   20 minutes

   ③   40 minutes

   ④   an hour

問3　People who follow this recipe should be careful because 　8　 .

   ①   it is extremely spicy

   ②   the dish burns easily

   ③   the spices are expensive

   ④   turmeric can ruin clothing

問4　According to the website, one **fact** (not an opinion) about this recipe is that 　9　 .

   ①   fresh vegetables make it taste better

   ②   it requires either a stove or an oven

   ③   it tastes as good even if you wait a day

   ④   you add the turmeric before turning on the stove

問 5 According to the website, one **opinion** (not a fact) about this recipe is that 10 .

① adding another ingredient improves it

② couscous is of African origin

③ it is usually eaten at festivals

④ you use olive oil twice

B　Your English teacher gave you an article to help you prepare for the debate in the next class.　A part of this article with one of the comments is shown below.

Schools Must Teach Financial Skills

By Lucy Black, Raleigh
10 MAY 2018・12:20PM

The state of North Carolina is considering a law requiring high school students to pass a class on money management in order to graduate.　Students must learn about saving money, opening credit card accounts, and paying taxes.

"Students who get a job immediately after high school may not know how to pay taxes or use a credit card.　Some may not even know how to open a bank account," said high school teacher Brett Stevenson.　"Students who pick up these skills early will avoid financial troubles later in life and be better prepared to save for a house or a car."　He also said that students were likely to learn this information more thoroughly if they were tested on it in school.

"Our kids are already studying too many unnecessary subjects," argued parent Anita Williams, who opposes the idea.　"My daughter's school forces her to take art and gym classes.　Those won't help her get into a good college."　Parent Doug Jenkins agreed.　"It's a piece of cake for my son to learn to pay taxes at home.　I can teach him how to do it in just a few hours.　Or he can watch a simple video online."

23 Comments

Newest

Amanda Jones 22 April 2019・2:45PM

I didn't get to learn these things in school.　Then when I started working, I spent money as quickly as I earned it.　Now I'm 40, and I don't have much money in the bank.　I really wish I had learned how to be smart with my money earlier in my life.

問1 According to the proposed law mentioned in the article, high school students in North Carolina will have to ☐ 11 ☐.

① pass a test on business management before they graduate
② pay a small fee to participate in their graduation ceremony
③ take a class that teaches them how to take care of their money
④ take an online course to learn different types of financial skills

問2 In a debate, your team will support the statement, "Students should learn to manage money in school." In the article, one **opinion** (not a fact) helpful for your team is that ☐ 12 ☐.

① classes will teach students to maintain a house or a car
② some students begin working immediately after high school
③ students often have trouble trying to open a bank account
④ students will learn the information better in a classroom

問3 The other team will be on the opposite side. In the article, one **opinion** (not a fact) helpful for that team is that ☐ 13 ☐.

① money management is taught in many good universities
② most people understand that saving money is important
③ students are already learning things that aren't useful
④ students can start saving for retirement during school

問4   In the 3rd paragraph of the article, "a piece of cake" means   14   .

① a fun way to learn something
② one part of a popular food
③ something that is not necessary
④ something that is very easy to do

問5   According to her comment, Amanda Jones   15   the idea of making the proposed law mentioned in the article.

① has no particular opinion about
② partly agrees with
③ strongly agrees with
④ strongly disagrees with

第 3 問 （配点 10）

A You found the following story in a blog written by a member of the Foreign Language Club in your school.

Curry Surprise
Monday, May 10

　　Last week, I went with some friends from the Foreign Language Club to try a new Chinese restaurant. However, when we arrived, we found a line of people going around the block. We were too hungry to wait, so we decided to try the Indian restaurant right next door.

　　As soon as we got inside, we heard a loud voice yell, "Shraddha?!" My cousin Rohit was there! He told me that he had come to Japan a few years before and opened the Indian restaurant. When he was a kid, he always said he wanted to try living in Japan, but I hadn't seen him for many years. He told us to sit down and then brought out dish after dish for us to try.

　　My friends had never tried Indian curry before, and they were surprised at how spicy it was. Rohit gave us all mango lassi, which is a drink made from yoghurt. He explained that it would stop our mouths from burning. To be honest, though, I didn't think the curry was spicy enough.

　　After a couple of hours, we were full, and it was time to go. Rohit wouldn't let us pay, and he even gave us souvenirs from India. My friends all got little sculptures, but he gave me something special.

第2回

問1　At the restaurant, 16 .

①　the students all tried a new kind of ramen

②　the students had to stand in a long line

③　the writer of the blog met someone unexpected

④　the writer of the blog taught her friends about curry

問2　You learned that the writer of this blog 17 .

①　got something nice to wear and did not have to pay for her meal

②　liked elephant sculptures and had trouble eating very spicy food

③　wanted to visit India someday and buy souvenirs for her friends

④　worked part-time at an Indian restaurant and spoke Japanese well

B You found the following story in a magazine that is popular among foreigners living in Japan.

An Unforgettable Climb

Richard Brown（English Teacher）

I moved to Japan ten years ago, and last month I finally had the chance to climb Mt. Fuji. I woke up before 5:00 a.m. on July 31 to take a bus to the mountain. Most people like to use the common trail, which has many restaurants and places to stop. However, I wanted to avoid crowds of people, so I decided to take a more difficult route. I wore special shoes so that I could climb over the rocks more easily. And since I am a very active person, I felt sure that I would not have any problems.

Three hours after I started to climb the mountain, however, I ran out of water. I was not tired, but I got nervous because I thought I might have to turn back. Luckily, I met an elderly Japanese couple 10 minutes later, and when I explained my situation in Japanese, they gave me some water as well as a sweet bun, even though I had plenty to eat. I was so grateful for their help, and they really made me feel better about continuing my climb. We arrived together at a rest cabin at around 3:00 p.m. I was exhausted and hungry, so I ate the chicken and vegetables I had brought with me and then went straight to sleep. At 1:30 in the morning, everyone in the cabin woke up to finish the journey and see the sunrise at the top of the mountain.

Hiking in the dark was scary, and after about an hour, it started raining. We had to move carefully over many rocks. But as we got to the top of the mountain, the skies cleared. When the sun came up, we forgot how cold and wet we were. It was the most beautiful sight I have ever seen. I took many pictures with my camera to keep as souvenirs. Then, after an hour or so, I headed back down the mountain.

第2回

問1 According to the story, Richard's feelings changed in the following order: 18 .

① confident → frightened → impressed → relieved → worried
② confident → impressed → frightened → relieved → worried
③ confident → relieved → frightened → worried → impressed
④ confident → relieved → impressed → frightened → worried
⑤ confident → worried → frightened → impressed → relieved
⑥ confident → worried → relieved → frightened → impressed

問2 Richard brought everything he needed for his hike up Mt. Fuji except 19 .

① enough food
② enough water
③ his camera
④ his climbing shoes

問3 From this story, you learned that Richard 20 .

① does not speak Japanese although he has lived in Japan for a long time
② had a chance to come to Japan last month and climbed Mt. Fuji
③ is a very active person who took a difficult path up Mt. Fuji
④ took the bus to Mt. Fuji with an elderly couple and shared their food

— 55 —

第4問 (配点 16)

You are doing research on recycling trends. You found two articles.

Recycling and Waste in Modern Cities　　　　　　**by Ashley Jones**

November, 2017

　If we recycle, much of the waste we produce in our daily lives can be collected and processed for reuse. Governments often encourage people to recycle by creating recycling pick-up services or offering tax cuts to businesses. Although recycling is certainly important for saving natural resources, it is not always as efficient as people might think.

　According to the European Parliament, 322 million tons of plastic was produced worldwide in 2015. In 1950, the amount was only 1.5 million tons. The graph below shows the average amount of plastic waste generated per person in several European Union countries in 2016. It also shows the amount of plastic waste that was recycled per person for the same countries. Recycling habits clearly differed across the region, but in most countries citizens recycled less than 50% of the plastic waste they produced.

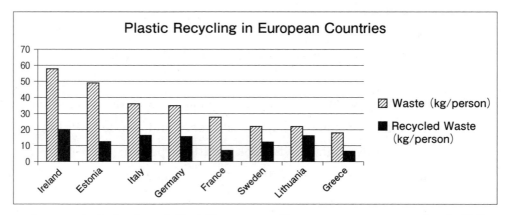

　A recent study found that Europeans throw away seven and a half times their body weight every year. That waste is largely made up of aluminum, glass, plastic, and paper, which are among the easiest to recycle.

　In my opinion, the government should pass more laws to make sure that people act in environmentally friendly ways. For example, waste could be reduced if plastic shopping bags were banned and people had to bring their own bags from home. Furthermore, picking up recyclable waste from people's houses costs money, time, and energy. Cities should encourage people to take their recyclable waste to central recycling locations. If anyone is caught throwing away items that should be recycled, like glass or metal, they should be made to pay a fine.

Opinion on "Recycling and Waste in Modern Cities"　　　　**by R. R.**

January, 2018

As an environmental advisor to the government, I have spent more than 30 years working to reduce plastic waste in my country. I was not surprised to learn that in many countries people are producing more plastic waste than ever but recycling less than half of it. According to Ashley Jones's article, people in my country produce less than 30 kg of plastic waste per person and recycle more than 15 kg per person. I find this encouraging.

As the article suggests, trucks that pick up recyclable waste often use lots of gasoline. It is also true that recycled products may sometimes be of poor quality and can therefore be harmful to people's health. For example, radioactive material was found in some recycled steel in Taiwan. However, recycling limits the amount of waste we put in landfills and thus reduces soil and water pollution. More people need to understand that although the recycling system is not perfect, it is generally better for the environment than not recycling at all.

The government should provide people with more information about why they should recycle and offer financial benefits for doing so. When recycling is managed correctly, it reduces our need to search for new raw materials like metal, wood, and oil. Recycling plastic takes 70% less energy than making it from scratch, and recycling metals can be 60% cheaper than mining for them. The government should definitely reward people for recycling their scrap metals, plastics, and other materials at a central recycling location.

問 1　Neither Ashley Jones nor the environmental advisor mentions 　21　 .

① how recycling helps save energy
② how we can encourage recycling
③ new ways to dispose of plastic waste
④ ways to reduce waste production

問 2　The environmental advisor is from 　22　 .

① France
② Germany
③ Greece
④ Lithuania

問 3　According to the articles, recycling can have negative effects in that it
　23　 . (Choose the best combination from among ① to ⑥.)

A. always requires more energy than obtaining materials from the earth
B. convinces people that plastics are safe for the environment
C. does not always result in products that are safe for people to use
D. requires the use of gasoline during the collection of recyclable items

① A and B　　　　② A and C　　　　③ A and D
④ B and C　　　　⑤ B and D　　　　⑥ C and D

— 58 —

問4 Ashley Jones states that the government should ⬚24⬚, and the environmental advisor states that the government should ⬚25⬚. (Choose a different option for each box.)

① develop a new kind of plastic
② focus on reducing paper waste
③ offer benefits to people who recycle
④ pass a law to make plastic shopping bags illegal
⑤ reduce national plastic production

問5 Based on the information from both articles, you are going to write a report for homework. The best title for your report would be " ⬚26⬚ ."

① How Plastic Causes Environmental Pollution
② The Government's Role in Improving Recycling
③ The Negative Environmental Impacts of Recycling
④ Why Recycling Needs to Be Reconsidered

第5問 （配点 20）

Your group is preparing a poster presentation entitled "The Queen of Soul Music," using information from the magazine article below.

The singer Aretha Franklin helped define soul music, a popular genre developed by African-American musicians in the United States from the 1950s to the 1970s. Over an extraordinary sixty-year career, Franklin's work became the gold standard for many of the genre's defining features.

Soul music has its roots in both blues music, which was developed in the rural American South, and gospel, a type of music sung in African-American churches. Franklin's father was a minister and a singer, and the first music Franklin knew was gospel music in the church. Born in 1942 in Memphis, Tennessee, she was raised primarily in Detroit, Michigan. In Detroit, she began performing with her father as a young teen, amazing audiences with both her technical ability and the emotional intensity of her performances. At eighteen, Franklin moved to New York to pursue a career in popular music. There she secured a recording contract with the famous label Columbia Records.

At Columbia, Franklin's producers struggled to find music that was the right fit for her. She recorded everything from the slow, romantic songs of Broadway musicals to fast rhythm-and-blues tunes for teenagers to dance to. But while music critics remarked on her talent, she did not sell many albums.

In 1966, Franklin switched to another label, Atlantic Records. At Atlantic, producer Jerry Wexler asked Franklin to take the lead in creating her own musical identity. Franklin went back to the music she knew best — gospel and blues — and made it her own. She surrounded herself with talented musicians who could, like Franklin, come up with exciting arrangements of tunes on the spot. There was a lot of spontaneous energy in these recording sessions, an important feature in soul music.

Franklin also used strong blues rhythms and a routine called "call and response." A singer or musician in the band "calls out" a musical phrase or line of text, and another musician or singer offers a "response." Combined with Franklin's passionate delivery and her expert use of melisma — the singing of a string of different notes on one syllable of text — this collaborative environment helped turn Franklin into a star.

In 1967, *I Never Loved a Man* (*the Way I Love You*), her tenth studio album, became her first to sell a million copies. The album featured the song, *Respect*, which would become one of Franklin's signature songs. Over the next six years, she followed that album with many more hits. Soon she was known as the "Queen of Soul."

Franklin's success continued until the late 1970s. At that time, disco — a type of dance music that involved electronic instruments like the synthesizer — grew popular, and soul music fell out of style. Franklin came back in 1982, however, with her own dance hit, *Jump to It*, which she followed with other successful songs.

Franklin's work was recognized with many awards, including her entry into the Rock and Roll Hall of Fame in 1987. She was the first woman to receive that honor. In her 60s and 70s, though she struggled with health issues, Franklin continued to share her voice with the world at various concerts and events, including the 2009 inauguration of Barack Obama, the first African-American president of the United States.

Franklin's powerful voice lent confidence to both African-Americans struggling with race issues and women all over the world trying to challenge a male-dominated society. After she died in 2018, hundreds turned out for her funeral, including former president Bill Clinton and legendary musician Stevie Wonder, who performed a piece in her honor.

The Queen of Soul Music

■ **The Life of Aretha Franklin**

Period	Events
1942-1966	Franklin was born in Tennessee ↓ Franklin and her father performed together ↓ [27] ↓ [28]
1966-2018	[29] ↓ [30] ↓ [31] ↓ Franklin sang for the president of the US ↓ Many came to Franklin's funeral in 2018

Aretha Franklin

■ **The Making of a Star**

▶ Though her singing was praised when she was a teenager, Franklin did not find her place in the music industry right away.
▶ At her second recording label, Franklin developed many of the defining features of soul music: [32]

■ **Soul Music**

▶ The genre of soul music was developed by African-American artists like Aretha Franklin in the 1950s-1970s.
▶ Franklin's relationship with soul music began to change in the late 1970s when [33].
▶ Franklin was recognized for her contributions to soul music in many ways: [34]

問 1 Members of your group listed important events in Franklin's life. Put the events into the boxes ☐27☐ ～ ☐31☐ in the order that they happened.

① Franklin found major success with a studio album
② Franklin left her family to become a professional singer
③ Franklin produced a dance hit, followed by other successful songs
④ Franklin struggled to find her own music style
⑤ Franklin was given the freedom to develop her own sound

問 2 Choose the best combination to complete the poster. ☐32☐

A. Franklin always tried to sing without using a "call and response" routine.
B. Franklin included phrases and lines of text from musicals.
C. Franklin mixed Christian music with country and western music.
D. Franklin used a complex singing technique called melisma.
E. Franklin used rhythms that were distinctly different from blues rhythms.
F. Franklin's musicians created exciting arrangements while performing.

① A and C
② A and D
③ A and E
④ B and C
⑤ B and F
⑥ C and E
⑦ D and E
⑧ D and F
⑨ E and F

— 63 —

問 3　Choose the best option to complete the poster.　33

① a new genre of music became more popular than soul
② her voice lost some of the power required to sing soul music
③ soul musicians needed to dance while performing
④ there were too many soul singers in the music scene

問 4　Choose the best combination to complete the poster.　34

A. She sang at an American president's inauguration.
B. She was chosen to perform at a president's funeral.
C. She was referred to as the Queen of Pop soon after her debut.
D. She was the first female included in a hall of fame for popular musicians.
E. The former president Bill Clinton gave Franklin an award.
F. The musician Stevie Wonder performed at her memorial service.

① A, B and C
② A, C and D
③ A, C and E
④ A, D and F
⑤ B, C and E
⑥ B, D and E
⑦ B, D and F
⑧ C, E and F
⑨ D, E and F

第6問 （配点 24）

A You are preparing for a group presentation on the history of art in Japan for your class. You have found the article below.

Woodblock Printing in Japan

[1]　Woodblock prints are made by cutting images into blocks of wood, adding ink to the surface of these blocks, and pressing pieces of paper onto them. Thousands of reproductions of a given image can be made before the carvings wear down. These prints, which became popular in Japan during the Edo period, often display pictures, Japanese kana, and Chinese characters.

[2]　The unification of Japan in around 1600 launched a period of intense economic and social development. Edo quickly grew into a city of more than 1 million people. Businesses and government offices needed educated employees, so more and more middle-class people learned to read. This increased the need for printed text. Until the 1700s, woodblock prints were mostly used to reproduce and print lengthy texts, since this was faster and easier than writing such texts by hand. At the time, there were also many unemployed samurai living in Edo looking for ways to entertain themselves. People advertised plays and other forms of entertainment with pamphlets and guidebooks. These materials also used woodblock prints.

[3]　Some artists started to use woodblock printing to create beautiful art works. Sugimura Jihei famously created the first *ukiyo-e* print, a simple black woodblock print that was then painted to add color. *Ukiyo-e* prints were usually printed on a single *oban* sheet, which is a 39 cm by 27 cm piece of paper. They became popular because they were mostly illustrations of famous actors and beautiful women. Unlike other forms of art, such as statues and paintings, prints were not expensive and thus gave people of all income levels the chance to own art. Furthermore, since prints were easy to

carry, travelers to Edo often bought them to take home to their families as souvenirs.

[4]   In 1765, Suzuki Harunobu further improved woodblock prints by using different colored blocks to create a single picture. No longer did artists have to print black outlines and add the colored paint afterward. These multicolored prints, called *nishiki-e*, could be produced by a group of people working together. The first prints of this type were calendars for wealthy people in Edo. At the time, people often exchanged beautifully designed calendars at the start of the year.

[5]   Other artists further expanded the possibilities of woodblock printing. In the 1830s, Katsushika Hokusai included bright blue imported paint in his designs. Rather than printing famous people, Hokusai focused on images of landscapes and small sets of prints that told funny stories about daily life. Another artist, Utagawa Kuniyoshi, began using several sheets of *oban* paper to print a single image. Thanks to the influence of these artists, printers began to use several methods to make their works stand out. These methods included printing in such a way that parts of an image were raised on the paper, and sprinkling small pieces of crystal or glass on certain areas to make a print shine.

[6]   Buying and selling woodblock prints became commonplace. However, the shogunate believed that some of the prints depicted offensive and immoral material. It was afraid that people would use the prints to criticize the government, so it did not allow anyone to print the image of any person who lived after 1573. Despite the shogunate's efforts, however, prints were so popular that their production could not be controlled. Eventually, woodblock prints were used to create stories in pictures, which greatly influenced modern-day manga.

問1 According to the article, woodblock prints were widely used in Japan because ⎡ 35 ⎤.

① beautiful women wanted pictures of themselves
② the government of Japan encouraged people to use them
③ they helped people to reproduce long texts quickly
④ they helped unemployed samurai to earn a living

問2 According to the article, *ukiyo-e* prints became popular because ⎡ 36 ⎤.

① many people needed picture prints as they couldn't read
② they dealt with familiar subjects and were easy to buy
③ they were beautiful, simple black prints
④ they were sold all over Japan

問3 In Paragraph [5], the author most likely mentions Katsushika Hokusai to give an example of ⎡ 37 ⎤.

① an artist who developed a new style of woodblock printing
② one of the first artists to try using imported woodblocks
③ someone who got into trouble for painting famous actors
④ someone who used a set of *oban* sheets to make a single image

問4 According to the article, which of the following best describes woodblock printing in Japan? 38

① Woodblock printing grew in popularity at the start of the Edo period thanks to investments from the shogunate.
② Woodblock printing was banned at the end of Edo period, but people in Edo continued to make prints with that technique.
③ Woodblock prints were a popular art form until they were censored by the shogunate in the mid-1800s.
④ Woodblock prints were a popular art form used during the Edo period to depict people, landscapes, and stories.

B   You are studying how people use technology to make daily activities easier. You are going to read the following article about online grocery shopping.

As the digital economy continues to grow, more and more people are using the Internet to buy groceries. Worldwide online grocery sales have increased year after year, and sales figures are expected to continue their upward trend. In 2018, China had the largest market for online grocery shopping, with more than $50 billion in sales, though it only accounted for less than 4% of total online sales in the country. In the U.S. market, online grocery shopping accounted for less than 2% of all online sales, but this number is expected to double by 2023. Although Japan's online grocery sales are much higher than those of the U.S., its market is expected to grow more slowly.

The outlook for European markets is different, as the online grocery trend has been slower to catch on. In 2018, online grocery shopping accounted for less than 1% of all online sales in Germany, and market researchers predict this will roughly double by 2023. And although France's online grocery industry was relatively large with a little more than 4% in 2018, it is growing at an even slower pace than that of Japan.

One reason online grocery sales are particularly low in Europe is that there has not been a significant investment there in the industry. Many companies are unwilling to risk building the infrastructure for a system that might fail. Therefore, online selections are often smaller than the selections customers would find in stores, and the items that are available are often more costly. There are also few high-quality, easy-to-use websites with good-quality photographs of the food for sale. And when a website crashes while customers are in the process of making an order, the customers may become frustrated and decide not to use the site again. Retailers need to make a special effort to win over new customers because a good first impression often leads to repeat purchases.

The online shopping market exhibits clear trends that correspond to demographics. Online grocery shopping is popular among 25- to 34-year-olds as well as people living in places where grocery stores are not conveniently located. Men are more likely to buy groceries online than women as they tend to be less sensitive to high food prices. Unsurprisingly, wealthy people are more likely to use these services than people with lower incomes. This difference could be because delivery fees are charged for having groceries shipped to your door.

Online grocery services are not a perfect solution for everyone. Some people are worried that online shopping will make normal groceries more expensive. Others complain that grocers do not always deliver the food quickly enough. And only 42% of online grocery shoppers say that buying their food through the Internet actually helps them save time. When people order groceries for last-minute occasions, they don't want to risk late delivery. Furthermore, some shoppers say that they prefer being able to see and touch products like meat and bread before buying them to make sure that they are of good quality.

問1 Out of the following four graphs, which illustrates the situation the best?
　　 39

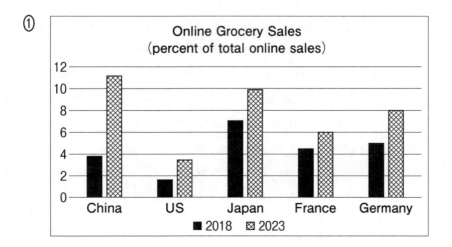

②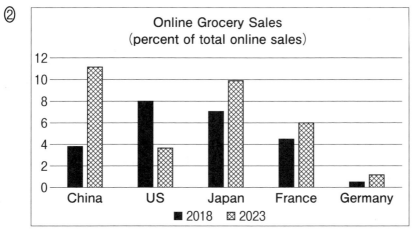

③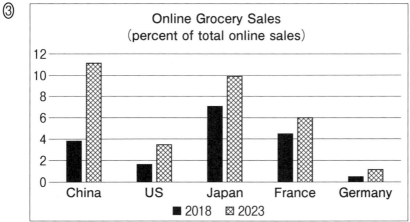

④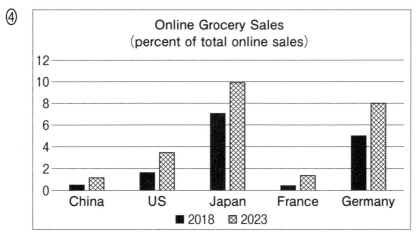

問2 According to the article, which two of the following are facts about online grocery shopping? (**Choose two options.** The order does not matter.) 40 · 41

① A well-designed, stable website is essential for grocers to attract and keep customers.

② Men are more likely than women to buy groceries online in order to save money.

③ Most Internet users will start buying some of their groceries online by 2023.

④ People with lower incomes are less likely to buy groceries online than wealthy people.

⑤ The older people are, the more often they tend to buy groceries online.

問3 According to the article, one major problem with online grocery shopping is that 42 .

① it cannot always guarantee that the items people purchase are in stock

② it does not allow customers to judge the food properly while shopping

③ it is less desirable in large cities because deliveries always come late

④ it often requires shoppers to pay expensive annual membership fees

問4 The best title for this article is 43 .

① The Increase in Online Grocery Sales in European Markets

② The Next Steps for the Asian Online Grocery Market

③ The Present and Future of Online Grocery Shopping

④ The Technical Limits of Online Grocery Shopping

第 3 回

問題を解くまえに

◆ 本問題は100点満点です。次の対比表を参考にして，**目標点**を立てて解答しなさい。

共通テスト換算得点	30以下	31～41	42～50	51～60	61～70	71～80	81以上
偏 差 値 ➡		37.5	42.5	47.5	52.5	57.5	62.5
得　　　点	29以下	30～39	40～49	50～59	60～69	70～79	80以上

［注］　上の表の，
　　　「共通テスト換算得点」は，'19年度の全統マーク模試と'20年度大学入試センター試験との相関と，大学入学共通テストの難易レベルを考慮したものです。
　　　「得点」帯は，'20第3回全統共通テスト模試の結果より推計したものです。

◆ 問題解答時間は80分です。

◆ 問題を解いたら必ず自己採点により学力チェックを行い，解答・解説，学習対策を参考にしてください。

◆ 以下は，'20第3回全統共通テスト模試の結果を表したものです。

人　　　数	245,167
配　　　点	100
平 均 点	54.4
標 準 偏 差	20.1
最 高 点	100
最 低 点	0

$\left(解答番号 \boxed{1} \sim \boxed{43} \right)$

第1問 (配点 10)

A You are a university student studying in Canada. You received the following email from Jacob, your history professor.

From:	Jacob Watson
To:	Jacob's History Class
Subject:	Friday's Field Trip

Good Evening, Class,

As you all know, on Friday we were going to walk to the history museum and then have a picnic. However, because we are expecting very cold weather, I have asked the school to provide a bus to take us to the museum instead. Please come to the front of the college library by 8:30 a.m. and wait to be picked up. Make sure to bring a hat, a coat, and gloves as there may be snow. Also, please bring money to buy lunch at the museum restaurant since we will not be able to eat in the park.

Feel free to contact me if you have any questions. See you all on Friday.

Jacob

— 74 —

第 3 回

問 1　Jacob wants to tell the students ☐1☐.

    ① that the field trip plans have changed

    ② that they should meet at the museum

    ③ to ask the school to provide a bus

    ④ to walk to the history museum

問 2　Jacob also wants to remind the students that ☐2☐.

    ① they need to bring money to enter the museum

    ② they should bring their own food

    ③ they should prepare for cold weather

    ④ they will have lunch on the way to the museum

B You visited your university's English website and found an interesting notice.

This summer, scientists from Canada, the UK, and Australia will be visiting our school. They have volunteered to hold special events for the public at the college community center every Saturday.

Schedule

June   Science at Sunset

As the sun goes down, the scientists will give a series of talks about how people in the past viewed the sky. What stories did they invent to explain the moon and the stars? How did they learn about the other planets?

★ As this event will be held outside, guests who do not want to sit on the grass should bring their own chairs.

July   Stars of the Big Screen

Hollywood has used movie magic to send many actors to space and beyond. The scientists will discuss the science behind major movies and examine what they got right and what they got wrong.

★ This series will be held in Galileo Hall.

August   Up, Up, and Away!

We will use simple household items to launch bottle rockets up into the air. Each day, the person whose rocket goes the highest will win tickets to the latest showing of the new movie *Space Force 2021*.

★ Participants must provide their own plastic bottles.

- The scientists speak only English, but all of their presentation materials will be translated into Japanese.

- Every event ends with a half-hour question-and-answer session. Interpreters will be available to take questions in Japanese.

To learn more, email the college community center.

第3回

問1 The purpose of this notice is to inform people that ☐3☐.

① participants can learn from foreign scientists
② science classes are in a new location
③ students can study in three countries
④ the university is offering new classes

問2 During one event, participants will have to ☐4☐.

① be able to read English
② bring their own materials
③ purchase their own movie tickets
④ reserve seats at the community center

問3 Guests who want to ask the scientists questions about space but don't speak English should ☐5☐.

① ask the scientists before the events
② look for answers in the presentation materials
③ send an email to the college community center
④ wait until the last 30 minutes of an event

第2問 (配点 20)

A The shampoo you have been using is no longer being made, so you have to find a different one. You look up reviews of shampoos online.

HONEY SHAMPOOS
Honey is a wonderful natural ingredient that adds moisture to your hair and makes it soft and shiny.

Patty C.'s Honey and Orange Shampoo

2.5

Write Review

3.0   By Lee (1 week ago)
This shampoo is one of the most expensive ones on the market, but it makes my hair feel like silk, and it smells so delicious that I almost want to eat it. The only problem is that it comes in a bottle that can't be recycled, so I am going to look for something else.

2.0   By Sarah (17 days ago)
This shampoo is too heavy for my oily hair, but it might work well for someone with dry hair. The fragrance is strong but nice.

Spring Beauty's Lavender and Honey Shampoo

4.0

Write Review

3.0   By Charlie (2 days ago)
I like the results of this shampoo, but I have to use a lot each time to get my hair clean, so I end up buying a lot of it.

5.0   By Ricki (3 weeks ago)
This has been my favorite shampoo for ten years. I hope they never stop making it.

4.0   By Crystal (1 year ago)
The lavender scent of this shampoo is great for relieving stress. This product also makes my hair shine and lie nice and flat. Also, I like it because it is made by a small, family-run company. Unfortunately, it is sold only in a small region, so it's quite difficult to find unless you live near the company's base. I recommend you get it online.

第 3 回

問 1　The products discussed on this page would be good for someone who ⬚6⬚ .

① has long and oily hair
② likes products that don't smell
③ wants products that use natural ingredients
④ washes their hair every day

問 2　Lee would buy Patty C.'s Honey and Orange Shampoo again if ⬚7⬚ .

① it came in a different bottle
② she wanted to recycle more
③ the fragrance were better
④ the price were lower

問 3　Customers might choose to buy Spring Beauty's Lavender and Honey Shampoo if they want to ⬚8⬚ .

① avoid using a large amount of shampoo
② support a small business
③ try a product that is new on the market
④ use a product they can buy at any supermarket

問 4　According to the website, one **fact** (not an opinion) about Patty C.'s Honey and Orange Shampoo is that it ⬚9⬚ .

① costs more than most shampoos
② is made from silk
③ is too heavy for most hair
④ smells good enough to eat

問 5　According to the website, one **opinion** (not a fact) about Spring Beauty's
Lavender and Honey Shampoo is that　10　.

①　a customer used it for ten years
②　the company will soon stop making it
③　the smell makes you feel relaxed
④　you only have to use a little for great results

B Your English teacher gave you an article to help you prepare for the debate in the next class. A part of this article with one of the comments is shown below.

Change May Come to Denmark's Cash

By Sandra Gray, Copenhagen
March 8, 2020・1:25PM

Cash may be on the way out in Denmark, where credit card and mobile payments have been adopted widely and have become more popular than old-fashioned cash payments. Figures from 2019 show that last year only 16 percent of ordinary store payments were made in cash. The government is now considering a proposal to allow businesses such as restaurants, convenience stores and clothing stores to refuse cash payments.

Dana Hasbrook of Copenhagen is looking forward to a cashless society, and says, "Having to withdraw money is inconvenient and risky." Police officer Peter Nielson also supports the proposal. "Criminals won't be able to steal money from stores anymore, which will make my job easier."

Not everyone is happy about a world without cash, however. "This is a double-edged sword. Certainly, people's wallets will be lighter, but what happens when there's a problem with the system that processes credit card and mobile payments?" says Mary Daniels, a schoolteacher. "Also, when you use a credit card at a store, staff members can see your name. People shouldn't have to give out their personal information for the sake of convenience."

11 Comments

Newest
Michael Hansen August 12, 2020・12:30PM

I run a small restaurant. I think that paper money can get quite dirty because it changes hands so many times. Going cashless will not only save me time but also allow me to keep my restaurant cleaner as there will be no handling of unclean cash.

問1　According to the article, in Denmark 11 .

① people are discussing forcing everyone to stop using cash
② some stores might be given the option of becoming cash-free
③ the government plans to stop printing paper money
④ there is a law that requires every adult to have a credit card

問2　In a debate, your team will support the statement, "Denmark should eliminate paper money."　In the article, one **opinion** (not a fact) helpful for your team is that 12 .

① about a sixth of payments are made in cash
② credit cards are more convenient and safer
③ criminals often use cash so that they can't be followed
④ people can't withdraw money from some banks

問3　The other team will be on the opposite side.　In the article, one **opinion** (not a fact) helpful for that team is that 13 .

① many stores still do not accept credit card or mobile payments
② other countries have had problems eliminating paper money
③ people should be able to protect their privacy when they shop
④ systems that process credit cards break down too often

問4　In the 3rd paragraph of the article, "a double-edged sword" means 14 .

① a change that creates a favorable situation
② a choice that is hard for one person to make
③ something that can be both good and bad
④ something that is difficult to use correctly

— 82 —

問5　According to his comment, Michael Hansen ☐15☐ the proposal discussed in the article.

① has no particular opinion about
② partly agrees with
③ strongly agrees with
④ strongly disagrees with

第3問 （配点 10）

A You found the following story in a blog written by a female exchange student in the Foreign Language Club.

Writing Letters
Monday, September 2

These days, we don't often write letters on paper because we can easily send messages through social media and email. In our club activities yesterday, our teacher told us to spend thirty minutes hand-writing a letter of gratitude to someone, in a foreign language. We could write to our friends, parents, grandparents, or even to ourselves. He also encouraged us to decorate our letters.

I decided to write to my host mother because I appreciated her teaching me how to make a delicious soup. The letter was an especially challenging task for me because I had to write in Japanese without my smartphone, which always suggests kanji to me when I spell out Japanese words.

When I was done, my friends and I showed each other our letters. My friend Emi wrote to her past self, thanking her for training so hard for the tennis team. Another friend drew a beautiful island and wrote her message above it. I was surprised when she gave it to me to thank me for encouraging her to pursue her love of painting. I was the only person to cut the letter into a unique shape.

問1 In their club activities, students ☐16☐ .

① created posts on social media about things they appreciated
② discussed things that they liked about their families
③ had to write a letter of appreciation to someone they knew
④ wrote a short essay about their own past in detail

問2 You learned that the writer of this blog ☐17☐ .

① drew a beautiful island and the sky on her letter
② had to borrow a phone from her friend to finish her homework
③ learned to make a new dish and made her letter into a heart shape
④ wants to become a painter and thanked her friend for her support

B You found the following story in a study-abroad magazine.

A Whole New Game

Martin Hemsworth (Soccer Coach)

When Junko first came to our school, all she could talk about was soccer. She was very happy that she didn't have to wear a school uniform anymore because it meant that she could wear the jerseys of her favorite soccer players. She immediately joined the soccer team, but her first game ended in a disaster. As she was about to shoot the ball at the goal, a defender accidentally knocked her over. Junko fell hard, breaking her arm, and had to go to the hospital to get a cast. The next day, she looked miserable at school.

Chris, one of her classmates, approached her at lunch. "I heard that you're good at math and science. We're looking for smart people to join us on the chess team." Junko laughed and said, "Chess team? I'm an athlete! I don't have time for silly games." Chris looked hurt. "Well, feel free to join us if you change your mind."

That weekend, Junko was walking her host family's dog when she saw Chris jogging down the street. She stopped him and said, "Are you training for a marathon or something?" "No," Chris replied. "Exercise helps me to play better. It's just like any other sport." Junko turned red and started to apologize. "I ... I didn't realize. Maybe I'll join you at your club meeting after all."

The next week, Junko stayed after school and played chess for the first time. She learned the game quickly and enjoyed both the game and the practice. A few weeks later, she participated in a tournament and got second place.

Her cast was removed a few days later. I saw her at lunch laughing with Chris and asked her if she wanted to play soccer with us again. She said, "No, thanks. I'm not going to rest until I'm the number one chess player in the country."

第3回

問1 After Junko's first soccer game, she felt (A). When she saw Chris on the weekend, she felt (B), but after her cast came off, she was (C). ☐18☐

① (A) depressed (B) embarrassed (C) motivated
② (A) depressed (B) motivated (C) embarrassed
③ (A) embarrassed (B) depressed (C) motivated
④ (A) embarrassed (B) motivated (C) depressed
⑤ (A) motivated (B) depressed (C) embarrassed
⑥ (A) motivated (B) embarrassed (C) depressed

問2 What pleased Junko first about the new school was that ☐19☐.

① it had a good chess team
② she could wear her favorite clothes
③ she found she was good at math and science
④ the soccer club welcomed her warmly

問3 From this story, you learned that Junko ☐20☐.

① apologized to a defender for knocking her down in their first soccer game
② failed to score a goal in her first soccer game and started training for the next game
③ joined the chess club and realized that the rules are too difficult to learn in a short time
④ made a new friend and learned about the relationship between exercise and chess

— 87 —

第4問 (配点 16)

You are doing research on people's money saving habits in different countries. You found two articles.

Saving for Retirement   by Matthew Murphy

January, 2020

More than 22% of the world's population will be over the age of 60 by 2050 — nearly twice the percentage that it was in 2015. Many of these people have saved at least a little money for retirement. But is it enough? People typically retire around the age of 65, but the average life expectancy is getting longer and longer. If this trend continues, it is likely that most people will need more savings to support themselves when they stop working.

The "retirement gap" is the difference between the number of retirement years for which people have saved money and the number of years they are expected to live. The graph below shows 2019 data on this gap for six countries. Although saving habits differ between countries and genders, it is clear that people everywhere will likely outlive their savings. In countries like Japan, where people are particularly long lived, retirees may live up to twenty years beyond their financial means to support themselves.

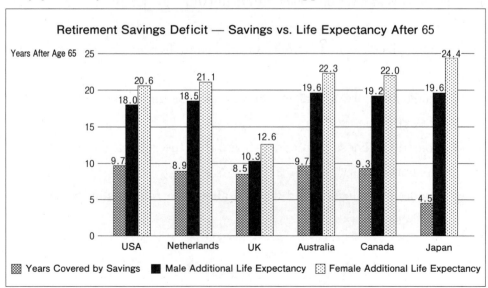

According to the World Economic Forum, the retirement gap totaled $70 trillion in 2015 for eight key developed nations and will increase to $400 trillion by 2050. It is a bigger problem for women because they typically live longer than men.

In my opinion, people should start saving money at an earlier age. Primary schools should teach students how to save money so that they can adopt good habits as soon as they're old enough to earn money. High school students should learn about buying and selling homes, cars, and other major expenses so that they can make smart choices as adults. People should also be taught to manage their own finances so that they will not have to depend on the government or a pension plan.

Opinion on "Saving for Retirement"   **by Q. O.**
February, 2020

As a financial advisor, I have spent more than ten years working with retired people. I was not surprised to learn that many people do not save enough money to support themselves when they stop working. According to Matthew Murphy's article, people in my home country have slightly less than 9 years of retirement savings, and the gap in life expectancy between men and women is 2.6 years.

More people need to know about the importance of starting to save early. As Matthew Murphy mentioned, many people do not invest their money well because they never learned how to do so. And the government may not be able to pay them a good pension when they retire. Money for pensions comes from taxes paid by younger working people. Since the population is growing older in many developed nations, soon there might not be enough working people who can support retirees with these taxes.

In addition to teaching students how to save money, we should encourage them to learn more about what life will be like when they retire. Studies have shown that spending time with grandparents and thinking about the problems that come with old age can encourage people to save more money. People should also consider how they want to live in retirement. If they want to travel the world, live in a nice house, or help support their children and grandchildren, they need to account for those expenses when they are saving.

問 1   Neither Matthew Murphy nor the financial advisor mentions ☐21☐ .

   ①   how education can help us prepare for retirement
   ②   lessons about how to extend lifespans
   ③   the aging populations of developed nations
   ④   the gap in lifespan between men and women

問 2   The financial advisor is from ☐22☐ .

   ①   Canada
   ②   the Netherlands
   ③   the UK
   ④   the USA

問 3   According to the articles, which two of the following things should people be doing in order to prepare for retirement? ☐23☐ (Choose the best combination from ① to ⑥.)

   A. establishing good saving habits as early as possible
   B. making an investment in a nice house
   C. supporting their grandparents financially
   D. thinking about the problems that come with old age

   ①   A and B
   ②   A and C
   ③   A and D
   ④   B and C
   ⑤   B and D
   ⑥   C and D

問4 Matthew Murphy states that ⬚24⬚ , and the financial advisor states that ⬚25⬚ . (Choose a different option for each box.)

① it is important to imagine life in retirement

② people can depend on their grandparents to solve financial problems

③ the number of elderly people without enough money will increase

④ workers should put off retirement until they are older

⑤ young people should have more children to support the elderly

問5 Based on the information from both articles, you are going to write a report for homework. The best title for your report would be " ⬚26⬚ ."

① How You Can Spend Money after Retirement

② Men Should Save More Money than Women

③ Rules for Receiving a Government Pension

④ The Importance of Preparing for Retirement

第5問 (配点 20)

Your group is preparing a poster presentation entitled "The History of Pasta," using information from the magazine article below.

In 1929, an American association of pasta makers wanted to get the public excited about noodles. They published a colorful story in a magazine about Marco Polo, a merchant from Venice, Italy, who explored Asia in the 13th century. In the story, Marco Polo sees pasta for the first time in a Chinese home. The cook tells him the noodles are called "spa ghet"; and that, the story goes, is where the famous Italian pasta "spaghetti" came from.

The writer of the tale called the story a "legend." However, to the disappointment of many Italians, many people read it as fact, particularly when the detail became the basis for a scene in the 1938 film *The Adventures of Marco Polo*. Italians often claim that pasta was not invented in China, but in Italy. As evidence, they point to art from the 4th century B.C. made in the area that is now Italy. The pictures show a board, a flour sack, and other items that might have been used to make pasta. Many historians, however, say that those items could also have been used to make bread or baked goods. But they also challenge the Marco Polo story, pointing out that by the time Polo came back to Europe from China in 1295, the written historical record shows that people were already eating pasta in Italy.

Pasta and noodles can be broadly defined as a mixture of grain flour and water or eggs, which is made into a dough, cut into shapes, and cooked, usually by boiling in water. The earliest written reference to preparing grains in this way can be found in a Chinese book written in the 3rd century A.D., nearly 1,800 years ago. And in 2005, archaeologists found, under ten feet of dirt and rock in northwestern China, a bowl of long, thin, yellow noodles. Experts estimate the pasta had been preserved in the earth since the 20th century B.C.

So did China invent pasta and introduce it to the rest of the world? Historians mostly agree that Chinese noodles seem to have spread along trade routes to the rest of Asia and Turkey. When this happened is not entirely clear, although the first references to noodles in Japan showed up in the 8th century A.D.

But pasta may have been "invented" in several places around the world at different times. In the 5th century A.D., a writer in Jerusalem made references to pasta, calling it "itrium" or "itriyah." This dish does not seem to have any historical connection to Chinese noodles. However, the word "trii," still used for "spaghetti" in some parts of Sicily, a region of Italy, seems to have been derived from the word used in the Jerusalem source. So, Italy's famous dish probably came to the country from the Middle East some time around the 9th century A.D. From there, recipes spread across Europe. In the 17th century, the English brought pasta to North America.

Today, pasta can be found almost everywhere. Inexpensive, filling, and quick to cook, it can be dried and stored for long periods of time. Pasta made from whole grains contains fiber and vitamins as well. No matter where it comes from, these qualities make pasta an important part of the cuisines of many cultures around the world.

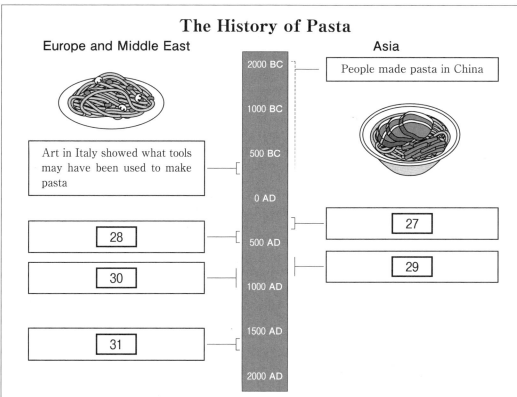

Pasta: Facts and Fiction
▶ In the 20th century, an American organization spread a fun but false story about pasta's origins.
▶ Italians claim that pasta was invented in Italy, but multiple facts contradict this claim: 32 .

Two Paths for Pasta
▶ Historians think that probably no one people or culture invented pasta.
▶ Pasta was probably introduced to most of Asia by 33 .
▶ Thanks to ancient cooks in several places, people all over the world today have a convenient and healthy food. Here are some of the benefits: 34 .

問 1　Members of your group listed important events in the history of pasta. Put the events into the boxes ⎡ 27 ⎤ ~ ⎡ 31 ⎤ in the order that they happened.

①　A Middle Eastern text mentioned pasta
②　A writer in China referred to pasta
③　Chinese noodles were introduced to other parts of Asia
④　Pasta was brought to Italy from the Middle East
⑤　Ships sailing from England to North America were stocked with pasta

問 2　Choose the best combination to complete the poster. ⎡ 32 ⎤

A. An Italian word for a type of pasta seems to have Middle Eastern origins.
B. Noodle dishes were being eaten by Northern Europeans in the 8th century.
C. Noodles that were about 4,000 years old were found in China in 2005.
D. There is strong evidence that Marco Polo first brought pasta to Italy from China.

①　A and B
②　A and C
③　A and D
④　B and C
⑤　B and D
⑥　C and D

問3 Choose the best option to complete the poster. ⎡ 33 ⎤

① Italian merchants arriving via Turkey
② local cooks learning how to use grains
③ people from China coming to trade
④ ships that came from the Middle East

問4 Choose the best combination to complete the poster. ⎡ 34 ⎤

A. Dried pasta keeps well in storage.

B. Pasta does not cost very much.

C. Pasta fills you up.

D. Pasta is a good source of protein.

E. Pasta is high in healthy fats.

F. Some kinds of pasta contain important nutrients.

① A and D
② B and F
③ C and E
④ A, B and E
⑤ B, C and D
⑥ D, E and F
⑦ A, B, C and F
⑧ A, B, D and E
⑨ C, D, E and F

第6問 (配点 24)

A You are preparing for a group presentation on the history of calendars for your class. You have found the article below.

The Development of Calendars

[1]   For more than half of the world's population, January is the coldest and darkest part of the year. So, why was January chosen to begin Earth's newest trip around the sun? The tradition of starting the calendar year on January 1 developed slowly over the past 2,000 years. The foundations for this tradition began with the ancient Romans.

[2]   The word "calendar" comes from the Latin word "kalendae," which means the first day of the month. The Romans used a calendar to organize their social and political lives. Farmers sold their goods at the market on the last day of each week, and people who owed money had to pay it back on the first day of each month. It takes about 29.5 days for the moon to cycle from new to full and back again, and the Roman lunar calendar had ten months of 29 or 30 days from March to December. The time between December and March was not named because this was the coldest and darkest part of the year.

[3]   According to legend, the first king of Rome was a battle-loving warrior named Romulus. He was the son of the god Mars, after whom the month of March is named. Traditionally, the year began when Rome's political leaders, called consuls, took office in March to honor Romulus's father. March was also the beginning of the farming season, as crops began to grow then.

[4]   However, when Numa became the king of Rome, ruling from 715 to 673 B.C., he added the months of January and February to the calendar. January is named after the Roman god Janus, who was the god of beginnings. Numa wanted important events to occur in January, which led to a calendar

---

— 96 —

debate between many great writers and philosophers. A famous Greek writer named Plutarch supported Numa's proposal. He wrote that the new year should begin after the shortest day of the year, usually around December 21. Each day of the new year would, therefore, become longer and longer. By 153 B.C., it had become a tradition for the Roman consuls to take office on January 1 instead of in March.

[5]　　However, there was a problem with Numa's calendar: it lasted only 355 days. To make sure that January consistently fell during the same time period, the Romans had to add an extra month to their calendar every few years. In 46 B.C., Julius Caesar, a Roman politician and general, developed the 365-day Julian calendar — which included one extra day every four years — to match the solar year more closely. While this calendar was a significant improvement, it still fell out of sync with the sun by one day every 128 years. Additionally, over the next 1,400 years, the date considered to be New Year's Day was changed several times. This made it difficult for the Catholic Church to determine what day their most important holiday, Easter, should be celebrated.

[6]　　To solve these problems, Pope Gregory XIII introduced the Gregorian calendar in 1582. This calendar declared January 1 to be the first day of the year and established how the date for Easter would be chosen. Some groups, especially Protestant Christians, continued to use the Julian calendar for hundreds of years. And the British celebrated March 25 as New Year's Day until 1752, when they finally adopted the Gregorian calendar. Many Orthodox churches used the Julian calendar until World War I, and some continue to use it to this day.

問 1 According to the article, the Roman lunar calendar started in March, when 35 .

① a festival in honor of Mars was held
② crop farmers became busy
③ people had to pay their debts
④ the cycle from new to full moon started

問 2 In Paragraph [4], the author most likely mentions Plutarch in order to give an example of 36 .

① a contribution writers made to the understanding of the seasons
② how people joined the debate on Numa's proposal
③ the way in which days become longer and longer after December 21
④ why Numa wanted to name a month after Janus

問 3 According to the article, one of the problems with the Julian calendar was that it 37 .

① did not include January or February as official months
② had no more than 355 days in a year
③ had to be adjusted to correspond with the sun
④ was not accepted by the Catholic Church

問4 Which of the following statements best summarizes the article? 38

① A combination of religion and politics established January 1 as New Year's Day.

② A fierce political debate resolved the calendar more than 2,000 years ago.

③ Christianity was the biggest influence on the date of New Year's Day.

④ New Year's Day was fixed to a certain date to maintain the lunar calendar.

B You are studying the rise of smart devices. You are going to read the following article to understand the latest trends in smart home technology.

The Internet of Things (IoT) refers to a system of everyday smart objects that can communicate directly with each other as well as send and receive data online. Such devices include speakers, smoke alarms, and even scales you can use to weigh yourself. Although these devices provide useful functions, some people are worried that such technology makes it easy for criminals to steal their personal information. In 2019, one security company discovered that hackers could use the company's security devices to take photos and record videos without the owners being aware of it. Indeed, many companies seem more concerned with the number of features their devices offer than with whether their devices are secure. But despite the risks, many people are choosing to use IoT-connected devices in their homes.

Smart devices make people's lives easier by saving them time, energy, and money as well as keeping their homes and belongings safe. Door locks, TVs, security cameras, kitchen equipment, and even cleaning tools can respond to complex voice commands and be controlled through users' smartphones from anywhere in the world. The largest category of these devices is video entertainment, followed by monitoring systems, and then speakers. Between 2019 and 2023, purchases of smart home monitoring products are expected to double, while video entertainment device purchases will increase by a little over 20%. The total smart device market is expected to increase by about 70% during this time period.

Smart devices are generally divided into "active" and "passive" categories. Active devices are not supposed to record information until someone turns them on with a voice command. These devices include audio assistants and smart speakers that can perform functions like playing music and keeping track of time. Passive devices are constantly at work, even without input from the user. These include devices with motion sensors, like security cameras and automatic lighting. Regardless of whether they are active or passive, all smart devices store data on the details of their use. But smart device users don't always realize how much of their personal information is being collected by device makers. For companies, this information is invaluable as it helps them to determine what kinds of products are in demand, where to sell them, and who will buy them. When consumers learn what kind of data is being recorded and the incredible volume of it, however, many of them find it to be an invasion of privacy.

Companies want people to use smart devices to make their lives easier, but they also want to use the IoT to encourage customers to buy new products through advertising. While advertisers traditionally use media like TV, the Internet, and the radio, they are also starting to use information from passive devices to determine what people are doing and what products or services they might want. For example, if a motion sensor detects a larger-than-usual group of people in a home, it might tell a smart refrigerator to display an advertisement for pizza. With the touch of a button, the refrigerator could then send your order to a nearby pizza delivery company. This is the tip of the iceberg, and only time will tell how the complex relationship between consumers, device makers, and advertisers will evolve.

問1 According to the article, the Internet of Things ⬛ 39 ⬛.

① allows smart devices to convey information to each other
② enables people to communicate with each other on websites
③ includes audio appliances and security devices, but not health equipment
④ prevents ill-intended hackers from stealing personal information

問2 Out of the following four graphs, which illustrates the situation the best?
   40

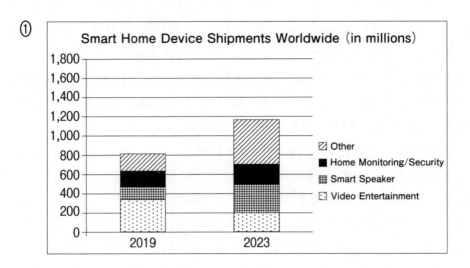

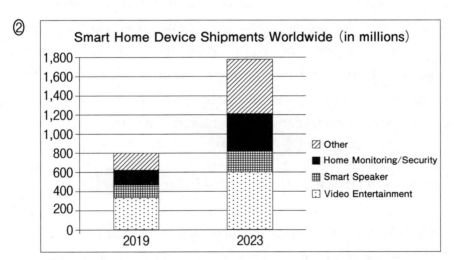

③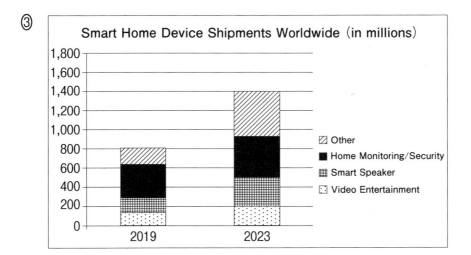

④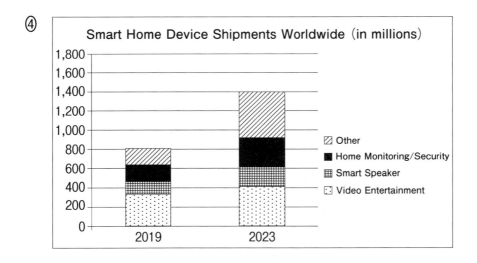

問3 According to the article, which two of the following tell us about today's smart device situation? (**Choose two options.** The order does not matter.) 41 · 42

① Advertisers prefer sending personal messages to consumers through their passive devices.

② Devices with motion sensors like automatic lighting are called active devices.

③ IoT advertisement profits are already larger than TV and radio advertisement profits combined.

④ Passive devices can be used to collect information without people's knowledge.

⑤ Smart device benefits include locking doors remotely and saving cleaning time.

問4 The best title for this article is 43 .

① Differences in Smart Device Use around the World

② How to Prevent Home Theft by Using Smart Devices

③ The Advantages and Disadvantages of Smart Devices

④ Why People Are Choosing Privacy over Convenience

第 4 回

問題を解くまえに

◆　本問題は100点満点です。次の対比表を参考にして，**目標点**を立てて解答しなさい。

共通テスト換算得点	31以下	32〜40	41〜49	50〜58	59〜69	70〜81	82以上

偏差値 ➡　　　37.5　　　42.5　　　47.5　　　52.5　　　57.5　　　62.5

得　　点	32以下	33〜42	43〜53	54〜63	64〜73	74〜84	85以上

〔注〕　上の表の，
　　　「共通テスト換算得点」は，'19年度の全統マーク模試と'20年度大学入試センター試験との相関と，大学入学共通テストの難易レベルを考慮したものです。
　　　「得点」帯は，'20全統プレ共通テストの結果より推計したものです。

◆　問題解答時間は80分です。

◆　問題を解いたら必ず自己採点により学力チェックを行い，解答・解説，学習対策を参考にしてください。

◆　以下は，'20全統プレ共通テストの結果を表したものです。

人　　数	258,972
配　　点	100
平 均 点	58.3
標 準 偏 差	20.7
最 高 点	100
最 低 点	0

第4回

$\left(\text{解答番号}\boxed{1}\sim\boxed{43}\right)$

第１問 （配点 10）

A An exchange student from England is living with your family. On Friday afternoon, he received an email from his Japanese teacher, and you translated it for him into English.

Dear Students,

A major typhoon will hit our town early tomorrow, so all morning lessons are canceled. If you have lessons in the afternoon, please check the community center website tomorrow. The community center plans to open in the afternoon, but that could change. I know many of you were excited about the lunch we had planned at the soba restaurant tomorrow. Unfortunately, we will have to go on a different day because some trains and buses might not be running. Please send me an email to let me know other days you are free. I'll update you all with the new date after I hear from everyone.

Stay safe,
Yuko

— 106 —

第4回

問1　The teacher informs the students that ☐1☐ .

① all Japanese classes are canceled on Saturday
② lessons will be held in a different place this weekend
③ students must prepare for afternoon lessons
④ the community center will be closed in the morning

問2　The teacher would also like students to ☐2☐ .

① check if their trains and buses will be running
② decide what kind of restaurant they want to visit
③ take public transportation to the restaurant
④ tell her when they can eat lunch together

B You visited your town's English website and found an interesting notice.

Special Event: New Public Library Opening

Early next year, our town will open a new public library. This is an exciting opportunity for people of all ages to participate in public education. We have invited local clubs and foreign speakers from a nearby university to make presentations.

We hope that foreign students living in town will come to learn about the benefits that the public library offers. Japanese students are also welcome to join.

Program Schedule

January 26	Opening reception
January 28	Two presentations about the library's services: (1) Registering for a library card, (2) How to borrow books
January 30	An exchange event with the Foreign Language Club from Kawai High School
February 2	A presentation about studying in university: How to do research with materials in Japanese
February 5	Poetry reading by learners of Japanese
February 9	A presentation about our Japanese language classes

- Presentations will be held in English, and all events will begin at 5:00 p.m.
- Foreign students can present their student IDs to get a free library bag.

To learn more about the classes and events, click **here**.

▶▶Public Library Home

— 108 —

問 1　One purpose of the event is to invite ☐ 3 .

① foreign students to learn about the library

② high school students to get a library card

③ high school teachers to visit the library

④ Japanese people to make presentations

問 2　Program participants will have the opportunity to ☐ 4 .

① learn how to do academic research

② make presentations about their own cultures

③ visit Kawai High School to talk with students

④ write poems in both Japanese and their native languages

問 3　Everyone who attends the events will ☐ 5 .

① have to show their ID card

② receive a library bag for free

③ take a Japanese class

④ visit the library in the evening

第2問 (配点 20)

A You want to introduce your classmates to a foreign dish they probably haven't tried. On a website, you found the following recipe.

SIMPLE AFRICAN RECIPES
Say "goodbye" to boring, simple rice. Nigerians have loved this recipe for hundreds of years, and it is perfect for both celebrations and everyday meals.

Nigerian Jollof Rice
Ingredients (serves about 4)

A	×2 vegetable soup stock	×4 rice
B	1 onion 2 dried bay leaves	6 red bell peppers ×3 oil	6 medium tomatoes ×2 curry powder
C	×1 salt		

Instructions

Step 1: Make **A**
1. Rinse the rice with water, and then boil it with the stock in a medium pot.
2. Cover the pot and cook on medium heat for 12 minutes. The rice will still be hard and not completely cooked.
3. Remove the rice from the heat and set it aside.

Step 2: Make **B**
1. Combine the tomatoes and peppers in a blender. Blend until smooth for one minute.
2. Slice the onion (or use frozen pre-sliced onion) and fry it in oil for 5 minutes in a large pan.
3. Add the bay leaves and curry powder to the pan and stir for 2 minutes. Then add the blended mixture.
4. Heat the sauce for 10 minutes.

Step 3: Put **A**, **B**, and **C** together and set on stove
1. Combine **A**, **B**, and **C** in a large pot and stir.
2. Cover the pot and cook on low heat for 40 minutes, stirring every 10 minutes.
3. Taste and add salt if needed. Serve hot.

~~~~~~

REVIEW & COMMENTS

Top_chef222 *June 25, 2019 at 11:23*
I can really taste the onions! If you let the rice burn a little, it adds a delicious smoky flavor.

African_Kitchen *May 9, 2019 at 10:22*
My kids love this dish. When I have time, I like to fry some chicken and put it on top of the rice to make it a full meal.

第4回

問1 This recipe would be good if you want to [6].

① eat rice with fish

② enjoy a cool lunch

③ taste a foreign drink

④ try a traditional dish

問2 If you follow the instructions, the dish should be ready to eat in [7].

① about 50 minutes

② at least 70 minutes

③ exactly 80 minutes

④ more than one hour and a half

問3 People who follow this recipe don't have to cut vegetables into small pieces if they [8].

① buy canned tomatoes

② buy frozen sliced onion

③ use curry powder

④ use vegetable stock

問4 According to the website, one **fact** (not an opinion) about this recipe is that it [9].

① does not contain any meat

② is an exciting foreign dish

③ is easy to make with children

④ tastes better with chicken

—111—

問5 According to the website, one **opinion** (not a fact) about this recipe is that it [10].

① is not good for children
② is popular outside of Nigeria
③ requires two pots and one pan
④ tastes better slightly burnt

B Your English teacher gave you an article to help you prepare for the debate in the next class. A part of this article with one of the comments is shown below.

Animals Allowed on Public Transportation

By Anna Wise, New York
19 DECEMBER 2017・4:07 PM

New York State will allow pets to board city buses and trains in the case of an emergency starting in 2018. Emergencies could include a serious storm, a dangerous disease, or an attack on the city. A similar law already exists in New Jersey, a neighboring state. This law would include common household pets, like cats and dogs, but not farm animals, like horses or pigs.

"Many people in New York believe that pets are members of the family," said Governor Andrew Cuomo. "During a dangerous storm in 2013, some people refused to leave their homes because they could not take their pets with them. I want to make sure something like that never happens again."

Some people are opposed to the new rule, however. Don Laezel, a member of the City Transportation Board, said, "This law opens a can of worms. What will we do if there is only enough space for two more people on a bus when a big storm is coming, and one person wants to bring his dog? Animals do not have the same rights as human beings." He also said, "Some animals are not trained well and can attack people."

---

7 Comments

Newest

George Winston 22 March 2018・7:12 PM

New York has much bigger problems to deal with than animal transportation. Many people do not have a place to stay, and there is a lot of air pollution in the city. The governor should think about those problems instead.

問1　According to the rule explained in the article, people in New York can
　　11　.

① carry sick animals on the bus to the hospital
② pay to bring their pets on public transportation
③ take their cats on the bus in a major storm
④ transport pigs on trains if a pandemic occurs

問2　In a debate, your team will support the statement, "Animals should be allowed on public transportation." In the article, one **opinion** (not a fact) helpful for your team is that　12　.

① animals are like members of a person's family
② most people in New York have at least one family pet
③ people refused to leave their homes in an emergency
④ the city has become a lot more dangerous since 2013

問3　The other team will oppose the statement. In the article, one **opinion** (not a fact) helpful for that team is that　13　.

① animals and human beings have the same rights
② no animals are trained to behave well in public
③ space on buses should be reserved for people
④ there will be more pets than people on the trains

問4　In the 3rd paragraph of the article, "open a can of worms" means to
14 .

① cause a person to become sick

② create an opportunity for problems

③ make a final decision and take action

④ prevent someone from succeeding

問5　According to his comment, George Winston 15 the rule stated in the article.

① neither agrees nor disagrees with

② partly agrees with

③ strongly agrees with

④ strongly disagrees with

第3問 （配点 10）

A You found the following story in a blog written by an exchange student in the U.S.

Shopping List
Tuesday, March 16

On Saturday, my host mother asked me to run to the store and pick up a few things for her. She wrote on her list eggs, bread, mushrooms, a bottle of wine and candy for my host sister.

While I was out, I bought one thing with my own money as well: a present for Hannah, the family pet. I love animals, and that cute little dog is so happy when I give her something.

On my way home, I saw another dog that lives in the neighborhood: a big, beautiful dog named Choco. He has  shiny black fur and loves people. Choco's owner said I could pet him. Unfortunately, Choco was so excited that he jumped up on me and put me off balance. Then he put his nose in my shopping bag. I was so surprised that I dropped the bag.

I heard an awful sound. When I looked in the bag, I saw that the eggs were broken and wine was spilling out everywhere. So I had to go back to the store and buy some of the things on my host mother's shopping list all over again.

On my way home the second time, I saw Choco and his owner again. This time, I just waved from across the street and she shouted, "Sorry!"

問1　The neighbor's dog Choco 　16　.

① ate all of the candy and the bread
② gets excited when he is given a present
③ likes it when people pet him
④ took a shopping bag and ran away with it

問2　You learned that the writer of this blog 　17　.

① did a favor for her host mother and picked up biscuits for the family dog
② dropped her shopping bag when she slipped and fell on her way home
③ had to go back to the store and buy everything again
④ went shopping and petted the neighbor's dog whenever she saw him

B You found the following story in a study-abroad magazine.

Respecting Food

Furukawa Yuka (College Student)

Last month, I taught Japanese to high school students from foreign countries as part of a summer exchange program. Steve, one of the top students, was excited about learning from the moment he arrived. He had seen many popular Japanese television shows and impressed the class with his funny manga drawings.

One weekend, Steve had plans to visit a new hamburger restaurant downtown with a Japanese friend of his named Aya. Steve had grown up in a major city with several dangerous areas, so he was not sure it would be safe to take the train there. However, Aya told him that in her city, there was little need to worry.

Steve and Aya had a great time talking while they ate. But after they left, Steve said that he was still hungry. They walked into a convenience store, where Steve bought a rice ball. He started to eat it as they walked to the station, and suddenly Aya stopped talking.

"Aya, what's wrong?" Steve asked.

"I'm sorry, Steve. I know you're hungry, but you shouldn't eat while walking," she replied. Then she explained that in Japan, it's considered bad manners to eat while walking. She also said her mother always told her that it doesn't show respect for the food. Steve's face turned red, and he apologized for his behavior, but Aya smiled and told him it was OK because he didn't know.

Aya then told Steve a story about how she insulted her host family when she did a homestay in Russia. When she arrived the first day, she gave them a dozen flowers, but her host family got very upset. In their culture, an even number of flowers can bring bad luck. Hearing about Aya's own cultural confusion helped ease Steve's tension, and they enjoyed each other's company until they went back to their homes.

第 4 回

問 1　According to the story, Steve's feelings changed in the following order: 18 .

① excited → ashamed → happy → worried → relaxed
② excited → ashamed → relaxed → happy → worried
③ excited → happy → ashamed → relaxed → worried
④ excited → relaxed → worried → happy → ashamed
⑤ excited → worried → happy → ashamed → relaxed
⑥ excited → worried → relaxed → happy → ashamed

問 2　Steve made his friend uncomfortable because he 19 .

① ate too much food
② ate while walking
③ drew silly cartoons
④ talked too loudly

問 3　From this story, you learned that Steve 20 .

① explored a new place and learned from a friend about Japanese manners
② felt unsatisfied after eating a hamburger and went to another restaurant to eat Japanese food
③ told a Japanese student about popular TV shows in his home country
④ wanted to eat American food but agreed to eat Japanese food to be polite

— 119 —

第4問 （配点 16）

You are doing research on the development of virtual reality (VR) and augmented reality (AR). You found two articles.

Changing Realities　　　　　　　　　　　　　　**by Dana Petroff**
February, 2020

　　More people and businesses are using VR and AR to meet their various needs. VR is when a user puts on a headset or uses another technology to see, hear, and interact with a completely different world. AR is when a device is used to add additional information to a user's view of the real world. While VR is an older technology, it does not currently have as many applications as AR.

　　According to a recent study in the United States, both AR and VR will grow in the next few years, but at different rates. The graph shows the number of users of AR and VR per year, where VR users are divided into those who use a headset and those who do not.

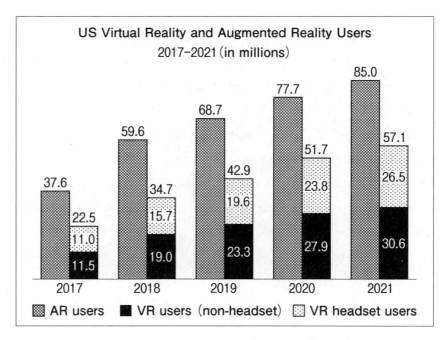

　　AR and VR can be used for entertainment as well as practical

— 120 —

experiences. Some AR programs allow users to play video games in the real world, such as by tapping on their phone screen to kick a virtual soccer ball. By wearing a VR headset, soldiers can train for dangerous situations without actually being in danger.

People have stated that they dislike wearing VR headsets because they make them feel isolated. Some systems address that problem by making use of expensive 3D image projectors instead of headsets. In my opinion, however, VR headsets and projectors are a waste of money. AR is much easier to experience because it can be used on a smartphone without any extra equipment. Companies that want to reach more people should focus on AR phone apps.

Opinion on "Changing Realities"　　　　　　　　　　**by Y. S.**

March, 2020

I am a licensed medical doctor and have been following AR and VR technologies closely since medical school. When I began working, the difference in user numbers between headset and non-headset VR was less than 4 million, and the gap between VR and AR adoption was almost 26 million users. According to Dana Petroff's article, VR is growing more slowly than AR. Although I agree that AR is easier for the average person to access, VR has many unique applications that Dana Petroff did not discuss.

VR is especially useful for me when I'm training to perform unfamiliar kinds of surgery. I can make mistakes and try different methods without worrying about potentially causing harm to real patients. Because some applications are connected to the Internet, VR also allows me to watch and learn from other doctors who are halfway across the world. In the future, VR will allow doctors to walk virtually inside the heart, lungs, and other organs of living patients. This will help doctors make diagnoses and come up with effective treatments for various diseases.

As a sports fan, I'm also excited about possible VR developments that could allow people to watch games from any position on a field. VR will also assist athletes by offering them realistic simulations of different game plays from a variety of angles.

問 1　Neither Dana Petroff nor the doctor mentions ⎡ 21 ⎤.

   ① examples of AR devices or programs
   ② how people experience VR without a headset
   ③ how professional athletes can benefit from VR
   ④ the adoption of VR by different age groups

問 2　The doctor started working in ⎡ 22 ⎤.

   ① 2017
   ② 2018
   ③ 2019
   ④ 2020

問 3　According to the articles, AR is growing faster than VR partly because ⎡ 23 ⎤. (Choose the best combination from among ① to ⑥.)

   A. AR devices have been used longer than VR devices
   B. people can easily use AR on their smartphones
   C. people can watch professional sports through AR
   D. VR makes people feel disconnected from others

   ① A and B
   ② A and C
   ③ A and D
   ④ B and C
   ⑤ B and D
   ⑥ C and D

問4 Dana Petroff states that VR [24], and the doctor states that it [25].
(Choose a different option for each box.)

① allows medical students to save money on tuition
② can help doctors learn medical techniques safely
③ has enabled today's doctors to see people's hearts in real time
④ is popular among college students for its 3D applications
⑤ lets soldiers experience life-threatening situations without risk

問5 Based on the information from both articles, you are going to write a report for homework. The best title for your report would be " [26]."

① AR and VR: Each Useful in Its Own Way
② Future Uses of Augmented Reality
③ Tomorrow's Doctors: All Will Use AR
④ Why Virtual Reality Is Disappearing

第5問 （配点 20）

Your group is preparing a poster presentation entitled "The Person Who Invented Photography," using information from the magazine article below.

Louis Daguerre, a French artist, changed the world forever when he invented one of the first ways to capture images of real life. Daguerre was born in France in 1787. When he was 13, he was sent to the first French panorama painter, Pierre Prévost, to learn about architecture, theatre design, and panorama painting. By 1804, Daguerre was proficient in the skill of theatrical illusion. He also became well-known for designing theatres.

It wasn't long before Daguerre became interested in images and light. In 1822, he famously invented the "diorama," a 3D painting of a building, object, or landscape shown in great detail. Artists would move light behind the painting to entertain viewers, who would imagine themselves in a different place or time. In around 1829, Daguerre began working on the idea of photography with Joseph Niépce. Niépce had produced the world's first permanent "photograph" in 1825. By the 1830s, people had developed a way to project images onto glass with a device called the *camera obscura*, a wooden box with a lens at one end. However, there was no way to make the images stay fixed on the glass. Niépce died in 1833, but Daguerre continued his work.

After a few years, Daguerre had what is perhaps his most famous breakthrough when he developed a method to fix images onto a metal plate. These images, called daguerreotypes, were created by dipping the metal into photosensitive chemicals and then exposing it to an image. In 1838, Daguerre captured the first known photograph of a human being: a picture of a man having his shoes shined in Paris. His daguerreotype was presented to the French Academy of Sciences and the general public on January 9, 1839. This moment is widely regarded as the birth of modern photography. In exchange for his presentation, Daguerre was given a lifetime pension by the French government. Although French people were allowed to use the daguerreotype method freely, Daguerre applied for a patent on the invention in England. He hoped that the British government would buy the patent, but the plan never worked out.

Unfortunately, daguerreotypes were expensive and unaffordable for most people. They also could not easily be copied. At the time of its invention, people believed that painting, which was the most common way to create images of people and events, was a higher form of art than photography. Thus, it was not until journalists and the media began to make use of photography that people understood its value for accurately recording historical events.

Daguerre also encouraged people to use photography as both an artistic and scientific tool. Daguerre took photos of many statues because they were white and reflected light well. He also captured images of shells, fossils, animals, and even the moon, which scientists were able to study later.

On March 8, 1839, Daguerre's laboratory burned down. Almost all of his daguerreotypes were destroyed, and only 25 of his original works remained. This seems a tragic accident at first glance. However, since his insurance company paid him a high sum for the damage, it may not have been completely disastrous for Daguerre. In recognition of his contributions to photography, Daguerre's name was one of the 72 names inscribed on the Eiffel Tower when it was constructed in 1889.

The Person Who Invented Photography

■ **The Life of Louis Daguerre**

Period	Events
1787	Daguerre was born in France
1800-1820	27 ↓ 28
1821-1830	29
1831 and beyond	30 ↓ 31 ↓ Daguerre's name was inscribed on the Eiffel Tower

Louis Daguerre

■ **About Daguerre**

▶ Daguerre made money when the following happened: 32
▶ In addition to creating the daguerreotype, Daguerre is also famous for the following reason: 33

■ **The Value of Photography**

▶ At first, people did not appreciate photography as a form of art.
▶ People began to realize that photography was valuable when the following events happened: 34

第4回

問 1 Members of your group listed important events in Daguerre's life. Put the events into the boxes $\boxed{27}$ ~ $\boxed{31}$ in the order that they happened.

① Daguerre became famous for designing theatres
② Daguerre began learning under the first French panorama artist
③ Daguerre lost a lot of his works in a major fire
④ Daguerre started developing the photographing technology
⑤ Daguerre used his invention to take a picture of a human

問 2 Choose the best combination to complete the poster. $\boxed{32}$

A. He received payment from an insurance company.
B. He was paid to photograph the Eiffel Tower.
C. Many artists made his technique a common way to create images.
D. The French government rewarded him with a pension.

① A and B
② A and C
③ A and D
④ B and C
⑤ B and D
⑥ C and D

問 3 Choose the best statement to complete the poster. $\boxed{33}$

① He captured the first moving image of a man.
② He constructed many wonderful museums.
③ He developed a show using paintings and light.
④ He took the world's first permanent photograph.

— 127 —

問 4　Choose the best combination to complete the poster.　34

    A.　Daguerreotypes became a useful tool for scientists.

    B.　Daguerreotypes could be easily copied and shared.

    C.　People had a way to make images of themselves.

    D.　People saw life-like photos of the Eiffel Tower.

    E.　People used daguerreotypes to record their daily lives.

    F.　Reporters used photography to capture real events.

    ①   A and D

    ②   A and F

    ③   B and D

    ④   B and E

    ⑤   B, C and D

    ⑥   D, E and F

    ⑦   A, B, C and E

    ⑧   B, D, E and F

    ⑨   C, D, E and F

第6問 (配点 24)

A You are preparing for a group presentation on healthcare in Japan for your class. You have found the article below.

Foreign Medical Debt and Japan's Healthcare System

[1]　　Japan is famous for its healthy population and excellent healthcare system. Japanese people who are covered by the system may only need to pay 10-30% of their total healthcare costs. However, this system does not always help foreigners in Japan pay their medical bills. Therefore, when foreigners in Japan have emergency medical needs, both hospitals and patients can encounter problems. In 2016, for example, 35% of emergency hospitals in Japan cared for foreign patients who did not pay their medical bills. Typically, bills are more than three times as high for tourists as for foreign residents with national health insurance.

[2]　　When it comes to treating foreign patients, Japanese hospitals have three main difficulties. First, there's the language barrier. Hospital staff may not be able to ask questions or explain procedures to foreigners in their native languages. When people are injured or sick, they usually want a clear understanding of both their medical condition and the treatment they are being given.

[3]　　Second, patients may refuse to pay for treatment if the hospital does not tell them the cost in advance. In Japan, it is common practice to tell patients the price of their treatment only after they have received it. In other countries, however, people sometimes decide whether or not to receive treatment only after they have been told what the price will be and consider whether it's worth paying. Some hospitals make sure to confirm the credit card details of their patients as quickly as possible to be sure that bills will be paid. However, many Japanese hospitals do not accept credit cards, and

many foreigners do not carry cash.

[4]　　Third, patients simply may not be able to pay their medical bills. While this happens more frequently with patients from developing nations, it can happen to others as well. For example, a Taiwanese woman on her honeymoon while traveling in Japan unexpectedly gave birth. Due to its premature birth, the baby required medical care that amounted to 8 million yen. Although she had taken out travel insurance, the company did not cover her medical expenses. Fortunately, Taiwanese translators at the hospital asked the public to offer donations, and 21 million yen was raised to help the couple.

[5]　　The Japanese government has taken several measures to help foreigners seek and pay for medical care in Japan. First, money is being spent to help hospitals and clinics find employees and computer technologies to respond to foreign patients in various languages. Second, foreigners are being encouraged to take out medical insurance when they visit Japan. Presently, 30% of foreign visitors come to Japan without insurance. Third, medical institutions are being established in all 47 prefectures to handle both emergencies and regular outpatient care for foreign patients. Finally, hospitals are being encouraged to accept credit card payments in addition to cash.

[6]　　Measures are also being taken at Japan's ports of entry to reduce unpaid medical bills. Some foreigners with medical debt will not be allowed to re-enter the country if they leave. However, as Japan's population is declining, some hospitals cannot stay open unless they accept foreign patients. As the number of foreigners living in and visiting the country increases, Japan will have to find additional ways to deal with their medical troubles.

問1 According to the article, one of the reasons why some foreigners may not pay their medical bills in Japan is that ⎡35⎤.

① they do not see the bill before their treatment
② they expect their own country's insurance to cover it
③ they have to pay twice as much as Japanese people
④ they typically carry cash rather than credit cards

問2 In Paragraph [4], the author most likely mentions the Taiwanese woman in order to give an example of a foreigner who ⎡36⎤.

① came to Japan to seek special medical treatment
② could not communicate well enough with their doctor
③ did not have enough money to pay for their treatment
④ used travel insurance to cover a medical bill in full

問3 According to the article, one of the government's solutions for decreasing the number of cases in which foreigners are unable to pay their medical bills is to ⎡37⎤.

① enroll them in the national medical insurance plan
② establish special hospitals for them in each region
③ forbid people with unpaid bills to exit the country
④ make sure that all hospitals have human translators

問4　Which of the following statements best summarizes the article?　38

①　Foreign tourists are encouraged to seek medical treatment in Japan if they have travel insurance.

②　Foreigners' unpaid medical bills are causing healthcare costs to rise for everyone in Japan.

③　Japan's national health insurance system should be a model for medical care in other countries.

④　The Japanese government is trying to tackle problems caused by foreign visitors who receive medical care in Japan.

B You are studying about trends in the human diet over time. You are going to read the following article to understand why the United Nations recommends that people eat more bugs.

As the world's population increases, humans will have to look for new ways to feed themselves. The United Nations published a report in 2013 stating that insects will be the best food source for the world in the future. Many people enjoy meat as a source of protein, but raising animals like cows requires lots of food, water, and energy. In terms of nutrition, insects only need a fraction of the resources required by cows. This is because insects are cold-blooded, so they do not use energy to stay warm. They are also made up of up to 77% protein.

Insects might also be available as a food source during times of the year when traditional crops are not. In some parts of Mexico, for example, people live on small farms and eat wild plants. These plants are abundant from spring to fall but are harder to find during the winter. Families may also struggle to find food because only two species of corn and beans are available in the winter, and these crops cannot be harvested at all between February and September. However, there are between six and eleven species of insects readily available throughout the year that could help feed the people in these areas.

In some ways, the insect-eating movement is doing well. Although insects are not a typical part of the Western diet, more than 2 billion people worldwide eat them almost daily. In Cameroon, for example, students love eating deep-fried termites after school. There is also a company raising millions of fly larvae and selling their waste products, which are rich in nutrients. This nutrient-rich material can be used to feed fish, which are then sold to consumers. Though this particular method of using bugs is still rare, it is probably more acceptable to Westerners than eating bugs directly.

However, we have a long way to go before insect-eating becomes common worldwide. Westerners are reluctant to eat insects because they are seen as symbols of poor hygiene, and some non-Western groups that traditionally consume insects are continuing to adopt Western eating habits. Furthermore, when farmers use pesticides to kill insects that hurt their crops, the chemicals can poison the surviving insects and the people who consume them.

But there is still hope that those who refuse to eat insects could grow to appreciate them as a part of their diet. One university in the U.S. holds a "Bug Buffet" every year, encouraging people to try insects for the first time. While many people are reluctant at first, when they see the insects fried in butter, they are often willing to try them. To increase the number of people eating insects worldwide, the United Nations Food and Agriculture Organization is working to persuade people who currently eat insects to resist the temptation to switch to a Western diet. They are also searching for ways to harvest and farm insects profitably. Finally, they hope that meat farmers will start feeding animals like chickens, cows, and fish with bugs rather than other protein sources.

問1　People believe that insects are a possible solution to the world's hunger problems because 　39　.

① eating them is healthier than eating meat
② insect populations are increasing in many parts of the world
③ people in developing countries are running out of other options
④ they do not require as many resources as cows or pigs

問2 Out of the following four graphs, which illustrates the situation in Mexico the best? 40

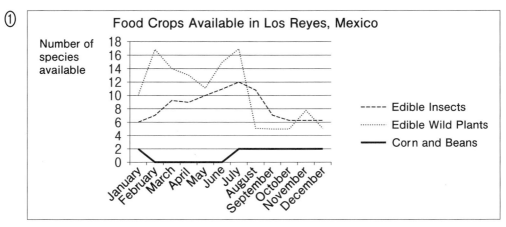

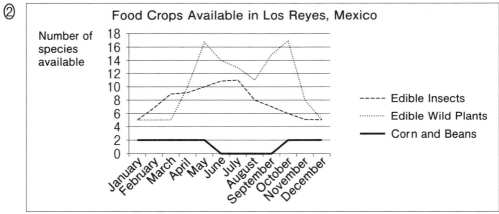

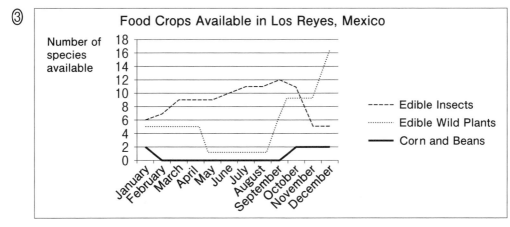

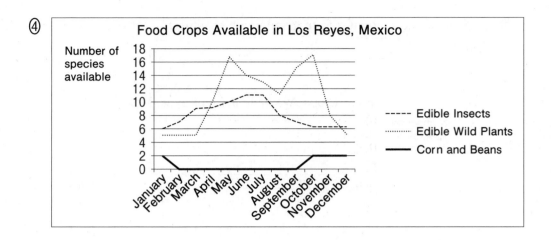

問3 According to the article, which two of the following tell us about the current situation regarding insects? (**Choose two options.** The order does not matter.) 41 · 42

① Many companies currently use bugs and their waste to feed fish.
② Some people are eating fewer insects as they are adopting a Western diet.
③ The UN is encouraging cattle farmers to farm insects instead of cows.
④ Using pesticides to kill insects has not been shown to harm humans.
⑤ Westerners tend not to eat insects because they believe they are dirty.

問4 The best title for this article is 43 .

① The Dangers of Raw Insect Consumption
② The Practical Value of Insects as Food
③ Using Insects to Feed Farm Animals
④ Why Westerners Are Eating More Insects

第 5 回

―― 問題を解くまえに ――

◆　本問題は100点満点です。

◆　問題解答時間は80分です。

◆　問題を解いたら必ず自己採点により学力チェックを行い，解答・解説，
学習対策を参考にしてください。

◆　以下は，'19全統共通テスト高2模試の結果を表したものです。

人　　　数	126,722
配　　　点	100
平　均　点	45.0
標 準 偏 差	18.6
最　高　点	100
最　低　点	0

$\left(\text{解答番号}\boxed{\quad 1 \quad}\sim\boxed{\quad 43 \quad}\right)$

第1問 （配点 10）

A You are preparing for your first school band concert during your study abroad program in Canada. You have received a note from your band director, Robert, with information about the day of the concert.

To all band members,

   You have done so much work to prepare for the concert next Saturday. I am sure it will be a wonderful performance for your teachers, friends, parents, and everyone else who attends! On the day of the show, please arrive by 5:00 p.m. dressed in black pants and a white shirt. Please finish preparing your instruments by 5:30 p.m. and line up to enter the concert hall at exactly 6:00 p.m. We will practice all the music during band class this Thursday, so don't be late! Right after the concert, there will be a celebration in the music classroom with food and drinks for everyone.

Sincerely,
Robert

— 138 —

問 1　Robert wants to remind students 　1　.

    ① about how to practice for the concert

    ② about the concert schedule

    ③ where to go to warm up

    ④ who is invited to the concert

問 2　Robert would also like students to know that 　2　.

    ① the band consists of the students' teachers and friends

    ② there will be a party immediately after the concert

    ③ they should finish changing their clothes by 5:30 p.m.

    ④ they will practice all the music right before the concert

B You visited the English website of a local college and found the following notice.

Special Course: How to Create Manga

Next Saturday, one of the art teachers from our college will teach a class on drawing manga. Participants will spend the day learning about tools and methods that professional manga creators use to bring their stories to life. They will also practice drawing using high-quality pens and paper provided by the art department.

This class is for exchange students. If you are interested in learning how to draw manga characters, please register for the course using the link below.

Manga Class Schedule

8:00 a.m. – 9:00 a.m.	Welcome and Introductions
	The History of Manga
9:00 a.m. – 11:30 a.m.	Drawing People: Hair, Hand, and Body Positions
11:30 a.m. – 12:30 p.m.	Lunch
12:30 p.m. – 2:00 p.m.	Drawing People: Face Structure and Emotions
2:00 p.m. – 3:00 p.m.	Making Clothes Look Real
3:00 p.m. – 4:30 p.m.	Drawing Animals: Mascots
4:30 p.m. – 5:00 p.m.	Closing Remarks and Group Photo

- This event is open to Japanese students as well. However, all activities will be held in English.
- Seats are limited to 20 students and will fill up quickly. Register today to get your seat in the course before the class is full.

For more information on joining this course, click **here**.

▶▶College Home Page

問1 The purpose of the notice is to find people who [3].

① are exchange students interested in manga
② are researching the history of manga
③ can help teach a class about drawing manga
④ want advice on how to publish their manga

問2 A student who joins the class will learn [4].

① how to write an exciting story
② ways to draw manga characters
③ what kinds of art other people like
④ where to meet other manga artists

問3 Participants may have a problem with the class if they [5].

① are over 20 years old
② cannot understand English well
③ forget to bring drawing materials
④ register for the course online

第2問 （配点 20）

A You want to make something special for your sister's birthday party. On a website, you found a recipe for a dish that looks good.

EASY LUNCH RECIPES

Here is one of our most popular dishes for a special occasion, back for the third year in a row. You will find this surprising combination tasty, refreshing, and healthy.

Chicken-Berry Sandwich

Ingredients (serves about 4)

A	200g blueberries	70g sugar	×1 lemon juice
B	200g chicken	×2 butter	salt & pepper
C	×2 chopped celery	×4 sour cream	×2 honey
D	bread slices		

Instructions

Step 1: Make **A**
1. Put the blueberries, sugar, and lemon juice in a pot.
2. Cook it over a low heat for 20 minutes and make blueberry jam. Don't forget to stir the pot once in a while.
   * You can skip this step if you buy blueberry jam.

Step 2: Make **B**
1. Heat the butter in a pan until it melts.
2. Add the chicken to the pan and cook for 10 minutes on each side. Season with pepper and salt.
3. After the chicken is fully cooked, remove it from the pan.
4. Chill both **A** and **B** in the refrigerator for 30 minutes.

Step 3: Put **B** and **C** together, finish with **D**
1. Remove **A** and **B** from the refrigerator. Cut **B** into small pieces.
2. In a large bowl, mix **B** with **C**.
3. Spread the mixture on one slice of bread.
4. Spread **A** on the other slice of bread.
5. Make a sandwich with them.

REVIEW & COMMENTS

saladqueen   *July 15, 2019 at 18:10*
My whole family loved this dish! The perfect combination of flavors. Tastes better without the celery.

Ramadash72   *August 1, 2019 at 12:03*
Whenever I make this, I double the ingredients so that we can eat it for several days. It's just as delicious on day two as it is on day one!

第5回

問1　This recipe is good if you want to ⬚ 6 ⬚.

① eat many different vegetables
② lose weight quickly
③ make something sweet
④ prepare food without using heat

問2　If you follow the instructions, it should take about ⬚ 7 ⬚ to complete Step 2.

① 10 minutes
② 30 minutes
③ 40 minutes
④ 50 minutes

問3　Someone who wants to save time while making this recipe might ⬚ 8 ⬚.

① buy blueberry jam
② cook the blueberries over a high heat
③ freeze the chicken
④ use a smaller bowl

問4　According to the website, one **fact** (not an opinion) about this recipe is that it ⬚ 9 ⬚.

① has been popular for years
② is best on the second day
③ is tastier than other sandwiches
④ isn't too creamy or heavy

— 143 —

問5 According to the website, one **opinion** (not a fact) about this recipe is that it ⬛ 10 ⬛.

① is better if eaten immediately

② is not for vegetarians

③ requires more than one bowl

④ tastes better without one ingredient

B Your English teacher gave you an article to help you prepare for a debate in the next class. A part of this article with one of the comments is shown below.

MORE SCHOOLS EXPLORING A FOUR-DAY SCHEDULE

By Melissa Garber, Denver
29 March, 2019・1:07 PM

In order to save money and keep high-quality teachers, more and more school districts across America are switching to four-day school weeks. During their four days of school, students start their classes earlier in the morning and leave later in the afternoon. This schedule gives teachers, who still work a full week, extra time to prepare lessons and participate in professional development opportunities.

Four-day weeks have benefits for students, as well. Studies show that more students attend classes when school is only four days long, and there is no evidence that this schedule has any negative effects on test scores. Janet Cawley, a high school principal, says, "Three-day weekends aren't vacations. Students who use the time wisely to study and relax will be able to focus better during classes."

To some people, however, schools proposing four-day weeks are asking for trouble. Says one parent, "I can't imagine that working parents will be able to take a day off every week to watch their kids." Other families are concerned because their children depend on schools to provide them with lunch. Schools with four-day schedules may need to offer activities for some students on the fifth day each week.

9 Comments

Newest
David Benion 5 April, 2019・6:12 PM

Moving to a four-day week was the best move our school ever made. My son is getting better grades than before, and he seems much less tired. Plus, I love spending more time with him! Luckily, it is easy for me to work from home one day a week.

問 1 According to the article, teachers benefit from four-day school weeks by
    11 .

    ① getting more sleep on the weekends than before
    ② having more time for planning and improvement
    ③ saving money on transportation to and from school
    ④ spending more time on club activities

問 2 In a debate, your team will support the statement "All schools should
    switch to four-day weeks." In the article, one **opinion** (not a fact) helpful
    for your team is that   12 .

    ① many hours of studying always lead to bad grades
    ② responsible students will benefit from long weekends
    ③ students need to build good time-management skills
    ④ studies show fewer students are absent when the school week is four
    days long

問 3 The other team will be on the opposite side. In the article, one **opinion**
    (not a fact) helpful for that team is that   13 .

    ① four-day weeks would make many students go to cram schools
    ② it is better to let students choose which schedule they would prefer
    ③ longer school hours would be too stressful for many students to handle
    ④ working parents would face difficulty changing their schedules

— 146 —

問4　In the third paragraph of the article, "asking for trouble" means ☐14☐ .

① causing students to worry

② likely to cause difficulties

③ starting an argument with someone else

④ wondering how to avoid danger

問5　According to his comment, David Benion ☐15☐ the opinion stated in the article.

① has no particular opinion about

② partly agrees with

③ strongly agrees with

④ strongly disagrees with

第3問 (配点 10)

A You found the following story in a blog written by a female student in your school.

A Gift from a Brazilian
Tuesday, May 15

　Last month, I started a part-time job as a tour guide. My job is to show foreign tourists around some of the city's best sights and give them authentic Japanese cultural experiences. This past weekend, I hosted a group of travelers from Brazil.

　Although they were all from the same country, the tourists had each come to Japan alone from a different part of Brazil. In the morning, I took them to a bamboo forest and a temple. There wasn't a cloud in the sky, so the tourists got to take some great pictures. After lunch and a visit to one of my favorite shopping districts, I performed a traditional Japanese tea ceremony for them.

　After the ceremony, I gave each of the tourists a small box of Japanese sweets as a gift. Then, one of the Brazilians surprised me by giving me a gift in return. He said I should wear it when I watch Japan and Brazil play soccer in the next World Cup. Then, we took a photo together, and the travelers returned to their hotels for the afternoon.

　Next week, I'm scheduled to guide some people from Nigeria. I can't wait to learn about another culture!

問1　During the guided tour, [16].

    ① it rained, so the group could not go outside

    ② one of the guests made tea for the writer

    ③ the tourists took pictures in the nice weather

    ④ the tourists went shopping before lunch

問2　You learned that the writer of this blog [17].

    ① drank tea and ate a meal with some famous soccer players

    ② has been working as a tour guide for a full year

    ③ talked to people from a foreign country and received a shirt

    ④ traveled to a city and watched Japan and Brazil play soccer

B You found the following story in a local study-abroad magazine.

The Way to the Heart is through the Stomach
Kimura Tomoyo（Teaching Assistant）

Alone and far from home, it can be difficult for foreign exchange students to make friends. As one of my own students learned, however, one of the best ways for people to build relationships and share culture is by cooking together.

This year, one of the families in our school hosted a foreign exchange student named Jiyong from South Korea. His Japanese skills were excellent, but for the first few months of school, he seemed quiet and afraid to talk to other students — even when they played soccer together. I knew that many students were interested in Korea, so I suggested that he start a Korean culture club. Jiyong was doubtful if anyone would be interested in Korean culture, but he said he would give it a try.

The next week, posters for the club appeared in the school halls. The posters advertised that once every two weeks, the club would meet after school to cook Korean food together. I heard some students ask Jiyong if they could play music by a certain Korean artist during their meeting. Jiyong was very surprised to hear that his classmates knew about that artist because she was only popular 50 years ago.

During the first club meeting, Jiyong taught everyone how to make *chijimi* — Korean pancakes. He added extra spices because he said that's what his mother always does. The Japanese students really enjoyed tasting all sorts of different Korean ingredients. One Japanese student said he would teach Jiyong how to cook *okonomiyaki* — Japanese pancakes — in return. Jiyong was glad that in addition to making many new friends, he'd be able to learn how to cook Japanese food. When I saw him a week later, he looked enthusiastic. He said that he would teach how to make *kimchi* in the next meeting!

— 150 —

第 5 回

問 1 According to the story, Jiyong's feelings changed in the following order: 18 .

① shy → excited → happy → amazed → uncertain
② shy → excited → uncertain → amazed → happy
③ shy → happy → amazed → excited → uncertain
④ shy → happy → amazed → uncertain → excited
⑤ shy → uncertain → amazed → happy → excited
⑥ shy → uncertain → excited → amazed → happy

問 2 Some students asked Jiyong if they could 19 .

① design posters featuring Korean artists
② play music that isn't popular today
③ practice speaking Korean with Jiyong
④ watch Korean dramas on TV together

問 3 From this story, you learned that Jiyong 20 .

① enjoys playing soccer with his friends and cooking for his host family
② had never visited Japan before and plays in a band in Korea
③ started teaching how to cook Korean food and made new friends
④ wishes he were better at speaking Japanese with his friends

第4問　(配点　16)

You are doing research on international students in the U.S. You found two articles.

International Students Attending U.S. Schools　　by Ada Brooks
February, 2018

　Many U.S. colleges and universities highlight a high level of international enrollment as a key selling point for their schools. A diverse campus offers more learning opportunities for all of its students; many of them are hoping to gain cultural knowledge that will help them succeed in the global economy. A high number of international students improves the reputation of an American school around the world.

　Since 2012, the number of international students enrolling in U.S. schools has been steadily growing. However, a recent report from the National Science Foundation shows a change in this trend that has many American educational institutions concerned. Between 2016 and 2017, the number of international students enrolling as undergraduates dropped 2.2 percent, and enrollment in graduate programs showed an even steeper drop.

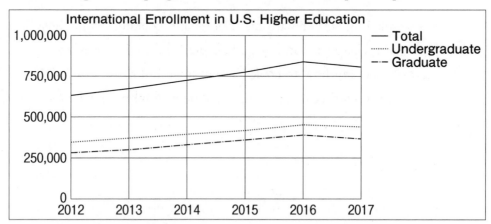

　If this trend continues, many American graduate programs could be in trouble, as international students make up a significant portion of their enrollment. In 2015, more than a third of graduate students studying science and engineering in the U.S. were from different countries, and they earned 50% of all doctoral degrees in computer science, economics, engineering, and math. Factors contributing to the drop include a decrease in the number of student visas issued and the rising cost of U.S. college tuition.

In my opinion, U.S. schools must first deal with the issue of cost. If international students who want to study in the U.S. do not face financial problems, they will be less likely to give up despite the difficulty in obtaining a visa.

Opinion on "International Students Attending U.S. Schools"   by S. Y.

March, 2018

I studied in the U.S. as an international student, and I was not altogether surprised to learn that the number of international students studying there is down. I'm sure the change is partially due to higher tuition and a tighter visa system, but I think cuts to scholarship programs are also a factor.

In 2007, when I came to the U.S. from Saudi Arabia for graduate school, I was supported by my government's new international scholarship program. By the year that my sister went to the U.S. to study as an undergraduate, the program was even more popular. She was one of over 50,000 Saudis studying in the U.S., a number that certainly contributed to the more than 750,000 international students there. The following year, even more international students attended U.S. schools. But according to Ada Brooks's article, in the same year that the number of international students in the U.S. hit its peak, my country's program started offering fewer scholarships.

By the time I finished graduate school, there were many other international students both in my program and in other departments at my university. It was helpful to have a substantial community of international students who faced similar challenges, such as language barriers, homesickness, and visa issues. For the sake of those international students who do manage to come to the U.S. to study, I hope the trend of dropping student enrollment reverses so that they do not lose the support system that a community of other international students provides.

問1 Neither Ada Brooks nor S.Y. mentions ▢21 .

① an increase in the cost of attending U.S. colleges
② scholarships that are available to international students
③ the benefits that international students bring to colleges
④ the total number of American colleges and universities

問2 S.Y.'s sister began studying as an undergraduate in the U.S. in ▢22 .

① 2014
② 2015
③ 2016
④ 2017

問3 According to the articles, the factors causing the declining number of international students in the U.S. include ▢23 . (Choose the best combination from among ① to ⑥.)

A. economic recession
B. fewer scholarship programs
C. higher tuitions of U.S. colleges
D. the decrease in the number of U.S. colleges

① A and B
② A and C
③ A and D
④ B and C
⑤ B and D
⑥ C and D

問4 Ada Brooks states that international students ⬚24⬚, and S.Y. states that they ⬚25⬚. (Choose a different option for each box.)

① are more likely to study math than science
② join more student groups than U.S. students
③ provide learning opportunities for other students
④ receive more scholarships than U.S. students
⑤ sometimes miss their home countries

問5 Based on the information from both articles, you are going to write a report for homework. The best title for your report would be " ⬚26⬚ ."

① Finding Your Community as an International Student
② International Students Make Up 50% of U.S. Doctoral Degrees
③ Studying Abroad as an Undergraduate vs. Studying as a Graduate Student
④ U.S. Schools Face a Decline in International Enrollment

第5問 (配点 20)

Your group is preparing a poster presentation titled "Achieving New Heights for Female Pilots" using information from the magazine article below.

Amy Johnson was the first female pilot to complete a solo flight from Britain to Australia. Born in 1903 to a family of fish merchants, Johnson spent her childhood in Yorkshire, England. She studied economics at a nearby university and first became interested in flying only as a hobby. Using the money that she earned from her job as a secretary, Johnson bought herself flying lessons and learned how to build and operate airplanes. She was naturally talented when it came to mechanical devices, and in 1929, soon after becoming interested in flying, she obtained her pilot's license. She purchased her first plane, *Jason,* with financial assistance from her father. Though she didn't have much experience, Johnson quickly decided that she wanted to break a world record, so she set her goals on an international journey.

The first flight from Britain to Australia had been achieved around ten years earlier when the Australian government held a competition for pilots in 1919. Four teams of men competed, and the winning team took twenty-eight days to complete the trip. The first solo flight from Britain to Australia was accomplished in 1928 by Australian pilot Bert Hinkler, who took eighteen days. Two years later, flying *Jason*, Johnson finished the 9,500-mile flight in nineteen and a half days. She was the first female pilot to successfully complete the journey alone, and this accomplishment made Johnson famous almost overnight — she received messages of congratulations from many famous people including the king of England. Because of the remarkable flight, *Jason* is still preserved in a London museum today.

After her first major success, Johnson continued competing to complete extreme flights in record times. The following year, she and a copilot became the first team to fly from London to Moscow in less than one day. The pair continued onward from Moscow across Siberia, eventually reaching Tokyo and setting a new record for the fastest flight from Britain to Japan. Johnson set another solo record with her flight from London to Cape Town, South Africa, in 1932. Right after that, she and her then-husband — a Scottish pilot named Jim Mollison, who had proposed to her during a flight they piloted together — set a new record for the fastest time from Britain to India as part of an official race to Australia.

In 1940, two years after divorcing Mollison, Johnson joined an organization that

— 156 —

helped the Royal Air Force in World War II. She became the first officer of that organization, which transported military aircraft between the battlefield and maintenance facilities when they became damaged and needed repairs. In 1941, while doing this work, she was caught in a storm, and her plane crashed into the ocean. Some crew members from a nearby ship saw her fall but failed in their attempts to rescue her. Johnson's body was never found. Due to these circumstances, Amy Johnson is remembered as a war hero in addition to being a record-breaking female pilot. Several buildings in Britain are named after her, and she is considered an inspirational figure for many female pilots today.

Achieving New Heights for Female Pilots

■ The Life of Amy Johnson

Period	Events
1900s	Johnson was born and raised in Yorkshire
1920s	27 ↓ 28
1930s and beyond	29 ↓ 30 ↓ 31

Amy Johnson

■ About *Jason*

▶ *Jason* was Johnson's first airplane: 32
▶ *Jason* is preserved in a London museum.

■ Amy Johnson's Legacy

▶ A statement from Amy Johnson: " 33 ."
▶ Johnson is celebrated for the following reasons: 34

問1　Members of your group listed important events in Johnson's life.　Put the events into the boxes | 27 | ~ | 31 | in the order that they happened.

① Johnson flew from Britain to Japan in record time
② Johnson got her pilot's license
③ Johnson recorded the fastest flight from Britain to India
④ Johnson worked as a secretary
⑤ Johnson worked with the Royal Air Force

問2　Choose the best combination of two statements to complete the poster.
| 32 | (Choose the best combination from among ① to ⑥.)

A. it made a historic single-pilot flight of more than 9,000 miles.
B. it set the record for the fastest trip from Britain to Australia.
C. it was purchased partially with money from her father.
D. it was the first airplane to be owned by a woman.

① A and B
② A and C
③ A and D
④ B and C
⑤ B and D
⑥ C and D

問3　Which of the following statements would Johnson most likely have made?
| 33 |

① Flying is more rewarding with a copilot to share the journey
② I never cared about breaking records; I just wanted to see the world
③ Never stop challenging yourself by setting new goals
④ Without a doubt, Bert Hinkler is the love of my life

問4 Choose the best combination to complete the poster. ┃34┃ (Choose the best combination from among ① to ⑨.)

A. Johnson established various world records for flight time.

B. Johnson graduated from flight school at the top of her class.

C. Johnson invented a new type of plane wing.

D. Johnson transported damaged aircraft in World War II.

E. Johnson was the first female pilot to fly alone from Britain to Australia.

F. Johnson was the first woman to receive a pilot's license.

① A and F

② B and C

③ B and F

④ A, D and E

⑤ B, C and D

⑥ D, E and F

⑦ A, B, C and E

⑧ A, D, E and F

⑨ B, C, D and F

第6問 （配点 24）

A You are preparing for a group presentation on Machu Picchu for your class. You have found the article below.

New Machu Picchu Airport under Debate

[1] The government of Peru has recently announced plans to build a new international airport near the famous ancient ruins of Machu Picchu, a city where the Inca people lived long ago. It claims that the proposed airport would bring a needed increase in tourism to the area and improve Peru's economy. However, archaeologists and historians worry that this construction would put Machu Picchu at serious risk of being destroyed by human activity. The conflict between promoting tourism and preserving the ruins has led to a hot debate.

[2] Currently, tourists who want to visit the ruins of Machu Picchu have to fly to the city of Cuzco, 46 miles away. From there, they can either hike through the Sacred Valley of the Incas for several days or take a train to Aguas Calientes, a small city from which the ruins are accessible by bus. Many tourists consider this journey to be an important part of visiting the ruins and enjoy taking their time to experience the beautiful scenery. Other tourists, however — such as those not in good physical condition or with little time — would prefer quicker and easier access to the ancient city.

[3] Tourism is the third-largest industry in Peru, and Machu Picchu is easily the most popular destination. The proposed airport is part of a bigger plan by the Peruvian government to make tourism Peru's second-largest industry. Increasing the number of foreign visitors would improve the local economies near tourist destinations, and because Peru is still a developing country, tourism is vital for national economic growth.

[4] On the other hand, if Machu Picchu is destroyed by increased levels of

human activity, there will be nothing to attract tourists. Archaeologists claim that low flights by landing airplanes will cause damage to the area over time. The noise and air pollution that will accompany larger crowds will also put Machu Picchu at risk. Furthermore, the airport is expected to reduce some of the area's main water sources. Along with scientists and historians who want to preserve the history of ancient peoples in the region, tour guides are fighting to stop the project.

[5]　　Some people are worried about not only the airport itself but also the effects of any growth in tourism. They argue that Machu Picchu receives enough visitors already, and possibly too many as it is. Since declaring Machu Picchu to be a World Heritage Site in 1983, UNESCO has watched its annual tourism rates steadily increase and is becoming concerned about its archaeological preservation. The site received more than 1.5 million visitors in 2017, almost twice the number of visitors that UNESCO recommends for its protection. Although the Peruvian government has set a limit of 2,500 visitors to the ruins per day, UNESCO has considered adding Machu Picchu to its list of endangered sites.

[6]　　While archaeologists and preservationists question the construction of the new airport, the initial planning phase has already begun. Peruvian citizens seem divided on the topic. Some people in the area have already started to benefit from rising property values, and new houses and hotels are also being built. Unless work is halted, the government of Peru projects that the airport will be open for business in 2023. It may be only a matter of time before the fate of this ancient city is sealed.

問 1   According to the article, the question of whether to build a new airport is debated because   35 .

① it might damage the ancient tourist sites
② people are worried about the construction noise
③ people can't visit Machu Picchu during the construction
④ taxes would be raised to fund the airport construction

問 2   Traveling by land to Machu Picchu   36 .

① causes great difficulty for a majority of tourists visiting the area
② is annoying because passengers can't enjoy the wonderful scenery
③ is regarded by many as an important part of the visit
④ was replaced by a train ride many years ago

問 3   In Paragraph [4], the author mentions tour guides as an example of   37 .

① experts who are worried about the area's main water sources
② experts who know the negative effects of low-flying airplanes
③ people who are worried about the destruction of the historic ruins
④ people who do not know much about the effects of low flights

問4 Which of the following statements best summarizes the article? 38

① Citizens of Cuzco, a city near Machu Picchu, are against the construction of a new airport.

② Despite potential negative impacts, a new international airport is being planned near Machu Picchu.

③ The future of Peru's economy won't depend on the growth of tourism to Machu Picchu anymore.

④ To preserve an important cultural site, many tourists have been asked not to visit Machu Pichu.

B You are studying the effects of environmental pollution. You are going to read the following article about changing levels of a harmful substance in North America's Great Lakes.

The five Great Lakes, located in the mid-east region of North America, form the largest interconnected group of freshwater lakes in the world. On the border between Canada and the United States, and home to many fish species, the lakes have long supported the industries of both commercial and tourism fishing in both countries.

In the 1970s, those industries were threatened when toxaphene — a pesticide, or substance used to control insects — began to show up in tests of Great Lakes fish. The use of toxaphene expanded in 1972, when the popular pesticide DDT was banned because of the harmful effects it had on wildlife, including reproductive problems in mice and the thinning of eggshells in birds.

Unfortunately, toxaphene caused problems as well. The substance traveled to the Great Lakes on the wind from as far away as cotton farms in the American South. There, it broke down slowly and accumulated in the fatty tissue of fish and other animals. In 1977, testing showed that concentration levels of toxaphene were as high as 6,000 nanograms in Lake Michigan trout; in Lake Huron, the number was close to 9,000. Although concrete human data on safe levels was lacking at the time, studies in animals had already shown that the substance was linked to cancer and could cause harm to the liver, kidneys, and nervous system, so experts found these numbers distressing. Scientists, health officials, and environmental activists began to raise the alarm that people who ate fish from the Great Lakes might be exposed to dangerous levels of the pesticide.

In the 1980s, Canada, as well as many state and local governments in the Great Lakes area of the U.S., banned the substance, and in 1990, its use was no longer allowed anywhere in the United States. The pesticide takes a long time to break down, however, so levels in Great Lakes fish nonetheless continued to rise for a few years.

However, in the mid-1990s, testing in the Great Lakes showed promising improvement. And by 2009, when toxaphene could no longer be legally bought, sold, or used anywhere in the world, levels had fallen significantly in all of the lakes. This was especially true for Lake Erie, where toxaphene was present only at barely detectable levels. The 2009 level in Lake Superior was the highest of the five lakes. According to Thomas Holsen, a professor of civil and environmental engineering at Clarkson University in New York, this is because Superior is the largest and coldest Great Lake. Its size makes it a bigger target for airborne toxaphene, and its cold water does not release the chemicals as quickly as warmer water does.

When the harmful chemicals that make up toxaphene are released from the Great Lakes, where do they go? Unfortunately, says Holsen, for a while they simply keep traveling around the world, so some of the toxaphene that was formerly concentrated in Great Lakes fish is likely now in some other area's bodies of water or soil. Eventually, however, the chemicals will break down and disappear.

問1 The ban of the pesticide DDT in 1972 resulted in ⬚39⬚ .

① a decrease in liver cancer, which was celebrated by environmental activists

② a decrease in the production of cotton, which was hard on Southern farmers

③ an increase in the number of insects, which was good for birds and fish

④ an increase in the use of toxaphene, which accumulated in the Great Lakes

— 165 —

問2 Out of the following four graphs, which illustrates the situation the best? 40

①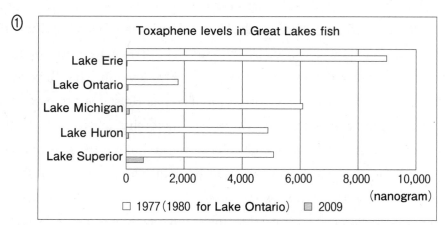

②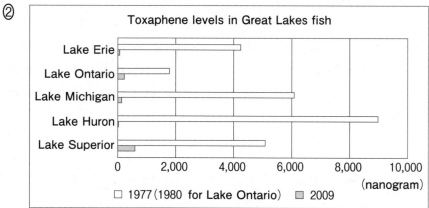

③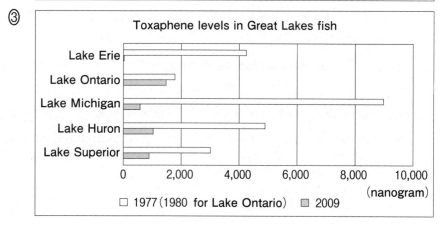

④

Toxaphene levels in Great Lakes fish

Lake Erie

Lake Ontario

Lake Michigan

Lake Huron

Lake Superior

0   2,000   4,000   6,000   8,000   10,000
(nanogram)

□ 1977 (1980 for Lake Ontario)   ▨ 2009

問3 According to the article, which two of the following tell us about the use and properties of toxaphene? (**Choose two options**. The order does not matter.) ⟦41⟧・⟦42⟧

① Toxaphene can cause birds' eggs to have thinner shells.

② Toxaphene is now legal in only a few places in the world.

③ Toxaphene never breaks down or disappears completely.

④ Toxaphene stays in cold water longer than it does in warm water.

⑤ Toxaphene was illegal everywhere in the U.S. in 1990.

問4 The best title for this article is ⟦43⟧.

① Harmful Substances in Fish Outweigh Health Benefits

② Legal Measures against Pesticides Show Real Results

③ Natural Alternatives to Chemical Pesticides in Agriculture

④ The Commercial Fishing Industry in the Great Lakes

大学入学共通テスト

'21第1日程

（2021年1月実施）

80分　100点

各大問の英文や図表を読み，解答番号 | 1 | ～ | 47 | にあてはまるものとして
最も適当な選択肢を選びなさい。

第 1 問 （配点 10）

A Your dormitory roommate Julie has sent a text message to your mobile
phone with a request.

Help!!!
Last night I saved my history homework on a USB memory
stick. I was going to print it in the university library this
afternoon, but I forgot to bring the USB with me. I need to
give a copy to my teacher by 4 p.m. today. Can you bring my
USB to the library? I think it's on top of my history book on
my desk. I don't need the book, just the USB.♡

Sorry Julie, I couldn't find it. The history book was there, but
there was no USB memory stick. I looked for it everywhere,
even under your desk. Are you sure you don't have it with
you? I'll bring your laptop computer with me, just in case.

You were right! I did have it. It was at the bottom of my bag.
What a relief!
Thanks anyway. ☺

－ 170 －

問 1　What was Julie's request?　1

① To bring her USB memory stick

② To hand in her history homework

③ To lend her a USB memory stick

④ To print out her history homework

問 2　How will you reply to Julie's second text message?　2

① Don't worry. You'll find it.

② I'm really glad to hear that.

③ Look in your bag again.

④ You must be disappointed.

B Your favorite musician will have a concert tour in Japan, and you are thinking of joining the fan club. You visit the official fan club website.

TYLER QUICK FAN CLUB

Being a member of the **TYLER QUICK** (**TQ**) fan club is so much fun! You can keep up with the latest news, and take part in many exciting fan club member events. All new members will receive our New Member's Pack. It contains a membership card, a free signed poster, and a copy of **TQ**'s third album ***Speeding Up***. The New Member's Pack will be delivered to your home, and will arrive a week or so after you join the fan club.

TQ is loved all around the world. You can join from any country, and you can use the membership card for one year. The **TQ** fan club has three types of membership: Pacer, Speeder, and Zoomer.

Please choose from the membership options below.

What you get (♫)	Membership Options		
	Pacer ($20)	Speeder ($40)	Zoomer ($60)
Regular emails and online magazine password	♫	♫	♫
Early information on concert tour dates	♫	♫	♫
TQ's weekly video messages	♫	♫	♫
Monthly picture postcards		♫	♫
TQ fan club calendar		♫	♫
Invitations to special signing events			♫
20% off concert tickets			♫

— 172 —

◇ Join before May 10 and receive a $10 discount on your membership fee!

◇ There is a $4 delivery fee for every New Member's Pack.

◇ At the end of your 1st year, you can either renew or upgrade at a 50% discount.

Whether you are a Pacer, a Speeder, or a Zoomer, you will love being a member of the **TQ** fan club. For more information, or to join, click *here*.

問 1 A New Member's Pack 3 .

① includes TQ's first album
② is delivered on May 10
③ requires a $10 delivery fee
④ takes about seven days to arrive

問 2 What will you get if you become a new Pacer member? 4

① Discount concert tickets and a calendar
② Regular emails and signing event invitations
③ Tour information and postcards every month
④ Video messages and access to online magazines

問 3 After being a fan club member for one year, you can 5 .

① become a Zoomer for a $50 fee
② get a New Member's Pack for $4
③ renew your membership at half price
④ upgrade your membership for free

第2問 (配点 20)

A As the student in charge of a UK school festival band competition, you are examining all of the scores and the comments from three judges to understand and explain the rankings.

Judges' final average scores				
Band names　　Qualities	Performance (5.0)	Singing (5.0)	Song originality (5.0)	Total (15.0)
Green Forest	3.9	4.6	5.0	13.5
Silent Hill	4.9	4.4	4.2	13.5
Mountain Pear	3.9	4.9	4.7	13.5
Thousand Ants	(did not perform)			

Judges' individual comments	
Mr Hobbs	Silent Hill are great performers and they really seemed connected with the audience. Mountain Pear's singing was great. I loved Green Forest's original song. It was amazing!
Ms Leigh	Silent Hill gave a great performance. It was incredible how the audience responded to their music. I really think that Silent Hill will become popular! Mountain Pear have great voices, but they were not exciting on stage. Green Forest performed a fantastic new song, but I think they need to practice more.
Ms Wells	Green Forest have a new song. I loved it! I think it could be a big hit!

	Judges' shared evaluation (summarised by Mr Hobbs)

Each band's total score is the same, but each band is very different. Ms Leigh and I agreed that performance is the most important quality for a band. Ms Wells also agreed. Therefore, first place is easily determined.

To decide between second and third places, Ms Wells suggested that song originality should be more important than good singing. Ms Leigh and I agreed on this opinion.

問 1　Based on the judges' final average scores, which band sang the best? ☐ 6 ☐

① Green Forest

② Mountain Pear

③ Silent Hill

④ Thousand Ants

問 2　Which judge gave both positive and critical comments? ☐ 7 ☐

① Mr Hobbs

② Ms Leigh

③ Ms Wells

④ None of them

問 3 One **fact** from the judges' individual comments is that ☐ 8 .

① all the judges praised Green Forest's song

② Green Forest need to practice more

③ Mountain Pear can sing very well

④ Silent Hill have a promising future

問 4 One **opinion** from the judges' comments and shared evaluation is that ☐ 9 .

① each evaluated band received the same total score

② Ms Wells' suggestion about originality was agreed on

③ Silent Hill really connected with the audience

④ the judges' comments determined the rankings

問 5 Which of the following is the final ranking based on the judges' shared evaluation? ☐ 10

	1st	2nd	3rd
①	Green Forest	Mountain Pear	Silent Hill
②	Green Forest	Silent Hill	Mountain Pear
③	Mountain Pear	Green Forest	Silent Hill
④	Mountain Pear	Silent Hill	Green Forest
⑤	Silent Hill	Green Forest	Mountain Pear
⑥	Silent Hill	Mountain Pear	Green Forest

B You've heard about a change in school policy at the school in the UK where you are now studying as an exchange student. You are reading the discussions about the policy in an online forum.

New School Policy ＜Posted on 21 September 2020＞
To: P. E. Berger
From: K. Roberts

Dear Dr Berger,

On behalf of all students, welcome to St Mark's School. We heard that you are the first Head Teacher with a business background, so we hope your experience will help our school.

I would like to express one concern about the change you are proposing to the after-school activity schedule. I realise that saving energy is important and from now it will be getting darker earlier. Is this why you have made the schedule an hour and a half shorter? Students at St Mark's School take both their studies and their after-school activities very seriously. A number of students have told me that they want to stay at school until 6.00 pm as they have always done. Therefore, I would like to ask you to think again about this sudden change in policy.

Regards,
Ken Roberts
Head Student

Re: New School Policy < Posted on 22 September 2020 >

To: K. Roberts

From: P. E. Berger

Dear Ken,

Many thanks for your kind post. You've expressed some important concerns, especially about the energy costs and student opinions on school activities.

The new policy has nothing to do with saving energy. The decision was made based on a 2019 police report. The report showed that our city has become less safe due to a 5% increase in serious crimes. I would like to protect our students, so I would like them to return home before it gets dark.

Yours,

Dr P. E. Berger

Head Teacher

2021年度第 1 日程

問 1　Ken thinks the new policy ⬚11⬚ .

　　① can make students study more

　　② may improve school safety

　　③ should be introduced immediately

　　④ will reduce after-school activity time

問 2　One **fact** stated in Ken's forum post is that ⬚12⬚ .

　　① more discussion is needed about the policy

　　② the Head Teacher's experience is improving the school

　　③ the school should think about students' activities

　　④ there are students who do not welcome the new policy

問 3　Who thinks the aim of the policy is to save energy? ⬚13⬚

　　① Dr Berger

　　② Ken

　　③ The city

　　④ The police

— 179 —

問 4 Dr Berger is basing his new policy on the **fact** that ⬚14⬚ .

① going home early is important

② safety in the city has decreased

③ the school has to save electricity

④ the students need protection

問 5 What would you research to help Ken oppose the new policy? ⬚15⬚

① The crime rate and its relation to the local area

② The energy budget and electricity costs of the school

③ The length of school activity time versus the budget

④ The study hours for students who do after-school activities

第3問 (配点 15)

A You are planning to stay at a hotel in the UK. You found useful information in the Q&A section of a travel advice website.

I'm considering staying at the Hollytree Hotel in Castleton in March 2021. Would you recommend this hotel, and is it easy to get there from Buxton Airport? (Liz)

- -

Answer

Yes, I strongly recommend the Hollytree. I've stayed there twice. It's inexpensive, and the service is brilliant! There's also a wonderful free breakfast. (Click *here* for access information.)

Let me tell you my own experience of getting there.

On my first visit, I used the underground, which is cheap and convenient. Trains run every five minutes. From the airport, I took the Red Line to Mossfield. Transferring to the Orange Line for Victoria should normally take about seven minutes, but the directions weren't clear and I needed an extra five minutes. From Victoria, it was a ten-minute bus ride to the hotel.

The second time, I took the express bus to Victoria, so I didn't have to worry about transferring. At Victoria, I found a notice saying there would be roadworks until summer 2021. Now it takes three times as long as usual to get to the hotel by city bus, although buses run every ten minutes. It's possible to walk, but I took the bus as the weather was bad.

Enjoy your stay! (Alex)

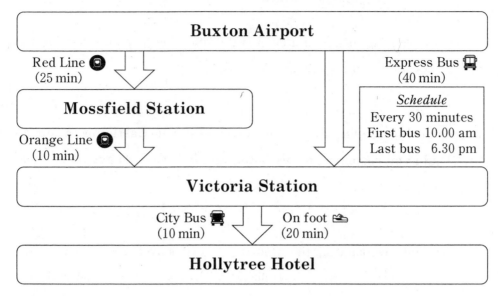

問 1 From Alex's answer, you learn that Alex 16 .

① appreciates the convenient location of the hotel
② got lost in Victoria Station on his first visit to Castleton
③ thinks that the hotel is good value for money
④ used the same route from the airport both times

問 2 You are departing on public transport from the airport at 2.00 pm on 15 March 2021. What is the fastest way to get to the hotel? 17

① By express bus and city bus
② By express bus and on foot
③ By underground and city bus
④ By underground and on foot

B Your classmate showed you the following message in your school's newsletter, written by an exchange student from the UK.

Volunteers Wanted!

Hello, everyone. I'm Sarah King, an exchange student from London. I'd like to share something important with you today.

You may have heard of the Sakura International Centre. It provides valuable opportunities for Japanese and foreign residents to get to know each other. Popular events such as cooking classes and karaoke contests are held every month. However, there is a serious problem. The building is getting old, and requires expensive repairs. To help raise funds to maintain the centre, many volunteers are needed.

I learnt about the problem a few months ago. While shopping in town, I saw some people taking part in a fund-raising campaign. I spoke to the leader of the campaign, Katy, who explained the situation. She thanked me when I donated some money. She told me that they had asked the town mayor for financial assistance, but their request had been rejected. They had no choice but to start fund-raising.

Last month, I attended a lecture on art at the centre. Again, I saw people trying to raise money, and I decided to help. They were happy when I joined them in asking passers-by for donations. We tried hard, but there were too few of us to collect much money. With a tearful face, Katy told me that they wouldn't be able to use the building much longer. I felt the need to do something more. Then, the idea came to me that other students might be willing to help. Katy was delighted to hear this.

Now, I'm asking you to join me in the fund-raising campaign to help the Sakura International Centre. Please email me today! As an exchange student, my time in Japan is limited, but I want to make the most of it. By working together, we can really make a difference.

Class 3 A
Sarah King (sarahk@sakura-h.ed.jp)

せーラ・キング

問 1　Put the following events (①~④) into the order in which they happened.

18 → 19 → 20 → 21

① Sarah attended a centre event.

② Sarah donated money to the centre.

③ Sarah made a suggestion to Katy.

④ The campaigners asked the mayor for help.

問 2　From Sarah's message, you learn that the Sakura International Centre 22 .

① gives financial aid to international residents

② offers opportunities to develop friendships

③ publishes newsletters for the community

④ sends exchange students to the UK

問 3　You have decided to help with the campaign after reading Sarah's message. What should you do first? 23

① Advertise the events at the centre.

② Contact Sarah for further information.

③ Organise volunteer activities at school.

④ Start a new fund-raising campaign.

第4問 (配点 16)

Your English teacher, Emma, has asked you and your classmate, Natsuki, to help her plan the day's schedule for hosting students from your sister school. You're reading the email exchanges between Natsuki and Emma so that you can draft the schedule.

Hi Emma,

We have some ideas and questions about the schedule for the day out with our 12 guests next month. As you told us, the students from both schools are supposed to give presentations in our assembly hall from 10:00 a.m. So, I've been looking at the attached timetable. Will they arrive at Azuma Station at 9:39 a.m. and then take a taxi to the school?

We have also been discussing the afternoon activities. How about seeing something related to science? We have two ideas, but if you need a third, please let me know.

Have you heard about the special exhibition that is on at Westside Aquarium next month? It's about a new food supplement made from sea plankton. We think it would be a good choice. Since it's popular, the best time to visit will be when it is least busy. I'm attaching the graph I found on the aquarium's homepage.

Eastside Botanical Garden, together with our local university, has been developing an interesting way of producing electricity from plants. Luckily, the professor in charge will give a short talk about it on that day in the early afternoon! Why don't we go?

Everyone will want to get some souvenirs, won't they? I think West Mall, next to Hibari Station, would be best, but we don't want to carry them around with us all day.

Finally, every visitor to Azuma should see the town's symbol, the statue in Azuma Memorial Park next to our school, but we can't work out a good schedule. Also, could you tell us what the plan is for lunch?

Yours,
Natsuki

Hi Natsuki,

Thank you for your email! You've been working hard. In answer to your question, they'll arrive at the station at 9:20 a.m. and then catch the school bus.

The two main afternoon locations, the aquarium and botanical garden, are good ideas because both schools place emphasis on science education, and the purpose of this program is to improve the scientific knowledge of the students. However, it would be wise to have a third suggestion just in case.

Let's get souvenirs at the end of the day. We can take the bus to the mall arriving there at 5:00 p.m. This will allow almost an hour for shopping and our guests can still be back at the hotel by 6:30 p.m. for dinner, as the hotel is only a few minutes' walk from Kaede Station.

About lunch, the school cafeteria will provide boxed lunches. We can eat under the statue you mentioned. If it rains, let's eat inside.

Thank you so much for your suggestions. Could you two make a draft for the schedule?

Best,
Emma

Attached timetable:

Train Timetable
Kaede — Hibari — Azuma

Stations	Train No.			
	108	109	110	111
Kaede	8:28	8:43	9:02	9:16
Hibari	8:50	9:05	9:24	9:38
Azuma	9:05	9:20	9:39	9:53

Stations	Train No.			
	238	239	240	241
Azuma	17:25	17:45	18:00	18:15
Hibari	17:40	18:00	18:15	18:30
Kaede	18:02	18:22	18:37	18:52

Attached graph:

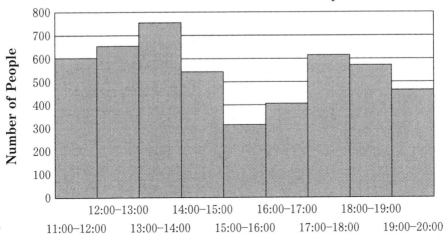

問 1 The guests from the sister school will arrive on the number ⬜24⬜ train and catch the number ⬜25⬜ train back to their hotel.

① 109 ② 110 ③ 111
④ 238 ⑤ 239 ⑥ 240

問 2 Which best completes the draft schedule? ⬜26⬜

A : The aquarium   B : The botanical garden
C : The mall   D : The school

① D→A→B→C

② D→B→A→C

③ D→B→C→A

④ D→C→A→B

問 3　Unless it rains, the guests will eat lunch in the 　27　 .

① botanical garden

② park next to the school

③ park next to the station

④ school garden

問 4　The guests will **not** get around 　28　 on that day.

① by bus

② by taxi

③ by train

④ on foot

問 5　As a third option, which would be the most suitable for your program?
　29

① Hibari Amusement Park

② Hibari Art Museum

③ Hibari Castle

④ Hibari Space Center

2021年度第1日程

第5問 （配点 15）

Using an international news report, you are going to take part in an English oral presentation contest. Read the following news story from France in preparation for your talk.

Five years ago, Mrs. Sabine Rouas lost her horse. She had spent 20 years with the horse before he died of old age. At that time, she felt that she could never own another horse. Out of loneliness, she spent hours watching cows on a nearby milk farm. Then, one day, she asked the farmer if she could help look after them.

The farmer agreed, and Sabine started work. She quickly developed a friendship with one of the cows. As the cow was pregnant, she spent more time with it than with the others. After the cow's baby was born, the baby started following Sabine around. Unfortunately, the farmer wasn't interested in keeping a bull—a male cow—on a milk farm. The farmer planned to sell the baby bull, which he called Three-oh-nine (309), to a meat market. Sabine decided she wasn't going to let that happen, so she asked the farmer if she could buy him and his mother. The farmer agreed, and she bought them. Sabine then started taking 309 for walks to town. About nine months later, when at last she had permission to move the animals, they moved to Sabine's farm.

Soon after, Sabine was offered a pony. At first, she wasn't sure if she wanted to have him, but the memory of her horse was no longer painful, so she accepted the pony and named him Leon. She then decided to return to her old hobby and started training him for show jumping. Three-oh-nine, who she had renamed Aston, spent most of his time with Leon, and the two became really close friends. However, Sabine had not expected Aston to pay close attention to her training routine with Leon, nor had she expected Aston to pick up some

— 189 —

tricks. The young bull quickly mastered walking, galloping, stopping, going backwards, and turning around on command. He responded to Sabine's voice just like a horse. And despite weighing 1,300 kg, it took him just 18 months to learn how to leap over one-meter-high horse jumps with Sabine on his back. Aston might never have learned those things without having watched Leon. Moreover, Aston understood distance and could adjust his steps before a jump. He also noticed his faults and corrected them without any help from Sabine. That's something only the very best Olympic-standard horses can do.

Now Sabine and Aston go to weekend fairs and horse shows around Europe to show off his skills. Sabine says, "We get a good reaction. Mostly, people are really surprised, and at first, they can be a bit scared because he's big—much bigger than a horse. Most people don't like to get too close to bulls with horns. But once they see his real nature, and see him performing, they often say, 'Oh he's really quite beautiful.' "

"Look!" And Sabine shows a photo of Aston on her smartphone. She then continues, "When Aston was very young, I used to take him out for walks on a lead, like a dog, so that he would get used to humans. Maybe that's why he doesn't mind people. Because he is so calm, children, in particular, really like watching him and getting a chance to be close to him."

Over the last few years, news of the massive show-jumping bull has spread rapidly; now, Aston is a major attraction with a growing number of online followers. Aston and Sabine sometimes need to travel 200 or 300 kilometers away from home, which means they have to stay overnight. Aston has to sleep in a horse box, which isn't really big enough for him.

"He doesn't like it. I have to sleep with him in the box," says Sabine. "But you know, when he wakes up and changes position, he is very careful not to crush me. He really is very gentle. He sometimes gets lonely, and he doesn't like being away from Leon for too long; but other than that, he's very happy."

Your Presentation Slides

30

Central High School
English Presentation Contest

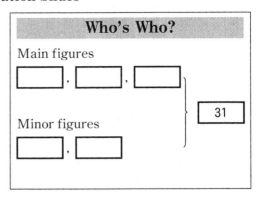

Who's Who?

Main figures

☐, ☐, ☐ } 31

Minor figures

☐, ☐

Pre-fame Storyline

Sabine's horse dies.
↓
32
↓
33
↓
34
↓
35

Aston and Sabine start going to shows.

Aston's Abilities

Aston can:
- learn by simply watching Leon's training.
- walk, gallop, and stop when Sabine tells him to.
- understand distance and adjust his steps.
- 36 .
- 37 .

Aston Now

Aston today:
- is a show-jumping bull.
- travels to fairs and events with Sabine.
- 38 .

問 1 Which is the best title for your presentation? 30

① Animal-lover Saves the Life of a Pony

② Aston's Summer Show-jumping Tour

③ Meet Aston, the Bull who Behaves Like a Horse

④ The Relationship Between a Farmer and a Cow

問 2 Which is the best combination for the **Who's Who?** slide? 31

	Main figures	Minor figures
①	309, Aston, the farmer	Sabine, the pony
②	Aston, Aston's mother, Sabine	309, the farmer
③	Aston, Leon, the farmer	Aston's mother, Sabine
④	Aston, Sabine, the pony	Aston's mother, the farmer

問 3 Choose the four events in the order they happened to complete the **Pre-fame Storyline** slide. 32 ~ 35

① Aston learns to jump.

② Sabine and Aston travel hundreds of kilometers together.

③ Sabine buys 309 and his mother.

④ Sabine goes to work on her neighbor's farm.

⑤ Sabine takes 309 for walks.

問 4　Choose the two best items for the **Aston's Abilities** slide. (The order does not matter.) ⬚36⬚ ・ ⬚37⬚

    ① correct his mistakes by himself

    ② jump side-by-side with the pony

    ③ jump with a rider on his back

    ④ pick up tricks faster than a horse

    ⑤ pose for photographs

問 5　Complete the **Aston Now** slide with the most appropriate item. ⬚38⬚

    ① has an increasing number of fans

    ② has made Sabine very wealthy

    ③ is so famous that he no longer frightens people

    ④ spends most nights of the year in a horse trailer

第6問 (配点 24)

A You are working on a class project about safety in sports and found the following article. You are reading it and making a poster to present your findings to your classmates.

Making Ice Hockey Safer

Ice hockey is a team sport enjoyed by a wide variety of people around the world. The object of the sport is to move a hard rubber disk called a "puck" into the other team's net with a hockey stick. Two teams with six players on each team engage in this fast-paced sport on a hard and slippery ice rink. Players may reach a speed of 30 kilometers per hour sending the puck into the air. At this pace, both the players and the puck can be a cause of serious danger.

The speed of the sport and the slippery surface of the ice rink make it easy for players to fall down or bump into each other resulting in a variety of injuries. In an attempt to protect players, equipment such as helmets, gloves, and pads for the shoulders, elbows, and legs, has been introduced over the years. Despite these efforts, ice hockey has a high rate of concussions.

A concussion is an injury to the brain that affects the way it functions; it is caused by either direct or indirect impact to the head, face, neck, or elsewhere and can sometimes cause temporary loss of consciousness. In less serious cases, for a short time, players may be unable to walk straight or see clearly, or they may experience ringing in the ears. Some believe they just have a slight headache and do not realize they have injured their brains.

In addition to not realizing the seriousness of the injury, players tend to worry about what their coach will think. In the past, coaches preferred tough players who played in spite of the pain. In other words, while it would seem

---

— 194 —

logical for an injured player to stop playing after getting hurt, many did not. Recently, however, it has been found that concussions can have serious effects that last a lifetime. People with a history of concussion may have trouble concentrating or sleeping. Moreover, they may suffer from psychological problems such as depression and mood changes. In some cases, players may develop smell and taste disorders.

The National Hockey League (NHL), consisting of teams in Canada and the United States, has been making stricter rules and guidelines to deal with concussions. For example, in 2001, the NHL introduced the wearing of visors—pieces of clear plastic attached to the helmet that protect the face. At first, it was optional and many players chose not to wear them. Since 2013, however, it has been required. In addition, in 2004, the NHL began to give more severe penalties, such as suspensions and fines, to players who hit another player in the head deliberately.

The NHL also introduced a concussion spotters system in 2015. In this system, NHL officials with access to live streaming and video replay watch for visible indications of concussion during each game. At first, two concussion spotters, who had no medical training, monitored the game in the arena. The following year, one to four concussion spotters with medical training were added. They monitored each game from the League's head office in New York. If a spotter thinks that a player has suffered a concussion, the player is removed from the game and is taken to a "quiet room" for an examination by a medical doctor. The player is not allowed to return to the game until the doctor gives permission.

The NHL has made much progress in making ice hockey a safer sport. As more is learned about the causes and effects of concussions, the NHL will surely take further measures to ensure player safety. Better safety might lead to an increase in the number of ice hockey players and fans.

Making Ice Hockey Safer

What is ice hockey?
- Players score by putting a "puck" in the other team's net
- Six players on each team
- Sport played on ice at a high speed

Main Problem: A High Rate of Concussions

Definition of a concussion
An injury to the brain that affects the way it functions

Effects

Short-term	Long-term
· Loss of consciousness	· Problems with concentration
· Difficulty walking straight	· ☐ 40 ☐
· ☐ 39 ☐	· Psychological problems
· Ringing in the ears	· Smell and taste disorders

Solutions

National Hockey League (NHL)
- Requires helmets with visors
- Gives severe penalties to dangerous players
- Has introduced concussion spotters to ☐ 41 ☐

Summary
Ice hockey players have a high risk of suffering from concussions. Therefore, the NHL has ☐ 42 ☐ .

問 1　Choose the best option for ⎡39⎤ on your poster.

①　Aggressive behavior

②　Difficulty thinking

③　Personality changes

④　Unclear vision

問 2　Choose the best option for ⎡40⎤ on your poster.

①　Loss of eyesight

②　Memory problems

③　Sleep disorders

④　Unsteady walking

問 3　Choose the best option for ⎡41⎤ on your poster.

①　allow players to return to the game

②　examine players who have a concussion

③　fine players who cause concussions

④　identify players showing signs of a concussion

問 4　Choose the best option for ⎡42⎤ on your poster.

①　been expecting the players to become tougher

②　been implementing new rules and guidelines

③　given medical training to coaches

④　made wearing of visors optional

B You are studying nutrition in health class. You are going to read the following passage from a textbook to learn more about various sweeteners.

Cake, candy, soft drinks—most of us love sweet things. In fact, young people say "Sweet!" to mean something is "good" in English. When we think of sweetness, we imagine ordinary white sugar from sugar cane or sugar beet plants. Scientific discoveries, however, have changed the world of sweeteners. We can now extract sugars from many other plants. The most obvious example is corn. Corn is abundant, inexpensive, and easy to process. High fructose corn syrup (HFCS) is about 1.2 times sweeter than regular sugar, but quite high in calories. Taking science one step further, over the past 70 years scientists have developed a wide variety of artificial sweeteners.

A recent US National Health and Nutrition Examination Survey concluded that 14.6% of the average American's energy intake is from "added sugar," which refers to sugar that is not derived from whole foods. A banana, for example, is a whole food, while a cookie contains added sugar. More than half of added sugar calories are from sweetened drinks and desserts. Lots of added sugar can have negative effects on our bodies, including excessive weight gain and other health problems. For this reason, many choose low-calorie substitutes for drinks, snacks, and desserts.

Natural alternatives to white sugar include brown sugar, honey, and maple syrup, but they also tend to be high in calories. Consequently, alternative "low-calorie sweeteners" (LCSs), mostly artificial chemical combinations, have become popular. The most common LCSs today are aspartame, Ace-K, stevia, and sucralose. Not all LCSs are artificial—stevia comes from plant leaves.

Alternative sweeteners can be hard to use in cooking because some cannot be heated and most are far sweeter than white sugar. Aspartame and Ace-K are 200 times sweeter than sugar. Stevia is 300 times sweeter, and sucralose has twice the sweetness of stevia. Some new sweeteners are even more intense. A Japanese company recently developed "Advantame," which is 20,000 times sweeter than sugar. Only a tiny amount of this substance is required to sweeten something.

When choosing sweeteners, it is important to consider health issues. Making desserts with lots of white sugar, for example, results in high-calorie dishes that could lead to weight gain. There are those who prefer LCSs for this very reason. Apart from calories, however, some research links consuming artificial LCSs with various other health concerns. Some LCSs contain strong chemicals suspected of causing cancer, while others have been shown to affect memory and brain development, so they can be dangerous, especially for young children, pregnant women, and the elderly. There are a few relatively natural alternative sweeteners, like xylitol and sorbitol, which are low in calories. Unfortunately, these move through the body extremely slowly, so consuming large amounts can cause stomach trouble.

When people want something sweet, even with all the information, it is difficult for them to decide whether to stick to common higher calorie sweeteners like sugar or to use LCSs. Many varieties of gum and candy today contain one or more artificial sweeteners; nonetheless, some people who would not put artificial sweeteners in hot drinks may still buy such items. Individuals need to weigh the options and then choose the sweeteners that best suit their needs and circumstances.

問 1 You learn that modern science has changed the world of sweeteners by

[43] .

① discovering new, sweeter white sugar types

② measuring the energy intake of Americans

③ providing a variety of new options

④ using many newly-developed plants from the environment

問 2 You are summarizing the information you have just studied. How should the table be finished? [44]

Sweetness	Sweetener
high	Advantame
	(A)
	(B)
	(C)
low	(D)

① (A) Stevia   (B) Sucralose
   (C) Ace-K, Aspartame   (D) HFCS

② (A) Stevia   (B) Sucralose
   (C) HFCS   (D) Ace-K, Aspartame

③ (A) Sucralose   (B) Stevia
   (C) Ace-K, Aspartame   (D) HFCS

④ (A) Sucralose   (B) Stevia
   (C) HFCS   (D) Ace-K, Aspartame

問 3　According to the article you read, which of the following are true?
(Choose two options.　The order does not matter.)　　45　·　46

① Alternative sweeteners have been proven to cause weight gain.

② Americans get 14.6% of their energy from alternative sweeteners.

③ It is possible to get alternative sweeteners from plants.

④ Most artificial sweeteners are easy to cook with.

⑤ Sweeteners like xylitol and sorbitol are not digested quickly.

問 4　To describe the author's position, which of the following is most appropriate?　　47

① The author argues against the use of artificial sweeteners in drinks and desserts.

② The author believes artificial sweeteners have successfully replaced traditional ones.

③ The author states that it is important to invent much sweeter products for future use.

④ The author suggests people focus on choosing sweeteners that make sense for them.

MEMO

MEMO

MEMO

MEMO

MEMO

MEMO

河合出版ホームページ
http://www.kawai-publishing.jp/
E-mail
kp@kawaijuku.jp

表紙イラスト　阿部伸二（カレラ）
表紙デザイン　岡本 健＋

2022共通テスト総合問題集
英　語[リーディング]

定　価　**本体1100円＋税**
発　行　2021年6月1日

編　者　河合塾英語科

発行者　両角恭洋

発行所　**株式会社　河合出版**
　　　　[東　京] 東京都渋谷区代々木 1－21－10
　　　　　　　　〒151-0053　　tel (03)5354-8241
　　　　　　　　　　　　　　　fax (03)5354-8781
　　　　[名古屋] 名古屋市東区葵 3－24－2
　　　　　　　　〒461-0004　　tel (052)930-6310
　　　　　　　　　　　　　　　fax (052)936-6335

印刷所　協和オフセット印刷株式会社

製本所　望月製本所

・乱丁本，落丁本はお取り替えいたします。
・編集上のご質問，お問い合わせは，編集部
　までお願いいたします。
（禁無断転載）
ISBN978-4-7772-2416-6

第　回　外国語解答用紙

注意事項

1　解答科目が無くマークまたは複数マークの場合は、0点となります。
2　訂正は、消しゴムできれいに消し、消しくずを残してはいけません。
3　所定欄以外にはマークしたり、記入したりしてはいけません。

解答科目　英語（リーディング）

	良い例	悪い例			

氏名（フリガナ）、クラス、出席番号を記入しなさい。

フリガナ　／　氏名

クラス　／　出席番号　番

解答番号	解　答　欄 1 2 3 4 5 6 7 8 9
1	① ② ③ ④ ⑤ ⑥ ⑦ ⑧ ⑨
2	① ② ③ ④ ⑤ ⑥ ⑦ ⑧ ⑨
3	① ② ③ ④ ⑤ ⑥ ⑦ ⑧ ⑨
4	① ② ③ ④ ⑤ ⑥ ⑦ ⑧ ⑨
5	① ② ③ ④ ⑤ ⑥ ⑦ ⑧ ⑨
6	① ② ③ ④ ⑤ ⑥ ⑦ ⑧ ⑨
7	① ② ③ ④ ⑤ ⑥ ⑦ ⑧ ⑨
8	① ② ③ ④ ⑤ ⑥ ⑦ ⑧ ⑨
9	① ② ③ ④ ⑤ ⑥ ⑦ ⑧ ⑨
10	① ② ③ ④ ⑤ ⑥ ⑦ ⑧ ⑨
11	① ② ③ ④ ⑤ ⑥ ⑦ ⑧ ⑨
12	① ② ③ ④ ⑤ ⑥ ⑦ ⑧ ⑨
13	① ② ③ ④ ⑤ ⑥ ⑦ ⑧ ⑨
14	① ② ③ ④ ⑤ ⑥ ⑦ ⑧ ⑨
15	① ② ③ ④ ⑤ ⑥ ⑦ ⑧ ⑨
16	① ② ③ ④ ⑤ ⑥ ⑦ ⑧ ⑨
17	① ② ③ ④ ⑤ ⑥ ⑦ ⑧ ⑨
18	① ② ③ ④ ⑤ ⑥ ⑦ ⑧ ⑨
19	① ② ③ ④ ⑤ ⑥ ⑦ ⑧ ⑨
20	① ② ③ ④ ⑤ ⑥ ⑦ ⑧ ⑨
21	① ② ③ ④ ⑤ ⑥ ⑦ ⑧ ⑨
22	① ② ③ ④ ⑤ ⑥ ⑦ ⑧ ⑨
23	① ② ③ ④ ⑤ ⑥ ⑦ ⑧ ⑨
24	① ② ③ ④ ⑤ ⑥ ⑦ ⑧ ⑨
25	① ② ③ ④ ⑤ ⑥ ⑦ ⑧ ⑨

解答番号	解　答　欄 1 2 3 4 5 6 7 8 9
26	① ② ③ ④ ⑤ ⑥ ⑦ ⑧ ⑨
27	① ② ③ ④ ⑤ ⑥ ⑦ ⑧ ⑨
28	① ② ③ ④ ⑤ ⑥ ⑦ ⑧ ⑨
29	① ② ③ ④ ⑤ ⑥ ⑦ ⑧ ⑨
30	① ② ③ ④ ⑤ ⑥ ⑦ ⑧ ⑨
31	① ② ③ ④ ⑤ ⑥ ⑦ ⑧ ⑨
32	① ② ③ ④ ⑤ ⑥ ⑦ ⑧ ⑨
33	① ② ③ ④ ⑤ ⑥ ⑦ ⑧ ⑨
34	① ② ③ ④ ⑤ ⑥ ⑦ ⑧ ⑨
35	① ② ③ ④ ⑤ ⑥ ⑦ ⑧ ⑨
36	① ② ③ ④ ⑤ ⑥ ⑦ ⑧ ⑨
37	① ② ③ ④ ⑤ ⑥ ⑦ ⑧ ⑨
38	① ② ③ ④ ⑤ ⑥ ⑦ ⑧ ⑨
39	① ② ③ ④ ⑤ ⑥ ⑦ ⑧ ⑨
40	① ② ③ ④ ⑤ ⑥ ⑦ ⑧ ⑨
41	① ② ③ ④ ⑤ ⑥ ⑦ ⑧ ⑨
42	① ② ③ ④ ⑤ ⑥ ⑦ ⑧ ⑨
43	① ② ③ ④ ⑤ ⑥ ⑦ ⑧ ⑨
44	① ② ③ ④ ⑤ ⑥ ⑦ ⑧ ⑨
45	① ② ③ ④ ⑤ ⑥ ⑦ ⑧ ⑨
46	① ② ③ ④ ⑤ ⑥ ⑦ ⑧ ⑨
47	① ② ③ ④ ⑤ ⑥ ⑦ ⑧ ⑨
48	① ② ③ ④ ⑤ ⑥ ⑦ ⑧ ⑨
49	① ② ③ ④ ⑤ ⑥ ⑦ ⑧ ⑨
50	① ② ③ ④ ⑤ ⑥ ⑦ ⑧ ⑨ ⓪

解答番号	解　答　欄 1 2 3 4 5 6 7 8 9
51	① ② ③ ④ ⑤ ⑥ ⑦ ⑧ ⑨
52	① ② ③ ④ ⑤ ⑥ ⑦ ⑧ ⑨
53	① ② ③ ④ ⑤ ⑥ ⑦ ⑧ ⑨
54	① ② ③ ④ ⑤ ⑥ ⑦ ⑧ ⑨
55	① ② ③ ④ ⑤ ⑥ ⑦ ⑧ ⑨
56	① ② ③ ④ ⑤ ⑥ ⑦ ⑧ ⑨
57	① ② ③ ④ ⑤ ⑥ ⑦ ⑧ ⑨
58	① ② ③ ④ ⑤ ⑥ ⑦ ⑧ ⑨
59	① ② ③ ④ ⑤ ⑥ ⑦ ⑧ ⑨
60	① ② ③ ④ ⑤ ⑥ ⑦ ⑧ ⑨
61	① ② ③ ④ ⑤ ⑥ ⑦ ⑧ ⑨
62	① ② ③ ④ ⑤ ⑥ ⑦ ⑧ ⑨
63	① ② ③ ④ ⑤ ⑥ ⑦ ⑧ ⑨
64	① ② ③ ④ ⑤ ⑥ ⑦ ⑧ ⑨
65	① ② ③ ④ ⑤ ⑥ ⑦ ⑧ ⑨
66	① ② ③ ④ ⑤ ⑥ ⑦ ⑧ ⑨
67	① ② ③ ④ ⑤ ⑥ ⑦ ⑧ ⑨
68	① ② ③ ④ ⑤ ⑥ ⑦ ⑧ ⑨
69	① ② ③ ④ ⑤ ⑥ ⑦ ⑧ ⑨
70	① ② ③ ④ ⑤ ⑥ ⑦ ⑧ ⑨
71	① ② ③ ④ ⑤ ⑥ ⑦ ⑧ ⑨
72	① ② ③ ④ ⑤ ⑥ ⑦ ⑧ ⑨
73	① ② ③ ④ ⑤ ⑥ ⑦ ⑧ ⑨
74	① ② ③ ④ ⑤ ⑥ ⑦ ⑧ ⑨
75	① ② ③ ④ ⑤ ⑥ ⑦ ⑧ ⑨

第　回　外国語解答用紙

解答科目
英語
（リーディング）

注意事項
1　解答科目が無マークまたは複数マークの場合は、0点となります。
2　訂正は、消しゴムできれいに消し、消しくずを残してはいけません。
3　所定欄以外にはマークしたり、記入したりしてはいけません。

氏名（フリガナ）、クラス、出席番号を記入しなさい。

良い例	悪い例
●	⬤ ◖ ✗ ◗

フリガナ	
氏名	
クラス	
出席番号	番

解答番号	解答欄 1 2 3 4 5 6 7 8 9
1	① ② ③ ④ ⑤ ⑥ ⑦ ⑧ ⑨
2	① ② ③ ④ ⑤ ⑥ ⑦ ⑧ ⑨
3	① ② ③ ④ ⑤ ⑥ ⑦ ⑧ ⑨
4	① ② ③ ④ ⑤ ⑥ ⑦ ⑧ ⑨
5	① ② ③ ④ ⑤ ⑥ ⑦ ⑧ ⑨
6	① ② ③ ④ ⑤ ⑥ ⑦ ⑧ ⑨
7	① ② ③ ④ ⑤ ⑥ ⑦ ⑧ ⑨
8	① ② ③ ④ ⑤ ⑥ ⑦ ⑧ ⑨
9	① ② ③ ④ ⑤ ⑥ ⑦ ⑧ ⑨
10	① ② ③ ④ ⑤ ⑥ ⑦ ⑧ ⑨
11	① ② ③ ④ ⑤ ⑥ ⑦ ⑧ ⑨
12	① ② ③ ④ ⑤ ⑥ ⑦ ⑧ ⑨
13	① ② ③ ④ ⑤ ⑥ ⑦ ⑧ ⑨
14	① ② ③ ④ ⑤ ⑥ ⑦ ⑧ ⑨
15	① ② ③ ④ ⑤ ⑥ ⑦ ⑧ ⑨
16	① ② ③ ④ ⑤ ⑥ ⑦ ⑧ ⑨
17	① ② ③ ④ ⑤ ⑥ ⑦ ⑧ ⑨
18	① ② ③ ④ ⑤ ⑥ ⑦ ⑧ ⑨
19	① ② ③ ④ ⑤ ⑥ ⑦ ⑧ ⑨
20	① ② ③ ④ ⑤ ⑥ ⑦ ⑧ ⑨
21	① ② ③ ④ ⑤ ⑥ ⑦ ⑧ ⑨
22	① ② ③ ④ ⑤ ⑥ ⑦ ⑧ ⑨
23	① ② ③ ④ ⑤ ⑥ ⑦ ⑧ ⑨
24	① ② ③ ④ ⑤ ⑥ ⑦ ⑧ ⑨
25	① ② ③ ④ ⑤ ⑥ ⑦ ⑧ ⑨

解答番号	解答欄 1 2 3 4 5 6 7 8 9
26	① ② ③ ④ ⑤ ⑥ ⑦ ⑧ ⑨
27	① ② ③ ④ ⑤ ⑥ ⑦ ⑧ ⑨
28	① ② ③ ④ ⑤ ⑥ ⑦ ⑧ ⑨
29	① ② ③ ④ ⑤ ⑥ ⑦ ⑧ ⑨
30	① ② ③ ④ ⑤ ⑥ ⑦ ⑧ ⑨
31	① ② ③ ④ ⑤ ⑥ ⑦ ⑧ ⑨
32	① ② ③ ④ ⑤ ⑥ ⑦ ⑧ ⑨
33	① ② ③ ④ ⑤ ⑥ ⑦ ⑧ ⑨
34	① ② ③ ④ ⑤ ⑥ ⑦ ⑧ ⑨
35	① ② ③ ④ ⑤ ⑥ ⑦ ⑧ ⑨
36	① ② ③ ④ ⑤ ⑥ ⑦ ⑧ ⑨
37	① ② ③ ④ ⑤ ⑥ ⑦ ⑧ ⑨
38	① ② ③ ④ ⑤ ⑥ ⑦ ⑧ ⑨
39	① ② ③ ④ ⑤ ⑥ ⑦ ⑧ ⑨
40	① ② ③ ④ ⑤ ⑥ ⑦ ⑧ ⑨
41	① ② ③ ④ ⑤ ⑥ ⑦ ⑧ ⑨
42	① ② ③ ④ ⑤ ⑥ ⑦ ⑧ ⑨
43	① ② ③ ④ ⑤ ⑥ ⑦ ⑧ ⑨
44	① ② ③ ④ ⑤ ⑥ ⑦ ⑧ ⑨
45	① ② ③ ④ ⑤ ⑥ ⑦ ⑧ ⑨
46	① ② ③ ④ ⑤ ⑥ ⑦ ⑧ ⑨
47	① ② ③ ④ ⑤ ⑥ ⑦ ⑧ ⑨
48	① ② ③ ④ ⑤ ⑥ ⑦ ⑧ ⑨
49	① ② ③ ④ ⑤ ⑥ ⑦ ⑧ ⑨
50	① ② ③ ④ ⑤ ⑥ ⑦ ⑧ ⑨ ⑩

解答番号	解答欄 1 2 3 4 5 6 7 8 9
51	① ② ③ ④ ⑤ ⑥ ⑦ ⑧ ⑨
52	① ② ③ ④ ⑤ ⑥ ⑦ ⑧ ⑨
53	① ② ③ ④ ⑤ ⑥ ⑦ ⑧ ⑨
54	① ② ③ ④ ⑤ ⑥ ⑦ ⑧ ⑨
55	① ② ③ ④ ⑤ ⑥ ⑦ ⑧ ⑨
56	① ② ③ ④ ⑤ ⑥ ⑦ ⑧ ⑨
57	① ② ③ ④ ⑤ ⑥ ⑦ ⑧ ⑨
58	① ② ③ ④ ⑤ ⑥ ⑦ ⑧ ⑨
59	① ② ③ ④ ⑤ ⑥ ⑦ ⑧ ⑨
60	① ② ③ ④ ⑤ ⑥ ⑦ ⑧ ⑨
61	① ② ③ ④ ⑤ ⑥ ⑦ ⑧ ⑨
62	① ② ③ ④ ⑤ ⑥ ⑦ ⑧ ⑨
63	① ② ③ ④ ⑤ ⑥ ⑦ ⑧ ⑨
64	① ② ③ ④ ⑤ ⑥ ⑦ ⑧ ⑨
65	① ② ③ ④ ⑤ ⑥ ⑦ ⑧ ⑨
66	① ② ③ ④ ⑤ ⑥ ⑦ ⑧ ⑨
67	① ② ③ ④ ⑤ ⑥ ⑦ ⑧ ⑨
68	① ② ③ ④ ⑤ ⑥ ⑦ ⑧ ⑨
69	① ② ③ ④ ⑤ ⑥ ⑦ ⑧ ⑨
70	① ② ③ ④ ⑤ ⑥ ⑦ ⑧ ⑨
71	① ② ③ ④ ⑤ ⑥ ⑦ ⑧ ⑨
72	① ② ③ ④ ⑤ ⑥ ⑦ ⑧ ⑨
73	① ② ③ ④ ⑤ ⑥ ⑦ ⑧ ⑨
74	① ② ③ ④ ⑤ ⑥ ⑦ ⑧ ⑨
75	① ② ③ ④ ⑤ ⑥ ⑦ ⑧ ⑨

第　回　外国語解答用紙

解答科目　英語（リーディング）

注意事項

1　解答科目が無事マークまたは複数マークの場合は、0点となります。
2　訂正は、消しゴムできれいに消し、消しくずを残してはいけません。
3　所定欄以外にはマークしたり、記入したりしてはいけません。

良い例	悪い例
●	◐ ✕ ◑ ●

氏名（フリガナ）、クラス、出席番号を記入しなさい。

フリガナ
氏名
クラス　出席番号　番

解答欄（解答番号 1〜25）

解答番号	1	2	3	4	5	6	7	8	9
1	①	②	③	④	⑤	⑥	⑦	⑧	⑨
2	①	②	③	④	⑤	⑥	⑦	⑧	⑨
3	①	②	③	④	⑤	⑥	⑦	⑧	⑨
4	①	②	③	④	⑤	⑥	⑦	⑧	⑨
5	①	②	③	④	⑤	⑥	⑦	⑧	⑨
6	①	②	③	④	⑤	⑥	⑦	⑧	⑨
7	①	②	③	④	⑤	⑥	⑦	⑧	⑨
8	①	②	③	④	⑤	⑥	⑦	⑧	⑨
9	①	②	③	④	⑤	⑥	⑦	⑧	⑨
10	①	②	③	④	⑤	⑥	⑦	⑧	⑨
11	①	②	③	④	⑤	⑥	⑦	⑧	⑨
12	①	②	③	④	⑤	⑥	⑦	⑧	⑨
13	①	②	③	④	⑤	⑥	⑦	⑧	⑨
14	①	②	③	④	⑤	⑥	⑦	⑧	⑨
15	①	②	③	④	⑤	⑥	⑦	⑧	⑨
16	①	②	③	④	⑤	⑥	⑦	⑧	⑨
17	①	②	③	④	⑤	⑥	⑦	⑧	⑨
18	①	②	③	④	⑤	⑥	⑦	⑧	⑨
19	①	②	③	④	⑤	⑥	⑦	⑧	⑨
20	①	②	③	④	⑤	⑥	⑦	⑧	⑨
21	①	②	③	④	⑤	⑥	⑦	⑧	⑨
22	①	②	③	④	⑤	⑥	⑦	⑧	⑨
23	①	②	③	④	⑤	⑥	⑦	⑧	⑨
24	①	②	③	④	⑤	⑥	⑦	⑧	⑨
25	①	②	③	④	⑤	⑥	⑦	⑧	⑨

解答欄（解答番号 26〜50）

解答番号	1	2	3	4	5	6	7	8	9
26	①	②	③	④	⑤	⑥	⑦	⑧	⑨
27	①	②	③	④	⑤	⑥	⑦	⑧	⑨
28	①	②	③	④	⑤	⑥	⑦	⑧	⑨
29	①	②	③	④	⑤	⑥	⑦	⑧	⑨
30	①	②	③	④	⑤	⑥	⑦	⑧	⑨
31	①	②	③	④	⑤	⑥	⑦	⑧	⑨
32	①	②	③	④	⑤	⑥	⑦	⑧	⑨
33	①	②	③	④	⑤	⑥	⑦	⑧	⑨
34	①	②	③	④	⑤	⑥	⑦	⑧	⑨
35	①	②	③	④	⑤	⑥	⑦	⑧	⑨
36	①	②	③	④	⑤	⑥	⑦	⑧	⑨
37	①	②	③	④	⑤	⑥	⑦	⑧	⑨
38	①	②	③	④	⑤	⑥	⑦	⑧	⑨
39	①	②	③	④	⑤	⑥	⑦	⑧	⑨
40	①	②	③	④	⑤	⑥	⑦	⑧	⑨
41	①	②	③	④	⑤	⑥	⑦	⑧	⑨
42	①	②	③	④	⑤	⑥	⑦	⑧	⑨
43	①	②	③	④	⑤	⑥	⑦	⑧	⑨
44	①	②	③	④	⑤	⑥	⑦	⑧	⑨
45	①	②	③	④	⑤	⑥	⑦	⑧	⑨
46	①	②	③	④	⑤	⑥	⑦	⑧	⑨
47	①	②	③	④	⑤	⑥	⑦	⑧	⑨
48	①	②	③	④	⑤	⑥	⑦	⑧	⑨
49	①	②	③	④	⑤	⑥	⑦	⑧	⑨
50	②	③	④	⑤	⑥	⑦	⑧	⑨	⓪

解答欄（解答番号 51〜75）

解答番号	1	2	3	4	5	6	7	8	9
51	①	②	③	④	⑤	⑥	⑦	⑧	⑨
52	①	②	③	④	⑤	⑥	⑦	⑧	⑨
53	①	②	③	④	⑤	⑥	⑦	⑧	⑨
54	①	②	③	④	⑤	⑥	⑦	⑧	⑨
55	①	②	③	④	⑤	⑥	⑦	⑧	⑨
56	①	②	③	④	⑤	⑥	⑦	⑧	⑨
57	①	②	③	④	⑤	⑥	⑦	⑧	⑨
58	①	②	③	④	⑤	⑥	⑦	⑧	⑨
59	①	②	③	④	⑤	⑥	⑦	⑧	⑨
60	①	②	③	④	⑤	⑥	⑦	⑧	⑨
61	①	②	③	④	⑤	⑥	⑦	⑧	⑨
62	①	②	③	④	⑤	⑥	⑦	⑧	⑨
63	①	②	③	④	⑤	⑥	⑦	⑧	⑨
64	①	②	③	④	⑤	⑥	⑦	⑧	⑨
65	①	②	③	④	⑤	⑥	⑦	⑧	⑨
66	①	②	③	④	⑤	⑥	⑦	⑧	⑨
67	①	②	③	④	⑤	⑥	⑦	⑧	⑨
68	①	②	③	④	⑤	⑥	⑦	⑧	⑨
69	①	②	③	④	⑤	⑥	⑦	⑧	⑨
70	①	②	③	④	⑤	⑥	⑦	⑧	⑨
71	①	②	③	④	⑤	⑥	⑦	⑧	⑨
72	①	②	③	④	⑤	⑥	⑦	⑧	⑨
73	①	②	③	④	⑤	⑥	⑦	⑧	⑨
74	①	②	③	④	⑤	⑥	⑦	⑧	⑨
75	①	②	③	④	⑤	⑥	⑦	⑧	⑨

第　回　外国語解答用紙

注意事項
1　解答科目が無マークまたは複数マークの場合は、0点となります。
2　訂正は、消しゴムできれいに消し、消しくずを残してはいけません。
3　所定欄以外にはマークしたり、記入したりしてはいけません。

解答科目　英語（リーディング）

氏名（フリガナ）、クラス、出席番号を記入しなさい。

フリガナ	
氏名	
クラス	クラス　号
	出席番号　番

良い例	悪い例
●	● ● ✕ ◑

（解答欄：解答番号 1〜75、各 1 2 3 4 5 6 7 8 9 のマーク欄）

第　回　外国語解答用紙

解答科目 英語（リーディング）

注意事項

1 解答科目が無マークまた複数マークの場合は、0点となります。
2 訂正は、消しゴムできれいに消し、消しくずを残してはいけません。
3 所定欄以外にはマークしたり、記入したりしてはいけません。

良い例	悪い例	

氏名（フリガナ）、クラス、出席番号を記入しなさい。

フリガナ	
氏名	

クラス	
出席番号	番

解答欄（1〜25）

解答番号	1	2	3	4	5	6	7	8	9
1	①	②	③	④	⑤	⑥	⑦	⑧	⑨
2	①	②	③	④	⑤	⑥	⑦	⑧	⑨
3	①	②	③	④	⑤	⑥	⑦	⑧	⑨
4	①	②	③	④	⑤	⑥	⑦	⑧	⑨
5	①	②	③	④	⑤	⑥	⑦	⑧	⑨
6	①	②	③	④	⑤	⑥	⑦	⑧	⑨
7	①	②	③	④	⑤	⑥	⑦	⑧	⑨
8	①	②	③	④	⑤	⑥	⑦	⑧	⑨
9	①	②	③	④	⑤	⑥	⑦	⑧	⑨
10	①	②	③	④	⑤	⑥	⑦	⑧	⑨
11	①	②	③	④	⑤	⑥	⑦	⑧	⑨
12	①	②	③	④	⑤	⑥	⑦	⑧	⑨
13	①	②	③	④	⑤	⑥	⑦	⑧	⑨
14	①	②	③	④	⑤	⑥	⑦	⑧	⑨
15	①	②	③	④	⑤	⑥	⑦	⑧	⑨
16	①	②	③	④	⑤	⑥	⑦	⑧	⑨
17	①	②	③	④	⑤	⑥	⑦	⑧	⑨
18	①	②	③	④	⑤	⑥	⑦	⑧	⑨
19	①	②	③	④	⑤	⑥	⑦	⑧	⑨
20	①	②	③	④	⑤	⑥	⑦	⑧	⑨
21	①	②	③	④	⑤	⑥	⑦	⑧	⑨
22	①	②	③	④	⑤	⑥	⑦	⑧	⑨
23	①	②	③	④	⑤	⑥	⑦	⑧	⑨
24	①	②	③	④	⑤	⑥	⑦	⑧	⑨
25	①	②	③	④	⑤	⑥	⑦	⑧	⑨

解答欄（26〜50）

解答番号	1	2	3	4	5	6	7	8	9
26	①	②	③	④	⑤	⑥	⑦	⑧	⑨
27	①	②	③	④	⑤	⑥	⑦	⑧	⑨
28	①	②	③	④	⑤	⑥	⑦	⑧	⑨
29	①	②	③	④	⑤	⑥	⑦	⑧	⑨
30	①	②	③	④	⑤	⑥	⑦	⑧	⑨
31	①	②	③	④	⑤	⑥	⑦	⑧	⑨
32	①	②	③	④	⑤	⑥	⑦	⑧	⑨
33	①	②	③	④	⑤	⑥	⑦	⑧	⑨
34	①	②	③	④	⑤	⑥	⑦	⑧	⑨
35	①	②	③	④	⑤	⑥	⑦	⑧	⑨
36	①	②	③	④	⑤	⑥	⑦	⑧	⑨
37	①	②	③	④	⑤	⑥	⑦	⑧	⑨
38	①	②	③	④	⑤	⑥	⑦	⑧	⑨
39	①	②	③	④	⑤	⑥	⑦	⑧	⑨
40	①	②	③	④	⑤	⑥	⑦	⑧	⑨
41	①	②	③	④	⑤	⑥	⑦	⑧	⑨
42	①	②	③	④	⑤	⑥	⑦	⑧	⑨
43	①	②	③	④	⑤	⑥	⑦	⑧	⑨
44	①	②	③	④	⑤	⑥	⑦	⑧	⑨
45	①	②	③	④	⑤	⑥	⑦	⑧	⑨
46	①	②	③	④	⑤	⑥	⑦	⑧	⑨
47	①	②	③	④	⑤	⑥	⑦	⑧	⑨
48	①	②	③	④	⑤	⑥	⑦	⑧	⑨
49	①	②	③	④	⑤	⑥	⑦	⑧	⑨
50	②	③	④	⑤	⑥	⑦	⑧	⑨	⑩

解答欄（51〜75）

解答番号	1	2	3	4	5	6	7	8	9
51	①	②	③	④	⑤	⑥	⑦	⑧	⑨
52	①	②	③	④	⑤	⑥	⑦	⑧	⑨
53	①	②	③	④	⑤	⑥	⑦	⑧	⑨
54	①	②	③	④	⑤	⑥	⑦	⑧	⑨
55	①	②	③	④	⑤	⑥	⑦	⑧	⑨
56	①	②	③	④	⑤	⑥	⑦	⑧	⑨
57	①	②	③	④	⑤	⑥	⑦	⑧	⑨
58	①	②	③	④	⑤	⑥	⑦	⑧	⑨
59	①	②	③	④	⑤	⑥	⑦	⑧	⑨
60	①	②	③	④	⑤	⑥	⑦	⑧	⑨
61	①	②	③	④	⑤	⑥	⑦	⑧	⑨
62	①	②	③	④	⑤	⑥	⑦	⑧	⑨
63	①	②	③	④	⑤	⑥	⑦	⑧	⑨
64	①	②	③	④	⑤	⑥	⑦	⑧	⑨
65	①	②	③	④	⑤	⑥	⑦	⑧	⑨
66	①	②	③	④	⑤	⑥	⑦	⑧	⑨
67	①	②	③	④	⑤	⑥	⑦	⑧	⑨
68	①	②	③	④	⑤	⑥	⑦	⑧	⑨
69	①	②	③	④	⑤	⑥	⑦	⑧	⑨
70	①	②	③	④	⑤	⑥	⑦	⑧	⑨
71	①	②	③	④	⑤	⑥	⑦	⑧	⑨
72	①	②	③	④	⑤	⑥	⑦	⑧	⑨
73	①	②	③	④	⑤	⑥	⑦	⑧	⑨
74	①	②	③	④	⑤	⑥	⑦	⑧	⑨
75	①	②	③	④	⑤	⑥	⑦	⑧	⑨

第　回　外国語解答用紙

解答科目
（　）英語
リーディング

フリガナ

氏名

氏名（フリガナ），クラス，出席
番号を記入しなさい。

良い例 ● 　悪い例

クラス　出席番号　番

注意事項

1 解答科目が無マークまたは複数マークの場合は、0点となります。
2 訂正は、消しゴムできれいに消し、消しくずを残してはいけません。
3 所定欄以外にはマークしたり、記入したりしてはいけません。

解答番号	1	2	3	4	5	6	7	8	9
1	①	②	③	④	⑤	⑥	⑦	⑧	⑨
2	①	②	③	④	⑤	⑥	⑦	⑧	⑨
3	①	②	③	④	⑤	⑥	⑦	⑧	⑨
4	①	②	③	④	⑤	⑥	⑦	⑧	⑨
5	①	②	③	④	⑤	⑥	⑦	⑧	⑨
6	①	②	③	④	⑤	⑥	⑦	⑧	⑨
7	①	②	③	④	⑤	⑥	⑦	⑧	⑨
8	①	②	③	④	⑤	⑥	⑦	⑧	⑨
9	①	②	③	④	⑤	⑥	⑦	⑧	⑨
10	①	②	③	④	⑤	⑥	⑦	⑧	⑨
11	①	②	③	④	⑤	⑥	⑦	⑧	⑨
12	①	②	③	④	⑤	⑥	⑦	⑧	⑨
13	①	②	③	④	⑤	⑥	⑦	⑧	⑨
14	①	②	③	④	⑤	⑥	⑦	⑧	⑨
15	①	②	③	④	⑤	⑥	⑦	⑧	⑨
16	①	②	③	④	⑤	⑥	⑦	⑧	⑨
17	①	②	③	④	⑤	⑥	⑦	⑧	⑨
18	①	②	③	④	⑤	⑥	⑦	⑧	⑨
19	①	②	③	④	⑤	⑥	⑦	⑧	⑨
20	①	②	③	④	⑤	⑥	⑦	⑧	⑨
21	①	②	③	④	⑤	⑥	⑦	⑧	⑨
22	①	②	③	④	⑤	⑥	⑦	⑧	⑨
23	①	②	③	④	⑤	⑥	⑦	⑧	⑨
24	①	②	③	④	⑤	⑥	⑦	⑧	⑨
25	①	②	③	④	⑤	⑥	⑦	⑧	⑨

解答番号	1	2	3	4	5	6	7	8	9
26	①	②	③	④	⑤	⑥	⑦	⑧	⑨
27	①	②	③	④	⑤	⑥	⑦	⑧	⑨
28	①	②	③	④	⑤	⑥	⑦	⑧	⑨
29	①	②	③	④	⑤	⑥	⑦	⑧	⑨
30	①	②	③	④	⑤	⑥	⑦	⑧	⑨
31	①	②	③	④	⑤	⑥	⑦	⑧	⑨
32	①	②	③	④	⑤	⑥	⑦	⑧	⑨
33	①	②	③	④	⑤	⑥	⑦	⑧	⑨
34	①	②	③	④	⑤	⑥	⑦	⑧	⑨
35	①	②	③	④	⑤	⑥	⑦	⑧	⑨
36	①	②	③	④	⑤	⑥	⑦	⑧	⑨
37	①	②	③	④	⑤	⑥	⑦	⑧	⑨
38	①	②	③	④	⑤	⑥	⑦	⑧	⑨
39	①	②	③	④	⑤	⑥	⑦	⑧	⑨
40	①	②	③	④	⑤	⑥	⑦	⑧	⑨
41	①	②	③	④	⑤	⑥	⑦	⑧	⑨
42	①	②	③	④	⑤	⑥	⑦	⑧	⑨
43	①	②	③	④	⑤	⑥	⑦	⑧	⑨
44	①	②	③	④	⑤	⑥	⑦	⑧	⑨
45	①	②	③	④	⑤	⑥	⑦	⑧	⑨
46	①	②	③	④	⑤	⑥	⑦	⑧	⑨
47	①	②	③	④	⑤	⑥	⑦	⑧	⑨
48	①	②	③	④	⑤	⑥	⑦	⑧	⑨
49	①	②	③	④	⑤	⑥	⑦	⑧	⑨
50	①	②	③	④	⑤	⑥	⑦	⑧	⑨

解答番号	1	2	3	4	5	6	7	8	9
51	①	②	③	④	⑤	⑥	⑦	⑧	⑨
52	①	②	③	④	⑤	⑥	⑦	⑧	⑨
53	①	②	③	④	⑤	⑥	⑦	⑧	⑨
54	①	②	③	④	⑤	⑥	⑦	⑧	⑨
55	①	②	③	④	⑤	⑥	⑦	⑧	⑨
56	①	②	③	④	⑤	⑥	⑦	⑧	⑨
57	①	②	③	④	⑤	⑥	⑦	⑧	⑨
58	①	②	③	④	⑤	⑥	⑦	⑧	⑨
59	①	②	③	④	⑤	⑥	⑦	⑧	⑨
60	①	②	③	④	⑤	⑥	⑦	⑧	⑨
61	①	②	③	④	⑤	⑥	⑦	⑧	⑨
62	①	②	③	④	⑤	⑥	⑦	⑧	⑨
63	①	②	③	④	⑤	⑥	⑦	⑧	⑨
64	①	②	③	④	⑤	⑥	⑦	⑧	⑨
65	①	②	③	④	⑤	⑥	⑦	⑧	⑨
66	①	②	③	④	⑤	⑥	⑦	⑧	⑨
67	①	②	③	④	⑤	⑥	⑦	⑧	⑨
68	①	②	③	④	⑤	⑥	⑦	⑧	⑨
69	①	②	③	④	⑤	⑥	⑦	⑧	⑨
70	①	②	③	④	⑤	⑥	⑦	⑧	⑨
71	①	②	③	④	⑤	⑥	⑦	⑧	⑨
72	①	②	③	④	⑤	⑥	⑦	⑧	⑨
73	①	②	③	④	⑤	⑥	⑦	⑧	⑨
74	①	②	③	④	⑤	⑥	⑦	⑧	⑨
75	①	②	③	④	⑤	⑥	⑦	⑧	⑨

第 回 外国語解答用紙

解答科目
英語
（リーディング）

注意事項

1 解答科目が無マークまたは複数マークの場合は、0点となります。

2 訂正は、消しゴムできれいに消し、消しくずを残してはいけません。

3 所定欄以外にはマークしたり、記入したりしてはいけません。

解答欄（解答番号 1〜25）

解答番号	1	2	3	4	5	6	7	8	9
1	①	②	③	④	⑤	⑥	⑦	⑧	⑨
2	①	②	③	④	⑤	⑥	⑦	⑧	⑨
3	①	②	③	④	⑤	⑥	⑦	⑧	⑨
4	①	②	③	④	⑤	⑥	⑦	⑧	⑨
5	①	②	③	④	⑤	⑥	⑦	⑧	⑨
6	①	②	③	④	⑤	⑥	⑦	⑧	⑨
7	①	②	③	④	⑤	⑥	⑦	⑧	⑨
8	①	②	③	④	⑤	⑥	⑦	⑧	⑨
9	①	②	③	④	⑤	⑥	⑦	⑧	⑨
10	①	②	③	④	⑤	⑥	⑦	⑧	⑨
11	①	②	③	④	⑤	⑥	⑦	⑧	⑨
12	①	②	③	④	⑤	⑥	⑦	⑧	⑨
13	①	②	③	④	⑤	⑥	⑦	⑧	⑨
14	①	②	③	④	⑤	⑥	⑦	⑧	⑨
15	①	②	③	④	⑤	⑥	⑦	⑧	⑨
16	①	②	③	④	⑤	⑥	⑦	⑧	⑨
17	①	②	③	④	⑤	⑥	⑦	⑧	⑨
18	①	②	③	④	⑤	⑥	⑦	⑧	⑨
19	①	②	③	④	⑤	⑥	⑦	⑧	⑨
20	①	②	③	④	⑤	⑥	⑦	⑧	⑨
21	①	②	③	④	⑤	⑥	⑦	⑧	⑨
22	①	②	③	④	⑤	⑥	⑦	⑧	⑨
23	①	②	③	④	⑤	⑥	⑦	⑧	⑨
24	①	②	③	④	⑤	⑥	⑦	⑧	⑨
25	①	②	③	④	⑤	⑥	⑦	⑧	⑨

解答欄（解答番号 26〜50）

解答番号	1	2	3	4	5	6	7	8	9
26	①	②	③	④	⑤	⑥	⑦	⑧	⑨
27	①	②	③	④	⑤	⑥	⑦	⑧	⑨
28	①	②	③	④	⑤	⑥	⑦	⑧	⑨
29	①	②	③	④	⑤	⑥	⑦	⑧	⑨
30	①	②	③	④	⑤	⑥	⑦	⑧	⑨
31	①	②	③	④	⑤	⑥	⑦	⑧	⑨
32	①	②	③	④	⑤	⑥	⑦	⑧	⑨
33	①	②	③	④	⑤	⑥	⑦	⑧	⑨
34	①	②	③	④	⑤	⑥	⑦	⑧	⑨
35	①	②	③	④	⑤	⑥	⑦	⑧	⑨
36	①	②	③	④	⑤	⑥	⑦	⑧	⑨
37	①	②	③	④	⑤	⑥	⑦	⑧	⑨
38	①	②	③	④	⑤	⑥	⑦	⑧	⑨
39	①	②	③	④	⑤	⑥	⑦	⑧	⑨
40	①	②	③	④	⑤	⑥	⑦	⑧	⑨
41	①	②	③	④	⑤	⑥	⑦	⑧	⑨
42	①	②	③	④	⑤	⑥	⑦	⑧	⑨
43	①	②	③	④	⑤	⑥	⑦	⑧	⑨
44	①	②	③	④	⑤	⑥	⑦	⑧	⑨
45	①	②	③	④	⑤	⑥	⑦	⑧	⑨
46	①	②	③	④	⑤	⑥	⑦	⑧	⑨
47	①	②	③	④	⑤	⑥	⑦	⑧	⑨
48	①	②	③	④	⑤	⑥	⑦	⑧	⑨
49	①	②	③	④	⑤	⑥	⑦	⑧	⑨
50	②	①	②	③	④	⑤	⑥	⑦	⑧	⑨	⓪

解答欄（解答番号 51〜75）

解答番号	1	2	3	4	5	6	7	8	9
51	①	②	③	④	⑤	⑥	⑦	⑧	⑨
52	①	②	③	④	⑤	⑥	⑦	⑧	⑨
53	①	②	③	④	⑤	⑥	⑦	⑧	⑨
54	①	②	③	④	⑤	⑥	⑦	⑧	⑨
55	①	②	③	④	⑤	⑥	⑦	⑧	⑨
56	①	②	③	④	⑤	⑥	⑦	⑧	⑨
57	①	②	③	④	⑤	⑥	⑦	⑧	⑨
58	①	②	③	④	⑤	⑥	⑦	⑧	⑨
59	①	②	③	④	⑤	⑥	⑦	⑧	⑨
60	①	②	③	④	⑤	⑥	⑦	⑧	⑨
61	①	②	③	④	⑤	⑥	⑦	⑧	⑨
62	①	②	③	④	⑤	⑥	⑦	⑧	⑨
63	①	②	③	④	⑤	⑥	⑦	⑧	⑨
64	①	②	③	④	⑤	⑥	⑦	⑧	⑨
65	①	②	③	④	⑤	⑥	⑦	⑧	⑨
66	①	②	③	④	⑤	⑥	⑦	⑧	⑨
67	①	②	③	④	⑤	⑥	⑦	⑧	⑨
68	①	②	③	④	⑤	⑥	⑦	⑧	⑨
69	①	②	③	④	⑤	⑥	⑦	⑧	⑨
70	①	②	③	④	⑤	⑥	⑦	⑧	⑨
71	①	②	③	④	⑤	⑥	⑦	⑧	⑨
72	①	②	③	④	⑤	⑥	⑦	⑧	⑨
73	①	②	③	④	⑤	⑥	⑦	⑧	⑨
74	①	②	③	④	⑤	⑥	⑦	⑧	⑨
75	①	②	③	④	⑤	⑥	⑦	⑧	⑨

良い例	悪 い 例
●	◖ ◐ ● ✖

氏名（フリガナ）、クラス、出席番号を記入しなさい。

フリガナ

氏名

クラス

出席番号

番

第　回　外国語解答用紙

解答科目
英語（リーディング）

注意事項

1　解答科目が無マークまたは複数マークの場合は、0点となります。
2　訂正は、消しゴムできれいに消し、消しくずを残してはいけません。
3　所定欄以外にはマークしたり、記入したりしてはいけません。

氏名（フリガナ）、クラス、出席番号を記入しなさい。

良い例	悪い例
●	（汚い塗り） ◖ ⊗ ◖

フリガナ

氏名

氏名		クラス	出席番号
フリガナ			
		クラス	番

解答欄（解答番号 1〜25）

解答番号	1	2	3	4	5	6	7	8	9
1	①	②	③	④	⑤	⑥	⑦	⑧	⑨
2	①	②	③	④	⑤	⑥	⑦	⑧	⑨
3	①	②	③	④	⑤	⑥	⑦	⑧	⑨
4	①	②	③	④	⑤	⑥	⑦	⑧	⑨
5	①	②	③	④	⑤	⑥	⑦	⑧	⑨
6	①	②	③	④	⑤	⑥	⑦	⑧	⑨
7	①	②	③	④	⑤	⑥	⑦	⑧	⑨
8	①	②	③	④	⑤	⑥	⑦	⑧	⑨
9	①	②	③	④	⑤	⑥	⑦	⑧	⑨
10	①	②	③	④	⑤	⑥	⑦	⑧	⑨
11	①	②	③	④	⑤	⑥	⑦	⑧	⑨
12	①	②	③	④	⑤	⑥	⑦	⑧	⑨
13	①	②	③	④	⑤	⑥	⑦	⑧	⑨
14	①	②	③	④	⑤	⑥	⑦	⑧	⑨
15	①	②	③	④	⑤	⑥	⑦	⑧	⑨
16	①	②	③	④	⑤	⑥	⑦	⑧	⑨
17	①	②	③	④	⑤	⑥	⑦	⑧	⑨
18	①	②	③	④	⑤	⑥	⑦	⑧	⑨
19	①	②	③	④	⑤	⑥	⑦	⑧	⑨
20	①	②	③	④	⑤	⑥	⑦	⑧	⑨
21	①	②	③	④	⑤	⑥	⑦	⑧	⑨
22	①	②	③	④	⑤	⑥	⑦	⑧	⑨
23	①	②	③	④	⑤	⑥	⑦	⑧	⑨
24	①	②	③	④	⑤	⑥	⑦	⑧	⑨
25	①	②	③	④	⑤	⑥	⑦	⑧	⑨

解答欄（解答番号 26〜50）

解答番号	1	2	3	4	5	6	7	8	9
26	①	②	③	④	⑤	⑥	⑦	⑧	⑨
27	①	②	③	④	⑤	⑥	⑦	⑧	⑨
28	①	②	③	④	⑤	⑥	⑦	⑧	⑨
29	①	②	③	④	⑤	⑥	⑦	⑧	⑨
30	①	②	③	④	⑤	⑥	⑦	⑧	⑨
31	①	②	③	④	⑤	⑥	⑦	⑧	⑨
32	①	②	③	④	⑤	⑥	⑦	⑧	⑨
33	①	②	③	④	⑤	⑥	⑦	⑧	⑨
34	①	②	③	④	⑤	⑥	⑦	⑧	⑨
35	①	②	③	④	⑤	⑥	⑦	⑧	⑨
36	①	②	③	④	⑤	⑥	⑦	⑧	⑨
37	①	②	③	④	⑤	⑥	⑦	⑧	⑨
38	①	②	③	④	⑤	⑥	⑦	⑧	⑨
39	①	②	③	④	⑤	⑥	⑦	⑧	⑨
40	①	②	③	④	⑤	⑥	⑦	⑧	⑨
41	①	②	③	④	⑤	⑥	⑦	⑧	⑨
42	①	②	③	④	⑤	⑥	⑦	⑧	⑨
43	①	②	③	④	⑤	⑥	⑦	⑧	⑨
44	①	②	③	④	⑤	⑥	⑦	⑧	⑨
45	①	②	③	④	⑤	⑥	⑦	⑧	⑨
46	①	②	③	④	⑤	⑥	⑦	⑧	⑨
47	①	②	③	④	⑤	⑥	⑦	⑧	⑨
48	①	②	③	④	⑤	⑥	⑦	⑧	⑨
49	①	②	③	④	⑤	⑥	⑦	⑧	⑨
50	①	②	③	④	⑤	⑥	⑦	⑧	⑨ ⓪

解答欄（解答番号 51〜75）

解答番号	1	2	3	4	5	6	7	8	9
51	①	②	③	④	⑤	⑥	⑦	⑧	⑨
52	①	②	③	④	⑤	⑥	⑦	⑧	⑨
53	①	②	③	④	⑤	⑥	⑦	⑧	⑨
54	①	②	③	④	⑤	⑥	⑦	⑧	⑨
55	①	②	③	④	⑤	⑥	⑦	⑧	⑨
56	①	②	③	④	⑤	⑥	⑦	⑧	⑨
57	①	②	③	④	⑤	⑥	⑦	⑧	⑨
58	①	②	③	④	⑤	⑥	⑦	⑧	⑨
59	①	②	③	④	⑤	⑥	⑦	⑧	⑨
60	①	②	③	④	⑤	⑥	⑦	⑧	⑨
61	①	②	③	④	⑤	⑥	⑦	⑧	⑨
62	①	②	③	④	⑤	⑥	⑦	⑧	⑨
63	①	②	③	④	⑤	⑥	⑦	⑧	⑨
64	①	②	③	④	⑤	⑥	⑦	⑧	⑨
65	①	②	③	④	⑤	⑥	⑦	⑧	⑨
66	①	②	③	④	⑤	⑥	⑦	⑧	⑨
67	①	②	③	④	⑤	⑥	⑦	⑧	⑨
68	①	②	③	④	⑤	⑥	⑦	⑧	⑨
69	①	②	③	④	⑤	⑥	⑦	⑧	⑨
70	①	②	③	④	⑤	⑥	⑦	⑧	⑨
71	①	②	③	④	⑤	⑥	⑦	⑧	⑨
72	①	②	③	④	⑤	⑥	⑦	⑧	⑨
73	①	②	③	④	⑤	⑥	⑦	⑧	⑨
74	①	②	③	④	⑤	⑥	⑦	⑧	⑨
75	①	②	③	④	⑤	⑥	⑦	⑧	⑨

2022 共通テスト総合問題集

英語 [リーディング]

河合塾 編

解答・解説編

第1回 解答・解説

設問別正答率

解答番号	1	2	3	4	5	6	7	8	9	10
配点	2	2	2	2	2	2	2	2	2	2
正答率(%)	67.0	87.9	51.0	33.6	70.0	50.6	80.6	54.3	64.1	59.7

解答番号	11	12	13	14	15	16	17	18	19	20
配点	2	2	2	2	2	2	2	2	2	2
正答率(%)	50.1	51.7	34.6	40.9	47.9	75.0	37.8	38.2	56.7	58.9

解答番号	21	22	23	24-25	26	27-31	32	33	34	35
配点	3	3	4	3	3	5	5	5	5	3
正答率(%)	26.9	64.6	49.5	19.2	48.8	32.9	32.8	57.7	31.9	52.0

解答番号	36	37	38	39	40	41-42	43
配点	3	3	3	3	3	3	3
正答率(%)	51.4	30.1	49.9	41.0	40.9	15.6	40.0

設問別成績一覧

設問	設 問 内 容	配 点	全 体	現 役	高 卒	標準偏差
合計		100	46.4	44.3	56.1	20.1
1	読解問題(メモ，お知らせ)	10	6.2	6.0	7.1	2.6
2	読解問題(ウェブサイト，記事)	20	10.7	10.4	12.1	4.6
3	読解問題(ブログ，ウェブサイト)	10	5.3	5.1	6.3	2.8
4	読解問題(グラフ)	16	6.8	6.4	8.5	4.5
5	読解問題(伝記)	20	7.8	7.3	10.1	6.0
6	読解問題(論説文)	24	9.6	9.1	12.0	6.1

（100点満点）

問題番号	設問		解答番号	正解	配点	自己採点
第1問	A	問1	1	③	2	
		問2	2	②	2	
	B	問1	3	④	2	
		問2	4	①	2	
		問3	5	③	2	
第1問　自己採点小計					(10)	
第2問	A	問1	6	①	2	
		問2	7	④	2	
		問3	8	②	2	
		問4	9	③	2	
		問5	10	②	2	
	B	問1	11	①	2	
		問2	12	②	2	
		問3	13	②	2	
		問4	14	②	2	
		問5	15	②	2	
第2問　自己採点小計					(20)	
第3問	A	問1	16	④	2	
		問2	17	④	2	
	B	問1	18	②	2	
		問2	19	④	2	
		問3	20	①	2	
第3問　自己採点小計					(10)	
第4問		問1	21	④	3	
		問2	22	①	3	
		問3	23	②	4	
		問4	24	②	3※	
			25	④		
		問5	26	④	3	
第4問　自己採点小計					(16)	

問題番号	設問		解答番号	正解	配点	自己採点
第5問		問1	27	②	5※	
			28	④		
			29	①		
			30	③		
			31	⑤		
		問2	32	③	5	
		問3	33	②	5	
		問4	34	②	5	
第5問　自己採点小計					(20)	
第6問	A	問1	35	①	3	
		問2	36	②	3	
		問3	37	④	3	
		問4	38	③	3	
	B	問1	39	②	3	
		問2	40	①	3	
		問3	41 - 42	①-③	3※	
		問4	43	①	3	
第6問　自己採点小計					(24)	
自己採点合計					(100)	

（注）　※は，全部正解の場合のみ点を与える。
　　　　－（ハイフン）でつながれた正解は，順序を問わない。

— 2 —

第1回

第1問 読解問題(メモ，お知らせ)

A
【全訳】
　最近あなたは，自分の学校に新しく来たカナダ出身の交換留学生に会いました。彼は読書が好きなので，あなたのお気に入りの英語の小説を1冊彼に貸しました。本を返してもらったとき，あなたは中にこのようなメモが挟まっているのに気づきました。

> やあ，
>
> 　タケシ，君の言うとおりだったよ！ 僕は森を見て，鳥たちが互いにさえずり合っているのが聞こえるような気がした。登場人物に何が起きるのかを知りたくて，読むのをやめられなかった。それに主人公はほんとうに愉快だったね。君と僕は本の趣味が同じだと思うから，この本について会って話がしたいな。君が好きな他の作家についても聞いてみたいし。いつか放課後に会って話がしたいんだけど，どうかな。木曜日ならテニスの練習がないから僕は一番都合がいいな。
>
> よろしくね
> ルイス

【語句・構文解説】
・recently「最近」
・exchange student「交換留学生」
・lend A B「AにBを貸す」
・a copy of A「A(本など)の一冊」
・favorite「お気に入りの／大好きな」
・novel「小説」
・return O「Oを返す」
・note「メモ」
・inside「中に」
◆メモ◆
・hi there「やあ(こんにちは)」
・feel like SV ...「…のような感じがする」
・forest「森林」
・hear O *doing*「Oが～しているのが聞こえる」
・back and forth「行き交って／行ったり来たりして」
・each other「お互い」
・be eager to *do*「～したい」
　[例]　My mother **is eager to meet** you.
　　　　　母はあなたに会いたがっています。
・so ~ that SV ...「とても～なので…」

・find out wh-節「…かわかる」
　[例]　I rushed home to **find out** what happened
　　　　　to my sister.
　　　　　姉に何があったのか知るために家に急いで
　　　　　帰った。
・happen to A「Aに起こる」
・character「登場人物」
・find O C「OがCであるとわかる」
・funny「愉快な／おかしい」
・taste「趣味／好み」
・get together「集まる」
・author「作家／著者」
・let me know if SV ...「私に…かどうか知らせてください」
・have a chat「おしゃべりをする」
・sometime「いつか」
・practice「練習」

【設問解説】
問1　|1|　③
　　ルイスはあなたにメモを書いて，|1|と伝えた。
　① あなたが書いた物語は面白いと思った

— 3 —

② あなたとテニスがしたい

③ **その本に感動した**

④ 本を読むために集まりたい

　第1～4文「タケシ，君の言うとおりだったよ！僕は森を見て，鳥たちが互いにさえずり合っているのが聞こえるような気がした。登場人物に何が起きるのかを知りたくて，読むのをやめられなかった。それに主人公はほんとうに愉快だったね」より，ルイスはタケシから借りた本に感動した様子が読み取れる。したがって，③が正解。①，②，④については述べられていないので，不可。

問2　2　②

　ルイスはあなたが　2　かどうか知りたがっている。

① 森をもう一度ハイキングするつもり

② **いつか自分と話をすることに興味がある**

③ 今度の木曜日にテニスの練習がある

④ 本をすぐに返してもらいたいと思っている

　第5～7文「君と僕は本の趣味が同じだと思うから，この本について会って話がしたいな。君が好きな他の作家についても聞いてみたいし。いつか放課後に会って話がしたいんだけど，どうかな」より，②が正解。①は第2文に関連するが，森をハイキングするつもりとは書かれていないので，不可。③は，最終文に関連するが，テニスの練習の有無はルイスのことなので，不可。④については述べられていないので，不可。

— 4 —

B

【全訳】

あなたは住んでいる町の英語のウェブサイトを訪れ、このような告知を見つけました。

落語フェスティバル：「想像力の世界」

　私たちの町にいる海外からの居住者を対象に、日本文化における物語を語る伝統的なやり方である落語についてもっと知っていただく機会を設けました。落語においては1人の語り手が、自らの言葉の力と、手ぬぐい（日本のタオル）や扇子（折り畳み式の団扇）など少しの小道具だけである場面を余すことなく生き生きと描きます。想像力を自由に羽ばたかせて、このおかしくも心打たれる物語の語りを楽しんでください。落語は日本語と英語のいずれかで行われます。今回のフェスティバルでは落語という芸術形式の専門家による講演も企画しています。

フェスティバルのスケジュール

11月20日		
開始時間	**イベント1　　落語の基本その1**	**場　　所**
午後7時	講演「落語の歴史」（英語通訳付き日本語）	タウンホール

11月21日		
開始時間	**イベント2　　古典落語**	**場　　所**
午後1時	「寿限無」（日本語）	
午後1時半	「猫の茶碗」（英語）	ヒルシアター
午後2時	「寝床」（英語）	
開始時間	**イベント3　　落語の基本その2**	**場　　所**
午後7時	講演「落語の小道具を使うこと」（英語通訳付き日本語）	タウンホール

11月22日		
開始時間	**イベント4　　新作落語**	**場　　所**
午後3時	「姉妹」（英語）	
午後3時半	「赤い虫」（日本語）	ヒルシアター
午後4時	「遺失物取扱所」（英語）	

● 各イベントの入場料は500円です。4つすべてのイベントをご覧いただけるフェスティバルの通し券を1,600円でご購入いただくこともできます。

● このフェスティバルの企画にあたり、ご支援いただきましたヒルシアターに厚く御礼申し上げます。

　フェスティバルの通し券のご購入は、ヒルシアター内にある私どものチケット売り場にお立ち寄りください。

▶▶タウンホールイベントカレンダー

【語句・構文解説】

- website「ウェブサイト」
- notice「告知／掲示」
- festival「フェスティバル」
- international「海外から来た／国際的な」
- be invited to *do*「～するように勧められる」
- *rakugo*, a traditional way of telling stories in Japanese culture「日本文化における物語を語る伝統的なやり方である落語」 a traditional 以下は *rakugo* を説明している。
  traditional「伝統的な」
- performer「語り手／演者」
- bring O to life「O を生き生きとしたものにする／O に命を吹き込む」
  [例] Rearranging the furniture **brought** the room **to life**.
  　　家具の配置を新しく変えたら，部屋が活気づきました。
- props「小道具」 properties の略式表記。
- A, such as B「例えば B のような A」
- folding「折り畳み式の」
- fan「団扇／扇子」
- let O *do*「O（物）を～するよう放っておく／O（人）に～させてやる」
  [例] **Let** the matters **take** their course.
  　　事態を成り行きにまかせなさい。
- run free「自由に走る」
- performance「上演／業績」
- funny「愉快な／おかしい」
- moving「心を打たれる／感動的な」
- perform O「O を上演する」
- either A or B「A か B のどちらか」
- feature O「O を呼び物にする」
- expert on A「A の専門家」
- art form「芸術形式」
- location「場所」
- translation「通訳／翻訳」
- town hall「タウンホール／市役所」
- bowl「碗／鉢」
- unwelcomed invitation「ありがたくない招待」 古典落語「寝床」の英語題名。
- lost & found office「遺失物取扱所」
- fee「料金／謝礼」
- pass「通し券」
- available「入手可能な」
- cover O「O を含む」
- organize O「A を計画する」

- drop in at A「A にちょっと立ち寄る」
  [例] I had no time to **drop in at** your place.
  　　君のところに立ち寄る時間がなかったんだ。
- our box office located in the Hill Theater「ヒルシアター内にある私どものチケット売り場」
  located 以下は our box office を修飾する過去分詞句。
  box office「チケット売り場」
  located in A「A にある／位置している」

【設問解説】

問1 ③ ④

　この告知の目的は ③ について人々に知ってもらうことである。
① 日本の伝統的な芸術形式でのコンテスト
② 日本語と英語による映画フェスティバル
③ 地元の学校で行われる落語の授業
④ **語りの上演と講演**

　案内文の第1文に「私たちの町にいる海外からの居住者を対象に，日本文化における物語を語る伝統的なやり方である落語についてもっと知っていただく機会を設けました」とあり，案内文の最終文に「今回のフェスティバルでは落語という芸術形式の専門家による講演も企画しています」とあるので，この告知の目的は落語に関するイベントについて知ってもらうことだとわかる。選択肢のうち，落語の上演と講演を言い換えていると思われるものは④しかないので，④が正解。①，②，③については述べられていないので，不可。

問2 ④ ①

　このフェスティバルに行く人は ④ 機会を持つことになる。
① **古い落語と新しい落語の両方を聞く**
② 落語の小道具についてヒルシアターで学ぶ
③ 観客の目の前で演じる
④ 落語が通訳付きで演じられるのを見る

　フェスティバルのスケジュールを見ると，11月21日には「古典落語」が，22日には「新作落語」が演じられる。したがって，①が正解。②は，小道具について学べる講演が行われる場所はタウンホールなので，不可。③については述べられておらず，④に関しては「通訳付き」は講演であって落語ではないので，いずれも不可。

問3 ⑤ ③

　スケジュールにあるすべてのイベントに行って，できるだけお金を払いたくなければ， ⑤ べきである。
① 前もってイベントごとに 500 円でチケットを

— 6 —

買っておく

② インターネットでチケット情報を取得する

③ **ヒルシアターに行って通し券を買う**

④ タウンホール内のフェスティバルチケット売り場を訪れる

イベント料金についてはサイトの終わり近くに「各イベントの入場料は 500 円です」とある。このことから，4 つのイベントすべての入場料を普通に支払うと 2,000 円になる。しかし，「4 つすべてのイベントをご覧いただけるフェスティバルの通し券を 1,600 円でご購入いただくこともできます」と書かれているので，通し券を買えば 400 円安くなる。さらに最後に「フェスティバルの通し券のご購入は，ヒルシアター内にある私どものチケット売り場にお立ち寄りください」と書かれている。したがって，③が正解。①と②は，すべてのイベントにできるだけ安く行くことができる方法ではないので，不可。④は，チケット売り場のある場所がヒルシアターなので，不可。

第２問　読解問題（ウェブサイト，記事）
A
【全訳】
　あなたは学校の美術部の部員です。タイからの交換留学生である別の部員は何か日本的なことを美術部でやってみたいと思っています。彼女はウェブサイトで，日本の伝統工芸に関する情報を見つけました。

布にデザインを施す

この伝統的な手法は1600年代後半から日本の着物の美しいデザインを作るために用いられてきました。私の部屋の壁を素敵にデザインするためにこうした技をどう使えばいいのか，母が教えてくれました。

友禅染

材料

A	鉛筆	紙	青花インク	白い布
B	米糊(のり)(先端の細いチューブに入ったもの)	豆汁		大型の刷毛(はけ)
C	小型の刷毛	染料(数色)	ハンドスチーマー	

手順

ステップ1（Aを用いて）
1．紙にデザインを描きます。伝統的な柄には鳥，葉，花が含まれます。
2．描いたデザインを白い布に青花インクを用いて写します。青花インクは青い色の花から取れる液汁のことです。屋内で8時間かけてインクを乾かします。

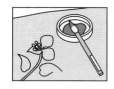

ステップ2（Bを用いて）
1．デザインの輪郭に米糊を付けます。糊の作用で，染料が布の他の部分に広がらなくなります。屋内で4時間かけて糊を乾かします。
2．大型の刷毛で豆汁を布全体に塗ります。こうすることで，布の上での染料の発色がよくなります。
3．屋内で10時間かけて布を乾かします。

ステップ3（Cを用いて）
1．小型の刷毛でデザインに，好みに合わせた色の染料で色付けします。屋内で2時間かけて染料を乾かします。
2．布地に高温の蒸気を当てます。こうすることで，米糊が溶け，美しい色合いとデザインが姿を現します。

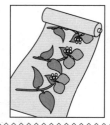

レビューとコメント

thecraftymouse　*2019年8月8日午後6時09分*
週末に子どもたちと楽しんでいます。

ivy@fabricwarehouse　*2019年12月8日午前3時03分*
アメリカの店舗で入手できる材料は質があまり良くないことが多いです。私はいつもネットで青花インクを日本から取り寄せています。

【語句・構文解説】

・Another member, an exchange student from Thailand, wants the club to try something Japanese.「タイからの交換留学生である別の部員は何か日本的なことを美術部でやってみたいと思っています」 an exchange student from Thailand は Another member の補足的な説明になっている。

exchange student「交換留学生」

from A「A 出身の／A から来た」

want O to *do*「O に～してほしい」 ここでの「そのクラブに～してほしい」は「美術部で～してみたい」という意味。

something＋形容詞「何か～なこと」

・traditional「伝統的な」

・craft「手工芸」

・cloth「布」

・method「方法」

・technique「技術／テクニック」

・create O「O を創り出す」

・dyeing「染色技術」

・material「材料」

・paste「糊(状のもの)」

・fine「細い」

・soybean juice「豆汁」 大豆の汁。

・brush「刷毛」

・dye「染料」

・steamer「スチーマー」 蒸気を発生させる機械。

・instruction「手順／指示」

・draw O「O を描く」

・include O「O を含む」

・leaves ＜ leaf「葉」の複数形

・copy O「O を写す」

・let O *do*「O(物)を～するよう放っておく／O(人)に～させてやる」

・dry「乾く」

・indoors「屋内で」

・apply A to B「A を B に塗る」

・outline「輪郭」

・prevent O from *doing*「O が～するのを妨げる」

・spread「広がる」

・cover A with B「A に B を塗る」

・help O (to) *do*「O が～するのを助ける」

・show up「現れる／はっきり見える」

・as ～ as you like「好きなだけ～」

・steam「蒸気」

・dissolve O「O を溶かす」

・reveal O「O を明らかにする」

・order A from B「A を B から取り寄せる／A を B に注文する」

［例］ I **ordered** two books **from** a New Delhi shop.

ニューデリーの本屋に本を 2 冊注文した。

・online「オンラインで／インターネットを使って」

【設問解説】

問1 ⑥ ①

あなたが ⑥ たいのであれば，この工芸を試してみるのもよい。

① 自宅を飾るのに何かを作り

② ライスペーパーの上に色とりどりの芸術を生み出し

③ 木材に絵の具で何かを描いてみ

④ 普段は捨てている材料を使い

ウェブサイトの最初の説明の第 2 文「私の部屋の壁を素敵にデザインするためにこうした技をどう使えばいいのか，母が教えてくれました」より，①が正解。②は，友禅染は布に模様を染めるのであり，ライスペーパーについては記述がないので，不可。③，④については述べられていないので，不可。

問2 ⑦ ④

手順に従えば，乾燥時間は合計 ⑦ ほどになる。

① 12 時間

② 20 時間

③ 22 時間

④ 24 時間

本文の手順にしたがうと，乾燥のための時間が発生するのはステップ 1 で 8 時間，ステップ 2 で 4 時間と 10 時間，ステップ 3 で 2 時間の合計 24 時間である。したがって，④が正解。

問3 ⑧ ②

ウェブサイトによると，昔ながらのやり方でこの工芸品を作りたいのであれば，⑧ ことになるだろう。

① 布地を日なたで乾かす

② 自然を題材にした柄を描く

③ 大豆から作った染料を使う

④ 色は青と赤だけを使う

ステップ 1 の 1 の第 2 文に「伝統的な柄には鳥，葉，花が含まれます」とあり，鳥，葉，花を題材にするということは自然を題材にすることと同義であると考えられるので，②が正解。①は，手順で乾燥をさせるのはすべて indoors「屋内で」つまり日陰干しが指示されており，日なたで乾かすことはしないので，不可。③は，ステップ 2 の 2「大型の刷毛

— 9 —

で豆汁を布全体に塗ります。こうすることで，布の上での染料の発色がよくなります」より，大豆を原料とした豆汁は染料として用いるのではないので，不可。④は，ステップ3の1「好みに合わせた色の塗料で色付けします」より，不可。

問4 | 9 | ③

ウェブサイトによると，この工芸に関する1つの**事実**(意見ではない)は | 9 | ということだ。

① 青花インクはステップ1と3で用いる
② 美術部が試してみるべきものだ
③ **300年以上の歴史がある**
④ タイでとても人気がある

ウェブサイトの最初の説明の第1文「*この伝統的な手法は1600年代後半から日本の着物の美しいデザインを作るために用いられてきました*」より，③が正解。①は，手順によると青花インクを使うのはステップ1のみなので，不可。②は，ウェブサイトに入る前の第2文「タイからの交換留学生である別の部員は何か日本的なことを美術部でやってみたいと思っています」に関係するが，美術部が試してみるべきものだとは言っておらず，また事実ではなく意見なので，不可。④については述べられていないので，不可。

問5 | 10 | ②

ウェブサイトによると，この工芸に関する1つの**意見**(事実ではない)は | 10 | ということだ。

① 花が最も美しい柄になる
② **材料の中には日本で作られたものの方がよいものがある**
③ 糊のために染料がその場所に留まっている
④ 2種類の大きさの刷毛が必要だ

レビューとコメントの欄の2人目，ivy@fabricwarehouse のコメント「アメリカの店舗で入手できる材料は質があまり良くないことが多いです。私はいつもネットで青花インクを日本から取り寄せています」より，②が正解。①については，ステップ1の1に伝統的な柄に花が含まれるとは書かれているが，それが最も美しいとは書かれていないので，不可。③，④は，本文の内容に一致しているが，これらは事実であって，意見ではないので，不可。

— 10 —

B

【全訳】

　あなたの英語の先生が，次の授業で行われる討論の準備をする助けとなるように，1つの記事を渡してくれました。この記事の一部がコメントの1つとともに，以下に示されています。

もう食べ物はむだにしない

シルビア・ダール，フロリダ州マイアミ在住
2019年9月15日・午前9:01

マイアミの小学校が，食品廃棄を減らすプログラムを始めた。このプログラムには「シェアテーブル」，つまり，食堂にあり，自分が食べない食品を子どもたちが置いて，それを他の生徒が自由にもらうことができるスペースが含まれている。また，学校の食堂の従業員が余った食品を冷凍食にして，生徒は金曜日にそれを家に持ち帰り，週末に食べることができる。

「このプログラムはずっと待ち望んでいたものでした」と，食堂の従業員であるエレナ・クルーズは語った。彼女は，このプログラムがインディアナ州で成功をおさめ人気を博していることを読んで知った後，マイアミ教育委員会にそのアイデアを提案したのだ。「長年，食堂のまだ食べられる食品を処分するのが嫌でした」生徒のサム・ゴーディマは，「僕はおやつが増えるのがいいと思います。弟のためにポテトチップスやレーズンを家に持ち帰ることもあるんです」と言っている。

しかし，マイアミの気温が秋や春には華氏90度(摂氏32度)以上に上昇することがあるため，安全面について懸念する人もいる。「シェアテーブルは冷却されているわけではありません」と親であるタイラー・ジョーンズは言っている。「生徒は傷む可能性がある食品をそこに置いてはいけないことになっていますが，それでもやはり置くにきまってますよ。お腹を壊す人が出てくるかもしれません」彼はまた，冷凍食を持って子どもを家に帰すことについても心配している。「家まで長い距離を歩いて帰る子どももいます。天候がもっと涼しいインディアナ州でうまくいくことが，フロリダ州では危険かもしれません」と彼は言っている。

---

75 コメント

最新

ベロニカ・ゴンザレス　2019年9月16日・午後1:13

食品が傷むことに関する懸念はわかりますが，食品廃棄は環境にとても悪いので，このプログラムは検討する価値があります。フロリダ州の学校は子どもたちに食の安全について入念に教育しなければならないと思います。そうすれば，このプログラムはうまくいくでしょう。

【語句・構文解説】
・article「記事」
・help O do「O が～するのを助ける」
・prepare for A「A の準備をする」
・debate「討論／ディベート」
・below「以下に」
・No more A「これ以上の A は許されない」
　［例］　**No more** discussion.　It's time to decide.
　　　　　もう議論は要りません。決定するときです。
・waste O「O をむだに使う／O を廃棄する」
◆第1段落◆
・elementary school「小学校」
・program to do「～するプログラム／計画」
・reduce O「O を減らす」
・food waste「食品廃棄」
・include O「O を含んでいる」
・a "share table," a space in the cafeteria where children leave food they do not eat and other students can pick it up freely「『シェアテーブル』，つまり，食堂にあり，自分が食べない食品を子どもたちが置いて，それを他の生徒が自由にもらうことができるスペース」　a space 以下は a "share table" に説明を加えている。where 以下は a space を修飾する関係副詞節。they do not eat は food を修飾する節。
　pick up O／pick O up「O をもらう／入手する」
　［例］　I **picked up** the picture at a garage sale for free.
　　　　　その絵をガレージセールでただで手に入れた。
・package A into B「A を B にまとめる／包装する」
・unserved「余った／出されなかった」
・frozen meal「冷凍食」
◆第2段落◆
・a long time coming「長らく待ち望まれていたもの」
　［例］　Her promotion was **a long time coming**.
　　　　　彼女の昇進は長らく待ち望まれていたものだった。
・propose O「O を提案する」
・school board「教育委員会」
・popularity「人気」
・hate doing「～することを嫌に思う」
・get rid of A「A を処分する」
　［例］　We have to **get rid of** a lot of our furniture because we're moving.
　　　　　私たちは近々引っ越しするので，今使っている家具をたくさん処分しなければならない。

・extra「追加の／余分の」
・snack「おやつ／軽食」
・raisin「レーズン」
◆第3段落◆
・be concerned about A「A について懸念している／心配している」
・safety「安全（面）」
・temperature「気温／温度」
・climb「上昇する」
・90°F「華氏 90 度」（F＝Fahrenheit）
・32℃「摂氏 32 度」（C＝Celsius／Centigrade）
・refrigerate O「O を冷却する」
・while SV ...「…するけれども」
・be not supposed to do「～してはいけないことになっている」
　［例］　You **are not supposed to play** catch in this park.
　　　　　この公園ではキャッチボールをしてはいけないことになっている。
・spoil「傷む／だめになる」
・I'm sure (that) SV ...「…だと確信している」
・anyway「いずれにせよ」
・get sick「お腹を壊す／病気になる」
・worry about A「A について心配する」
・send O home「O を家に帰す」
・work「うまくいく」
◆コメント◆
・concern「懸念／心配」
・food spoiling「食品が傷むこと」
・be worth doing「～する価値がある」
・educate O「O を教育する」
・carefully「入念に／慎重に」
【設問解説】
問1　11　①
　　記事によると，フロリダ州の小学校の生徒は現在 11 ことができる。
　①　**土曜日と日曜日に学校の食堂の食事を食べる**
　②　食堂の冷凍食をパックに詰めて高齢者に渡す
　③　学校の食堂の従業員から基礎的な料理のレッスンを受ける
　④　食堂の新メニューを試すプログラムに参加する
　　第1段落最終文「学校の食堂の従業員が余った食品を冷凍食にして，生徒は金曜日にそれを家に持ち帰り，週末に食べることができる」より，①が正解。②，③，④については述べられていないので，不可。
問2　12　②
　　討論において，あなたのチームは「フロリダ州の

－ 12 －

小学校は食品廃棄を減らすインディアナ州のプログラムにならうべきである」という主張を支持する。記事の中で、あなたのチームに有益な1つの**意見**（事実ではない）は 12 というものだ。

① 大人が食品をむだにするのを見る子どもはその行動をまねる

② **まだ食べられる食品を捨てると嫌な気分になる**

③ 飢える人がいるのに食品を捨てることは誤っている

④ インディアナ州ではそのプログラムを支持する人が多い

第2段落第2文に、シェアテーブルのアイデアを提案した食堂の従業員であるエレナ・クルーズの意見として「長年、食堂のまだ食べられる食品を処分するのが嫌でした」と述べられているので、②が正解。①、③については述べられていないので、不可。④は、第2段落第1文に「このプログラムがインディアナ州で成功をおさめ人気を博している」と述べられているが、事実であって意見ではないので、不可。

問3 13 ②

相手方のチームは反対の立場に立つ。記事の中で、このチームに有益な1つの**意見**（事実ではない）は 13 というものだ。

① 子どもたちはキャンディーやポテトチップスのような不健康な食品を分け合う

② **子どもたちはシェアテーブルの安全面での慣行に従わないだろう**

③ 食堂の従業員に残業するように求めることは公正ではない

④ マイアミの気温はインディアナ州の気温よりも高い

第3段落第3文に、親であるタイラー・ジョーンズの意見として「生徒は傷む可能性がある食品をそこに置いてはいけないことになっていますが、それでもやはり置くにきまってますよ」と述べられているので、②が正解。①は、第2段落最終文に「ポテトチップス」に関する言及があるが、子どもたちが不健康な食べ物を分け合うとは述べられていないので、不可。③については述べられていないので、不可。④は、第3段落第1文に「マイアミの気温が秋や春には華氏90度（摂氏32度）以上に上昇することがある」と述べられているが、事実であって意見ではないので、不可。

問4 14 ②

記事の第2段落にある "a long time coming" はこのプログラムが 14 ということを意味する。

① しばらく続く可能性が高い

② **ずっと早く始められるべきであった**

③ 長期間続けることは難しいであろう

④ 以前はうまくいったが、今ではもううまくいかない

このフレーズは第2段落第1文の、そのアイデアを提案した食堂の従業員であるエレナ・クルーズの発言で使われている。第2文で彼女は「長年、食堂のまだ食べられる食品を処分するのが嫌でした」と述べているので、このプログラムは彼女にとって「ずっと待ち望んでいたもの」であったと考えられる。したがって、②が正解。

問5 15 ②

ベロニカ・ゴンザレスのコメントによると、彼女はフロリダ州の親が述べたことに対して 15 。

① 特に意見はない

② **一部賛成している**

③ 大いに賛成している

④ まったく賛成していない

ベロニカ・ゴンザレスのコメントには、「食品が傷むことに関する懸念はわかりますが、食品廃棄は環境にとても悪いので、このプログラムは検討する価値があります」とある。これは第3段落で述べられている「安全面で懸念がある」というフロリダ州の親が述べていることに一部賛成していることを示しているので、②が正解。

— 13 —

第3問　読解問題(ブログ，ウェブサイト)
A
【全訳】
あなたは自分の学校にいる交換留学生が書いたブログの中に次の記事を見つけました。

動物園に行ったこと
4月21日 日曜日

　昨日，ホストファミリーが日本のすてきな動物園に連れて行ってくれました。私たちが見た動物の多くは，本や映画を除けば，私がそれまで目にしたことがない動物でした。実は，動物園に行くのはそれが初めてだったのです。ウェールズにある故郷の町は小さくて，動物園がないのです。

　今は春なので，その動物園には生まれたての動物の赤ちゃんがたくさんいました。アヒル，シロイワヤギ，オオカミ，ヤマネコや他にもたくさん赤ちゃんがいました。動物園で働く人々は来園者に，生まれた赤ちゃんすべてに名前を考えてあげてください，と求めていました。ホストファミリーの男の子は，自分のお気に入りのトラの赤ちゃんに「ストライプス」という名前を選びました。私は，一番かわいい赤ちゃんは全身が1色の赤ちゃんだと思いました。私は，その赤ちゃんの色にちなんで「クロウ(カラス)」という名前を動物園が付けるよう提案しました。ホストファーザーは，ある動物に別の動物の名前を付けるのは馬鹿げていると考えましたが，私はそれをすてきな名前だと思います。ホストマザーが，私たちのお気に入りの動物の写真を撮ってくれました。

　2週間後に動物園はそれぞれの赤ちゃんに選んだ名前を，各動物の親子が住んでいる場所の外の壁に掲示することになります。ホストファーザーとホストマザーは，私たちが提案した名前が選ばれたかどうか確かめるために，その時になったらまた動物園に行ってみようかと言いました。私が提案した名前が選ばれることを望んでいますが，いずれにせよ，あのかわいらしい動物の赤ちゃんたちにまた会うのが楽しみです。

【語句・構文解説】
・the following A「次の A」
・exchange student「交換留学生」
・trip to A「A への旅」
◆第1段落◆
・take A to B「A を B に連れて行く」
・the animals we saw「私たちが見た動物」 we saw は the animals を修飾する節。
・ones I had not seen before except in books and movies「本や映画を除けば，私がそれまで目にしたことがない動物」 I had not seen ... movies は ones を修飾する節。ones は animals のこと。
except ～「～を除いて／～以外に」
・actually「実は」

・The town in Wales where I am from「ウェールズにある故郷の町」 where I am from は The town in Wales を修飾する関係詞節。
　Wales「ウェールズ(地方)」 英国グレートブリテン島の南西部の地域。

◆第2段落◆

・duck「アヒル／カモ」
・mountain goat「シロイワヤギ」 ロッキー山脈に住むヤギ。
・wolves＜wolf「オオカミ」の複数形
・wildcat「ヤマネコ」
・... and many more「…や他にもたくさんいました」
・visitor「来園者／訪問者」
・suggest O「Oを提案する」
・arrival「生まれたての赤ちゃん／新たに生まれた子」
・stripe「ストライプ／縞(しま)」
・favorite「お気に入りの(もの)」
・suggest that S (should) *do*「Sが…してはどうかと提案する」
　［例］ They **suggested that** the examination **be** cancelled.
　　　　　　彼らは試験の中止を提案した。
・crow「カラス」
・silly「馬鹿げた」
・lovely「すてきな」

◆第3段落◆

・post A on B「BにAを貼り出す」
・outside of A「Aの外の[に]」
・habitat「住んでいる場所／生息地」
・see if SV ...「…かどうか確かめる」
　［例］ You'd better **see if** the plates are broken.
　　　　　　お皿が壊れているかどうか確かめた方がいいよ。
・pick O「Oを選ぶ」
・either way「いずれにせよ」
・look forward to *doing*「～することを楽しみにする」
　［例］ I'm **looking forward to hearing** from you.
　　　　　　あなたからご連絡があるのを楽しみにしています。

【設問解説】

問1 ⓰ ④
　その動物園では，⓰ 。
　① ウェールズの動物園よりも多くの動物が飼われていた
　② カラスを除いて，鳥が空を飛んでいるのはまっ

たく見えなかった
　③ ホストファミリーの男の子は縞のシャツを着ていた
　④ 来園者は動物の赤ちゃんの名前を提案するよう求められた
　第2段落第3文「動物園で働く人々は来園者に，生まれた赤ちゃんすべてに名前を考えてあげてください，と求めていました」より，④が正解。①は，第1段落第4文に「ウェールズにある故郷の町は小さくて，動物園がないのです」とあるので，不可。②は，空を飛んでいる鳥については記述がないので，不可。③は，ホストファミリーの男の子のシャツについては記述がないので，不可。

問2 ⓱ ④
　あなたは，このブログの筆者が ⓱ とわかった。
　① トラの名前の案を考えたが，ホストファーザーはそれに賛成しなかった
　② 学校の何人かの友だちと再びその動物園に行くことを望んだ
　③ 動物園で動物の赤ちゃんの写真を撮ることが大好きだった
　④ 生まれて初めて動物園に行き，クマの赤ちゃんが好きになった
　第1段落第3文「実は，動物園に行くのはそれが初めてだったのです」と，第2段落第5・6文「私は，一番かわいい赤ちゃんは全身が1色の赤ちゃんだと思いました。私は，その赤ちゃんの色にちなんで『クロウ(カラス)』という名前を動物園が付けるよう提案しました」とあり，写真を見ると「全身が1色の赤ちゃん」はクマだとわかるので，④が正解。①は，上記の内容に反するので，不可。②は，第3段落第2・3文に「ホストファーザーとホストマザーは，…また動物園に行ってみようかと言いました。…あのかわいらしい動物の赤ちゃんたちにまた会うのが楽しみです」とあり，学校の友だちと行くのではないので，不可。③については述べられていないので，不可。

— 15 —

B
【全訳】
　あなたは日本のボランティアの語学講師を対象としたウェブサイトで次の記事を見つけました。

学習と交流

サクライ　カズマサ（ボランティアの語学講師）

　外国人の中には日本語を一言も話せないまま日本で生活をするためにやって来る人がたくさんいます。私は毎週末にコミュニティセンターで日本語を教えていて，私たちのクラスでは外国人が学校や職場でより上手くコミュニケーションをとる手助けをします。

　メアリーはイングランド出身の交換留学生ですが，彼女が調べた日本語の授業はすべてあまりに料金が高く，彼女には受ける余裕がなかったので，日本語が話せるようになれることは決してないのではないかと心配だと私の友人に打ち明けました。そこで私の友人は彼女にコミュニティセンターでの私のクラスの1つに来てはどうかと提案しました。メアリーは，そこでの授業がボランティアによって教えられているので，比較的安いと知って喜びました。

　ある週末，メアリーはボランティアの先生たちのために伝統的な英国料理を作ると申し出ました。私たちは他の国々の食べ物を食べてみるのが好きなので，喜んで受け入れました。メアリーと私はスーパーに行きました。材料を買うとき，牛肉が日本ではとても高いことに彼女は驚きました。

　その日，時間がたってから，メアリーはすごく大きなパイを持って，コミュニティセンターにやって来ました。肉と野菜のおいしそうな匂いが部屋を満たし，みんながパイを食べることを楽しみにしていました。メアリーは，幼い頃からずっとおばあちゃんと一緒にパイを作ってきたのよ，だからきっとおいしいと思うわ，と私たちに言いました。しかし彼女がテーブルにパイを置こうとしたとき，椅子にぶつかり，床にパイを落としてしまいました。それは割れて，肉も野菜もそこら中にちらばりました。メアリーはもう少しで泣き出しそうになりましたが，ボランティアの先生たちはそのことを気にしないでと彼女に言い，自分たちのためにそんなに一生懸命になってくれたことに感謝しました。みんなで一緒に散らかったものを片付けて，ボランティアたちがメアリーを近くのレストランに連れて行き，そこでみんなで食事をしたり話をしたりして楽しみました。

【語句・構文解説】
・the following A「次の A」
・article「記事」
・website「ウェブサイト」
・volunteer「ボランティア（の）」
◆第1段落◆
・help O *do*「O が～するのを助ける」

◆第2段落◆
・exchange student「交換留学生」
・be afraid（that）SV ...「…ではないかと心配している」
　［例］I **was afraid** that the dog would bite my daughter.
　　　私はその犬が娘にかみつきはしないかと心配しました。

— 16 —

- all the Japanese classes she had looked at「彼女が調べたすべての日本語の授業」 she had looked at は all the Japanese classes を修飾する節。
  look at A「A を調べる」
- too ~ for A to do「あまりにも~で A には…できない」
- afford O「O のための（金銭的・時間的）余裕がある」
- suggest that S (should) do「S に…してはどうかと提案する」
- be pleased to do「~して喜ぶ」
- discover that SV …「…だとわかる」
- relatively「比較的」

◆第 3 段落◆
- offer to do「~しようと申し出る」
- traditional「伝統的な」
- British「英国の／イギリスの」
- dish「料理」
- be happy to do「喜んで~する」
  ［例］ Susan **was happy to accept** his invitation to dinner.
  　　スーザンは彼からのディナーへの招待を喜んで受け入れた。
- try O「O を食べてみる」
- ingredient「材料」
- be shocked that SV …「…に驚く／ショックを受ける」

◆第 4 段落◆
- later「後で」
- enormous「すごく大きな／巨大な」
- smell「匂い」
- fill O「O を満たす」
- look forward to doing「~することを楽しみにする」
- ever since SV …「…以来ずっと」
- be sure (that) SV …「…だと確信している」
- turn out C「結局 C となる／C だとわかる」
- place A on B「A を B に置く」
- bump into A「A にぶつかる」
- drop O「O を落とす」
- break open「割れ開く／破裂する」
- thank A for doing「~について A（人）に感謝する」
  ［例］ She **thanked** me **for taking** care of her dogs.
  　　彼女の犬を世話したことについて彼女は私に感謝した。
- clean up O／clean O up「O を片付ける／O をきれいにする」

- mess「散らかったもの／汚れ」
- take A to B「A を B に連れてゆく」
- nearby「近くの」

【設問解説】
問 1 　18 　②
　この話によると，メアリーの気持ちは次の順で変化した。18
　①　心配して→自信を持って→動揺して→喜んで→驚いて
　②　心配して→喜んで→驚いて→自信を持って→動揺して
　③　心配して→喜んで→動揺して→驚いて→自信を持って
　④　心配して→驚いて→自信を持って→喜んで→動揺して
　⑤　心配して→驚いて→動揺して→自信を持って→喜んで
　⑥　心配して→動揺して→驚いて→自信を持って→喜んで
　第 2 段落第 1 文「メアリーはイングランド出身の交換留学生ですが，彼女が調べた日本語の授業はすべてあまりに料金が高く，彼女には受ける余裕がなかったので，日本語が話せるようになれることは決してないのではないかと心配だと私の友人に打ち明けました」より，メアリーは初め「心配して」いたことがわかる。次に，第 2 段落第 2・3 文「そこで私の友人は彼女にコミュニティセンターでの私のクラスの 1 つに来てはどうかと提案しました。メアリーは，そこでの授業がボランティアによって教えられているので，比較的安いと知って喜びました」より，「喜んで」いて，第 3 段落第 4 文「材料を買うとき，牛肉が日本ではとても高いことに彼女は驚きました」より，「驚いて」いたことがわかる。さらに，第 4 段落第 3 文「メアリーは，幼い頃からずっとおばあちゃんと一緒にパイを作ってきたのよ，だからきっとおいしいと思うわ，と私たちに言いました」より，「自信を持って」，第 4 段落第 6 文の前半「メアリーはもう少しで泣き出しそうになりました」より，「動揺して」いたことがわかるので，②が正解。
問 2 　19 　④
　メアリーは 19 ことがわかった。
　①　彼女の市にはいくつかのイギリス料理のレストランがある
　②　ボランティアによって教えられる日本語の授業が無料である
　③　日本人がイギリスの伝統料理を嫌っている

— 17 —

④ 食べ物の中には彼女が思っていたよりお金がか
かるものがある

第3段落第4文「材料を買うとき，牛肉が日本で
はとても高いことに彼女は驚きました」より，④が
正解。①，③については述べられていないので，不
可。②は，第2段落第3文に「メアリーは，そこで
の授業がボランティアによって教えられているの
で，比較的安いと知って喜びました」とあるが，無
料だとは述べられていないので，不可。

問3 [20] ①

この話から，あなたはメアリーが [20] というこ
とがわかった。

① 自分が作った料理を誤って台なしにし，先生た
ちと外食しに出かけた
② 必要な材料を見つけられなかったので，代わり
にみんなで食べるためのパイを買った
③ 人気のあるレストランで一緒に食事をしようと
ボランティアの日本人の先生たちを招待した
④ 週末にコミュニティセンターで英語を教えよう
と申し出た

第4段落第4文に「しかし彼女がテーブルにパイ
を置こうとしたとき，椅子にぶつかり，床にパイを
落としてしまいました」とあり，同段落第7文には
「みんなで一緒に散らかったものを片付けて，ボラ
ンティアたちがメアリーを近くのレストランに連れ
て行き，そこでみんなで食事をしたり話をしたりし
て楽しみました」とあるので，①が正解。②，③は，
上記の内容に反するので，不可。④については述べ
られていないので，不可。

— 18 —

第4問　読解問題（グラフ）
【全訳】
　あなたは世界の出生率について調べています。あなたは2つの記事を見つけました。

世界中で低下している出生率　　　　　　　　　　　　　　　ライアン・マッキンリー
　　　　　　　　　　　　　　　　　　　　　　　　　　　　　　　　　　　2019年7月

　ある地域の「出生率」とは，女性が出産可能年齢（15～49歳）に産むと考えられる子どもの数のことである。この数は，経済が将来どれほどうまく機能するかを予測するための重要な尺度である。例えば，もしもある国の人口のほとんどが退職した高齢者から構成されていると，その国の経済は痛手を被る可能性がある。なぜなら，働いて彼らを支える若者が十分にいないからだ。しかし，若者が多すぎる場合の経済状況では，彼らすべてを雇えるだけの十分な仕事を提供できないかもしれない。

　国際的な研究によると，世界の出生率は1960年代以来50パーセント低下した。グラフは1960年と2015年の世界中の様々な地域での出生率を示しているが，これによりその55年の間にどれほど出生率が落ちたかが正確にわかる。

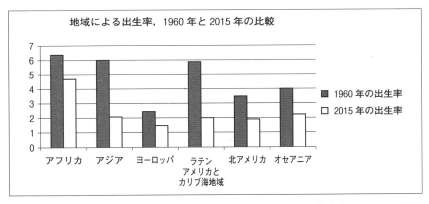

　今日，世界の出生率は1人の女性につきおよそ2.5である。研究者たちはこの低下に影響を及ぼしたかもしれない様々な要因を突き止めた。1つの理由は，世界の多くの場所で女性がより高学歴になり，仕事により長い時間を費やしていることだ。また別の理由は，今日の高度な医療機器や処置は出産中や幼少期の死亡の多くを防ぐのに役立ち，それによって女性が産む子どもの数が減っているということだ。

　私の意見では，出生率が低下している先進国は，経済を安定させるために出生率の高い国から若者を受け入れるべきだ。そのような移住は西アフリカや南アジアの人口過剰の問題を解決するのに役立つだろう。それはまた，先進国の高齢者が定年退職したときに，働いて彼らを支えることができる若者が十分にいることを確実にすることにもなりうる。さらに，雇用主は妊娠後期と出産後に有給休暇を提供することで，女性に子どもを産むよう奨励すべきだ。

「世界中で低下している出生率」への意見	J. R.

2019 年 8 月

　女性が出産する手助けをする経験を 40 年間積んできた医者として，私は出生率の低下をじかに見てきました。ライアン・マッキンリーの記事によると，私の地域は 1960 年には女性 1 人当たりの出生率が最も高い平均値の 1 つを持っていました。しかし，2015 年までに，出生率はおよそ 4.7 に下がりました。ありがたいことに，私たちの文化の価値観のもとでは，おそらく出生率があまりに急激に下がり続けることはないでしょう。

　私の国では，高校を卒業し，大学の教育を受けようとする女性は毎年増えています。女性の性と生殖に関する健康を専門に扱っている NGO が，多くの地域の病院で発足しました。彼らは女性に産児制限や家族計画について教育しています。産まれる子どもがより少なければ，その少数の子どもによい教育を受けるよりよい機会を提供することができると人々はわかり始めています。

　しかし，変化の中にはなかなか起こらないものもあるでしょう。社会的価値観の進歩にもかかわらず，私の国の多くの人々はいまだに女性の役割は料理をし，家の掃除をすることだと考えています。人々はまた子どもを一種の富としてみなしもしますし，多くの子どもを持つことで社会的地位を上げることができます。私はこういった価値観はある種の問題につながりかねないと信じていますが，将来私の子どもが年をとり退職しても，彼らを支えられるだけの新しい世代の若い働き手がいるだろうと信じています。

【語句・構文解説】
・do research on A「A について調べる」
・fertility rate「出生率」
・article「記事」
＜ライアン・マッキンリーの記事＞
・decreasing「低下している／減少している」
◆第 1 段落◆
・the number of A「A の数」
・children a woman can be expected to have during her childbearing years「女性が出産可能年齢に産むと考えられる子ども」　a woman can be expected to have during her childbearing years は children を修飾する節。
expect O to *do*「O が～するだろうと思う」
childbearing years「出産可能な期間」
・measure「尺度／基準」
・predict wh-節「…か予測する」
　〔例〕　It is impossible to **predict** exactly when an earthquake will occur.
　　　　いつ地震が起こるのかを正確に予測することは不可能だ。
・economy「経済」

・function「機能する」
・for instance「例えば」
・be made up of A「A から構成されている／成る」
　〔例〕　Our group **is made up of** ten boys and twelve girls.
　　　　「私たちのグループは 10 人の男子と 12 人の女子から構成されている」
・retired「退職した」
・suffer「痛手を被る／苦しむ」
・enough A to *do*「～するのに十分な A」
・support O「O を支える」
・provide O「O を提供する」
・employ O「O を雇う」
◆第 2 段落◆
・global「世界的な」
・decline「低下する／減少する」
・various「様々な」
・make it clear wh-節「…かを明らかにする」
＜グラフ＞
・region「地域」
・the Caribbean「カリブ海地域」
・Oceania「オセアニア」

◆第3段落◆
・around A「およそ A」
・per A「A につき」
・researcher「研究者」
・identify O「O を突き止める」
・a variety of A「様々な A」
・factor「要因」
・influence O「O に影響を及ぼす」
・decline「低下」
・become educated「教育を受ける」
・spend O「O を費やす」
・at work「仕事で」
・advanced「高度な／発達した」
・medical「医療の／医学の」
・equipment「機器／用具」
・procedure「処置」
・help（to）do「～するのに役立つ」
　［例］ Chewing gum **helps prevent** you from eating between meals.
　　　　ガムを噛むことは間食を食べるのを防ぐのに役立つ。
・during birth「出産中の［に］」
・early childhood「幼少期」

◆第4段落◆
・in my opinion「私の意見では」
・developed nation「先進国」（＝developed country）
・stable「安定した」
・immigration「移住／移民」
・solve O「O を解決する」
・overpopulation「人口過剰」
・ensure that SV ...「…を確実にする／保証する」
　［例］ He **ensured that** the work would be carried out properly.
　　　　彼はその仕事が適切に行われることを保証した。
・retire「定年退職する」
・furthermore「さらに」
・employer「雇用主」
・encourage O to do「O に～するよう奨励する」
　［例］ My mother **encouraged** me **to become** a doctor.
　　　　私の母は私に医者になるよう奨励した。
・offer A B「A に B を提供する」
・paid time off「有給休暇」
・late pregnancy「妊娠後期」（妊娠 28 週～40 週）
・give birth「子どもを産む」

＜J. R. の意見＞
◆第1段落◆
・physician「医者」
・experience「経験」
・help O do「O が～する手助けをする」
・firsthand「じかに」
・thankfully「ありがたいことに」
・values「価値観」
・likely「おそらく」
　［例］ He will most **likely** be in New York tomorrow.
　　　　彼はたぶん明日はニューヨークにいるだろう。
・keep O from doing「O が～することを妨げる」
　［例］ The heavy snow **kept** us **from leaving** the hut.
　　　　ひどい雪で私たちは山小屋を出ることができなかった。
・continue to do「～し続ける」

◆第2段落◆
・graduate from A「A を卒業する」
・seek O「O を求める」
・non-governmental organization「NGO／民間公益団体」
・A dedicated to B「B を専門にしている A／B にあてられた A」
・reproductive health「性と生殖に関する健康／リプロダクティブヘルス」
・regional「地域の／地方の」
・birth control「産児制限」
・family planning「家族計画」
・see that SV ...「…ということがわかる」
　［例］ I started to **see that** he was telling a lie.
　　　　私は彼が嘘をついているとわかり始めた。
・provide A for B「B に A を提供する」
　［例］ Cows **provide** milk **for** us.
　　　　雌牛は私たちにミルクを供給してくれる。
・opportunity for A to do「A が～する機会」

◆第3段落◆
・be slow to do「なかなか～しない／～するのが遅い」
　［例］ Large organizations **are** usually **slow to adapt** to changes.
　　　　大きな組織は普通なかなか変化に順応しない。
・despite A「A にもかかわらず」
・progress「進歩」

― 21 ―

・role「役割」
・see O as C「O を C だとみなす」
　［例］　He **sees** his citizenship **as** a badge of honor.
　　　　彼は市民権を名誉のしるしと考えている。
・wealth「富」
・social status「社会的地位」
・lead to A「（結果として）A につながる」
・certain A「ある（種の）A」
・be confident that SV …「…だと確信している」
　［例］　**I'm confident that** she will accept my offer.
　　　　私は彼女が私の申し出を受け入れることを確信している。
・generation「世代」

【設問解説】
問1　21　④
　ライアン・マッキンリーと医者のどちらも　21　については述べていない。
① 出生率と文化との関係
② 若者が少なすぎることの経済的な危険
③ 移民が経済にもたらしうる影響
④ **先進国における子どもの幸福**

　問いの the physician とは，J. R. の記事の第1段落第1文より，J. R. のことだとわかる。④の「先進国における子どもの幸福」については，ライアン・マッキンリーと J. R. のどちらも触れていないので，④が正解。①は，J. R. が第3段落第2・3文で「社会的価値観の進歩にもかかわらず，私の国の多くの人々はいまだに女性の役割は料理をし，家の掃除をすることだと考えています。人々はまた子どもを一種の富としてみなしもしますし，多くの子どもを持つことで社会的地位を上げることができます」と述べているので，不可。②は，ライアン・マッキンリーが第1段落第3文で「例えば，もしもある国の人口のほとんどが退職した高齢者から構成されていると，その国の経済は痛手を被る可能性がある。なぜなら，働いて彼らを支える若者が十分にいないからだ」と述べているので，不可。③は，ライアン・マッキンリーが第4段落第1文で「私の意見では，出生率が低下している先進国は，経済を安定させるために出生率の高い国から若者を受け入れるべきだ」と述べているので，不可。

問2　22　①
　この医者は　22　出身だ。
① **アフリカ**
② アジア
③ ラテンアメリカ
④ オセアニア

　医者である J. R. は第1段落第2文で「私の地域は 1960 年には女性1人当たりの出生率が最も高い平均値の1つを持っていました」と述べており，グラフの 1960 Fertility Rate「1960 年の出生率」を見ると，アフリカ，アジア，ラテンアメリカとカリブ海地域の出生率が高いので，この中のいずれかの出身だということになる。続く第3文では「2015 年までに，出生率はおよそ 4.7 に下がりました」と述べている。グラフによると，2015 年の出生率がおよそ 4.7 になっているのはアフリカである。したがって，①が正解。

問3　23　②
　これらの記事によると，出生率は女性が　23　ために全般に低下した。（最も適当な組合せを①～⑥の中から1つ選べ。）
A. より多く学校へ通うようになった
B. 家に十分な場所がない
C. **高度な医療をより利用しやすくなった**
D. 今日，より多くの家事をする必要がある

　ライアン・マッキンリーは第3段落第3文で「1つの理由は，世界の多くの場所で女性がより高学歴になり，仕事により長い時間を費やしていることだ」と述べており，J. R. も第2段落第1文で「私の国では，高校を卒業し，大学の教育を受けようとする女性は毎年増えています」と述べているので，Aの「より多く学校へ通うようになった」は出生率が低下した要因の1つになる。次に，ライアン・マッキンリーが第3段落の第4文で「また別の理由は，今日の高度な医療機器や処置は出産中や幼少期の死亡の多くを防ぐのに役立ち，それによって女性が産む子どもの数が減っているということだ」と述べているので，Cの「高度な医療をより利用しやすくなった」も出生率が低下した要因の1つになる。これに対し，Bの「家に十分な場所がない」とDの「今日，より多くの家事をする必要がある」については2人とも述べていない。したがって，②（A and C）が正解。

問4　24　②，25　④
　ライアン・マッキンリーは出生率が　24　と述べており，医者は出生率が　25　と述べている。（各空所に異なる選択肢を選べ。）
① 伝統的な発展途上の社会においては安定することはない
② **雇用主による経済的な支援によって影響を受けうるだろう**
③ 10 年間で 50 パーセント増加した
④ **場所によっては急速に低下し続けることはない**

— 22 —

かもしれない

⑤ 子育ては過去より今日の方がよりお金がかかる
ことを示している

ライアン・マッキンリーは第4段落第4文で「さ
らに，雇用主は妊娠後期と出産後に有給休暇を提供
することで，女性に子どもを産むよう奨励すべき
だ」と述べているので 24 には，②が入る。一方，
J. R. は第1段落第4文で「ありがたいことに，私た
ちの文化の価値観のもとでは，おそらく出生率があ
まりに急激に下がり続けることはないでしょう」と
述べているので， 25 には④が入る。①，③，⑤に
ついてはどちらの記事にも述べられていないので，
いずれも不可。

問5 26 ④

両方の記事の情報に基づいて，あなたは宿題のレ
ポートを書く予定である。あなたのレポートに最も
適切なタイトルは「 26 」だろう。

① 出産を遅らせて仕事に集中する戦略

② 人口過剰の危険性とそれをどのように止めるか

③ 北アメリカの出生率の激しい低下

④ **なぜ世界中で女性が産む子どもの数が減ってき
ているのか**

ライアン・マッキンリーは，主に第3段落で「世
界中で出生率が低下している要因」について述べて
いる。J. R. は第2段落で「自身の国で出生率が低
下している要因」について述べている。レポートの
タイトルもこれらに関連するものが適切であると考
えられるので，④が正解。①についてはどちらの記
事にも述べられていないので，不可。②は，ライア
ン・マッキンリーの記事では第4段落第1・2文で
「私の意見では，出生率が低下している先進国は，経
済を安定させるために出生率の高い国から若者を受
け入れるべきだ。そのような移住は西アフリカや南
アジアの人口過剰の問題を解決するのに役立つだろ
う」と述べられているが，J. R. の記事には述べられ
ていないので，不可。③は，ライアン・マッキン
リーの記事の第2段落第1文で「国際的な研究によ
ると，世界の出生率は1960年代以来50パーセント
低下した」と，第3段落第1文で「今日，世界の出
生率は1人の女性につきおよそ2.5である」と述べ
られており，北アメリカだけの問題ではないので，
不可。

— 23 —

第5問　読解問題（伝記）
【全訳】
　あなたのグループは，以下の雑誌記事の情報を使って「スコットランドの英雄」というタイトルのポスター・プレゼンテーションの準備をしています。

　「よき王ロバート」として知られているロバート・ブルースは，14世紀の初めにイングランドからスコットランドの独立を勝ち取ったことで有名だ。それより以前，スコットランドはイングランドによって統治されていた。1292年，イングランド王エドワード1世はイングランドのある男爵をスコットランドの王に任命した。ところが，その男爵はスコットランド王になった後に，エドワード1世を主君と認めることを拒み，軍隊を結集してエドワード1世に戦いを挑んだ。

　エドワード1世は男爵の率いるスコットランド軍を打ち負かしたが，その後間もなく，スコットランド人はイングランドからの解放を要求し始めた。ウィリアム・ウォラスなど有名なスコットランド人は独立を獲得しようとしたが，失敗に終わった。ウィリアム・ウォラスが死んだ後，1306年にロバート・ブルースは自らをスコットランド王だと宣言した。それに対して，エドワード1世はブルースの妻を捕らえ，彼の弟を殺した。これによってブルースは，アイルランド沖のラスリン島に姿を隠さなければならなくなった。

　ブルースはその島で惨めな生活をしていた。その島で彼が暮らす家の壁はあまりに薄くて，冷たいアイルランドの風と打ちつける雨に耐えることができないほどだった。彼はスコットランドの独立という夢のために払った犠牲について考えながら，長い日々を過ごした。ブルースは，この目標を成し遂げるために，自分の弟を含め多くのスコットランド人の血が流されたことを知っていた。さらに多くの人々が，戦争で失った夫，兄弟，父，あるいは息子のことを思って涙を流していた。ブルースはスコットランドを完全に去って，十字軍戦士とともに聖地でキリスト教の敵を相手に戦うことを考えていた。

　言い伝えによれば，ロバート・ブルースはスコットランド独立の夢を捨て去るまさに寸前だった。しかしある晩ベッドに横たわっていると，1匹のクモが天井近くの木の梁 —— 屋根を支える木材 —— から1本の糸でぶら下がっているのに気づいた。クモは巣を作るために，体を揺らして屋根の下の別の梁へとたどり着こうとしていた。クモは6回試みて，6回失敗した。ブルースは，彼自身もイングランドと6回戦って，その度に打ち負かされていたのを思い出した。もしクモが7回目に失敗したら，自分もスコットランドはあきらめようとブルースは決めた。しかし，もしもクモが成功したなら，もう一度戻って自由のために戦おう，と思った。ブルースが見ていると，7回目の挑戦でクモは自分の体を前に揺らしてもう1つの梁にたどり着いた。そして，熱心に巣を作り始めた。ブルースは身を起こし，ただちにスコットランドへ戻った。

　ブルースがラスリン島にいた間にエドワード1世は死んで，エドワード2世が王位を継いでいた。その後の8年間で，ブルースはスコットランド中の様々な勢力を統合して，エドワード2世と数多くの戦いを交えた。5千人の兵から成るスコットランド軍は，総勢2万人のイングランド軍と比べればごく小さな規模であったが，ブルースの統率力と戦略における巧みな計画

— 24 —

のおかげでスコットランドは勝利を収めた。バノックバーンの戦いでのロバート・ブルースの決定的な勝利によって，1314年に戦いは遂に終わりを告げた。現在，そこにはブルースを讃えて像が立っている。

　この敗北にもかかわらず，エドワード2世はイングランドからのスコットランドの独立を認めようとしなかった。スコットランドのリーダーたちはすぐに協力し合って，ローマカトリック教会の指導者であるローマ教皇から独立王国としての承認を得ようとした。教皇は1324年にこの要請を聞き入れた。その後間もなく1327年に，エドワード2世はエドワード3世に取って代わられた。この新しい国王はスコットランドに対するイングランドの権利を放棄して，ロバート・ブルースとの平和協定に調印した。ブルースは1329年にこの世を去り，ファイフという町のダンファームリン修道院に埋葬されている。

スコットランドの英雄

■ロバート・ブルースの生涯

時期	出来事
1290年代	エドワード1世がイングランドの男爵をスコットランドの王に任命した
1300年代	27 ② ブルースがスコットランドの王位を主張した ↓ 28 ④ ブルースの弟が殺された ↓ 29 ① ブルースが隠れ場所から姿を現してイングランド人と戦った
1310年代	30 ③ ブルースがバノックバーンの戦いで勝利を収めた
1320年代	31 ⑤ エドワード3世が王位を継承した ↓ エドワード3世がブルースと平和協定に調印した ↓ ブルースが他界した

ロバート・ブルース

■ブルースの亡命について

▶彼は次の理由でスコットランド独立の夢を捨てることを考えた：　32　③
　A．彼は十字軍戦士に加わろうと考えていた。
　D．スコットランドのために，すでに非常に多くの人々が命を落としていた。
▶彼は結局，次の理由でスコットランドへ戻って戦った：　33　②
　彼はクモが何度も失敗したのちに成功するのを見た。

■スコットランドの指導者の移り変わり

▶1300 年代の初めまではイングランド人がスコットランドを統治していた。

▶最終的には，スコットランドは次の理由で独立した： 34 　②

　B．エドワード３世がスコットランドに対するイングランドの権利を放棄した。

　F．ローマ教皇がスコットランドの独立を認めることに同意した。

【語句・構文解説】
・prepare O「Oの準備をする」
・poster presentation「ポスター・プレゼンテーション」
・A entitled B「BというタイトルのA」
・article「記事」
・A below「以下のA」
◆第１段落◆
・known as A「Aとして知られている」
・be famous for A「Aで有名である」
・establish O「Oを確立する」
・independence「独立」
・Scotland「スコットランド」 グレートブリテン島の北部を占める地域。
・England「イングランド」 グレートブリテン島からスコットランドとウェールズを除いた地域。
・rule O「Oを統治する／支配する」
・Edward I「エドワード１世」(1239-1307) Edward the first と読む。
・appoint O as C「O(人)をC(役職など)に任命する」
・baron「男爵」 英国貴族の最下位の階級。
・refuse to do「～することを拒む」
・accept O as C「OをCと認める／受け入れる」
・ruler「主君／統治者」
・gather O「Oを集める」
・army「軍隊」
・fight against A「A(敵)と戦う」
◆第２段落◆
・defeat O「Oを打ち負かす」
・Scottish「スコットランドの」
・soon afterward「その後間もなく」
・Scot「スコットランド人」
・demand O「Oを要求する」
・freedom from A「Aからの解放」
・fail to do「～できない／～しない」
・gain O「Oを獲得する」
・declare O C「OがCであると宣言する」
・in response「それに対して／それに対応して」
・capture O「Oを捕らえる」

・force O to do「(…によって)Oは～しなければならなくなる／Oに～することを強制する」
　[例] Bad weather **forced** us **to call** off the picnic.
　　　悪天候のため私たちはピクニックを中止せざるをえなかった。
・go into hiding「姿を隠す／隠れる」
・off A「A沖の／Aから離れた」
・coast「海岸」
・Ireland「アイルランド」 グレートブリテン島の西にあるアイルランド島。
◆第３段落◆
・miserable「惨めな」
・so ～ that SV …「とても～なので…」
・thin「薄い」
・hardly「ほとんど～ない」
・endure O「Oに耐える」
・Irish「アイルランドの」
・pound「(雨などが)打ちつける」
・spend O doing「～してOを過ごす」
　[例] We **spent** the morning **talking** about our project.
　　　私たちは午前中プロジェクトについて話し合って過ごした。
・cost「犠牲」
・shed blood「血を流す」
・in pursuit of A「Aを成し遂げるために／Aを追い求めて」
・including A「Aを含めて」
・cry for A「Aのことを思って泣く」
・their husbands, brothers, fathers, or sons lost during the war「戦争で失った夫，兄弟，父，あるいは息子」 lost during the war は their husbands, brothers, fathers, or sons を修飾する過去分詞句。
・leave O「Oを去る」
・altogether「完全に／まったく」
・the Crusaders「十字軍戦士」 11～13 世紀にかけて，ヨーロッパのキリスト教徒がイスラム教国から聖地エルサレムの奪回のために企てた十字軍の遠征

— 26 —

で戦った戦士。
- the Holy Land「聖地」

◆第4段落◆
- legend「言い伝え／伝説」
- come close to *doing*「～する寸前である／～しかけている」
- give up on A「A（夢など）を捨てる／あきらめる」
- while *doing*「～している間に」
- lying＜lie「横たわる」の *doing* 形
- observe O *doing*「O が～しているのに気づく」
- hang「ぶら下がる」
- by a thread「1 本の糸で」
- beam「梁（はり）」
- support O「O を支える」
- ceiling「天井」
- swing O「O を揺らす」 O にあたる itself は「クモの体」のこと。
- web「クモの巣」
- fail「失敗する」
- fight O「O（敵）と戦う」
- each time「その度に／毎回」
- a seventh time「7 回目に」
- abandon O「O をあきらめる／捨てる」
- swung ＜ swing の過去・過去分詞形
- forward「前に」
- reach O「O にたどり着く」
- in earnest「熱心に」
  ［例］ After overcoming many difficulties, we were finally able to tackle the problem **in earnest**.
  　　多くの困難を乗り越えた後，私たちはようやく熱心にその問題に取り組むことができた。
- immediately「ただちに」

◆第5段落◆
- replace O「O に取って代わる」
- Edward Ⅱ「エドワード 2 世」(1284-1327)
  Edward the second と読む。
- unite O「O を統合する」
- engage in A「A に携わる／A を行う」
  ［例］ It is contrary to my beliefs to **engage in** warfare.
  　　戦争に加担することは私の信条に反します。
- numerous「数多くの」
- battle「戦い」
- much＋比較級「ずっと～」 much は比較級の強調。
- leadership「統率力／指導力」
- clever「巧みな／賢い」

- strategic「戦略上の」
- help O to *do*「O が～するのを助ける」
- finally「遂に／とうとう」
- end「終わる」
- decisive「決定的な」
- Bannockburn「バノックバーン」 スコットランドのセントラル州南東部の町。
- statue「像／銅像」
- in A's honor「A を讃えて／A に敬意を表して」（＝ in honor of A）
  ［例］ We held a dinner **in his honor**.
  　　私たちは彼に敬意を表して晩餐会を催した。

◆第6段落◆
- despite A「A にもかかわらず」
- defeat「敗北」
- gain A from B「B から A を得る」
- recognition「承認」
- the Pope「ローマ教皇」
- the Roman Catholic Church「ローマカトリック教会」
- kingdom「王国」
- approve O「O を認める」
- request「要請／頼み」
- Edward Ⅲ「エドワード 3 世」(1312-1377)
  Edward the third と読む。
- give up O／give O up「O を放棄する／あきらめる」
- claim to A「A に対する権利」
- sign O「O に調印する／サインする」
- peace treaty「平和協定」
- bury O「O を埋葬する」
- Dunfermline Abbey「ダンファームリン修道院」

◆ポスター◆
- pass away「他界する／亡くなる」
- the following A「次の A」
- eventually「結局／最終的には」

【設問解説】
問1 ｜27｜ ②, ｜28｜ ④, ｜29｜ ①, ｜30｜ ③, ｜31｜ ⑤

　　あなたのグループのメンバーがブルースの生涯において重要な出来事を挙げた。出来事が起きた順に，空所 ｜27｜ ～ ｜31｜ にそれらを入れよ。
① ブルースが隠れ場所から姿を現してイングランド人と戦った ｜29｜
② ブルースがスコットランドの王位を主張した ｜27｜
③ ブルースがバノックバーンの戦いで勝利を収めた ｜30｜

④　ブルースの弟が殺された　28

⑤　エドワード3世が王位を継承した　31

　記事の第2段落第3文「1306年にロバート・ブルースは自らをスコットランド王だと宣言した」より，27 が②，第2段落第4文「エドワード1世はブルースの妻を捕らえ，彼の弟を殺した」より，28 が④，ブルースがラスリン島に隠れていたことは第2～4段落に述べられているが，第5段落第2文「その後の8年間で，ブルースはスコットランド中の様々な勢力を統合して，エドワード2世と数多くの戦いを交えた」より，29 が①，第5段落第4文「バノックバーンの戦いでのロバート・ブルースの決定的な勝利によって，1314年に戦いは遂に終わりを告げた」より，30 が③，第6段落第4文「その後間もなく1327年に，エドワード2世はエドワード3世に取って代わられた」より，31 が⑤である。

問2　32　③

　ポスターを完成させるのに最も適切な組合せを選べ。32

A．彼は十字軍戦士に加わろうと考えていた。

B．彼は女王を監獄から救い出そうと決意していた。

C．彼の軍隊はエドワード2世のものより規模が小さかった。

D．スコットランドのために，すでに非常に多くの人々が命を落としていた。

　第3段落最終文「十字軍戦士とともに聖地でキリスト教の敵を相手に戦うことを考えていた」より，Aと，同段落第4文「ブルースは，この目標を成し遂げるために，自分の弟を含め多くのスコットランド人の血が流されたことを知っていた」より，Dが空所に当てはまる。したがって，③(A and D)が正解。Bについては述べられていないので，不可。Cは，第5段落第3文に「5千人の兵から成るスコットランド軍は，総勢2万人のイングランド軍と比べればごく小さな規模であった」と述べられているが，これはスコットランド独立の夢を捨てることを考えた理由ではないので，不可。

問3　33　②

　ポスターを完成させるのに最も適切な文を選べ。33

①　彼はイングランドの王が死んだという知らせを受け取った。

②　彼はクモが何度も失敗したのちに成功するのを見た。

③　彼はそれが弟に敬意を表す最良の方法だと思っ

た。

④　彼はクモがハエを捕らえるのを見て奮起させられた。

　第4段落では，「クモが巣を作るために別の梁に飛びつこうとして，6回失敗したが7回目には成功するのをロバート・ブルースが見て，スコットランドへ戻った」と述べられているので，②が正解。

問4　34　②

　ポスターを完成させるのに最も適切な組合せを選べ。34

A．エドワード2世の軍隊が長期にわたる戦いで打ち負かされた。

B．エドワード3世がスコットランドに対するイングランドの権利を放棄した。

C．ロバート・ブルースがあらゆる望みを失ったのちに死んだ。

D．ロバート・ブルースの軍隊がより進んだ武器を持っていた。

E．エドワード1世によって任命された男爵が戦うことを拒んだ。

F．ローマ教皇がスコットランドの独立を認めることに同意した。

　第6段落第5文「この新しい国王(＝エドワード3世)はスコットランドに対するイングランドの権利を放棄して，ロバート・ブルースとの平和協定に調印した」よりBと，第6段落第3文「教皇は1324年にこの要請(＝スコットランドの独立)を聞き入れた」よりFが当てはまる。したがって，②(B and F)が正解。Aは，第6段落第1文「この敗北にもかかわらず，エドワード2世はイングランドからのスコットランドの独立を認めようとしなかった」より，不可。C，D，Eについては述べられていないので，不可。

— 28 —

第1回

第6問　読解問題（論説文）
A
【全訳】
　あなたは授業に向けて，自動車技術についてのグループ発表を行う準備をしています。あなたは以下の記事を見つけました。

安全性と自動運転車

[1]　自動運転車とは，ある場所から別の場所まで，人間の運転者にほとんどあるいはまったく頼らずに安全に移動することのできる車のことだ。自動運転車は現在，いくつかのテクノロジー企業や自動車を製造する企業によって開発が進められている。専門家の多くはこの技術によって現在より道路がずっと安全なものになると言う。しかし運転者なしの世界という夢を実現できるようになるまでに，製造会社は複雑な障壁を克服しなければならない。

[2]　統計によると，世界中でおよそ130万人が毎年自動車事故で亡くなっており，事故の90パーセント超が運転者のミスによって引き起こされている。自動運転車の利用は交通事故の減少につながるだろうか。ゲームのようなある種の作業においては，人工知能を搭載したコンピューターの方が，すでに人間よりもうまく行うことができている。オートパイロット，つまり，飛行機の飛行に関わる基本操縦の多くを司るセンサーと制御装置を自動化したシステムは，飛行機事故を大幅に減少させている。自動運転車の人工「運転者」は，音楽や会話，食事，電話によって気をそらされることはないし，疲労に悩まされることもない。イーノ輸送研究センターによる研究によれば，アメリカで90パーセントほどの自動車が自動運転車に取って代われば，事故が毎年470万件減る結果になるだろうとのことだ。

[3]　しかし，自動運転車は知識としてプログラム化されたことだけを知っているにすぎない。2018年，自動運転車が歩行者をはねることを伴う最初の死亡事故がアリゾナ州の都市で起きた。この事故では，女性が定められた横断歩道を渡っていなかったため，車が彼女を，本来その手前で止まらなければならない歩行者として認識しなかった。車に搭載されたソフトウェアが，人は道路の規則を守らないことがあるということを自覚していなかったのだ。

[4]　自動運転技術の開発者はこうした事故を「境界例」と呼んでいる。これは，安全運転の一般原則ではまれな事態に対して適切な対応を取ることができない状況のことだ。自動運転車は，人間が道路の内外で生涯かけて身につけた，頼るべき経験を持たない。そのためプログラマーは，例えばシカとヘラジカとウシの違いを知ることができるように車を訓練していくといった，できる限り多くの「境界例」を想定するよう努力している。こうした動物は，自動運転車のセンサーで検知すると似ているように見えるかもしれないが，田園地帯の道路で車と出会うと，異なる振舞いをし，異なる危険をもたらす傾向がある。

[5]　残念なことに，自動運転車を惑わすかもしれないシナリオをすべて想定することはほぼ不可能だ。自動運転車とそれをプログラムする人間は，いくつかのことを苦労しながら学ばなければならないだろう。間違いが起きる前でなく，すでに起きた後にプログラム修正に対応することになるのだ。自動運転車はこうしたリスクを冒すのに値しないと述べる批評家もいる。

— 29 —

自分の近隣でこうした自動車のテスト走行をすることにさえ反対している人も多い。

[6]　しかし社会としては，私たちは免許を取ったばかりのティーンエージャーの運転者に関しても同じようなリスクをすでに取っている。こうした運転者は経験と技術が不足しており，他者に特別な危険をもたらすが，同時に彼らが学ぶ唯一の方法は，道路に出て行って，様々な状況のもとで経験を積むしかないということを私たちは知っている。自動運転車にも同じことが言える。この技術を支持する人は，将来ずっと大きな安全を手に入れるという目標は，現在取るべきリスクに値すると主張しているのだ。

【語句・構文解説】

・prepare for A「Aの準備をする」
・presentation「発表／プレゼンテーション」
・vehicle technology「自動車技術」
・article「記事」
・below「以下の」
・safety「安全(性)」
・self-driving「自動運転(の)」

◆第1段落◆

・travel「移動する／走行する」
・safely「安全に」
・with little or no help「ほとんどあるいはまったく助けに頼らず」
・currently「現在」
・develop O「Oを開発する」
・technology and automobile company「テクノロジー企業や自動車を製造する企業」
・expert「専門家」
・lead to A「(結果として)Aにつながる」
・far＋比較級「ずっと～」　far は比較級の強調。
・manufacturer「製造会社」
・overcome O「Oを克服する」
・complex「複雑な／複合的な」
・barrier「障壁」
・driverless world「運転者のいない世界」
・bring O to life「Oを実現させる／Oを活気づける」

◆第2段落◆

・statistics「統計」
・million「百万(の)」
・vehicle「自動車(の)」
・cause O「Oを引き起こす」
・traffic accident「交通事故」
・certain A「ある(種の)A」
・task「作業／課題」
・artificial intelligence「人工知能／AI」
・perform「行う」
・autopilot「オートパイロット／自動操縦」

・automated「自動化された」
・sensor「センサー」
・control「制御装置」
・rare「まれな」
・artificial「人工の」
・distract O「Oの気をそらす」
・conversation「会話」
・nor＋助動詞＋A do「Aもまた…ない」
・suffer from A「Aに苦しむ」
　[例]　He **suffers from** stress due to his high-pressure job.
　　　彼は重圧のかかる仕事のためストレスに苦しんでいる。
・fatigue「疲労」
・replace A with B「AをBで置き換える」
　[例]　His plan is to **replace** all of the workers at the factory **with** robots.
　　　彼の計画は，その工場の従業員全員をロボットに置き換えることだ。
・result in A「結果としてAになる」

◆第3段落◆

・be programmed to do「～するようにプログラムされている」
・the first fatal accident involving a self-driving car hitting a pedestrian「自動運転車が歩行者をはねることを伴う最初の死亡事故」　involving 以下は the first fatal accident を修飾する現在分詞句。
　fatal accident「死亡事故」
　involve A doing「Aが～することを伴う」
　pedestrian「歩行者」
・occur「起こる／生じる」
・recognize O as C「OをCと認識する」
　[例]　He is **recognized as** a hero by children.
　　　彼は子どもたちからヒーローとみなされている。
・a person it must stop for「それ(＝車)がその手前で止まらなければならない人」　it(＝the car) must

－ 30 －

stop for は a person を修飾する節。

・designated「定められた」

・crosswalk「横断歩道」

・be aware that SV ...「…ということを自覚している」

・follow O「O に従う」

◆第4段落◆

・developer「開発業者／デベロッパー」

・call O C「O を C と呼ぶ」 incidents like this が O, "edge cases" が C にあたる。

・incident「出来事／事件」

・edge case「境界例／エッジケース」

・situation「状況」

・general principle「一般原則」

・be unable to *do*「～することができない」

・produce O「O を生み出す」

・appropriate「適切な」

・response to A「A に対する反応」

・unusual「まれな／珍しい」

・circumstance「事態／状況」

・a lifetime of human experiences・on and off the road to draw upon「人間が道路の内外で生涯かけて身につけた頼るべき経験」 to draw upon は human experiences を修飾する不定詞句。

　a lifetime of A「生涯にわたる A」

　on and off the road「道路の内外で」

　draw upon A「A に頼る」

・as ～ as possible「できる限り～」

・train O to *do*「O を～するよう訓練する」

　［例］ I **trained** the dog **to jump** over a bar.

　　　　私は犬がバーを飛べるよう訓練した。

・deer「シカ」

・moose「(アメリカ)ヘラジカ」

・when *done*「～されるとき」

・detect O「O を検知する」

・tend to *do*「～する傾向がある」

・behave「振舞う」

・pose O「O をもたらす／O を提示する」

・(be) faced with A「A に直面する」

　［例］ Our company **was faced with** a financial crisis.

　　　　私たちの会社は財政危機に直面していた。

・rural「田園地帯の／田舎の」

◆第5段落◆

・unfortunately「残念ながら」

・nearly「ほとんど」

・scenario「(起こりうる状況の)シナリオ／筋書き」

・confuse O「O を混乱させる」

・likely「たぶん」

・the hard way「苦労しながら」

　［例］ We learned this lesson **the hard way**.

　　　　私たちは痛い目にあってこの教訓を学んだ。

・respond「対応する／反応する」

・go wrong「うまくいかない」

・A rather than B「B よりもむしろ A」

・critic「批評家」

・be worth A「A に値する」

・protest O「O に反対する」

・testing「テスト(走行)」

・neighborhood「近隣」

◆第6段落◆

・and yet「しかし」

・take a risk「リスクを取る」

・lack of A「A の欠如」

・the way for A to *do*「A が～する方法」

　［例］ Work is **the** best **way for** us **to earn** money.

　　　　仕事は私たちがお金を稼ぐ最良の方法だ。

・gain O「O を得る」

・under ～ conditions「～の状況のもとで」

・a variety of A「様々な A」

・supporter「支持者／賛同者」

・argue that SV ...「…と主張する」

【設問解説】

問1　35　①

　記事によると，自動車事故の統計は　35　ということを示している。

① 自動車の衝突事故の大多数は人間のミスが原因だ

② 毎年 130 万件もの交通事故が起きている

③ 人間の運転者は自動運転車よりうまく運転した

④ 自動運転技術に頼るのはまだ早すぎる

　第2段落第1文「統計によると，世界中でおよそ 130 万人が毎年自動車事故で亡くなっており，事故の 90 パーセント超が運転者のミスによって引き起こされている」より，①が正解。②は，上記の文に関係するが，130 万は交通事故の件数ではなく，自動車事故で亡くなっている人の数なので，不可。③，④に関する内容は，統計の結果からは読み取れないので，不可。

問2　36　②

　記事によると，アリゾナ州で交通事故死が起きたのは　36　からだ。

① 歩行者が赤信号を無視して通りを渡った

— 31 —

② 自動運転車がその状況を理解するようプログラ
ムされていなかった

③ 検知することができないほどすばやく女性が横
断歩道に走り出た

④ 自動運転車のセンサーが突如機能しなくなった
第3段落第3・4文「この事故では，女性が定め
られた横断歩道を渡っていなかったため，車が彼女
を，本来その手前で止まらなければならない歩行者
として認識しなかった。車に搭載されたソフトウェ
アが，人は道路の規則を守らないことがあるという
ことを自覚していなかったのだ」より，②が正解。
①，③，④は，上記の内容に反するので，不可。

問3 　37　④

第4段落において，筆者が3つの動物を出したの
は　37　について論じるためだ。

① 田舎では珍しい種類の自動車事故

② 事故の後，自動運転車に対してなされうる修正

③ 自動運転技術が人々の命を救うことができる事
例

④ **自動運転車が間違ったやり方で反応してしまう
かもしれないシナリオ**

第4段落最終文「こうした動物は，自動運転車の
センサーで検知すると似ているように見えるかもし
れないが，田園地帯の道路で車と出会うと，異なる
振舞いをし，異なる危険をもたらす傾向がある」よ
り，④が正解。

問4 　38　③

この記事を最もよく要約しているのは次の記述の
うちのどれか。　38

① いくつかの大手自動車会社は，安全面で改善さ
れた特色を備えた自動運転車が20年以内に市場
で売り出されるだろうと言っている。

② 研究によると，ティーンエージャーは年配の人
に比べて自動運転車の安全性に関心が薄い。

③ **自動運転車のテスト走行は何らかの危険を伴う
が，ゆくゆくは道路の安全につながっていく可能
性が高い。**

④ あまりにも多くの人が結果について心配してい
るため，自動運転車を実現する夢は叶いそうもな
い。

この記事は自動運転車とはどのような自動車かを
説明した上で，現実に起きている事故は人間のミス
が原因なので，ゆくゆくは人間の運転から自動運転
に代わっていくべきであるということを述べたもの
である。記事によると，自動運転車は現在のところ
予測不能な事態に対処できないなどの不安な要素を
抱えているが，ティーンエージャーの運転が経験を

重ねることでうまくなっていくのと同じように，自
動運転車も路上でのテスト走行を重ねることで将来
安心できるものになるという考えを示している。し
たがって，③が正解。

B

【全訳】

　あなたは，世界の政治に女性がどのように参加しているのかを調べています。政治における女性の歴史と現在の進出状況を理解するために，次の記事を読むところです。

　2018年にエチオピアの首相が，史上初めて閣僚の半数が女性になったことを発表したのだが，その中には防衛大臣と平和大臣も含まれていた。男女が平等に政治に参画することは正常なことと思えるかもしれない。しかし，このような状況は，ほとんどの国の地方レベルと国家レベルの両方においてきわめて珍しいことなのだ。例えば，カメルーンは全国の市長のわずか7％が女性である。ブラジルでは人口の52％が女性なのに，連邦議会議員はわずか11％が女性である。平均でアジアの国会議員のわずか20％が女性である。サハラ砂漠以南のアフリカはアジアよりも女性国会議員の割合が高いが，これに対し，中東はアジアよりわずかに低く，太平洋地域が最も低い割合になっている。

　政治進出の平等を求める上で，女性は特有の困難な問題に直面する。人々の中には，女性は気分が変わりやすく，重大な議論に加わるのには繊細すぎると主張し，女性は議員になるのに適していないと考える人もいる。女性は，他国の要求に簡単に譲歩してしまうだろうと心配する人たちもいる。女性自身も，とりわけ自分の子どもや家族の生活にマイナスの影響を及ぼす場合には，性別に基づく世間の批判を恐れるかもしれない。例えば，2016年にスペインの首相は議会の最中に自分の子どもに母乳を与えたことで非難を浴びた。ニュージーランドの首相もまた，首相在任中に出産したことと，育児休暇をとったことで批判を受けた。男性と比べて女性は，外見，好感度，婚姻状況や子どもが何人いるかに基づいて世間の判断を受けることがより多い。

　こうした困難な問題があるにもかかわらず，女性の政治参加は世界中で徐々に増えてきている。2019年現在で，国会議員の24.3％が女性であり，1995年に女性が占めた議席数が11.3％だったのと比べて大きな増加となっている。南北アメリカとヨーロッパは，女性政治家の平均の割合がそれぞれ1位と2位である。また，2018年には政府の長である女性は20人おり，2000年の数の約2倍となった。これらの女性リーダーのほとんどはヨーロッパ人で，その中にはドイツのアンゲラ・メルケル首相と英国のテレサ・メイ前首相が含まれている。ルワンダの大統領は男性だが，この国の国会はどの国の議会の中でも最も女性の参加率が高く，議席の61.3％以上が女性で占められている。国会の議席の半数より多くを女性が占めている国は，他にキューバとボリビアの2カ国しかない。一部の国は，女性に政治参加を奨励するため，議席の一定数を女性とする制度を確立している。

　データによると，地方議会における女性の存在が，提供される自治体の行政サービスに良い影響を及ぼすことがある。例えば，ノルウェーでは，市議会の女性議員の数が多いところほど，子育てに対する財政支援が手厚くなっていた。異なる政党間の協働プロジェクトを増やすことや，人々の関心を平等や人権の問題に向けさせることで，女性がしばしば政治リーダーとして活躍している。政治に関わる女性は，社会問題，家族，子ども，高齢者および障害者に関係する立場に就いていることが最も多い。環境，エネルギー，雇用および貿易に関連する仕事

に女性が携わっていることはそれほど多くない。世界全体ではいまだに，女性が男性と平等に政治に参画しているわけではないが，人々は女性が政治に参加する権利を持っていることをますます認めるようになっている。

【語句・構文解説】

- participate in A「A に参加する」
- politics「政治」
- the following A「次の A」
- article「記事」
- current「現在の」
- representation「進出／代表」
- government「政治／政府」

◆第1段落◆
- prime minister「首相」
- Ethiopia「エチオピア」　アフリカ東部の国。
- announce that SV ...「…を発表する／公表する」
- for the first time in history「歴史上初めて」
- cabinet「内閣」
- including A「A を含めて」
- minister「大臣」
- defense「防衛」
- equally「平等に／等しく」
- represent O「O に参画する／O を代表する」
- situation「状況／事態」
- extremely「極端に／非常に」
- uncommon「珍しい／普通でない」
- local「地方の／地元の」
- national「国(家)の」
- Cameroon「カメルーン」　アフリカ西部の国。
- mayor「市長／知事」
- nationwide「全国的に[な]」
- female「女性(の)」
- congress「国会」
- on average「平均で」
- parliament「議会／国会」
- Sub-Saharan Africa「サハラ砂漠以南のアフリカ」
- the Middle East「中東」　リビアからアフガニスタンに及ぶ地域。
- slightly「わずかに／少々」
- Pacific nations「太平洋地域[諸国]」

◆第2段落◆
- face O「O に直面する」
- unique「特有の／独特な」
- challenge「困難な問題」
- in one's pursuit of A「A を追求して」
- be unfit to do「～するのに適していない／向いてい

ない」
- hold office「議員になる」
- claim that SV ...「…と主張する」
- mood「気分／(不)機嫌」
- frequently「頻繁に」
- too ～ to do「あまりにも～で…できない」
- delicate「繊細な」
- serious「重大な／深刻な」
- argument「議論／主張」
- worry that SV ...「…を心配する」
- give in to A「A に譲歩する／屈服する」
  ［例］　We had to **give in to** their demand.
  　　　　私たちは彼らの要求にしかたなく譲歩した。
- demand「要求」
- be afraid of A「A を恐れている」
- criticism「批判」
- based on A「A に基づいた[て]」
- gender「(社会的役割としての)性別／ジェンダー」
- especially「とりわけ／特に」
- negatively「否定的に」
- affect O「O に影響を及ぼす」
- criticize O for doing「～したことで O を批判する」
  ［例］People **criticized** the governor **for neglecting** his duties.
  　　　　人々は職務の遂行を怠ったことで知事を批判した。
- breastfeed O「O に母乳を与える」
- draw negative feedback for doing「～したことで批判を招く」
- in office「在職中の」
- A as well as B「A と B と／B ばかりでなく A も」
- take maternity leave「育児休暇を取る」
- compared to A「A と比べて」
- judge A by B「B によって A を判断する」
- the public「一般の人々／大衆」
- appearance「外見」
- likeability「好感度」
- marital status「婚姻状況」

◆第3段落◆
- despite A「A にもかかわらず」
- participation in A「A への参加」
- as of A「A の時点で／A 現在で」

— 34 —

［例］ **As of** July 1, five hundred and ten people are in the hospital.

　　　7月1日の時点で510人が入院している。

・significant「(数量などが)かなりの/重要な」
・gain「増加」
・seats they held in 1995「1995年に女性が占めていた議席」 they held in 1995 は seats を修飾する節。
・the Americas「南北アメリカ(大陸)」
・the second＋最上級「2番目に～」
・respectively「それぞれ」
・head「(政府・会社などの)の長」
・roughly「およそ/大雑把に」
・double「2倍の」
・chancellor「(ドイツなどの)首相」
・former「前の/元の」
・Rwandan「ルワンダの」＜Rwanda「ルワンダ」 アフリカ中東部の国。
・male「男性(の)」
・with women occupying over 61.3% of seats「女性が61.3%より多くの議席を占めていて」
with A *doing*［*done*］「Aが～している［されている］状況で」 付帯状況。
［例］ The girl was running along the beach **with** her long hair **streaming** behind her.

　　　少女は長い髪をなびかせながらビーチを走っていた。

・occupy O「Oを占める/占領する」
・Cuba「キューバ」 カリブ海の国。
・Bolivia「ボリビア」 南米中西部の国。
・establish O「Oを確立する」
・a set number of A「一定数のA」
・encourage O to *do*「Oに～するよう奨励する」

◆第4段落◆
・presence of A in B「AがBに存在すること」
・council「議会/審議会」
・have a ～ impact on A「Aに～な影響を及ぼす」
・the local services provided「提供される自治体の行政サービス」 provided は the local services を修飾する過去分詞。
・greater numbers of A「より多くのA」
・present in A「Aに存在している」
・be correlated with A「Aと相関関係がある/Aに正比例している」
・funding for A「Aに対する財政支援」
・childcare「子育て/育児」
・act as A「Aとして活動する」
・cooperative「協働的な/協力的な」

・political party「政党」
・bring A to B's attention「Bの注意をAに向けさせる」
・issue「問題」
・equality「平等」
・human right「人権」
・commonly「一般に」
・position「立場/地位」
・related to A「Aに関連した」
［例］ They put the papers **related to** the event in the shredder.

　　　彼らはその行事に関連した書類をシュレッダーにかけた。

・social affairs「社会問題」
・the elderly「高齢者」
・disabled people「障害者」
・be involved in A「Aに関わっている」
・employment「雇用」
・trade「貿易/交易」
・increasingly「ますます」
・acknowledge that SV ...「…を認識する」
・right to *do*「～する権利」

【設問解説】
問1　39　②

　女性がこれまで男性と平等に政治に参画してこなかった1つの理由は，女性が　39　からだ。

① 一部の国では選挙で投票することが許されていない

② **政治的な議論をするのがあまり上手くないと見なされている**

③ 政治の仕事に就くと，結婚ができなくなるだろうと感じている

④ 政治に対して批判的な見方をする傾向がある

　第2段落第2・3文「人々の中には，女性は気分が変わりやすく，重大な議論に加わるのには繊細すぎると主張し，女性は議員になるのに適していないと考える人もいる。女性は，他国の要求に簡単に譲歩してしまうだろうと心配する人たちもいる」より，②が正解。①，③，④については述べられていないので，不可。

問2　40　①

　次の4つのグラフの中で，状況を最もよく表しているものはどれか。　40

— 35 —

①

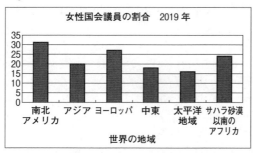

第1段落第6・7文「平均でアジアの国会議員のわずか20％が女性である。サハラ砂漠以南のアフリカはアジアよりも女性国会議員の割合が高いが，これに対し，中東はアジアよりわずかに低く，太平洋地域が最も低い割合になっている」と，第3段落第3文「南北アメリカとヨーロッパは，女性政治家の平均の割合がそれぞれ1位と2位である」より，これらに当てはまる値を持つグラフの①が正解。

問3　41・42　①・③

記事によると，次のうちどの2つが，政治における女性の現在の状況について説明しているか。(**選択肢を2つ選べ。順不同。**) 41・42

① **女性の政治リーダーはしばしば諸政党があるプロジェクトで協力するのを手助けする。**
② 女性政治家は一般に環境とエネルギーの部門で働いている。
③ **議員の過半数が女性である議会を持つ国は3カ国しかない。**
④ 地方自治体での女性の存在は地域の行政サービスに何も影響を与えていない。
⑤ ブラジルの女性は地方政治では男性と等しく進出しているが，国政ではそうなっていない。

第4段落第3文「異なる政党間の協働プロジェクトを増やすことや，人々の関心を平等や人権の問題に向けさせることで，女性がしばしば政治リーダーとして活躍している」より，①は正解。第3段落第6・7文「ルワンダの大統領は男性だが，この国の国会はどの国の議会の中でも最も女性の参加率が高く，議席の61.3％以上が女性で占められている。国会の議席の半数より多くを女性が占めている国は，他にキューバとボリビアの2カ国しかない」より，③は正解。②は，第4段落第4・5文「政治に関わる女性は，社会問題，家族，子ども，高齢者および障害者に関係する立場に就いていることが最も多い。環境，エネルギー，雇用および貿易に関連する仕事に女性が携わっていることはそれほど多くない」より，不可。④は，第4段落第1文「データに よると，地方議会における女性の存在が，提供される自治体の行政サービスに良い影響を及ぼすことがある」と，それに続けてノルウェーの具体例が説明されているので，不可。⑤は，第1段落第5文「ブラジルでは人口の52％が女性なのに，連邦議会議員はわずか11％が女性である」とあるが，地方政治については述べられていないので，不可。

問4　43　①

この記事に最も適したタイトルは　43　である。
① **女性の政治参加の増加**
② ルワンダが男女平等の手本を示す
③ メルケル首相とメイ首相の影響
④ 世界の女性と投票権

この文章は，第1段落で，平均的に見て世界の国々で女性の政治参加がいまだに少ない状態にあることを述べ，続く第2段落で，女性の政治進出を阻んできた困難な問題があることを説明している。第3段落では，それにもかかわらず女性の政治進出は近年徐々に増えつつあることを述べ，第4段落では，特に地方議会での女性独自の活躍を紹介し，女性の政治参加の権利が広く認められつつあると締めくくっている。したがって，こうした内容をまとめている①が正解。

第2回 解答・解説

設問別正答率

解答番号	1	2	3	4	5	6	7	8	9	10
配点	2	2	2	2	2	2	2	2	2	2
正答率(%)	72.5	54.7	82.3	92.2	52.2	77.2	81.1	85.3	43.0	69.5
解答番号	11	12	13	14	15	16	17	18	19	20
配点	2	2	2	2	2	2	2	2	2	2
正答率(%)	68.9	29.5	45.9	54.4	68.4	61.9	51.4	60.4	64.1	69.3
解答番号	21	22	23	24-25	26	27-31	32	33	34	35
配点	3	3	4	3	3	5	5	5	5	3
正答率(%)	35.5	54.6	30.8	45.8	42.1	31.9	18.5	37.7	36.7	57.8
解答番号	36	37	38	39	40-41	42	43			
配点	3	3	3	3	3	3	3			
正答率(%)	52.3	50.3	42.3	66.0	20.5	39.8	51.7			

設問別成績一覧

設問	設 問 内 容	配 点	全 体	現 役	高 卒	標準偏差
合計		100	49.9	49.2	61.2	20.1
1	読解問題(メモ，お知らせ)	10	7.1	7.0	7.9	2.4
2	読解問題(ウェブサイト，記事)	20	12.5	12.4	13.9	4.1
3	読解問題(ブログ，雑誌)	10	6.1	6.1	7.5	3.1
4	読解問題(グラフ)	16	6.6	6.4	8.5	4.7
5	読解問題(伝記)	20	6.2	6.1	9.1	6.1
6	読解問題(論説文)	24	11.4	11.2	14.4	6.3

— 37 —

（100点満点）

問題番号	設問		解答番号	正解	配点	自己採点
第1問	A	問1	1	①	2	
		問2	2	④	2	
	B	問1	3	③	2	
		問2	4	②	2	
		問3	5	④	2	
第1問 自己採点小計					(10)	
第2問	A	問1	6	③	2	
		問2	7	①	2	
		問3	8	④	2	
		問4	9	④	2	
		問5	10	①	2	
	B	問1	11	③	2	
		問2	12	④	2	
		問3	13	③	2	
		問4	14	④	2	
		問5	15	③	2	
第2問 自己採点小計					(20)	
第3問	A	問1	16	③	2	
		問2	17	①	2	
	B	問1	18	⑥	2	
		問2	19	②	2	
		問3	20	③	2	
第3問 自己採点小計					(10)	
第4問		問1	21	③	3	
		問2	22	④	3	
		問3	23	⑥	4	
		問4	24	④	3 ※	
			25	③		
		問5	26	②	3	
第4問 自己採点小計					(16)	

問題番号	設問	解答番号	正解	配点	自己採点
第5問	問1	27	②	5 ※	
		28	④		
		29	⑤		
		30	①		
		31	③		
	問2	32	⑧	5	
	問3	33	①	5	
	問4	34	④	5	
第5問 自己採点小計				(20)	
第6問	A 問1	35	③	3	
	問2	36	②	3	
	問3	37	①	3	
	問4	38	④	3	
	B 問1	39	③	3	
	問2	40 - 41	①-④	3 ※	
	問3	42	②	3	
	問4	43	③	3	
第6問 自己採点小計				(24)	
自己採点合計				(100)	

（注）　※は，全部正解の場合のみ点を与える。

　　　－（ハイフン）でつながれた正解は，順序を問わない。

第1問 読解問題（告知）

A

【全訳】

　あなたの近所には多くの外国人が住んでいます。昨日，あなたは近所の公園のそばを通ったときに英語で掲示された次のような告知を見ました。

近隣の皆さまへ

　先週の台風で，すべり台とジャングルジムの両方が被害を受けました。10月末まで修理が行われる予定ですので，その間はご利用をお控えください。それらの遊具は2つとも赤い幅広のテープで印がされています。

　また，今度の日曜日にはシティーマラソンが開催されることも，改めてお知らせいたします。この公園はマラソンのコースに当たっているため，ランナーに声援を送る人々で混雑が予想されます。幼いお子さまをお連れのご家族は，マラソン開催日にこの公園を使うのを避けていただけないでしょうか。ここから500メートル北に，こちらよりも小さな別の公園がございます。そちらはそれほど混雑しないと思われます。

　以上よろしくお願いいたします。

市役所公園課

【語句・構文解説】

・neighborhood「近所」
・pass by A「A のそばを通り過ぎる」
・local「地元の」
・the following A「次の A」
・notice「告知」
・post O「O を掲示する」
・attention A「A 宛」　手紙や告知の対象を示すのに用いる。
・neighbor「近所の人／隣人」
・damage O「O に損害を与える」
・slide「すべり台」
・jungle gym「ジャングルジム」
・undergo O「O（修理や治療など）を受ける」
・repair「修理」
・mark A with B「A に B を（印として）つける」
・remind O that SV ...「O に…ということを思い出させる」
　［例］　That **reminded** me **that** I had to send an e-mail to Ben.

それで私はベンにメールを送らなくてはと思い出したの。
・hold O「O を催す」
・past A「A を通り過ぎて」
・it is likely this park will be filled with people cheering on the runners「この公園はランナーに声援を送る人々で混雑が予想されます」　cheering 以下は people を修飾する現在分詞句。
　it is likely (that) SV ...「…する可能性が高い」
　be filled with A「A でいっぱいである」
　cheer on A「A に声援を送る」
・suggest that S (should) *do*「…してはどうかと提案する／勧める」
・avoid *doing*「～するのを避ける」
・A north of B「B から北に A（距離）のところに」
　［例］　Takayama City is about 160 km **north of** Nagoya City.
　　　　高山市は名古屋市から約 160 km 北にある。
・crowded「混み合った／満員の」
・sincerely「敬具」　本来は「誠実に」という意味の副

— 39 —

詞だが，手紙の結びに用いることが多い。
・city hall「市役所」
・division「課／部」
【設問解説】
問1　　1　　①
　　　告知は　1　と知らせている。
①　**公園の遊具の中に損傷したものがある**
②　マラソンの実施日が変更になる
③　公園に新しいすべり台と新しいジャングルジム
　　が設置された
④　マラソンの出発地点が赤いテープで示されてい
　　る
　　　告知の第1段落第1文「先週の台風で，すべり台
　　とジャングルジムの両方が被害を受けました」よ
　　り，①が正解。②については述べられていないの
　　で，不可。③は，同段落第2文「10月末まで修理が
　　行われる予定です」より，新品を設置するのではな
　　く，損傷したものを修理するとわかるので，不可。
　　④は，同段落第3文「それらの遊具は2つとも赤い
　　幅広のテープで印がされています」より，赤いテー
　　プが示しているのはマラソンの出発地点ではなく，
　　損傷したすべり台とジャングルジムなので，不可。
問2　　2　　④
　　　告知はまた，　2　ことを提案している。
①　今度の日曜日に子どもがその公園で遊ぶ
②　より多くのランナーがシティーマラソンに登録
　　する
③　人々が別の公園からランナーを応援する
④　**一部の人々が今度の日曜日に別の公園で遊ぶ**
　　　告知の第2段落第1文「また，今度の日曜日には
　　シティーマラソンが開催されることも，改めてお知
　　らせいたします」より，今度の日曜日はマラソンが
　　行われる日であることがわかる。さらに，同段落第
　　3・4文「幼いお子さまをお連れのご家族は，マラ
　　ソン開催日にこの公園を使うのを避けていただけな
　　いでしょうか。ここから500メートル北に，こちら
　　よりも小さな別の公園がございます。そちらはそれ
　　ほど混雑しないと思われます」より，告知の貼られ
　　ている公園ではなく，別の公園で遊ぶように提案し
　　ているので，④が正解。①，②，③については述べ
　　られていないので，不可。

— 40 —

B
【全訳】
あなたは住んでいる町の英語のウェブサイトを訪れ，興味深い告知を見つけました。

外国人ボランティア求む：サマーキャンプ

　この夏に，10〜15歳のお子さまを対象としたサマーキャンプを行います。このキャンプでは，一緒に野外で過ごし，生活の技術を学ぶことによって，日本人と外国人の子どもたちの間の友情を育むことを目標とします。

　キャンプ活動の運営のお手伝いをしてくださるボランティアを10人募集しています。また，料理と食後の片付けを手伝ってくださる方も10人必要としています。基本的な日本語ができれば結構ですから，外国人で，20歳を超えていて，基本的な日本語が話せ，お手伝いに興味のある方はご連絡ください！　お手伝いいただける方には，サマーキャンプの間は毎日，無料で朝食と昼食が提供されます。

プログラムスケジュール

8月5〜6日	キャンプのお手伝いをしてくださる方向けのオリエンテーション 子どもの申し込み受付
8月10日	野外生活入門 (1)　テントの張り方，(2)　火の起こし方
8月11日	魚の捕まえ方と料理の仕方
8月12日	役に立つ道具の作り方 (1)　草でかごを作る，(2)　木製のボウルを作る
8月13日	公園での遊び：サッカー，バレーボール，バスケットボール
8月14日	山歩きとボートによる川下り
8月15日	野外でのデッサンと絵画制作

● キャンプの活動は英語と日本語の両方で行われます。キャンプは毎日，午前8時開始，午後5時終了です。
● キャンプで働く方の交通費は全額支給されます。

　プログラムの詳細をお知りになりたい方は，<u>ここ</u>をクリックしてください。

▶▶<u>市役所国際事業部</u>

— 41 —

【語句・構文解説】
・website「ウェブサイト」
・notice「告知」
・call for A「Aを求む／Aの招集」 このcallは名詞。
・non-Japanese「外国人(の)／日本人でない」
・host O「Oを催す／主催する」
・aim to do「～することを目標とする」
・encourage O「Oを育む／促す」
・spend O「O(時間)を過ごす」
・outside「野外で／戸外で」
・skill「技術／技能」
・look for A「Aを探す」
・help O do「Oが～するのを手伝う／Oが～するのに役立つ」
・run O「Oを運営する」
・help with A「A(仕事など)を手伝う」
・clean up「掃除する」
・meal「食事」
・require O「Oを必要とする」
・contact O「Oに連絡を取る」
・over A「A(数量)を超えて」
・be interested in A「Aに興味がある」
・help out「手伝う」
・receive O「Oを受け取る」
・for free「無料で」
　[例] This software is available **for free** after registration. 会員登録すれば，このソフトが無料で利用できます。
・orientation「オリエンテーション／事前指導」
・registration「申し込み受付／登録」
・introduction to A「Aへの入門」
・set up a tent「テントを張る」
・build a fire「火を起こす」
・useful「役に立つ」
・grass「草」
・wooden「木製の」
・bowl「ボウル」
・hike「徒歩旅行／ハイキング」
・drawing「デッサン」
・painting「絵画制作／絵を描くこと」 油彩や水彩画などを描くことを指す。
・hold O「Oを催す」
・both A and B「AとBの両方」
・each day「毎日」(＝every day)
・cover O「O(費用)をまかなう」
・travel expense「交通費／旅費」
・international affairs division「国際事業部」

・town hall「市役所／町役場」
【設問解説】
問1 3 ③
　この告知の目的は 3 人を見つけることだ。
　① キャンプで働く人のためにかごを作ることのできる
　② 外国人の子どもに日本語を教えることのできる
　③ **子どものサマーキャンプで働くことのできる**
　④ 子どもをキャンプに行かせたい
　第2段落第1文「キャンプ活動の運営のお手伝いをしてくださるボランティアを10人募集しています」より，③が正解。①は，プログラムスケジュールの8月12日の欄に「草でかごを作る」とあるが，「キャンプで働く人のために作る」とは述べられていないので，不可。②，④については述べられていないので，不可。
問2 4 ②
　参加する子どもは 4 予定である。
　① 森の中での動物の見つけ方を学ぶ
　② **野外でいくつかの異なるスポーツをする**
　③ キャンプ場の近くの湖で泳ぐ
　④ 山の中の美術館を訪れる
　プログラムスケジュールの8月13日の欄に「公園での遊び：サッカー，バレーボール，バスケットボール」とあるので，②が正解。①，③については述べられていないので，不可。④は，プログラムスケジュールの8月15日の欄に「野外でのデッサンと絵画制作」とあるが，美術館を訪れるとは述べられていないので，不可。
問3 5 ④
　キャンプで働く外国人は全員 5 ことを求められている。
　① 料理をすることができる
　② 自分の昼食を持ってくる
　③ キャンプの経験が豊富である
　④ **少なくとも2か国語を話す**
　第2段落第3文「基本的な日本語ができれば結構ですから，外国人で，20歳を超えていて，基本的な日本語が話せ，お手伝いに興味のある方はご連絡ください！」とあるので，④が正解。①は，第2段落第2文に「また，料理と食後の片付けを手伝ってくださる方も10人必要としています」とあるが，料理を作ることをボランティア全員が求められているわけではないので，不可。②は，第2段落最終文に「お手伝いいただける方には，サマーキャンプの間は毎日，無料で朝食と昼食が提供されます」とあるので，不可。③については述べられていない。

－ 42 －

第2問　読解問題（ウェブサイト，記事）
A
【全訳】
　モロッコからの交換留学生があなたに，モロッコ料理でよく使われる黄色いスパイスのターメリックをくれました。あなたはインターネットで，彼女からのプレゼントが使えるレシピを見つけました。

簡単なモロッコ料理のレシピ

モロッコの多くの家庭では，このアフリカの伝統的なパスタを毎日食べます。家族全員が楽しめる色とりどりの，健康によい料理です。

モロッコ風クスクス
材料（およそ10人分）

A	オリーブオイル　大さじ3杯　　ピーマン　1個 大きめの玉ねぎ　2個　　大きめのニンジン　2本		トマト　3個 塩とコショウ
B	水　5カップ　　　　　　　　ターメリック　大さじ2杯 レーズン　1カップ		クスクス　500g
C	オリーブオイル　大さじ2杯　　レモン果汁　大さじ2杯		ニンニク　15g

手順

ステップ1：Aを作る
1．オーブンを200℃まで熱する。野菜を小さく切る。
2．大きめのボウルで，野菜を塩，コショウ，オイルと混ぜる。それをオーブンで15分ローストする。

ステップ2：Bを作る
1．水を大きめの鍋に入れて，コンロにのせる。ターメリックを加えて，強火にかける。
2．湯が沸騰し始めたら，火を止める。クスクスとレーズンを加えて，鍋にふたをする。
3．そのまま5分置いておく。

ステップ3：A，B，Cを一緒にする
1．Cの材料すべてをボウルで混ぜ合わせる。
2．CとAを，Bの入っている鍋に加えて3分混ぜる。熱いうちに出す。

レビューとコメント

Sam_Brown21　*2019年1月12日22時15分*
おいしいレシピだけど，誤ってターメリックをシャツに少しこぼしてしまったら，シャツが黄色くなってしまいました。洗い落とそうとしたけど，色を落とすのは無理です。

@coastal_kitchen　*2019年3月30日15時23分*
ステップ3でミントかコリアンダーを加えるのが好きです。また，冷蔵庫に入れておけば，次の日も同じくらいおいしいですよ。

【語句・構文解説】
・foreign exchange student「交換留学生」
・Morocco「モロッコ」 アフリカ北西部の王国。
・turmeric「ターメリック」 ウコンの根の粉末で，黄色染料，調味料，興奮剤などに用いる。
・a yellow spice often used in Moroccan food「モロッコ料理でよく使われる黄色いスパイス」 直前の turmeric を補足説明している。often used in Moroccan food は a yellow spice を修飾する過去分詞句。
　Moroccan「モロッコの」
・recipe「レシピ／料理法」
・online「インターネットで／オンラインで」
・make use of A「A を利用する」
　［例］ I hope you will **make** full **use of** our facilities.
　　　　あなたが私たちの設備を十分ご活用なさることを願っております。
・traditional「伝統的な」
・colorful「色とりどりの」
・healthy「健康によい／健康的な」
・dish「料理／皿」
・the whole A「A 全部」
・couscous「クスクス」 小麦から作る粒状のパスタ。または，その食材を利用して作る北アフリカの料理。
・ingredient「材料」
・serve O「O（人数）分である」
・green pepper「ピーマン」
・onion「玉ねぎ」
・carrot「ニンジン」
・salt「塩」
・pepper「コショウ／ペッパー」
・raisin「レーズン」
・garlic「ニンニク／ガーリック」
・instruction「手順／指示」
・heat O「O を熱する」
・oven「オーブン」
・cut O into small pieces「O を小さく切る」
・vegetable「野菜」
・mix A with B「A を B と混ぜる」
・bowl「ボウル」
・roast O「O をローストする／焼く」
・pot「鍋」
・stove「コンロ／レンジ」
・add O「O を加える」
・set O to high「O を強火に設定する」

・boil「沸騰する」
・turn off O／turn O off「O（水・ガス・電灯など）を切る／止める」
　［例］ Please **turn off** the air conditioner before you leave the room.
　　　　部屋を出る前にエアコンを切ってください。
・cover O「O にふたをする」
・leave O to *do*「O を～させておく」
・stand「そのままでいる」
・put together O／put O together「O を一緒にする」
・stir O「O をかき混ぜる」
・add A to B「B に A を加える」
　［例］ I **added** a little vinegar **to** the sauce to give it a more intense flavor.
　　　　私はソースにより強い味付けをするために酢を少々加えた。
・the pot containing B「B の入っている鍋」 containing B は the pot を修飾する現在分詞句。
　contain O「（容器など）に O が入っている」
・serve hot「（料理を）熱いうちに出す」
・review「レビュー／感想」
・accidentally「誤って／偶然に」
・drop O「O を落とす」
・wash off O／wash O off「O を洗い落とす」
・get out O／get O out「O（色など）を落とす」
・coriander「コリアンダー」 パクチーとも呼ばれる香草。
・fridge「冷蔵庫」（＝ refrigerator）
・just as ～「ちょうど同じくらい～」

【設問解説】
問1　6　③
　　もし　6　たいなら，このレシピはよいだろう。
　① 軽いスナックを作り
　② アジアのレシピを楽しみ
　③ **ベジタリアン料理を作り**
　④ おいしいデザートを作り
　　材料からわかるように，肉はまったく使っておらず野菜だけの料理なので，③が正解。①，②，④は，**材料**の上の「モロッコの多くの家庭では，このアフリカの伝統的なパスタを毎日食べます」より，不可。
問2　7　①
　　手順に従うと，ステップ2と3では，少なくともおよそ　7　かかる。
　① **8分**
　② 20分
　③ 40分
　④ 1時間

— 44 —

ステップ2の3.「そのまま5分置いておく」と
ステップ3の2.「CとAを，Bの入っている鍋に
加えて3分混ぜる」より，合計8分になるので，①
が正解。

問3 **8** ④

このレシピに従う人は，**8**ので注意すべきだ。

① それはとてもスパイシーな

② この料理は焦げやすい

③ スパイスの値段が高い

④ **ターメリックで服が台なしになるかもしれない**

Sam_Brown21 のコメントに「おいしいレシピだ
けど，誤ってターメリックをシャツに少しこぼして
しまったら，シャツが黄色くなってしまいました。
洗い落とそうとしたけど，色を落とすのは無理で
す」とあるので，④が正解。①，②，③については
述べられていないので，不可。

問4 **9** ④

ウェブサイトによると，このレシピに関する1つ
の**事実**(意見ではない)は **9** ということだ。

① 新鮮な野菜を使うと，よりおいしくなる

② コンロかオーブンのどちらかが必要である

③ 1日置いておいても，おいしさは変わらない

④ **コンロに火をつける前にターメリックを加える**

ステップ2の1.に「水を大きめの鍋に入れて，
コンロにのせる。ターメリックを加えて，強火にか
ける」とあるので，④が正解。①については述べら
れていないので，不可。②は，ステップ1ではオー
ブンを使い，ステップ2ではコンロを使い，どちら
も必要なので，不可。③は，@coastal_kitchen のコ
メントに「また，冷蔵庫に入れておけば，次の日も
同じくらいおいしいですよ」とあるが，事実ではな
く意見なので，不可。

問5 **10** ①

ウェブサイトによると，このレシピに関する1つ
の**意見**(事実ではない)は **10** ということだ。

① **別の材料をもう1つ加えると味が良くなる**

② クスクスはアフリカに起源がある

③ たいていお祭りで食べる

④ オリーブオイルを2回使う

@coastal_kitchen のコメントに「ステップ3でミ
ントかコリアンダーを加えるのが好きです」とある
ので，①が正解。②は，クスクスの起源については
述べられていないので，不可。③は，「お祭りで食べ
る」とは述べられていないので，不可。④は，オ
リーブオイルはステップ1の2.とステップ3の
1.で2回使うが，意見ではなく事実なので，不可。

— 45 —

B
【全訳】
　あなたの英語の先生が，次の授業で行われる討論の準備をする助けとなるように，１つの記事を渡してくれました。この記事の一部がコメントの１つとともに，以下に示されています。

学校における金銭管理スキル教育の義務化

ルーシー・ブラック，ローリー
2018 年 5 月 10 日・午後 12:20

ノース・カロライナ州は，高校生が卒業するために金銭管理の授業の単位を取らなければならないとする法律の制定を検討している。学生は，貯金，クレジットカード口座の開設，納税についての学習を義務づけられる。

「高校を出てすぐ仕事に就く学生は，納税の仕方やクレジットカードの使い方を知らないかもしれません。銀行口座の開き方の知識すらない者もいるでしょう」と，高校教師のブレット・スティーブンソンが語った。「こうしたスキルを早い時期に身につける学生は，その後の人生で金銭上のトラブルを避けるでしょうし，家や車を買うために貯蓄する準備もよりうまくできるでしょう」彼はまた，こうした情報についての試験を学校で受ければ，学生はそれをもっとしっかり身につけることになるだろうとも語った。

「子どもはもう今でも必要のない教科をあまりにも多く勉強しすぎだわ」と主張したのは，反対意見を持つ親の１人アニータ・ウイリアムズである。「私の娘の学校は娘に美術と体育の授業を無理やり受けさせているのよ。そんな授業は娘がいい大学に入るのに役立たないでしょ」その意見に賛成したのはもう１人の親ダグ・ジェンキンズである。「うちの息子が納税の仕方を家で覚えるのはとても簡単です。ほんの数時間で私が息子にそのやり方を教えられます。あるいは，息子がインターネットで簡単な動画を見れば，それで済んでしまいます」

---

23 コメント

最新

アマンダ・ジョーンズ　2019 年 4 月 22 日午後 2:45
私はこうしたことを学校で学ぶ機会がありませんでした。ですから，働き始めると，稼いだお金をすぐに使ってしまったのです。私は今 40 歳ですが，銀行にあまり預金がありません。お金の賢い管理の仕方をもっと早い時期に学んでおいたらよかったのにと強く思っています。

【語句・構文解説】
・article「記事」
・help O do「Oが〜するのを手伝う／助ける」
・prepare for A「Aの準備をする」
・debate「討論／ディベート」
・below「下に」
・financial「金銭の／財政の」
・skill「スキル／技能」
・Raleigh「ローリー」　ノース・カロライナ州の州都。

◆第1段落◆
・state「州」
・North Carolina「ノース・カロライナ州」　アメリカ合衆国の東海岸の州。
・consider O「Oを検討する」
・a law requiring high school students to pass a class on money management in order to graduate「高校生が卒業するために金銭管理の授業の単位を取らなければならないとする法律」　requiring以下はa lawを修飾する現在分詞句。
　law「法律／法令」
　require O to do「Oに〜することを義務づける」
　［例］The old law **required** only drivers **to fasten** their seat belts.
　　　　旧法では車の運転者だけにシートベルト着用が義務づけられていた。
　pass O「O（学課）に合格する」
　money management「金銭の管理（技術）」
　in order to do「〜するために」
　graduate「卒業する」
・save money「貯金する」
・open O「O（口座など）を開設する」
・credit card account「クレジットカードの口座」
・pay a tax「納税する」

◆第2段落◆
・get a job「仕事に就く」
・immediately「すぐに／即座に」
・how to do「〜する仕方／方法」
・bank account「銀行口座」
・pick up O／pick O up「O（技能）を身につける」
　［例］Ed **picked up** some Japanese while he was traveling in Hokkaido.
　　　　エドは北海道を旅行中に日本語を少し身につけた。
・avoid O「Oを避ける／回避する」
・later in life「後の人生で」
・be prepared to do「〜する準備ができている」
・be likely to do「〜する可能性が高い」

・thoroughly「完全に／徹底的に」
・test A on B「BについてAを試験する」

◆第3段落◆
・unnecessary「必要のない」
・argue ...「…と主張する」
・oppose O「Oに反対する」
・force O to do「Oに〜することを強制する」
・gym class「体育の授業」
・agree「賛成する」
・a piece of cake「とても簡単なこと」
・online「インターネットで／オンラインで」

◆コメント◆
・get to do「〜する機会を得る」
・spend O「O（お金）を使う」
・earn O「Oを稼ぐ」
・wish S had done「Sが…していればよかったのにと思う」　had doneは仮定法過去完了の表現。
・be smart with A「Aを賢く扱える」

【設問解説】
問1　11　③
　　記事の中で述べられている提案中の法律によると，ノース・カロライナ州の高校生は　11　ことが必要になる。
　① 卒業前に会社経営に関する試験に合格する
　② 卒業式に出るための少額の参加費を払う
　③ **金銭管理の方法を教える授業を取る**
　④ 様々な種類の金銭管理スキルを身につけるためオンライン講座を取る
　　第1段落第1文「ノース・カロライナ州は，高校生が卒業するために金銭管理の授業の単位を取らなければならないとする法律の制定を検討している」より，③が正解。①，②，④については述べられていないので，不可。

問2　12　④
　　討論において，あなたのチームは「生徒は学校で金銭管理の方法を学ぶべきだ」という主張を支持する。記事の中で，あなたのチームに有益な1つの**意見**（事実ではない）は　12　というものだ。
　① 授業で学生に家や車の維持の仕方を教えることになる
　② 高校卒業後すぐに働き始める学生もいる
　③ 学生は，銀行口座を開こうとして苦労することがよくある
　④ **学生は，教室にいる方がその情報をより上手に身につけるだろう**
　　第2段落最終文に，高校教師のブレット・スティーブンソンの意見として「こうした情報につい

ての試験を学校で受ければ，学生はそれをもっとしっかり身につけることになるだろう」と述べられているので，④が正解。①は，第2段落第3文に「『こうしたスキルを早い時期に身につける学生は…家や車を買うために貯蓄する準備もよりうまくできるでしょう』」とあるが，「家や車の維持の仕方」が問題となっているわけではないので，不可。②と③は，第2段落第1・2文に「『高校を出てすぐ仕事に就く学生は，納税の仕方やクレジットカードの使い方を知らないかもしれません。銀行口座の開き方の知識すらない者もいるでしょう』」とあるが，高校卒業後にすぐ働き始める人がいることや，その人たちが銀行口座を開くのに苦労することは，意見ではなく事実なので，不可。

問3 ┃13┃ ③

　相手方のチームは反対の立場に立つ。記事の中で，このチームに有益な1つの**意見**（事実ではない）は ┃13┃ というものだ。

① 金銭管理は多くの優れた大学で教えられている
② 貯金が重要だということはほとんどの人がわかっている
③ **すでに学生は役に立たないことを学んでいる**
④ 学生は在学中に退職後のための貯金を始めることができる

　第3段落第1文に，親の1人アニータ・ウイリアムズの意見として「子どもはもう今でも必要のない教科をあまりにも多く勉強しすぎだわ」と述べられているので，③が正解。①，②，④については述べられていないので，不可。

問4 ┃14┃ ④

　記事の第3段落にある"a piece of cake"は ┃14┃ ということを意味する。

① 何かを身につける楽しい方法
② 人気の食べ物の一部
③ 必要でないもの
④ **とても簡単にできること**

　第3段落第5～7文で，ダグ・ジェンキンズが「うちの息子が納税の仕方を家で覚えるのは a piece of cake です。ほんの数時間で私が息子にそのやり方を教えられます。あるいは，息子がインターネットで簡単な動画を見れば，それで済んでしまいます」と言っているので，a piece of cake は「とても簡単にできること」という意味だとわかる。したがって，④が正解。「ケーキの1切れ」という文字通りの意味で使われてはいないので，②は不可。

問5 ┃15┃ ③

　アマンダ・ジョーンズのコメントからすると，彼

女は記事の中で述べられている提案中の法律を制定するという考えに対して ┃15┃ 。

① 特に意見はない
② 一部賛成している
③ **大いに賛成している**
④ まったく賛成していない

　アマンダ・ジョーンズは，「私はこうしたことを学校で学ぶ機会がありませんでした。…お金の賢い管理の仕方をもっと早い時期に学んでおいたらよかったのにと強く思っています」と述べていて，学校で金銭管理の授業を実施することに大いに賛成しているとわかるので，③が正解。

第3問　読解問題（ブログ，記事）

A

【全訳】

あなたは自分の学校の外国語クラブの部員が書いたブログの中に次の記事を見つけました。

カレーサプライズ

5月10日　月曜日

　先週，私は外国語クラブの友人と新しくできた中華料理店を試してみようと出かけました。しかし，着いてみると，行列ができていて，それが通りの角を曲がってもつながっているとわかりました。私たちはお腹が空きすぎていて，とても待てなかったので，すぐ隣にあるインド料理のレストランに入ってみることにしました。

　中に入るとすぐに，「シュラッダー?!」と大声で叫ぶ声が聞こえました。そこには，いとこのロヒットがいたのです！　彼は数年前に日本に来て，そのインド料理の店を開いたのだと私に教えてくれました。彼は子どもの頃，日本に住んでみたいといつも話していました。でも，私はもう何年も彼に会っていませんでした。彼は私たちに座るように言うと，食べてみてと，次から次へと料理を持ってきました。

　私の友人はそれまでインドカレーを食べてみたことがなく，その辛さに驚いていました。ロヒットは私たち全員にマンゴーラッシーという，ヨーグルトでできているドリンクを出してくれました。彼は，それを飲めば私たちの口がひりひりしなくなるだろうと説明しました。でも，正直に言うと，私はカレーの辛さが足りないくらいだと思いました。

　2時間後には，私たちはお腹が一杯でしたし，帰る時間でした。ロヒットはどうしても私たちにお金を払わせてくれませんでした。それどころか彼はインドの土産をくれさえしました。私の友人はみんな小さな彫刻をもらいましたが，ロヒットは私には特別なものをくれました。

【語句・構文解説】
- the following A「次のA」
- blog「ブログ」

◆第1段落◆
- try O「O（お店など）に入ってみる／Oを試す」
- line「行列」
- around the block「角を曲がって」
- too ~ to do「あまりに~なので…できない」
- decide to do「~しようと決める」
  [例]　I **decided to jog** every day in order to lose weight.
  　　　私は痩せるために毎日ジョギングをしようと決めました。
- right next door「すぐ隣の」　right は next door を修飾する副詞。

◆第2段落◆
- get inside「中に入る」
  [例]　Though it was a restricted zone, the boys **got inside**.
  　　　そこは制限区域だったが，少年たちは中に入った。
- yell「叫ぶ」

・cousin「いとこ」
・kid「子ども」
・try *doing*「～してみる」
　［例］I would like to **try drinking** Mongolian milk tea.
　　　　モンゴルのミルクティーを飲んでみたいです。
・bring out O／bring O out「Oを持ってくる」
・dish after dish「料理を次から次へと」

◆第3段落◆
・be surprised at A「Aに驚く」
・mango lassi「マンゴーラッシー」
・a drink made from yoghurt「ヨーグルトでできているドリンク」　made以下はa drinkを修飾する過去分詞句。
　(be) made from A「A(原料)から作られる」
　yoghurt「ヨーグルト」
・stop O from *doing*「Oが～しないようにする／Oが～するのを防ぐ」
　［例］My extra large cup of coffee **stopped** me **from falling** asleep in the class.
　　　　自分専用の特大のカップでコーヒーを飲んだので、私は授業中に眠ってしまわずに済んだ。
・burn「(舌などが)ひりひりする」
・to be honest「正直に言うと」

◆第4段落◆
・a couple of A「2つのA／2, 3のA」
・let O do「Oに～させてあげる」
　［例］Sam's parents **let** him **study** in France while he was a college student.
　　　　サムの両親は彼が大学生の間にフランスに留学させてあげた。
・souvenir「記念(品)／土産」
・sculpture「彫刻」

【設問解説】
問1　16　③
　　レストランでは、16。
① 生徒たちはみんな新しい種類のラーメンを食べてみた
② 生徒たちは長い行列に並ばなければならなかった
③ **ブログの筆者は思いがけない人に会った**
④ ブログの筆者は友人にカレーについて教えた
　第2段落第2～4文「そこには、いとこのロヒットがいたのです！ 彼は数年前に日本に来て、そのインド料理の店を開いたのだと私に教えてくれました。彼は子どもの頃、日本に住んでみたいといつも

話していました。でも、私はもう何年も彼に会っていませんでした」より、③が正解。②は、第1段落第2・3文に「しかし、着いてみると、行列ができていて、それが通りの角を曲がってもつながっているとわかりました。私たちはお腹が空きすぎていて、とても待てなかったので、すぐ隣にあるインド料理のレストランに入ってみることにしました」とあるので、不可。①と④については述べられていないので、不可。

問2　17　①
　　あなたはこのブログの筆者が17とわかった。
① **身につける素敵なものをもらい、食事の代金を払う必要がなかった**
② 象の彫刻が気に入り、とても辛い食べ物を食べるのに苦労した
③ いつかインドを訪れて、友人にお土産を買いたいと思った
④ インド料理のレストランでアルバイトをし、上手に日本語を話した
　第4段落第2・3文に「ロヒットはどうしても私たちにお金を払わせてくれませんでした。それどころか彼はインドの土産をくれさえしました。私の友人はみんな小さな彫刻をもらいましたが、ロヒットは私には特別なものをくれました」とあり、写真を見るとブログの筆者がもらったものは、主に女性が使う肩掛けである「ショール」であり、身につけるものだとわかるので、①が正解。②は、象の彫刻をもらったのは筆者の友だちだとわかるし、また第3段落第4文に「でも、正直に言うと、私はカレーの辛さが足りないくらいだと思いました」とあるので、不可。③と④については述べられていないので、不可。

— 50 —

B

【全訳】

あなたは日本に住んでいる外国人の間で人気のある雑誌で，次の記事を見つけました。

忘れられない登山

リチャード・ブラウン（英語教師）

　私は 10 年前に日本に引っ越して来たのだが，先月ついに富士山に登る機会を得た。7 月 31 日は午前 5 時前に起きて，富士山行きのバスに乗った。たいていの人は，レストランや休憩する場所が多くある一般的な登山道を使いたがる。けれども私は，人混みを避けたかったので，より難しいルートを通ることにした。岩場をより楽に登れるように特別な靴を履いた。それに私はかなり活動的な人間なので，きっと何の問題もないだろうと思った。

　しかし，登り始めてから 3 時間後に水がなくなってしまった。疲れてはいなかったが，戻らざるを得なくなるかもしれないと思って心配になった。幸運にも 10 分後に年配の日本人夫婦に出会い，日本語で私の状況を説明すると，彼らはいくらかの水と，実は食べるものはたっぷり持っていたのだが，菓子パンを 1 つくれた。彼らに助けてもらい，とてもありがたかったし，おかげで登山を続けることに関して本当に気持ちが楽になった。私たちは一緒に，山小屋に午後 3 時頃に到着した。私はへとへとに疲れていて空腹だったので，持参していたチキンと野菜を食べて，その後すぐに眠りについた。山小屋に滞在した者は皆，残りの道を登り切り，山頂で日の出を見るために午前 1 時半に起きた。

　暗闇の中を歩くのは怖く，さらにおよそ 1 時間後，雨が降り始めた。私たちは岩がごろごろしているところを注意しながら進まなければならなかった。しかし山頂に着くと晴れ上がった。太陽が見えてくると，私たちはどれほど寒く濡れているかを忘れた。それは私が今まで見た光景の中で最も美しかった。記念にとっておくため，カメラで写真をたくさん撮った。そして 1 時間ほどして，下山を始めた。

【語句・構文解説】

- the following A「次の A」
- foreigner「外国人」
- unforgettable「忘れられない」
- climb「登山」

◆第 1 段落◆

- move to A「A に引っ越す／転居する」
- finally「ついに」
- chance to *do*「〜する機会」
  - ［例］ I will have a **chance to travel** abroad this summer.
    - 私はこの夏，海外旅行をする機会があるだろう。
- wake up「目覚める／起きる」

- the common trail, which has many restaurants and places to stop「レストランや休憩する場所が多くある一般的な登山道」 which 以下は the common trail を補足説明する関係代名詞節。
  - common「一般的な」
  - trail「登山道」
- avoid O「O を避ける」
- crowds of people「人混み／大勢の人々」
- decide to *do*「〜しようと決める」
- route「ルート／行程」
- wear O「O を履く／身につける」
- so that S can ...「S が…できるように」
- active「活動的な」
- feel sure that SV ...「…だと確信している」

— 51 —

・problem「問題」

◆第2段落◆

・three hours after SV ...「…する3時間後」

・run out of A「A（水や食料など）がなくなる／Aを使い果たす」

・nervous「心配して／緊張して」

・turn back「戻る」

・luckily「幸運にも」

・elderly「年配の」

・couple「夫婦／カップル」

・explain O「Oを説明する」

・A as well as B「AもBも／BだけでなくAも」
  〔例〕 This game is able to entertain **as well as** educate students.
      このゲームは生徒を楽しませもするし，教育にもなる。

・sweet bun「菓子パン」

・have plenty to *do*「たっぷり～するものがある」
  〔例〕 We **have plenty to say**.
      私たちは大いに言いたいことがある。

・be grateful for A「A（行為など）に感謝している」

・make O *do*「Oに～させる」

・continue O「Oを続ける」

・rest cabin「（休憩するための）山小屋」

・exhausted「へとへとに疲れて」

・the chicken and vegetables I had brought with me「持参していたチキンと野菜」 I had brought with me は the chicken and vegetables を修飾する節。

・straight「すぐに／そのまま」

・journey「（陸上の比較的長い）旅」

・sunrise「日の出」

・the top of the mountain「山頂」

◆第3段落◆

・hike「徒歩で行く」

・scary「怖い／恐ろしい」

・carefully「注意深く」

・clear「晴れる」

・the＋最上級＋A (that) S have ever *done*「Sがこれまで…した中で最も～なA」
  〔例〕 This is **the tallest** tower I **have ever seen**.
      これは私が今まで見た中で最も高い塔だ。

・sight「光景」

・souvenir「記念（品）／土産」

・A or so「Aかそこら」
  〔例〕 I only slept for three hours **or so** before they arrived.
      彼らが到着するまで私は3時間かそこらしか眠れなかった。

・head back「戻る」

【設問解説】

問1　18　⑥

　この話によると，リチャードの気持ちは次の順で変化した。18

①　確信して→怖くて→感動して→安堵して→心配して

②　確信して→感動して→怖くて→安堵して→心配して

③　確信して→安堵して→怖くて→心配して→感動して

④　確信して→安堵して→感動して→怖くて→心配して

⑤　確信して→心配して→怖くて→感動して→安堵して

⑥　**確信して→心配して→安堵して→怖くて→感動して**

　第1段落最終文「それに私はかなり活動的な人間なので，きっと何の問題もないだろうと思った」より「確信して」，第2段落第2文「疲れてはいなかったが，戻らざるを得なくなるかもしれないと思って心配になった」より「心配して」，第2段落第4文「彼らに助けてもらい，とてもありがたかったし，おかげで登山を続けることに関して本当に気持ちが楽になった」より「安堵して」，第3段落第1文「暗闇の中を歩くのは怖く，さらにおよそ1時間後，雨が降り始めた」より「怖くて」，第3段落第5文「それは私が今まで見た光景の中で最も美しかった」より「感動して」いることがわかる。したがって，⑥が正解。

問2　19　②

　リチャードは，19 を除いて，富士山登山のために必要な物をすべて持参した。

①　十分な食べ物

②　**十分な水**

③　カメラ

④　登山靴

　第2段落第1文「しかし，登り始めてから3時間後に水がなくなってしまった」より，②が正解。①は，第2段落第3文「実は食べるものはたっぷり持っていた」より，不可。③は，第3段落第6文「記念にとっておくため，カメラで写真をたくさん撮った」より，不可。④は，第1段落第5文「岩場をより楽に登れるように特別な靴を履いた」より，不可。

問3　20　③

— 52 —

この話から，あなたはリチャードが 20 ことが
わかった。

① 日本に長く住んでいるのに日本語を話さない
② 先月，日本に来る機会があって富士山に登った
③ **とても活動的な人物で，富士山に登るのに難し**
い道を選んだ
④ 年配の夫婦と富士山行きのバスに乗り，彼らの
食べ物を分けてもらった

第1段落第4文「けれども私は，人混みを避けた
かったので，より難しいルートを通ることにした」，
および，第1段落最終文「それに私はかなり活動的
な人間なので，きっと何の問題もないだろうと思っ
た」より，③が正解。①は，第2段落第3文「幸運
にも10分後に年配の日本人夫婦に出会い，日本語
で私の状況を説明すると」より，筆者が日本語を話
すことがわかるので，不可。②は，第1段落第1文
「私は10年前に日本に引っ越して来たのだが」よ
り，不可。④は，「富士山行きのバスに年配の夫婦と
一緒に乗った」とは述べられていないので，不可。

— 53 —

第４問　読解問題（グラフ）
【全訳】
　あなたはリサイクルの動向について調べています。あなたは２つの記事を見つけました。

現代都市のリサイクルと廃棄　　　　　　　　　　　　　　アシュリー・ジョーンズ
　　　　　　　　　　　　　　　　　　　　　　　　　　　　　　　　　2017年11月

　リサイクルをすれば，日常生活で出る廃棄物の多くを再利用のために回収し，処理することができる。政府はリサイクルのための回収サービスを開始したり，企業に税の軽減を提供したりすることで，人々にリサイクルするよう促すことが多い。リサイクルすることは天然資源を節約するために確かに重要ではあるが，おそらく人が思っているほどいつも効率的に行われているとは限らない。

　欧州議会によると，2015年に世界全体で３億2,200万トンのプラスチックが生産された。1950年にはその量は150万トンにすぎなかった。下のグラフは，2016年にいくつかのEU加盟国で生み出された１人当たりのプラスチック廃棄物の平均量を示している。このグラフはまた，これらの国においてリサイクルされた１人当たりのプラスチック廃棄物の量も示している。リサイクルの習慣は地域によって明確に異なっていたが，ほとんどの国において，国民が生み出したプラスチック廃棄物のうち50パーセントに満たない量しかリサイクルされていなかった。

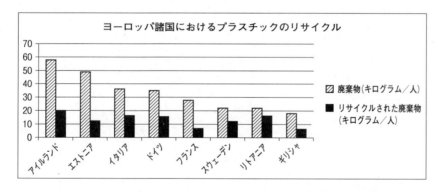

　最近の研究によって，ヨーロッパ人は毎年，自分の体重の7.5倍の量を廃棄していることがわかった。こうした廃棄物のうち大きな部分を占めているのがアルミニウム，ガラス，プラスチック，紙なのだが，これらは最もリサイクルしやすいものに含まれる。

　私の意見では，人が確実に環境にやさしい行動をするよう促す法律を，もっと政府が制定するべきだ。例えば，プラスチック製のレジ袋を禁止し，自宅からマイバッグを持ってこなければならないとしたら，廃棄物を減らせるかもしれない。さらに言うと，人々の家からリサイクル可能な廃棄物を回収するには，お金と時間とエネルギーがかかる。市は人々に，リサイクル中央集積所にリサイクル可能な廃棄物を持って行くよう促した方がいい。ガラスや金属のようなリサイクルされるべき物を廃棄しているところが見つかった人には，罰金を払わせるべきだ。

「現代都市のリサイクルと廃棄」への意見	R. R.

2018 年 1 月

　私は政府への環境アドバイザーとして，30 年を超える年月を費やして我が国のプラスチック廃棄物を減らす取り組みをしてきた。多くの国で人々がこれまで以上にプラスチック廃棄物を多く生み出しているのに，その半分未満しかリサイクルに回っていないことを知っても驚きはしなかった。アシュリー・ジョーンズの記事によると，私の国では，人々が生み出す 1 人当たりのプラスチック廃棄物は 30 キログラム未満であり，リサイクルする量は 1 人当たり 15 キログラムを超えている。この数字は励みになる。

　記事で示唆されている通り，リサイクル可能な廃棄物を回収するトラックは，大量のガソリンを使用することが多い。リサイクルされた製品は品質が悪いことがあり，それゆえ人々の健康を害したりすることがあるのも事実だ。例えば，台湾ではリサイクルされた鋼鉄の中に放射性物質が見つかった。しかし，リサイクルはゴミ処理場に捨てられる廃棄物の量を抑え，それゆえ土壌や水の汚染を減少させる。リサイクルシステムは完全ではないが，一般的にはまったくリサイクルしないよりは環境にとってより良いのだということを，もっと多くの人が理解する必要がある。

　政府は，リサイクルすべき理由についての情報を人々により多く提供し，リサイクルすることに対する金銭的給付を与えるべきだ。リサイクルが適切になされれば，金属や木材や油のような新たな原材料を探す必要が減る。プラスチックをリサイクルする場合には，最初からプラスチックを生産する場合に比べて，必要なエネルギーが 70 パーセント少なくなり，金属をリサイクルすれば，採掘するより 60 パーセント安くすむだろう。政府は，ゴミとなった金属やプラスチックやその他の素材をリサイクル中央集積所に持ち込んでリサイクルする人々に対して，確実に報酬を与えるべきなのだ。

【語句・構文解説】
・do research on A「A の調査をする」
・recycling「リサイクル(の)」
・trend「動向／傾向」
・article「記事」
＜アシュリー・ジョーンズの記事＞
・waste「廃棄(物)」
◆第 1 段落◆
・recycle (O)「(O を)リサイクルする／再利用する」
・much of the waste we produce in our daily lives「日常生活で出る廃棄物の多く」 we produce in our daily lives は the waste を修飾する節。
　produce O「O を生み出す／生産する」
・collect O「O を回収する」
・process O「O を処理する」
・reuse「再利用」
・government「政府」
・encourage O to *do*「O に～するよう促す」
・pick-up service「回収サービス」
・offer O「O を提供する」
・tax cut「税の軽減／減税」
・business「企業」
・certainly「確かに」
・save O「O を節約する」
・natural resources「天然資源」
・not always「いつも～というわけではない」 部分否定。
・not as ～ as S might think「おそらく S が思うほど～でない」
　［例］　This problem is **not as** easy to solve **as you might think**.
　　　　この問題は，おそらくあなたが思っているほど解くのは簡単でない。
・efficient「効率的な」

◆第2段落◆
- European Parliament「欧州議会」 欧州連合 (European Union)の議会。
- ton「トン」 重量の単位。
- worldwide「世界中で」
- amount「量」
- A below「以下のA／下記のA」
- average「平均の」
- plastic waste generated per person「生み出された1人当たりのプラスチック廃棄物」 generated 以下は plastic waste を修飾する過去分詞句。
  generate O「O を生み出す」
  per A「A 当たり」
- European Union「EU／欧州連合」
- habit「習慣」
- clearly「明確に」
- differ「異なる」
- region「地域」
- citizen「国民」
- less than A「A 未満」
- the plastic waste they produced「彼らが生み出したプラスチック廃棄物」 they produced は the plastic waste を修飾する節。

＜グラフ＞
- Ireland「アイルランド」 グレートブリテン島の西方に位置するアイルランド島の，イギリス領の北アイルランドを除く地域。
- Estonia「エストニア」 ヨーロッパ北東部のバルト海沿岸にあるバルト3国のうち，最北に位置する国。
- Italy「イタリア」
- Germany「ドイツ」
- France「フランス」
- Sweden「スウェーデン」
- Lithuania「リトアニア」 ヨーロッパ北東部のバルト海沿岸にあるバルト3国のうち，最南端に位置する国。
- Greece「ギリシャ」

◆第3段落◆
- recent「最近の」
- throw away O／throw O away「O を捨てる／廃棄する」
- ～ times A「A の～倍」
  ［例］ Air pollution in the city reached four **times** the acceptable level.
  その市の大気汚染は受容可能なレベルの4倍に達した。

- body weight「体重」
- largely「主として」
- be made up of A「A から構成されている／成る」
  ［例］ Our band **is made up of** four boys and two girls.
  うちのバンドは，男子4人と女子2人という構成です。
- aluminum「アルミニウム」 アメリカ英語で用いられる綴り。イギリス英語では aluminium と綴る。
- glass「ガラス」
- be among A「A に含まれる／A の1つだ」
  ［例］ John McEnroe **was among** the best tennis players in the world.
  ジョン・マッケンローは世界で最も優れたテニス選手の一人だった。

◆第4段落◆
- in my opinion「私の意見では」
  ［例］ **In my opinion**, the government should reduce the consumption tax rate.
  私の意見では，政府は消費税率を引き下げるべきだ。
- pass O「O（法案）を（議会で）通過させる」
- law「法律」
- make sure that SV ...「確実に…するようにする」
- act「行動する」
- in a ～ way「～の仕方で」
- environmentally friendly「環境にやさしい」
- reduce O「O を減らす」
- ban O「O を禁止する」
- bring A from B「B から A を持ち込む」
- furthermore「さらに／その上」
- pick up O／pick O up「O を回収する／O を拾い上げる」
- recyclable「リサイクル可能な」
- cost O「O（お金・労力など）がかかる」
- central recycling location「リサイクル中央集積所」
- catch O *doing*「O が～しているのを見つける／目撃する」
  ［例］ John **was caught cheating** on the math exam.
  ジョンは数学の試験でカンニングしているところを見つかった。
- item「品物／商品」
- metal「金属」
- be made to *do*「～させられる」 make O *do* の受動態。
  ［例］ They **were made to buy** those expensive

— 56 —

items.

　　彼らはそれらの高価な品物を買わされた。

・fine「罰金」

＜R. R. の記事＞

◆第1段落◆

・environmental「環境の」

・advisor「アドバイザー／助言者／顧問」

・spend O *doing*「～するのに O を費やす」

・be surprised to *do*「～して驚く」

・比較級＋than ever「これまでにないほど～／以前にもまして～」

・less than A「A より少ない／A 未満」

・encouraging「励みになる」

◆第2段落◆

・suggest O「O を示唆する」

・truck「トラック」

・gasoline「ガソリン」

・of poor quality「質が低い」

・harmful「害がある」

・radioactive「放射性の」

・material「物質」

・steel「鋼鉄」

・limit O「O を制限する」

・waste we put in landfills「ゴミ処理場に捨てられる廃棄物」　we put in landfills は waste を修飾する節。

　put A in B「A を B に入れる」

　landfill「ゴミ処理場」

・soil「土壌(の)」

・pollution「汚染」

・generally「一般的に」

・environment「環境」

◆第3段落◆

・provide A with B「A に B を提供する」

・financial「金銭の」

・benefit「給付(金)」

・manage O「O を運営する」

・correctly「適切に／正確に」

・search for A「A を探す」

・take O「O を必要とする」

・from scratch「最初から／ゼロから」

　［例］　Honda started the business **from scratch**.

　　　　ホンダはその事業をゼロから立ち上げた。

・mine for A「A を採掘する」

・definitely「明確に」

・reward O for *doing*「～することに対して O に報酬を与える」

・scrap「ゴミとなった／くずの」

【設問解説】

問1　21　③

　　アシュリー・ジョーンズも環境アドバイザーも　21　について述べていない。

　①　リサイクルがエネルギーを節約するのにどのように役立つか

　②　私たちがどのようにリサイクルを促進することができるか

　③　**プラスチック廃棄物の新しい処理方法**

　④　廃棄物を生み出すのを減らす方法

　　R. R. の記事の第1段落第1文に「私は政府への環境アドバイザーとして」とあるので，設問中の環境アドバイザーとはR. R. のことを指すとわかる。アシュリー・ジョーンズもR. R. もプラスチック廃棄物の新しい処理方法については記事の中で触れていないので，③が正解。①は，R. R の記事の第3段落第3文「プラスチックをリサイクルする場合には，最初からプラスチックを生産する場合に比べて，必要なエネルギーが70パーセント少なくなり，金属をリサイクルすれば，採掘するより60パーセント安くすむだろう」で述べられているので，不可。②は，アシュリー・ジョーンズの記事の第4段落全体，およびR. R. の記事の第3段落全体にリサイクルを促進する具体策の提案について述べられているので，不可。④は，アシュリー・ジョーンズの記事の第4段落第2文「例えば，プラスチック製のレジ袋を禁止し，自宅からマイバッグを持ってこなければならないとしたら，廃棄物を減らせるかもしれない」に続き，同段落全体で廃棄物を減らす方法が述べられているので，不可。

問2　22　④

　　環境アドバイザーは　22　出身だ。

　①　フランス

　②　ドイツ

　③　ギリシャ

　④　リトアニア

　　R. R. の記事の第1段落第3文に「アシュリー・ジョーンズの記事によると，我が国では，人々が生み出す1人当たりのプラスチック廃棄物は30キログラム未満であり，リサイクルする量は1人当たり15キログラムを超えている」とある。アシュリー・ジョーンズの記事のグラフの中で，この条件に合うのはリトアニアなので，④が正解。

問3　23　⑥

　　これらの記事によると，リサイクルは　23　という点で好ましくない影響を与えることがある。（最

— 57 —

も適切な組合せを①～⑥の中から１つ選べ。）

A．地中から原料を得ることよりもエネルギーを常により多く必要とする

B．プラスチックが環境にとって安全であると人々に納得させる

C．人々が使用するのに安全な製品をいつも生み出すことになるとは限らない

D．リサイクル可能な物を回収する際にガソリンの使用が必要になる

　R. R. の記事の第２段落第２・３文「リサイクルされた製品は品質が悪いことがあり，それゆえ人々の健康を害したりすることがあるのも事実だ。例えば，台湾ではリサイクルされた鋼鉄の中に放射性物質が見つかった」より，Cが当てはまる。また，R. R. の記事の第２段落第１文「リサイクル可能な廃棄物を回収するトラックは，大量のガソリンを使用することが多い」より，Dも当てはまる。したがって，⑥（C and D）が正解。AとBについては，本文で述べられていないので，不可。

問4 　24 　④, 　25 　③

　アシュリー・ジョーンズは政府が 24 べきだと述べており，環境アドバイザーは政府が 25 べきだと述べている。（各空所に異なる選択肢を選べ。）

① 新しい種類のプラスチックを開発する

② 紙の廃棄物を減らすことに集中する

③ リサイクルする人に給付金を与える

④ プラスチック製のレジ袋を違法にする法律を制定する

⑤ 国のプラスチックの生産を減らす

　 24 は，アシュリー・ジョーンズの記事の第４段落第１・２文「私の意見では，人が確実に環境にやさしい行動をするよう促す法律を，もっと政府が制定するべきだ。例えば，プラスチック製のレジ袋を禁止し，自宅からマイバッグを持ってこなければならないとしたら，廃棄物を減らせるかもしれない」より，④が正解。 25 は，R. R. の記事の第３段落第１文「政府は，リサイクルすべき理由についての情報を人々により多く提供し，リサイクルすることに対する金銭的給付を与えるべきだ」より，③が正解。①，②，⑤については，どちらの記事にも述べられていないので，不可。

問5 　26 　②

　両方の記事の情報に基づいて，あなたは宿題のレポートを書く予定である。あなたのレポートに最も適切なタイトルは「 26 」だろう。

① プラスチックがどのように環境汚染を引き起こすか

② **リサイクルをより進めるための政府の役割**

③ リサイクルが環境に与える好ましくない影響

④ リサイクルを再考すべき理由

　２つの記事はどちらも，廃棄物，特にプラスチックの廃棄物が増加していることを踏まえ，プラスチック廃棄物のリサイクルをいかに進めていくべきかに関して，政府が遂行できる政策を具体的に提案した記事である。レポートのタイトルもこれに関連するものが適切であると考えられるので，②が正解。①は，どちらの記事でもプラスチック廃棄物の有害性は前提とされているが，「どのように環境汚染を引き起こすか」については述べられていないので，不可。③は，どちらの記事もリサイクル可能な製品を回収する際にエネルギーを消費するという問題に言及してはいるが，「リサイクルが環境に好ましくない影響を与える」ということが中心的な話題とは言えないので，不可。④は，どちらの記事にも「リサイクルを再考すべき理由」については述べられていないので，不可。

— 58 —

第2回

第5問　読解問題（伝記）
【全訳】

　あなたのグループは，以下の雑誌記事の情報を使って「ソウルミュージックの女王」というタイトルのポスター・プレゼンテーションの準備をしています。

　歌手アレサ・フランクリンは，1950年代から1970年代にかけてアメリカ合衆国のアフリカ系アメリカ人のミュージシャンによって築かれた人気のあるジャンル，ソウルミュージックの特徴を決定づけるのに一役買った。60年におよぶ並外れた経歴において，フランクリンのなしたことはこのジャンルを決定づける特徴の多くにとって価値基準となった。

　ソウルミュージックは，アメリカ南部の田舎で発達したブルースミュージックと，アフリカ系アメリカ人の教会で歌われる音楽の一種であるゴスペルの両方にルーツがある。フランクリンの父親は牧師であり，歌い手でもあったことから，フランクリンが最初に知ることになった音楽は教会でのゴスペルミュージックであった。彼女は，1942年，テネシー州メンフィスで生まれ，主にミシガン州デトロイトで育った。デトロイトで彼女が十代前半のころ，父親とともに歌を披露するようになり，彼女の技術力や歌っているときの感情の高まりによって聞いている人を驚かせた。フランクリンは18歳のとき，ポピュラーミュージックでのキャリアを追求するためにニューヨークに移った。ニューヨークで，彼女は有名なレコードレーベルであるコロンビアレコードとレコーディング契約を結んだ。

　コロンビアで，フランクリンのプロデューサーは彼女にぴったり合う音楽を模索して苦しんだ。彼女はブロードウェイミュージカルのゆったりとしたロマンティックな歌から，ティーンエージャーが曲に合わせて踊れるような速い曲調のリズムアンドブルースまであらゆるものを録音した。しかし，音楽批評家たちが彼女の才能に言及してはいたが，アルバムの売れ行きは良くなかった。

　1966年，フランクリンはアトランティックレコードという別のレーベルに移籍した。アトランティックで，プロデューサーのジェリー・ウェクスラーは，フランクリンに自分自身の音楽の独自性を生み出すのに，自ら主体的にやっていくように求めた。フランクリンは自分が最もよく知っている音楽，ゴスペルとブルースに立ち戻り，それを自分のものにした。彼女は，自分と同じようにその場で曲の胸躍るアレンジを考えつくことのできる，才能あるミュージシャンを周りに集めた。これらのレコーディングセッションでは，ソウルミュージックにおいて大切な要素となる，伸び伸びとした活力がみなぎっていた。

　フランクリンはまた，ブルースの力強いリズムと，「コールアンドレスポンス」と呼ばれるルーティンを用いた。バンドのシンガーやミュージシャンが楽曲のフレーズや歌詞の一部を「呼びかける」と，別のミュージシャンやシンガーが「応答」するのだ。フランクリンの情熱的な歌い方と，メリスマ —— 歌詞の1音節に一続きの異なる音符を乗せて歌うこと —— の熟練した使い方も相まって，こうした複合的環境はフランクリンをスターに転じさせた。

　1967年，彼女の10枚目のスタジオアルバム *I Never Loved a Man* (*the Way I Love You*) は，彼女自身初のミリオンセラーとなった。このアルバムはフランクリンの代表曲の1つとなる *Respect* という歌がメインの楽曲となっていた。このアルバムに続き，その後6年にわたっ

― 59 ―

て彼女はさらに多くのヒットを飛ばした。間もなく彼女は「ソウルの女王」として知られるようになった。

　フランクリンの成功は1970年代後半まで続いた。そのころになると，ディスコミュージック――シンセサイザーのような電子楽器を含んだダンスミュージックの一種――が人気となっていて，ソウルミュージックは時代遅れとなった。しかし，フランクリンは1982年，彼女自身のダンス曲のヒットナンバー *Jump to It* を引っ提げてカムバックし，この後，他にもヒット曲が続いた。

　フランクリンの功績は称えられ，多くの賞が与えられたが，その中には1987年の「ロックの殿堂」入りも含まれている。彼女はその名誉を受けた最初の女性だった。60代から70代にかけて，フランクリンは健康問題に苦しんだが，アメリカ合衆国においてアフリカ系アメリカ人初の大統領であるバラク・オバマの2009年大統領就任式をはじめとする，様々なコンサートやイベントで世界中にその声を届け続けた。

　フランクリンの力強い声は，人種問題で苦闘するアフリカ系アメリカ人と，男性支配の社会に立ち向かおうとする世界中の女性たちに自信を与えた。2018年彼女が亡くなると，何百人もの人々が葬儀に集まり，その中にはビル・クリントン元大統領や，追悼のために1曲歌った伝説的ミュージシャン，スティーヴィー・ワンダーも含まれていた。

ソウルミュージックの女王

■アレサ・フランクリンの生涯

年代	出来事
1942－1966	フランクリンはテネシー州で生まれた ↓ フランクリンと父は一緒に歌った ↓ 27 ② フランクリンはプロの歌手になるために家族のもとを去った ↓ 28 ④ フランクリンは自分自身の音楽スタイルを模索して苦しんだ
1966－2018	29 ⑤ フランクリンは自分のサウンドを作り上げる自由を与えられた ↓ 30 ① フランクリンはスタジオアルバムで大きな成功を収めた ↓ 31 ③ フランクリンはダンスナンバーでヒット作を出し，その後他のヒットソングが続いた ↓ フランクリンはアメリカ合衆国大統領のために歌った ↓ 2018年,多くの人々がフランクリンの葬儀に集まった

アレサ・フランクリン

■スターへの道

▶フランクリンは 10 代のころ歌を称賛されていたが，すぐに音楽業界で活躍したのではなかった。

▶2 つ目のレコードレーベルで，フランクリンはソウルミュージックを決定づける特徴の多くを築いた： 32 ⑧

　D．フランクリンはメリスマと呼ばれる複雑な歌唱技術を用いた。

　F．フランクリンのバックミュージシャンは演奏しながら胸躍るアレンジを生み出した。

■ソウルミュージック

▶ソウルミュージックというジャンルは，1950 年代から 1970 年代にかけて，アレサ・フランクリンなどのアフリカ系アメリカ人によって築かれた。

▶フランクリンとソウルミュージックとの関係は 1970 年代後半に変わり始めた。このころ， 33 ①　音楽の新しいジャンルがソウルよりも人気になった。

▶フランクリンはソウルミュージックへの貢献を多くの形で称えられた： 34 ④

　A．彼女はアメリカ大統領就任式で歌った。

　D．彼女はポピュラーミュージシャンの殿堂入りを果たした最初の女性であった。

　F．ミュージシャンのスティーヴィー・ワンダーが彼女の追悼式で歌った。

【語句・構文解説】
・prepare O「O を準備する」
・poster presentation「ポスター・プレゼンテーション」
・A entitled B「B というタイトルの A」
・soul music「ソウルミュージック」 1950 年代から 1970 年代にかけて，アメリカ合衆国において，アフリカ系アメリカ人のゴスペルとブルースから発展してできたポピュラー音楽のジャンル。
・article「記事」
・A below「以下の A」

◆第 1 段落◆
・Aretha Franklin「アレサ・フランクリン」(1942-2018)　アメリカの代表的なソウルミュージック歌手。その圧倒的な歌声でクイーン・オブ・ソウルと呼ばれた。
・help do「～するのを手伝う／貢献する」
　［例］Tomorrow my mother is coming to **help clean** my room.
　　　　明日，母が私の部屋の掃除を手伝いに来てくれる予定です。
・define O「O を定義する／O の意味を明確にする」
・a popular genre developed by African-American musicians in the United States from the 1950s to

the 1970s「1950 年代から 1970 年代にかけてアメリカ合衆国のアフリカ系アメリカ人のミュージシャンによって築かれた人気のあるジャンル」 developed 以下は a popular genre を修飾する過去分詞句。
genre「ジャンル」
develop O「O を発展させる／発達させる」
African-American「アフリカ系アメリカ人(の)」
・over A「A(期間)にわたって」
・extraordinary「並外れた／途方もない」
・career「経歴／キャリア」
・gold standard「価値判断の絶対的な基準」　本来は「金本位(制)」という意味。
・defining「決定づける／典型的な」
・feature「特徴／特色」

◆第 2 段落◆
・root「ルーツ／根源」
・both A and B「A と B の両方」 ここでは blues music が A，gospel が B に相当する。
・blues music, which was developed in the rural American South「アメリカ南部の田舎で発達したブルースミュージック」 which 以下は blues music を補足説明する関係代名詞節。
blues music「ブルース(ミュージック)」 アメリカ合衆国南部でアフリカ系アメリカ人から発生した音

— 61 —

楽に由来する，4分の4拍子の哀愁を帯びた楽曲。
rural「田舎の」
the American South「アメリカ合衆国南部」（＝the Southern States）
・gospel, a type of music sung in African-American churches「アフリカ系アメリカ人の教会で歌われる音楽の一種であるゴスペル」 a type 以下は，gospel を言い換えている同格の表現。また，sung 以下は a type of music を修飾する過去分詞句。
　gospel「ゴスペル」 アメリカ合衆国のアフリカ系アメリカ人の教会から生まれた宗教音楽。gospel music とも言う。
　a type of A「一種の A」
・minister「（プロテスタントの）牧師／（カトリックの）司祭」
・the first music Franklin knew「フランクリンが最初に知ることになった音楽」 Franklin knew は music を修飾する節。
・Born in 1942 in Memphis, Tennessee「1942 年，テネシー州メンフィスで生まれ」 分詞構文。
　Memphis, Tennessee「テネシー州メンフィス」 アメリカ合衆国のテネシー州南西部にある，州で最大の都市。
・raise O「O（子ども）を育てる／養育する」
・primarily「主に／主として」
・Detroit, Michigan「ミシガン州デトロイト」 アメリカ合衆国ミシガン州南東部の都市。自動車産業の中心地。
・begin *doing*「～するようになる／～し始める」
　［例］ I **began playing** the guitar when I was twelve.
　　　　僕は 12 歳のときにギターを弾き始めた。
・perform「（歌やダンスなどを）披露する／演じる」
・as A「A のころ／A のときに」
・a young teen「十代前半の人」
・amazing audiences with both her technical ability and the emotional intensity of her performances「彼女の技術力や歌っているときの感情の高まりによって聞いている人を驚かせた」 分詞構文。
　amaze A with B「A を B で驚かせる」 ここでは B に both A and B「A も B も」が用いられている。
　technical「技術的な」
　emotional「感情的な」
　intensity「高まり／強さ」
　performance「上演／演奏」
・move to A「A に移る／引っ越す」
・pursue O「O を追求する」

・secure O「O を確保する／手に入れる」
・contract with A「A との契約」
・label「（レコードなどの）レーベル／商標のあるレコード会社」
・Columbia Records「コロンビアレコード」 アメリカ合衆国のレコードレーベルの 1 つ。

◆第 3 段落◆
・producer「（音楽・映画・演劇などの）プロデューサー／製作者」
・struggle to *do*「～しようともがく／努力する」
　［例］ All the hospitals in the area **are struggling to provide** poor people with medicines and care.
　　　　その地域の病院はすべて，貧しい人々に薬と治療を提供しようと努めている。
・the right fit for A「A にぴったり合うもの」
・everything from A to B「A から B までのあらゆるもの」
・Broadway musical「ブロードウェイミュージカル」 アメリカ合衆国ニューヨーク市マンハッタン区のブロードウェイに数多くある劇場で催されるミュージカル。
・fast rhythm-and-blues tunes for teenagers to dance to「ティーンエージャーが曲に合わせて踊れるような速い曲調のリズムアンドブルース」 for teenagers to dance to は tunes を修飾する不定詞句。
　rhythm-and-blues「リズムアンドブルースの」 rhythm and blues から派生する形容詞。リズムアンドブルースは，ブルースとアフリカ系アメリカ人の音楽を基調とする強いリズムを特徴とし，ロックンロールのもとになった音楽のジャンル。1940 年代から 1960 年代に人気があった。
　tune「楽曲／歌」
　teenager「ティーンエージャー／十代の人」
　dance to A「A（歌や音楽）に合わせて踊る」
・while SV ...「…だけれども」
・critic「批評家／評論家」
・remark on A「A に言及する／A について意見を述べる」
・talent「才能」
◆第 4 段落◆
・switch to A「A に移籍する」
・Atlantic Records「アトランティックレコード」 アメリカ合衆国のレコードレーベルの 1 つ。
・Jerry Wexler「ジェリー・ウェクスラー」（1917-2008） アメリカ合衆国の有名な音楽プロデュー

サー。rhythm and blues という名称の生みの親であり、アレサ・フランクリンやレイ・チャールズの人気を高めた。

- ask O to *do*「O に～するよう頼む／求める」
- take the lead in *doing*「先頭に立って～する」
- create O「O を生み出す／創造する」
- *one's* own A「自分自身の A」
- identity「独自性／自分らしさ」
- the music she knew best「彼女が最もよく知っている音楽」 she knew best は music を修飾する節。
- make O C「O を C にする」
- surround A with B「A を B で取り囲む」
- talented「才能のある」
- like A「A と同様に／A のように」
- come up with A「A（よい考えなど）を思いつく」
  ［例］ He finally **came up with** a good solution to the problem.
  　　　彼はついにその問題のよい解決策を思いついた。
- exciting「胸躍る／興奮させる」
- arrangement「(曲の)アレンジ／編曲」
- on the spot「その場で／即座に」
- spontaneous「自然に起きる／自発的な」
- recording session「レコーディングセッション」

◆第5段落◆
- routine「ルーティン／型にはまった手順」
- call and response「コールアンドレスポンス」 音楽用語の1つ。
  call「呼びかけ」
  response「反応」
- call out A/call A out「A を呼びかける」
- phrase「(音楽の)フレーズ／一節」
- line of text「歌詞の一部」
  text「歌詞」
- offer O「O を提供する」
- combined with A and B「A と B が相まって／A と B が組み合わされると」
- passionate「情熱的な」
- delivery「歌い方／伝達」
- expert「熟練した」
- use of A「A を使用すること」
- melisma — the singing of a string of different notes on one syllable of text「メリスマ ── 歌詞の1音節に一続きの異なる音符を乗せて歌うこと」 ダッシュ（─）の後ろで melisma の具体的な説明をしている。
  melisma「メリスマ」
  the singing of A on B「A を B に乗せて歌うこと」

a string of A「一連の A」
note「音符」
syllable「音節」
- collaborative「複合的な／協同作業の」
- environment「環境」
- turn A into B「A を B に変える」
  ［例］ The village is planning to **turn** the old house **into** a small inn.
  　　　村はその古い家を小さな旅館に変えようと計画している。

◆第6段落◆
- studio album「スタジオアルバム」 ライブステージの録音ではなく，スタジオで念入りに録音されたアルバム
- A's first to *do*「A が最初に～したもの」
- copy「（レコードの）1枚／（本の）1冊」
- feature O「O を呼び物にする」
- the song, *Respect*, which would become one of Franklin's signature songs「フランクリンの代表曲の1つとなる *Respect* という歌」 which 以下は the song, *Respect* を補足説明する関係代名詞節。
  signature song「代表曲／テーマ曲」
- follow A with B「A の後に B を続ける」
- many more A「さらに多くの A／はるかに多くの A」 A には複数名詞がくる。
  ［例］ **Many more** people came to the party than I had expected.
  　　　私の予想よりはるかに多くの人がパーティーにやって来た。
- hit「ヒット曲」
- be known as A「A として知られる」

◆第7段落◆
- continue「続く」
- the late 1970s「1970 年代後半」
- at that time「当時は／そのころは」
- disco — a type of dance music that involved electronic instruments like the synthesizer「ディスコミュージック ── シンセサイザーのような電子楽器を含んだダンスミュージックの一種」 ダッシュ（─）の後ろで disco を具体的に説明している。
  involve O「O を含む／伴う」
  electronic instrument「電子楽器」
  A like B「(たとえば)B のような A」
  synthesizer「シンセサイザー」
- grow C「C になる」 C は形容詞。
  ［例］ The work was interesting at first, but I gradually **grew** tired of it.

その仕事は最初は面白かったが，だんだん飽きてきた。
- fall out of style「時代遅れになる／廃れる」
- Franklin came back in 1982, however, with her own dance hit, *Jump to It*, which she followed with other successful songs「しかし，フランクリンは1982年，彼女自身のダンス曲のヒットナンバー *Jump to It* を引っ提げてカムバックし，この後，他にもヒット曲が続いた」 which 以下は her own dance hit, *Jump to It* を補足説明する関係代名詞節。
  come back with A「A を引っ提げてカムバックする」
  other A「他の A」 A は複数扱いの名詞。
  successful「成功した」

◆第8段落◆
- work「功績／業績」
- recognize O「O を称える／高く評価する」
- award「賞」
- including A「A を含んだ」
- entry into A「A に入ること」
- the Rock and Roll Hall of Fame「ロックの殿堂」アメリカ合衆国のオハイオ州クリーブランドにある博物館。ロックンロールの歴史やその発展に影響を与えたアーティスト，プロデューサー，エンジニアなどの著名人を展示記録している，エリー湖畔にある施設。
- the first A to *do*「初めて～した A」
  ［例］ Hiroshi was **the first** student **to answer** the question.
  　　　　ヒロシが最初に質問に答えた生徒だった。
- receive O「O を受け取る」
- honor「名誉／栄誉」
- in *one's* 60s and 70s「(年齢が)60代から70代のときに」
- struggle with A「A で苦しむ／A と闘う」
- health issue「健康問題」
- continue to *do*「～し続ける」
- share A with B「A を B に伝える／A を B と共有する」
- various「様々な」
- inauguration「就任式」
- Barack Obama「バラク・オバマ」(1961–) アメリカ合衆国第44代大統領。任期は2009年から2017年。

◆第9段落◆
- powerful「力強い／強力な」

- lend A to B「B に A を与える」
- confidence「自信／確信」
- African-Americans struggling with race issues「人種問題で苦闘するアフリカ系アメリカ人」struggling 以下は African-Americans を修飾する現在分詞句。
  race issue「人種問題」
- women all over the world trying to challenge a male-dominated society「男性支配の社会に立ち向かおうとする世界中の女性たち」 trying 以下は women all over the world を修飾する現在分詞句。
  all over the world「世界中の」
  try to *do*「～しようとする／努める」
  challenge O「O に立ち向かう／異議を唱える」
  male-dominated「男性支配の」
- hundreds「何百人もの人々」
- turn out for A「A(行事など)のために集まる」
- funeral「葬儀」
- former A「元 A／前の A」
- Bill Clinton「ビル・クリントン」(1946–) アメリカ合衆国第42代大統領。任期は1993年から2001年。
- legendary「伝説的な」
- Stevie Wonder, who performed a piece in her honor「追悼のために1曲歌ったスティーヴィー・ワンダー」 who 以下は Stevie Wonder を補足説明する関係代名詞節。
  Stevie Wonder「スティーヴィー・ワンダー」(1950–) ソウル，ポップ，リズムアンドブルースなど様々なジャンルのヒット曲を持つアメリカ合衆国のアフリカ系アメリカ人の歌手，キーボード奏者，作曲家，音楽プロデューサー。グラミー賞で計22部門での受賞を誇る。
  piece「曲／歌」
  in A's honor「A のために／A に敬意を表して」

【設問解説】
問1 ［27］ ②，［28］ ④，［29］ ⑤，［30］ ①，［31］ ③
　　あなたのグループのメンバーがフランクリンの生涯において重要な出来事を挙げた。出来事が起きた順に，空所 ［27］ ～ ［31］ にそれらを入れよ。
①　フランクリンはスタジオアルバムで大きな成功を収めた ［30］
②　フランクリンはプロの歌手になるために家族のもとを去った ［27］
③　フランクリンはダンスナンバーでヒット作を出し，その後他のヒットソングが続いた ［31］
④　フランクリンは自分自身の音楽スタイルを模索

して苦しんだ 28

⑤　フランクリンは自分のサウンドを作り上げる自由を与えられた 29

　第2段落第3文「彼女は，1942年，テネシー州メンフィスで生まれ，主にミシガン州デトロイトで育った」および，同段落第5文～第3段落第1文「フランクリンは18歳のとき，ポピュラーミュージックでのキャリアを追求するためにニューヨークに移った。ニューヨークで，彼女は有名なレコードレーベルであるコロンビアレコードとレコーディング契約を結んだ。コロンビアで，フランクリンのプロデューサーは彼女にぴったり合う音楽を模索して苦しんだ」より，27 が②，28 が④。第4段落に1966年にアトランティックレコードに移り，彼女の主体性が発揮されて成功のきっかけを作ったことが述べられているので，29 は⑤。第6段落第1文「1967年，彼女の10枚目のスタジオアルバム *I Never Loved a Man (the Way I Love You)* は，彼女自身初のミリオンセラーとなった」より，30 は①。第7段落第3文「しかし，フランクリンは1982年，彼女自身のダンス曲のヒットナンバー *Jump to It* を引っ提げてカムバックし，この後，他にもヒット曲が続いた」より，31 は③が正解。

問2　32　⑧

　ポスターを完成させるのに最も適切な組合せを選べ。 32

A．フランクリンはいつも「コールアンドレスポンス」というルーティーンを使わずに歌おうとした。

B．フランクリンはミュージカルのフレーズや歌詞の一部も使った。

C．フランクリンはキリスト教音楽にカントリーアンドウェスタンミュージックを混合した。

D．フランクリンはメリスマと呼ばれる複雑な歌唱技術を用いた。

E．フランクリンはブルースのリズムとははっきりと異なるリズムを用いた。

F．フランクリンのバックミュージシャンは演奏しながら胸躍るアレンジを生み出した。

　第5段落第3文「フランクリンの情熱的な歌い方と，メリスマ ── 歌詞の1音節に一続きの異なる音符を乗せて歌うこと ── の熟練した使い方も相まって，こうした複合的環境はフランクリンをスターに転じさせた」より，Dと，第4段落第4・5文「彼女は，自分と同じようにその場で曲の胸躍るアレンジを考えつくことのできる，才能あるミュージシャンを周りに集めた。これらのレコーディングセッ

ションでは，ソウルミュージックにおいて大切な要素となる，伸び伸びとした活力がみなぎっていた」より，Fが空所に当てはまる。したがって，⑧（D and F）が正解。

問3　33　①

　ポスターを完成させるのに最も適切な選択肢を選べ。 33

① 音楽の新しいジャンルがソウルよりも人気になった

② 彼女の声がソウルミュージックを歌うのに必要なパワーの一部を失った

③ ソウルミュージシャンは歌いながら踊る必要があった

④ ミュージックシーンにあまりにも多くのソウルシンガーが現れた

　第7段落第1・2文「フランクリンの成功は1970年代後半まで続いた。そのころになると，ディスコミュージック ── シンセサイザーのような電子楽器を含んだダンスミュージックの一種 ── が人気となっていて，ソウルミュージックは時代遅れとなった」より，①が正解。

問4　34　④

　ポスターを完成させるのに最も適切な組合せを選べ。 34

A．彼女はアメリカ大統領就任式で歌った。

B．彼女は大統領の葬儀で歌うよう選出された。

C．彼女はデビューしてすぐに「ポップスの女王」と称された。

D．彼女はポピュラーミュージシャンの殿堂入りを果たした最初の女性であった。

E．ビル・クリントン元大統領がフランクリンに賞を授けた。

F．ミュージシャンのスティーヴィー・ワンダーが彼女の追悼式で歌った。

　第8段落第3文に「アメリカ合衆国においてアフリカ系アメリカ人初の大統領であるバラク・オバマの2009年大統領就任式をはじめとする，様々なコンサートやイベントで世界中にその声を届け続けた」とあるので，Aと，第8段落第1文「フランクリンの功績は称えられ，多くの賞が与えられたが，その中には1987年の『ロックの殿堂』入りも含まれている」より，Dと，最終段落最終文「2018年彼女が亡くなると，何百人もの人々が葬儀に集まり，その中にはビル・クリントン元大統領や，追悼のために歌った伝説的ミュージシャン，スティーヴィー・ワンダーも含まれていた」より，Fが空所に当てはまる。したがって，④（A, D, and F）が正解。

─ 65 ─

第6問　読解問題（論説文）

A

【全訳】

　あなたは授業に向けて，日本美術の歴史についてのグループ発表を行う準備をしています。あなたは以下の記事を見つけました。

日本の木版印刷

[1]　木版印刷は木の版に像を彫り込み，版の表面にインクを付け，紙をそれに押しつけることでできる。彫り込まれた版がすり減ってしまうまで，ある像の複製を何千枚も作ることができる。江戸時代に日本で人気を博したこの印刷では絵，日本の仮名，漢字が刷られていることが多い。

[2]　1600年頃の日本の統一は，経済と社会の著しい発展の時期をもたらした。江戸はたちまち人口百万を超える都市へと成長した。商家も役所も教育を受けた働き手を必要としていて，そのため読み書きを習う中産階級の人々がどんどん増えていった。これにより，印刷された文書の必要性が増した。1700年代まで，木版印刷はほとんどの場合，長い文章を複製したり印刷したりするのに用いられた。というのも，木版印刷の方が，そうした文章を手で書くよりも速く，容易であったからだ。当時，江戸には仕官先のない侍も多く暮らしていて，面白いことはないかと探していた。人々は芝居やその他の娯楽を，パンフレットやガイドブックを使って宣伝した。こうした資料にもまた，木版印刷を用いていた。

[3]　絵師の中には，美しい芸術作品を生み出すために木版印刷を用い始めた者もいた。杉村治兵衛は最初に浮世絵を作ったことでよく知られているが，それは黒一色の木版印刷で，色を加えるために後から絵具が塗られた。浮世絵はたいてい，39センチ×27センチの紙片である大判の1枚紙に印刷されていた。浮世絵は人気が出たが，それはほとんどの場合，浮世絵が有名な役者や美しい女性の図版であったからだ。彫像や絵画などの他の芸術形態とは異なり，印刷されたものは高価ではなかったために，あらゆる所得層の人々が芸術を所有する機会を得たのだ。さらには，持ち運びがしやすいため，江戸にやって来た旅人が土産として故郷の家族に買って帰ることもよくあった。

[4]　1765年に鈴木春信は，1つの絵を作り出すのに異なる色の版を用いることで木版印刷をさらに進化させた。もはや絵師が黒い輪郭線を印刷して，その後に絵具で彩色を施す必要はなくなった。こうした多色刷りの印刷は錦絵と呼ばれ，一団の人々が共同作業をすることで製作が可能となった。この種の印刷の最初のものは江戸の富裕層のための暦であった。当時，年の始めによく人々は意匠を凝らした美しい暦を交換しあったのだ。

[5]　木版印刷の可能性をさらに広げた絵師もいた。1830年代に葛飾北斎は自らの図柄に渡来品の瑠璃色の絵具を使った。北斎は有名な人物を描くのではなく，風景画や日常生活のおかしな話を描いた小品集を作ることに専念した。別の絵師，歌川国芳は1つの像を刷るために数枚の大判を使い始めた。こうした絵師からの影響のおかげで，摺師は自分の作品を目立たせるために幾つかの手法を用いた。そうした手法には紙に描かれる像の一部を浮き出たせるような

— 66 —

摺り方や，鉱石やガラスの粉末を印刷されたものの特定の場所に散らして輝くようにする摺り方があった。

[6]　木版画の売買は日常的に行われるようになった。しかし，幕府は印刷されたものの中には不遜で不道徳な題材を描いたものがあると考えていた。幕府は人々が印刷されたものを使って政府の批判をするのではないかと恐れたので，1573年以降に実在した人物は誰であれ描くことを誰にも許さなかった。しかし，そうした幕府の努力にもかかわらず，印刷されたものの人気があまりに高かったため，生産を抑え込むことなどできなかった。結局，木版画は絵という形で物語を生み出すのに用いられ，今日のマンガに多大な影響を及ぼした。

【語句・構文解説】

- prepare for A「Aの準備をする」
- presentation「発表」
- article「記事」
- A below「以下のA／下記のA」
- woodblock printing「木版印刷(術／物)」

◆第1段落◆

- woodblock print「木版印刷(物)」
- image「像／イメージ」
- add A to B「AをBに加える」
- surface「表面」
- press A onto B「AをBに押しつける」
- thousands of A「何千というA」
- reproduction「複製／複写物」
- given A「特定のA」
- carving「彫り込まれた物／彫刻品」
- wear down「擦り切れる／磨滅する」
- period「時代／時期」
- display O「Oを見せる／示す」
- Chinese character「漢字」

◆第2段落◆

- unification「統一」
- launch O「Oを始める／開始する」
- intense「著しい／熱烈な」
- development「発展／発達」
- grow into A「Aに成長する」
- million「百万の」
- business「店／企業」
- educated「教育を受けた／教養のある」
- employee「雇われる人／従業員」
- middle-class「中産階級の」
- learn to do「～するのを習う／～できるようになる」
- increase O「Oを増やす」
- need for A「Aの必要性」

- print O「Oを印刷する」
- text「文書」
- mostly「ほとんどの場合」
- reproduce O「Oを複製する」
- lengthy「長い／長々しい」
- by hand「手で」
- at the time「当時は／そのとき」
- there is A doing「Aが～している」
- unemployed「(侍が)仕官先のない／失業中の」
- entertain oneself「楽しむ」
- advertise O「Oを広告する」
- entertainment「娯楽」
- pamphlet「パンフレット／小冊子」
- guidebook「ガイドブック／案内書」
- material「資料／題材」

◆第3段落◆

- create O「Oを生み出す」
- work「作品／仕事」
- Sugimura Jihei「杉村治兵衛」(生没年不詳)　菱川師宣(1618-1694)と同時代の浮世絵師。1枚摺りの木版浮世絵を最初に作ったとされる。
- famously「よく知られているように」
- single「一枚の」
- A by B「A×Bの大きさの」
- illustration「図版」
- actor「役者／俳優」
- unlike A「Aとは異なり」
　　[例]　**Unlike** me, my brother has a math brain.
　　　　　僕と違って，弟は数学がよくできるんだ。
- statue「彫像／塑像」
- painting「絵画」
- thus「したがって」
- income「収入」
- the chance to do「～する機会」
- own O「Oを所有している」

- furthermore「さらに／その上」
- S is easy to *do*「S は～するのが簡単だ」
- souvenir「記念（品）／土産」

◆第4段落◆
- Suzuki Harunobu「鈴木春信」(1725?-1770) 錦絵の開発に決定的な役割を果たした浮世絵師。代表作「夕立」。
- further「さらに」
- improve O「O を進歩させる」
- No longer＋助動詞＋S *do*「もはや S は～しない」
  ［例］ **No longer does** he **dream** of becoming a great writer.
    彼はもはや大作家になる夢を抱いてはいない。
- outline「輪郭」
- afterward「後で／その後」
- These multicolored prints, called *nishiki-e*,「こうした多色刷りの印刷は錦絵と呼ばれ」called *nishiki-e* は These multicolored prints に補足説明を加える分詞構文。
  multicolored「多色の」
- produce O「O を作る／生産する」
- wealthy「裕福な」
- exchange O「O を交換する」
- design O「O の図案を作る／O をデザインする」

◆第5段落◆
- expand O「O を広げる」
- possibility「可能性」
- Katsushika Hokusai「葛飾北斎」(1760-1849) 海外の印象派の画家や音楽家，工芸家にも影響を与えた浮世絵師。代表作「富嶽三十六景」。
- include O「O を含む」
- bright blue「瑠璃色の」
- imported「渡来品の／輸入された」
- design「図柄／デザイン」
- rather than *doing*「～するどころか／～しないで」
- focus on A「A に専念する／集中する」
- landscape「風景」
- funny「おかしな」
- Utagawa Kuniyoshi「歌川国芳」(1798-1861) 奇想天外なアイディアで，浮世絵の枠にとどまらない作品を多く生み出した浮世絵師。代表作「相馬の古内裏」。
- thanks to A「A のおかげで」
- influence「影響」
- method「手法／方法」
- stand out「目立つ」

- in such a way that SV …「…するような方法で」
  ［例］ Our teacher explained the theory **in such a way that** every student could understand it.
    私たちの先生は，どの生徒もわかるようなやり方で，その理論を説明してくれた。
- raise O「O を浮き出させる／O を上げる」
- sprinkle O「O を撒く」
- crystal「鉱石／水晶」
- certain A「特定の A／ある A」
- make O *do*「O に～させる」
- shine「輝く」

◆第6段落◆
- commonplace「普通の／ありふれた」
- shogunate「幕府／将軍職」
- depict O「O を描写する」
- offensive「不遜な／不快な」
- immoral「不道徳な」
- criticize O「O を批判する」
- government「政府／政治」
- allow O to *do*「O が～するのを許す」
- despite A「A にもかかわらず」
- so ～ that SV …「とても～なので…」
- control O「O を抑制する」
- eventually「結局／最終的には」
- influence O「O に影響を及ぼす」
- modern-day「今日の／現代の」

【設問解説】
問1 35 ③
　記事によると，日本で木版印刷が広く用いられたのは 35 からだ。
① 美人が自分を描いた絵を欲しがった
② 日本の政府が木版印刷を用いることを推奨した
③ **長い文章を素早く複製するのに役立った**
④ 仕官先のない侍が生活費を稼ぐのに役立った
　第2段落第5文「1700 年代まで，木版印刷はほとんどの場合，長い文章を複製したり印刷したりするのに用いられた。というのも，木版印刷の方が，そうした文章を手で書くよりも速く，容易であったからだ」より，③が正解。①，②については述べられていないので，不可。④は，第2段落第6文で仕官先のない侍について述べられてはいるが，木版印刷が彼らにとって生活の手段であったとは述べられていないので，不可。
問2 36 ②
　記事によると，浮世絵の人気が出たのは 36 からだ。
① 多くの人が文字を読めないので，印刷された絵

が必要だった

② **馴染みのある題材を取扱い，購入しやすかった**

③ 美しい，黒一色の印刷物だった

④ 日本国中で売られていた

　第3段落第4・5文「浮世絵は人気が出たが，それはほとんどの場合，浮世絵が有名な役者や美しい女性の図版であったからだ。彫像や絵画などの他の芸術形態とは異なり，印刷されたものは高価ではなかったために，あらゆる所得層の人々が芸術を所有する機会を得たのだ」より，②が正解。①は，第2段落第3・4文「商家も役所も教育を受けた働き手を必要としていて，そのため読み書きを習う中産階級の人々がどんどん増えていった。これにより，印刷された文書の必要性が増した」と逆の内容なので，不可。③は，第3段落第2文に「杉村治兵衛は最初に浮世絵を作ったことでよく知られているが，それは黒一色の木版印刷で，色を加えるために後から絵具が塗られた」という記述はあるものの，「黒一色だから人気が出た」とは述べられていないので，不可。④については述べられていないので，不可。

問3 〔37〕 ①

　第5段落で，筆者は 〔37〕 の例として葛飾北斎に言及している可能性が最も高い。

① **木版印刷の新しい様式を開発した絵師**

② 渡来品の木版を使ってみた最初の絵師の1人

③ 有名な役者を描いたことで面倒に巻き込まれた者

④ 何枚かの大判を使って1つの絵を作った者

　第3文「北斎は有名な人物を描くのではなく，風景画や日常生活のおかしな話を描いた小品集を作ることに専念した」より，①が正解。②は，第2文「1830年代に葛飾北斎は自らの図柄に渡来品の瑠璃色の絵具を使った」より，北斎が用いたのは渡来品の木版ではなく，渡来品の瑠璃色の絵具であったとわかるので，不可。③については述べられていないので，不可。④は，第4文「別の絵師，歌川国芳は1つの像を刷るために数枚の大判を使い始めた」より，葛飾北斎ではなく歌川国芳についての記述だとわかるので，不可。

問4 〔38〕 ④

　記事によると，日本の木版印刷について最もよく述べているのは，次のうちのどれか。〔38〕

① 幕府からの投資のおかげで，江戸時代の初期に木版印刷術は人気が出た。

② 江戸時代の末期に木版印刷術は禁止されたが，江戸の人々はその技術を用いて印刷をし続けた。

③ 1800年代半ばに幕府によって検閲されるまで

は，木版印刷は人気のある芸術形態であった。

④ **木版印刷は人々，風景，物語を描くために江戸時代に用いられた人気のある芸術形態であった。**

　本文は日本の木版印刷について述べていて，その1例として浮世絵に言及している。第1段落第3文に江戸時代に人気が出たこと，第3段落第4文に人気役者や美人の絵が浮世絵に描かれていたこと，第5段落第3文に風景や物語を浮世絵に描く絵師が現れたことが述べられているので，④が正解。①については述べられていないので，不可。②は，第6段落第3文「幕府は人々が印刷されたものを使って政府の批判をするのではないかと恐れたので，1573年以降に実在した人物は誰であれ描くことを誰にも許さなかった」より，幕府が禁止したのは木版印刷術そのものではなく，人物を描くことだったので，不可。③は，第6段落第4文「しかし，そうした幕府の努力にもかかわらず，印刷されたものの人気があまりに高かったため，生産を抑え込むことなどできなかった」より，幕府による検閲開始後も木版印刷の人気は衰えなかったことがわかるので，不可。

B

【全訳】

　あなたは，日々の活動を楽にするために人々がどのようにテクノロジーを活用しているのかを調べています。食料品のオンラインショッピングについて，次の記事を読むところです。

　デジタル経済が成長し続けるのに伴い，ますます多くの人がインターネットを利用して食料品を購入している。世界全体における食料品のオンラインでの売り上げは年々増加しており，売上高は上昇傾向を続けると見込まれている。2018年には，中国が食料品のオンラインショッピングにとって最大の市場で，国内のオンラインでの売り上げ全体の4％未満しか占めていなかったが，売り上げは500億ドル以上あった。アメリカ合衆国市場では，食料品のオンラインショッピングはすべてのオンラインでの売り上げの2％未満しか占めていなかったが，この数字は2023年までに倍になると見込まれている。日本の食料品のオンラインでの売り上げはアメリカ合衆国のそれよりもかなり高かったが，日本の市場はアメリカよりゆっくりと成長すると予想されている。

　ヨーロッパ諸国の市場の見通しは異なっているが，それは食料品のオンライン化がなかなか受け入れられていないからだ。2018年，食料品のオンラインショッピングはドイツのすべてのオンラインでの売り上げの1％未満しか占めていなかったが，市場調査担当者は2023年までに，およそ倍になるだろうと予測している。そして，フランスの食料品のオンライン産業は，比較的規模が大きくて2018年には4％を少し上回ったが，日本の食料品のオンライン産業よりさらにゆるやかなペースで成長している。

　食料品のオンラインでの売り上げがヨーロッパで特に低い理由の1つは，その産業における十分な投資がヨーロッパでは行われてこなかったからである。多くの企業は，失敗するかもしれないシステムのためにインフラを整備する危険を冒したがらない。それゆえ，オンラインでの商品の数は，店頭で客が見つけられる商品の数よりも少ないことがよくあるし，手に入る商品はより高価なことが多い。また，販売されている食品のきれいな写真が掲載されているような，洗練された利用しやすいウェブサイトもほとんどない。そして，客が注文しようとしているときにウェブサイトがクラッシュすると，イライラしてそのサイトを二度と使わないと決めるかもしれない。よい第一印象は再購入につながることが多いので，小売業者は新しい顧客を獲得する特別な努力をする必要があるのだ。

　オンラインショッピングの市場は人口統計に合った明らかな傾向を見せている。食料品のオンラインショッピングは25歳から34歳の人たちや，食料品店が便利なところにない地域に住んでいる人々に人気である。食料品の価格が高くても，男性は女性ほど気にしないので，男性の方が食料品をオンラインで購入することが多い。当然ながら，裕福な人の方が収入の低い人よりこういったサービスを利用することが多い。このような差が生じるのは，食料品を玄関先まで配達してもらうのに配達料が請求されるからだろう。

　食料品のオンラインサービスは誰にとっても完璧な解決策だというわけではない。中にはオンラインショッピングによって通常の食料品の値段が高くなるのではないかと心配する人もいる。食料品店がいつも十分に素早く食料品を配達するわけではないと不平をこぼす人も

第2回

いる。そして，インターネットで食料品を購入することが実際に時間を省くのに役立つと言う人は，食料品をオンラインで購入する人のうち，たった42％しかいない。ぎりぎりになって食料品を注文するときに，配達が遅れる危険を冒したくはないのである。さらに，購入する人の中には，肉やパンといった商品の質がよいことを確かめるために，購入前に手に取って見ることができる方がいいと言う人もいる。

【語句・構文解説】
・daily activity「日々の活動」
・make O C「O を C にする」
・the following A「次の A」
・article「記事」
・online「オンラインの［で］」
・grocery「食料品（の）」

◆第1段落◆
・digital economy「デジタル経済」
・continue to do「～し続ける」
　［例］　The government **continued to be** silent on the matter.
　　　　政府はその件について沈黙し続けた。
・worldwide「世界全体の／世界的な」
・increase「増加する」
・year after year「年々／毎年毎年」
・sales「売り上げ／売上高」
・figure「数値」
・be expected to do「～すると見込まれている」
　［例］　The rice **is expected to be** an average crop.
　　　　米は平年並みの収穫が見込まれている。
・upward「上向きの」
・trend「傾向／流れ」
・market「市場」
・billion「10億」
・account for A「A（割合）を占める」
　［例］　Fruits **account for** one third of our sales.
　　　　果物が我々の売り上げの3分の1を占める。
・less than A「A 未満」
・double「倍になる」
・much＋比較級「ずっと～」　much は比較級の強調。

◆第2段落◆
・outlook「見通し」
・be slow to do「なかなか～しない」
　［例］　He **was slow to admit** his mistakes.
　　　　彼はなかなか自分の間違いを認めようとしなかった。
・catch on「（考え・服装などが）受け入れられる」
・researcher「研究者」

・predict（that）SV ...「…だろうと予測する」
・roughly「およそ／だいたい」
・relatively「比較的」
・at a ～ pace「～なペースで」
・even＋比較級「さらに～」　even は比較級の強調。

◆第3段落◆
・One reason online grocery sales are particularly low in Europe「食料品のオンラインでの売り上げがヨーロッパで特に低い理由の1つ」　online grocery sales are particularly low in Europe は One reason を修飾する節。
　particularly「特に」
・significant「十分な／かなりの」
・investment「投資」
・be unwilling to do「～する気がしない」
　［例］　John **was unwilling to do** the work.
　　　　ジョンはその仕事をする気がしなかった。
・risk doing「～する危険を冒す」
　［例］　I'm not afraid to **risk losing** my job.
　　　　私は仕事を失う危険を冒すことを恐れていない。
・infrastructure「インフラストラクチャー／（社会の）下部構造」
・fail「失敗する」
・selection「品揃え／選択」
・customer「客／顧客」
・item「品物／商品」
・available「手に入る」
・costly「高価な」
・high-quality「高品質の」
・easy-to-use「利用しやすい」
・website「ウェブサイト」
・good-quality「質のよい」
・for sale「販売されている／売りに出ている」
・crash「（コンピューターシステムが）クラッシュする／停止する」
・be in the process of doing「～しようとしている／～する手続き中である」
　［例］　The museum **is in the process of being**

— 71 —

restored.
　　　　博物館は修復工事中です。
・make an order「注文する」
・frustrated「イライラして」
・decide to *do*「～しようと決める」
・site「（インターネット上の）サイト」
・retailer「小売業者」
・make a ～ effort to *do*「…するための～な努力をする」
・win over O / win O over「O を獲得する」
・first impression「第一印象」
・lead to A「A につながる」
　［例］　Playing with matches could **lead to** a fire.
　　　　マッチ遊びから，火事が起きることがあります。
・repeat「繰り返しの」
・purchase「購入」

◆第4段落◆
・exhibit O「O を見せる／示す」
・correspond to A「A に一致する」
・demographics「人口統計（値）」
・A as well as B「A も B も／B だけでなく A も」
・grocery store「食料品店」
・be located「ある／位置している」
・conveniently「便利に」
・be likely to *do*「～する可能性が高い／たぶん～するだろう」
　［例］　It **is likely to rain** this afternoon.
　　　　今日の午後は雨が降りそうだ。
・be sensitive to A「A を気にする／A に敏感である」
・unsurprisingly「当然ながら」
・wealthy「裕福な」
・income「収入」
・delivery fee「配達料」
・charge A for B「B（サービスなど）に対して A（料金）を請求する」
・have O *done*「O に～してもらう」
・ship O「O を配達する／O を輸送する」

◆第5段落◆
・not … for everyone「誰にとっても…というわけではない」　部分否定。
・solution「解決策」
・be worried that SV …「…するのではないかと心配している」
・expensive「高価な」
・complain that SV …「…だと不平をこぼす」

・grocer「食料（雑貨）店」
・not always「いつも～というわけではない」　部分否定。
・deliver O「O を配達する」
・actually「実際に」
・help O *do*「O が～するのに役立つ／O が～するのを手伝う」
・save time「時間を省く」
・last-minute「ぎりぎりの／土壇場の」
・occasion「場合／機会」
・risk O「O の危険を冒す」
・furthermore「さらに／その上」
・prefer *doing*「～する方を好む」
・product「商品／製品」
・make sure that SV …「…だと確かめる」
・of good quality「質がよい」

【設問解説】
問1　39　
　次の4つのグラフの中で，状況を最もよく表しているものはどれか。39
　③

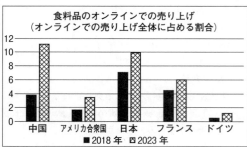

　第1段落第3文に「2018年には，中国が食料品のオンラインショッピングにとって最大の市場で，国内のオンラインでの売り上げ全体の4％未満しか占めていなかったが，売り上げは500億ドル以上あった」とあり，同段落第4・5文に「アメリカ合衆国市場では，食料品のオンラインショッピングはすべてのオンラインでの売り上げの2％未満しか占めていなかったが，この数字は2023年までに倍になると見込まれている。日本の食料品のオンラインでの売り上げはアメリカ合衆国のそれよりもかなり高かったが，日本の市場はアメリカよりゆっくりと成長すると予想されている」とある。さらに，第2段落第2・3文に「2018年，食料品のオンラインショッピングはドイツのすべてのオンラインでの売り上げの1％未満しか占めていなかったが，市場調査担当者は2023年までに，およそ倍になるだろうと予測している。そして，フランスの食料品のオン

ライン産業は，比較的規模が大きくて 2018 年には 4 ％を少し上回ったが，日本の食料品のオンライン産業よりさらにゆるやかなペースで成長している」とあるので，これらに当てはまる値を持つグラフの③が正解。

問2 **40**・**41** ①・④

記事によると，次のうちどの2つが，食料品のオンラインショッピングについての事実か。(**選択肢を2つ選べ。**順不同。) **40**・**41**

① デザインがよくて安定したウェブサイトは，食料品店が顧客を魅了し確保するために不可欠である。

② 女性より男性の方が，お金を節約するために食料品をオンラインで買うことが多い。

③ ほとんどのインターネット利用者が，2023 年までに食料品の一部をオンラインで買い始めるだろう。

④ 収入の低い人は，裕福な人より食料品をオンラインで購入する可能性が低い。

⑤ 人は高齢になるほど，より頻繁に食料品をオンラインで買う傾向がある。

第3段落第4～6文に「また，販売されている食品のきれいな写真が掲載されているような，洗練された利用しやすいウェブサイトもほとんどない。そして，客が注文しようとしているときにウェブサイトがクラッシュすると，イライラしてそのサイトを二度と使わないと決めるかもしれない。よい第一印象は再購入につながることが多いので，小売業者は新しい顧客を獲得する特別な努力をする必要があるのだ」とあるので，①は正解。第4段落第4文に「当然ながら，裕福な人の方が収入の低い人よりこういったサービスを利用することが多い」とあるので，④は正解。②は，第4段落第3文に「食料品の価格が高くても，男性は女性ほど気にしないので，男性の方が食料品をオンラインで購入することが多い」とあるので，不可。③については述べられていないので，不可。⑤は，第4段落第2文「食料品のオンラインショッピングは 25 歳から 34 歳の人たちや，食料品店が便利なところにない地域に住んでいる人々に人気である」と述べられていて，オンラインショッピングは若い人に人気があるとわかるので，不可。

問3 **42** ②

記事によると，食料品のオンラインショッピングにおける主な問題の1つは，**42** ということだ。

① 人々が購入する商品に在庫があるとは，必ずしも保証できるわけではない

② 客がショッピング中に食べ物に対して適切な判断ができなくなる

③ 配達がいつも遅れるので，大都市ではあまり望ましくない

④ 買物をする客が高額な年会費を払わなければならなくなることが多い

第5段落最終文に「さらに，購入する人の中には，肉やパンといった商品の質がよいことを確かめるために，購入前に手に取って見ることができる方がいいと言う人もいる」とあり，オンラインショッピングでは，直接商品を見たり触れたりできないという問題点があるとわかるので，②が正解。①については述べられていないので，不可。③は，第5段落第5文「ぎりぎりになって食料品を注文するときに，配達が遅れる危険を冒したくはないのである」に関係しているが，いつも遅れるとは述べられていないので，不可。④は，第4段落最終文に「このような差が生じるのは，食料品を玄関先まで配達してもらうのに配達料が請求されるからだろう」とあるが，年会費については述べられていないので，不可。

問4 **43** ③

この記事に最も適したタイトルは **43** である。

① ヨーロッパ市場におけるオンラインでの食料品の売り上げの増加

② アジアの食料品のオンライン市場が取るべき次のステップ

③ **食料品のオンラインショッピングの現在と未来**

④ 食料品のオンラインショッピングの技術的限界

この文章は，第1段落で，世界全体における食料品のオンラインでの売り上げが増加傾向にあることを述べ，中国，アメリカ合衆国，日本の例を示し，続く第2段落で，ドイツとフランスの例を示しながら，ヨーロッパ諸国でも食料品のオンラインショッピングが今後成長していく見込みがあることを述べている。第3段落では，食料品のオンラインショッピングにおける顧客獲得のための努力について述べ，第4段落では，若い人，食料品店が便利なところにない地域の人，裕福な人に，オンラインショッピングが利用される傾向が高いことについて述べ，そして第5段落では，オンラインショッピングの問題点について述べている。以上より，文章全体は，主に食料品のオンラインショッピングの現状と今後の傾向について述べていることがわかるので，③が正解。

— 73 —

MEMO

第3回 解答・解説

設問別正答率

解答番号	1	2	3	4	5	6	7	8	9	10
配点	2	2	2	2	2	2	2	2	2	2
正答率(%)	59.9	82.3	80.2	74.3	56.6	81.6	65.3	47.6	74.6	66.3

解答番号	11	12	13	14	15	16	17	18	19	20
配点	2	2	2	2	2	2	2	2	2	2
正答率(%)	50.3	68.9	68.5	76.6	71.4	86.0	69.4	61.8	70.3	73.8

解答番号	21	22	23	24-25	26	27-31	32	33	34	35
配点	3	3	4	3	3	5	5	5	5	3
正答率(%)	53.8	60.6	65.6	38.2	72.6	40.3	35.6	51.4	44.7	38.5

解答番号	36	37	38	39	40	41-42	43
配点	3	3	3	3	3	3	3
正答率(%)	25.3	38.1	32.6	38.0	45.7	12.9	58.9

設問別成績一覧

設問	設 問 内 容	配 点	全 体	現 役	高 卒	標準偏差
合計		100	54.4	53.7	62.3	20.1
1	読解問題(メモ，お知らせ)	10	7.1	7.0	7.7	2.6
2	読解問題(ウェブサイト，記事)	20	13.4	13.3	14.6	4.8
3	読解問題(ブログ，雑誌)	10	7.2	7.2	7.9	2.9
4	読解問題(グラフ)	16	9.4	9.2	10.9	5.2
5	読解問題(歴史)	20	8.6	8.4	10.8	6.5
6	読解問題(論説文)	24	8.7	8.5	10.4	5.1

（100点満点）

問題番号	設問		解答番号	正解	配点	自己採点
第1問	A	問1	1	①	2	
		問2	2	③	2	
	B	問1	3	①	2	
		問2	4	②	2	
		問3	5	④	2	
第1問	自己採点小計				(10)	
第2問	A	問1	6	③	2	
		問2	7	①	2	
		問3	8	②	2	
		問4	9	①	2	
		問5	10	③	2	
	B	問1	11	②	2	
		問2	12	②	2	
		問3	13	③	2	
		問4	14	③	2	
		問5	15	③	2	
第2問	自己採点小計				(20)	
第3問	A	問1	16	③	2	
		問2	17	③	2	
	B	問1	18	①	2	
		問2	19	②	2	
		問3	20	④	2	
第3問	自己採点小計				(10)	
第4問		問1	21	②	3	
		問2	22	②	3	
		問3	23	③	4	
		問4	24	③	3 ※	
			25	①		
		問5	26	④	3	
第4問	自己採点小計				(16)	

問題番号	設問		解答番号	正解	配点	自己採点
第5問		問1	27	②	5 ※	
			28	①		
			29	③		
			30	④		
			31	⑤		
		問2	32	②	5	
		問3	33	③	5	
		問4	34	⑦	5	
第5問	自己採点小計				(20)	
第6問	A	問1	35	②	3	
		問2	36	②	3	
		問3	37	③	3	
		問4	38	①	3	
	B	問1	39	①	3	
		問2	40	④	3	
		問3	41 - 42	④-⑤	3 ※	
		問4	43	③	3	
第6問	自己採点小計				(24)	
	自己採点合計				(100)	

（注）　※は，全部正解の場合のみ点を与える。

　　　　－（ハイフン）でつながれた正解は，順序を問わ
　　　　ない。

第3回

第1問　（メール，告知）

A

【全訳】

　あなたはカナダで勉強している大学生です。あなたは，歴史の教授であるジェイコブ先生から次のメールを受け取りました。

差出人：	ジェイコブ・ワトソン
宛先：	ジェイコブの歴史のクラスの学生諸君
件名：	金曜日の校外学習について

こんばんは，学生諸君

　君たちみんなが承知のように，金曜日には歴史博物館まで歩いて行き，ピクニックをする予定でした。しかし，天気がとても寒くなるようなので，その代わりに，私たちを博物館まで乗せて行ってくれるバスを提供してもらえるよう学校に頼みました。午前8時30分までに大学の図書館の前に来て，バスの迎えを待ってください。雪が降るかもしれないので，必ず帽子，コート，および手袋を持って来てください。また，公園で食事をすることはできそうにないので，博物館のレストランで食べる昼食を買うためにお金を持って来てください。

　質問があれば遠慮なく私に連絡してください。ではみなさん，金曜日に。

ジェイコブより

【語句・構文解説】

・the following A「次のA」
・professor「（大学などの）教授」

◆メール◆

・subject「件名／主題」
・field trip「校外学習／実地見学」
・expect O「Oを予想する／予期する」
・ask O to *do*「Oに～するよう頼む」
・provide O「Oを提供する／用意する」
・a bus to take us to the museum instead「その代わりに，私たちを博物館まで乗せて行ってくれるバス」 to take 以下は a bus を修飾する不定詞句。instead「代わりに」
・pick up O／pick O up「Oを車に乗せる／迎えに行く」

・make sure to *do*「必ず～する」
　［例］Please **make sure to turn** off the light before you go to bed.
　　　　寝る前に必ず明かりを消してください。
・glove「手袋」
・feel free to *do*「遠慮なく～する／気楽に～する」
　［例］**Feel free to eat** any of the food in the fridge.
　　　　冷蔵庫の食べ物は何でも遠慮なく食べてね。
・contact O「Oと連絡を取る」

【設問解説】

問1　┃1┃ ①

　　ジェイコブ先生は学生に ┃1┃ と伝えたい。

　① **校外学習の計画が変わった**
　② 博物館で待ち合わせるべきだ

— 77 —

③　バスを提供してくれるよう学校へ頼むように
④　歴史博物館まで歩くように

　第2文「しかし，天気がとても寒くなるようなので，その代わりに，私たちを博物館まで乗せて行ってくれるバスを提供してもらえるよう学校に頼みました」より，校外学習へ行く方法が変わったことを伝えているので，①が正解。②は，第3文に「午前8時30分までに大学の図書館の前に来て，バスの迎えを待ってください」とあるので，不可。③，④は，上記の第2文の内容に反するので，不可。

問2　2　③

　ジェイコブ先生はまた学生に　2　と注意したい。
①　博物館に入るためにお金を持って来る必要がある
②　各自で食べ物を持って来るべきだ
③　**寒い天気に備えるべきだ**
④　博物館への途中で昼食を食べる予定だ

　第4文「雪が降るかもしれないので，必ず帽子，コート，および手袋を持って来てください」より，③が正解。①，②，④は，第5文「また，公園で食事をすることはできそうにないので，博物館のレストランで食べる昼食を買うためにお金を持って来てください」より，不可。

B
【全訳】
あなたは自分の通う大学の英語のウェブサイトを訪れ，興味深い告知を見つけました。

この夏，カナダ，イギリス，そしてオーストラリアから科学者が本大学にやってきます。彼らは大学コミュニティセンターで毎週土曜日，一般向けの特別イベントの開催を申し出てくれました。

スケジュール

6月	**夕暮れ時の科学**
	日が沈む時間に科学者たちが，昔の人々が空をどのように眺めていたのかについて連続講演を行います。昔の人々は月や星について説明するためにどのような話を作り出したのでしょうか。他の惑星のことをどのように知ったのでしょうか。
	★当イベントは屋外で行われますので，芝生の上に座りたくないお客様はご自身の椅子をお持ちください。
7月	**大画面の中のスター**
	ハリウッドは映画の魔術を使って多くの俳優を宇宙の彼方へ送り出してきました。科学者たちが，映画の大ヒット作の背後にある科学について議論し，映画の中で正しく理解されていたものと間違って理解されていたものを検証します。
	★この連続講演はガリレオホールで行われます。
8月	**高く高く舞い上がれ！**
	家庭にある簡単な物を使ってボトルロケットを空へと打ち上げます。どの日も，ロケットを一番高く打ち上げた人は新作映画「スペースフォース2021」の最新上映のチケットを獲得することができます。
	★参加される方はご自身のペットボトルをご用意ください。

● 科学者の皆さんは英語しか話しませんが，発表資料はすべて日本語に翻訳されます。
● すべてのイベントの最後の30分で質疑応答が行われます。通訳が手配され，日本語での質問を受け付けます。

さらに詳しく知りたい方は大学コミュニティセンターにメールをお送りください。

【語句・構文解説】

・website「ウェブサイト」
・notice「告知」
・volunteer to *do*「～しようと進んで申し出る」
・hold O「O を開催する」
・the public「一般の人々／大衆」
・community center「コミュニティセンター」
・at sunset「夕暮れ時の[に]」
・a series of A「連続の A／一連の A」
　[例]　Noam Chomsky gave **a series of** lectures in Tokyo.
　　　　ノーム・チョムスキーが東京で連続公演を行った。
・in the past「昔の[に]」
・view O「O を眺める」
・invent O「O を考案する／発明する」
・explain O「O を説明する」
・planet「惑星」
・guest「客／参加者」
・grass「芝生」
・actor「俳優」
・to space and beyond「宇宙の彼方へ」
・behind A「A の背後の[に]」
・major movie「大ヒット映画」
・examine O「O を検証する」
・get O right [wrong]「O を正しく[間違って]理解する」
　[例]　You have to **get** this **right**.
　　　　このことをきちんと理解しなければなりません。
・up and away「舞い上がって／飛び立って」
　[例]　Her balloon was **up and away** into the sky.
　　　　彼女の風船は空へと舞い上がった。
・household item「家庭用品」
・launch O「O を打ち上げる」
・bottle rocket「ボトルロケット」　ペットボトルで作られたおもちゃのロケット。
・win O「O を獲得する／勝ち取る」
・latest「最新の」
・showing「上映」
・participant「参加者」
・provide O「O を提供する／用意する」
・plastic bottle「ペットボトル」
・presentation material「発表資料」
・translate A into B「A を B に翻訳する」
・end with A「A で終わる」
・question-and-answer session「質疑応答の時間」
・interpreter「通訳／翻訳者」

・available「利用できる」

【設問解説】

問1　3　①
　この告知の目的は，3　ということを人々に知らせることだ。
　① **参加者が外国人の科学者から学ぶことができる**
　② 科学の授業が新たな場所で行われる
　③ 学生が3つの国に留学することができる
　④ 大学が新たな授業を提供する予定だ
　告知の冒頭部分「この夏，カナダ，イギリス，そしてオーストラリアから科学者が本大学にやってきます。彼らは大学コミュニティセンターで毎週土曜日，一般向けの特別イベントの開催を申し出てくれました」より，①が正解。②，③については述べられていないので，不可。④は，このイベントが一般向けのものであり，大学の授業ではないので，不可。

問2　4　②
　あるイベントの開催中，参加者は　4　ことが求められるだろう。
　① 英語が読める
　② **自分の材料を持ってくる**
　③ 自分の映画チケットを購入する
　④ コミュニティセンターの席を予約する
　スケジュールの8月の最終文「★参加される方はご自身のペットボトルをご用意ください」より，②が正解。①は，スケジュールの下の注意書きの1つ目「科学者の皆さんは英語しか話しませんが，発表資料はすべて日本語に翻訳されます」より，不可。③は，スケジュールの8月の第2文に「どの日も，ロケットを一番高く打ち上げた人は新作映画『スペースフォース2021』の最新上映のチケットを獲得することができます」とあるが，映画チケットの購入は求められていないので，不可。④については述べられていないので，不可。

問3　5　④
　宇宙に関して科学者に質問したいが，英語を話さない参加者は　5　べきだ。
　① イベントの前に科学者に質問する
　② 発表資料の中に答えを探す
　③ 大学コミュニティセンターにメールを送る
　④ **イベントの最後の30分まで待つ**
　スケジュールの下の注意書きの2つ目に「すべてのイベントの最後の30分で質疑応答が行われます。通訳が手配され，日本語での質問を受け付けます」と述べられているので，④が正解。①については述べられていない。②，③は，質問することに関係のある項目としては述べられていないので，不可。

— 80 —

第2問　読解問題（ウェブサイト，記事）
A
【全訳】
　あなたは，ずっと使ってきたシャンプーがもはや生産されていないので，違うシャンプーを見つけなければなりません。インターネットでシャンプーのレビューを調べます。

ハニーシャンプー
はちみつは素晴らしい天然原料で，あなたの髪にうるおいを与え，ソフトにし，輝かせます。

パティーシー　ハニーアンドオレンジ　シャンプー

 2.5 ▮▮▮▯▯

レビューを書く

3.0 ▮▮▮▯▯　リー（1週間前）
このシャンプーは市販されているうちで最も値段の高いシャンプーの1つですが，髪の毛をシルクのような手触りにしてくれますし，とてもおいしそうな香りで食べたいと思うぐらいです。唯一の問題はボトルがリサイクルできないということで，このため他のものを探すつもりです。

2.0 ▮▮▯▯▯　サラ（17日前）
このシャンプーは私の脂っぽい髪には重すぎるのですが，パサつきのある髪の人には効果があるかもしれません。香りは強めですが悪くないです。

スプリングビューティー　ラベンダーアンドハニー　シャンプー

 4.0 ▮▮▮▮▯

レビューを書く

3.0 ▮▮▮▯▯　チャーリー（2日前）
このシャンプーの使用感は好きですが，髪を洗うのに毎回けっこうな量を使わなければならず，買う量が多くなってしまいます。

5.0 ▮▮▮▮▮　リッキ（3週間前）
10年間ずっとこれが私のお気に入りです。生産を絶対にやめないでほしいです。

4.0 ▮▮▮▮▯　クリスタル（1年前）
このシャンプーのラベンダーの香りがストレス解消によく効きます。この商品はまた，私の髪を輝かせ，とても落ち着いた感じにしてくれます。さらに，家族経営の小さな会社によって作られていることもお気に入りの理由です。残念ながら，限られた地域でしか売られていないので，会社の所在地の近くに住んでいない限り，見つけるのはかなり難しいでしょう。インターネットでの購入をお勧めします。

【語句・構文解説】

・The shampoo you have been using「あなたがずっと使ってきたシャンプー」 you have been using は The shampoo を修飾する節。

・no longer「もはや～ない」

　［例］ She said she could **no longer** go out with me.
　　　　彼女はもう私とつきあえないと言った。

・look up O / look O up「O を調べる」

　［例］ She told me to **look up** the word in the dictionary.
　　　　彼女は私にその単語を辞書で調べなさいと言った。

・review「レビュー／感想」

・online「インターネットで／オンラインで」

・ingredient「原料／材料」

・moisture「うるおい／湿り気」

・shiny「輝く」

・on the market「市販されて／市場で」

・feel like A「A のような手触りである／A のように感じる」

・silk「シルク／絹」

・smell＋形容詞「～なにおいがする」

　［例］ This tea **smells** good.
　　　　このお茶はいい香りだ。

・so ～ that SV ...「とても～なので…」

・come in A「A に入って売られている」

・recycle O「O をリサイクルする」

・look for A「A を探す」

・heavy「重い／ねっとりした」

・oily「脂っぽい／脂質の」

・work well「効果がある」

・fragrance「香り」

・lavender「ラベンダー」

・result「効果／結果」

・each time「毎回」

・end up *doing*「結局～することになる」

　［例］ I **ended up going** myself
　　　　結局、自分が行くことになった。

・scent「香り」

・relieve O「O を軽減する」

・product「商品／製品」

・shine「輝く」

・lie＋形容詞「～の状態で置かれている／寝ている」

　［例］ He was **lying** flat on the ground.
　　　　彼は地面に伏せていた。

・nice and flat「とても落ち着いた感じの」

・family-run company「家族経営の会社」

・unfortunately「残念ながら」

・region「地域」

・unless SV ...「…しない限り」

・company's base「会社の所在地」

・recommend (that) S do「S に～するよう勧める」

【設問解説】

問1 6 ③

このページで話し合われている商品は 6 人にはよいだろう。

① 長くて脂っぽい髪の

② 香りのない製品を好む

③ **天然の原料を使っている製品を求めている**

④ 毎日髪を洗う

冒頭の商品説明より、これらの商品には天然原料であるはちみつが含まれていることがわかるので、③が正解。①は、サラのレビュー第1文「このシャンプーは私の脂っぽい髪には重すぎるのですが、パサつきのある髪の人には効果があるかもしれません」より、不可。②は、リーのレビュー第1文の「とてもおいしそうな香りで食べたいと思うぐらいです」をはじめとして、いくつかのレビューで香りに関する言及があるので、不可。④に関してはどのレビューでも述べられていないので、不可。

問2 7 ①

リーは、 7 なら、パティーシー ハニーアンドオレンジ シャンプーを再び買うだろう。

① **異なるボトルで売られている**

② 彼女がもっとリサイクルをしたいと思う

③ 香りがよくなる

④ 価格が安くなる

第2文「唯一の問題はボトルがリサイクルできないということで、このため他のものを探すつもりです」より、①が正解。②は、同文の内容に反するので、不可。③は、第1文に「とてもおいしそうな香りで食べたいと思うぐらいです」とあり、香りを気に入っていることがわかるので、不可。④は、同文よりこのシャンプーの価格が高いことに触れているが、それを商品の問題点としては挙げていないので、不可。

問3 8 ②

消費者は、 8 たいなら、スプリングビューティー ラベンダーアンドハニー シャンプーを選ぶかもしれない。

① 大量のシャンプーを使うのを避け

② **小さな企業を応援し**

③ 市場に新しく出た商品を試し

— 82 —

④　どのスーパーマーケットでも買える商品を使い

クリスタルのレビュー第3文「さらに，家族経営の小さな会社によって作られていることもお気に入りの理由です」より，②が正解。①は，チャーリーのレビュー「髪を洗うのに毎回けっこうな量を使わなければならず，買う量が多くなってしまいます」より，不可。③は，リッキのレビュー第1文「10年間ずっとこれが私のお気に入りです」より，このシャンプーが新しい商品ではないとわかるので，不可。④は，クリスタルのレビュー第4文「残念ながら，限られた地域でしか売られていないので，会社の所在地の近くに住んでいない限り，見つけるのはかなり難しいでしょう」より，不可。

問4　9　①

ウェブサイトによると，パティーシー　ハニーアンドオレンジ　シャンプーに関する1つの**事実**（意見ではない）は　9　ということだ。

① ほとんどのシャンプーより値段が高い
② シルクから作られている
③ ほとんどの髪には重すぎる
④ 食べてしまいたいほどよい香りがする

リーのレビュー第1文「このシャンプーは市販されているうちで最も値段の高いシャンプーの1つですが，髪の毛をシルクのような手触りにしてくれますし，とてもおいしそうな香りで食べたいと思うぐらいです」より，①が正解。②は，同文の内容に関連するが，原料がシルクであるわけではないので，不可。④も同文に言及があるが，これは意見であって事実ではないので，不可。③は，サラのレビュー第1文「このシャンプーは私の脂っぽい髪には重すぎるのですが，パサつきのある髪の人には効果があるかもしれません」に言及があるが，これは意見であって事実ではないので，不可。

問5　10　③

ウェブサイトによると，スプリングビューティー　ラベンダーアンドハニー　シャンプーに関する1つの**意見**（事実ではない）は　10　ということだ。

① ある消費者はこれを10年間使った
② 企業はすぐに生産をやめるだろう
③ **香りによってリラックスできる**
④ 大きな効果を得るのに少量を使うだけでよい

クリスタルのレビュー第1文「このシャンプーのラベンダーの香りがストレス解消によく効きます」より，③が正解。①は，リッキのレビュー第1文に「10年間ずっとこれが私のお気に入りです」とあるが，これは事実であって意見ではないので，不可。②は，リッキのレビュー第2文に「生産を絶対にや

めないでほしいです」とあるが，生産をやめるとは述べられていないので，不可。④は，チャーリーのレビュー「このシャンプーの使用感は好きですが，髪を洗うのに毎回けっこうな量を使わなければならず，買う量が多くなってしまいます」より，不可。

B

【全訳】

　あなたの英語の先生が，次の授業で行われる討論の準備をする助けとなるように，１つの記事を渡してくれました。この記事の一部がコメントの１つとともに，以下に示されています。

デンマークの現金に変化が生じる可能性

サンドラ・グレイ，コペンハーゲン在住
2020 年 3 月 8 日・午後 1:25

クレジットカードや携帯電話による支払いが広く受け入れられ，昔ながらの現金による支払いよりも普及しているデンマークでは，現金がなくなろうとしているのかもしれない。2019 年の統計では，昨年普通の店での支払いのわずか 16％が現金によってなされていたことが示されている。政府は現在，レストランやコンビニエンスストア，衣料品店のような店舗が現金による支払いを拒否することを容認する案を検討している。

コペンハーゲンのダナ・ハズブルックはキャッシュレス社会を楽しみにしており，「お金を引き出さなければならないのは不便ですし，危険です」と言う。警察官のピーター・ニールセンもその案を支持している。「犯罪者はもはや店からお金を盗むことができなくなりますし，これによって私の仕事も楽になります」

しかし，現金のない世界のことをすべての人がよく思っているわけではない。「これは諸刃の剣です。確かに人々の財布は軽くなるでしょうが，クレジットカードや携帯電話による支払いを処理するシステムに問題が起きたときにはどうなるのでしょう」と，教師のメアリー・ダニエルズは言う。「それにお店でクレジットカードを使うとき，店員が名前を見ることができてしまいます。便利さのために個人情報を渡さなければならないようであってはいけないのです」

---

11 コメント

最新

ミカエル・ハンセン　2020 年 8 月 12 日・午後 12:30

私は小さなレストランを経営しています。紙幣は幾度となく持ち主が変わるのでとても汚くなることがあると思います。キャッシュレス化によって時間が省けるだけでなく，不潔な現金を扱わなくなることで私のレストランをもっと清潔にしておくことができるでしょう。

【語句・構文解説】

・article「記事」
・prepare for A「A の準備をする」
・debate「討論／ディベート」
・below「下に」
・cash「現金」
・Copenhagen「コペンハーゲン」 デンマークの首都。

◆第1段落◆

・on the way out「消えかかって／廃れかかって」
　〔例〕 Fax machines are **on the way out**.
　　　　ファックス機は消えようとしている。
・mobile payment「携帯電話による支払い／モバイル決済」
・adopt O「O を採用する／取り入れる」
・old-fashioned「昔ながらの／時代遅れの」
・figure「統計／数字」
・ordinary「普通の」
・in cash「現金で」
・government「政府」
・consider O「O を検討する／よく考える」
・proposal to *do*「〜する案／計画」
・allow O to *do*「O が〜することを容認する／可能にする」
　〔例〕 The direct flight **allows** you **to reach** Los Angeles in about 10 hours.
　　　　直行便だと約 10 時間でロサンゼルスに行ける。
・business「店舗／企業」
・A such as B「例えば B のような A」
・clothing store「衣料品店」
・refuse O「O を拒否する」

◆第2段落◆

・be looking forward to A「A を楽しみにしている」
　〔例〕 We **are** really **looking forward to** our vacation.
　　　　私たちは休暇を本当に楽しみにしています。
・cashless「キャッシュレスの／現金を用いない」
・withdraw money「お金を（銀行口座などから）引き出す」
・inconvenient「不便な」
・risky「危険な」
・support O「O を支持する」
・criminal「犯罪者」
・not ... anymore「もはや…ない／これ以上…ない」
　〔例〕 Mary told me that she did**n't** want to see me **anymore**.

メアリーはもうこれ以上会いたくないと僕に言った。
・which will make my job easier「これによって私の仕事も楽になります」 前の節の内容を補足説明する関係代名詞節。

◆第3段落◆

・not everyone「すべての人が…というわけではない」 部分否定。
・double-edged sword「諸刃の剣」
・certainly, ..., but 〜「確かに…だが，〜」
・wallet「財布」
・process O「O を処理する」
・staff member「店員／スタッフの一員」
・give out O / give O out「O を渡す／公表する」
・for the sake of A「A の（利益の）ために／A を目的として」
　〔例〕 She moved to the countryside **for the sake of** her health.
　　　　彼女は健康のために田舎に引っ越した。

◆コメント◆

・run O「O を経営する」
・change hands「持ち主が変わる」
・go cashless「キャッシュレス化する」
・not only ... but also 〜「…だけでなく〜も」
・save A B「A の B を省く」
・handling of A「A を扱うこと」

【設問解説】

問1 　11 　②
　記事によると，デンマークでは　11 　。
　① すべての人に現金の使用をやめさせることについて話し合われている
　② 一部の店は現金を扱わなくなる選択が与えられるかもしれない
　③ 政府は紙幣を刷ることをやめる計画である
　④ すべての成人にクレジットカードを所有するように求める法律がある
　第1段落最終文「政府は現在，レストランやコンビニエンスストア，衣料品店のような店舗が現金による支払いを拒否することを容認する案を検討している」より，②が正解。①，③，④については述べられていないので，不可。

問2 　12 　②
　討論において，あなたのチームは「デンマークは紙幣をなくすべきだ」という主張を支持する。記事の中で，あなたのチームに有益な1つの意見（事実ではない）は　12 　というものだ。
　① 支払いのおよそ6分の1が現金で行われている

— 85 —

② クレジットカードはより便利で安全である

③ 犯罪者は追跡されないように現金を使うことが多い

④ お金を引き出すことができない銀行がある

　第2段落第1文に，ダナ・ハズブルックの意見として「お金を引き出さなければならないのは不便ですし，危険です」と述べられており，それに対してお金を引き出す必要のない「クレジットカードはより便利で安全である」と考えられるので，②が正解。①は，第1段落第2文に「2019年の統計では，昨年普通の店での支払いのわずか16%が現金によってなされていたことが示されている」と述べられているが，事実であって意見ではないので，不可。③は，第2段落第3文に「犯罪者とお金」に関する言及があるが，「犯罪者は追跡されないように現金を使うことが多い」とは述べられていないので，不可。④については述べられていないので，不可。

問3 　13 　③

　相手方のチームは反対の立場に立つ。記事の中で，このチームに有益な1つの意見（事実ではない）は 13 というものだ。

① 今でもクレジットカードや携帯電話による支払いを受け入れていない店が多い

② 他の国では紙幣を廃止するのに苦労した

③ **買い物をするときプライバシーを保護できるべきだ**

④ クレジットカードを処理するシステムがあまりに頻繁に故障する

　第3段落第4・5文に，教師のメアリー・ダニエルズの意見として「それにお店でクレジットカードを使うとき，店員が名前を見ることができてしまいます。便利さのために個人情報を渡さなければならないようであってはいけないのです」と述べられているので，③が正解。①，②については述べられていないので，不可。④は，第3段落第3文に「クレジットカードや携帯電話による支払いを処理するシステム」に関する言及があるが，「頻繁に故障する」とは述べられていないので，不可。

問4 　14 　③

　記事の第3段落にある "a double-edged sword" は 14 を意味する。

① 好ましい状況を生み出す変化

② 1人の人が行うには難しい選択

③ **良くも悪くもなりえるもの**

④ 正しく使うのが困難なもの

　このフレーズは第3段落第2文の，教師のメアリー・ダニエルズの発言で使われている。第3文で

は「確かに人々の財布は軽くなるでしょうが，クレジットカードや携帯電話による支払いを処理するシステムに問題が起きたときにはどうなるのでしょう」と述べているので，「良くも悪くもなりえるもの」という意味であると考えられる。したがって，③が正解。

問5 　15 　③

　ミカエル・ハンセンのコメントからすると，彼は記事で論じられている案に対して 15 。

① 特に意見はない

② 一部賛成している

③ **大いに賛成している**

④ まったく賛成していない

　ミカエル・ハンセンのコメントには，「紙幣は幾度となく持ち主が変わるのでとても汚くなることがあると思います。キャッシュレス化によって時間が省けるだけでなく，不潔な現金を扱わなくなることで私のレストランをもっと清潔にしておくことができるでしょう」とある。これは記事で述べられている案に大いに賛成していることを示しているので，③が正解。

第3問 読解問題(ブログ, 雑誌)
A
【全訳】
　あなたは外国語クラブに属する交換留学生の女子が書いたブログの中に次の記事を見つけました。

> **手紙を書く体験**
> 9月2日 月曜日
>
> 　このごろでは, ソーシャルメディアやメールで簡単にメッセージを送ることができるので, 紙に手紙を書くことがあまりなくなっています。昨日のクラブ活動で, 先生は私たちに, 30分かけて外国語で, 誰かに宛てて手書きで感謝の手紙を書きなさいと言いました。友だち, 親, 祖父母, あるいは自分自身に向けて書いてもいいのです。先生はまた手紙に装飾を施すようにも勧めました。
>
> 　私はホストファミリーのお母さんに宛てて書くことにしました, というのは, おいしいスープの作り方を教えてくれたことに感謝していたからです。スマホなしで日本語で書かなければならなかったので, 手紙を書くのは私には特に大変なことでした。というのも, 日本語の単語を書くときは, いつでもスマホが漢字の候補を出してくれるからです。
>
> 　書き終わると, 友だちと私はお互いに手紙を見せ合いました。友だちのエミは過去の自分に向けて書き, テニスチームのために必死に練習したことについて過去の自分に感謝の気持ちを表しました。別の友だちは美しい島の絵を描いて, その上にメッセージを書きました。彼女がその手紙を私にくれて, 絵を描くことが好きな気持ちを失わないで, と励ましてあげたことに対する私への感謝を表したときにはびっくりしました。手紙をユニークな形に切ったのは私だけでした。

【語句・構文解説】
- the following A「次のA」
- female「女性の」
- exchange student「交換留学生」

◆第1段落◆
- these days「このごろでは／最近は」
- club activity「クラブ活動」
- tell O to do「Oに～するように言う」
- spend O doing「O(時間)かけて～する／～するのにO(時間)を費やす」
- hand-write O「Oを手書きで書く」
- gratitude「感謝」
- encourage O to do「Oに～するように勧める／励ます」

[例]　A good teacher can **encourage** students **to study** harder.
　　よい先生は生徒を発奮させていっそう勉強させることができる。
- decorate O「Oを装飾する」

◆第2段落◆
- decide to do「～することに決める」
- appreciate A doing「Aが～した[する]ことに感謝する」
- especially「特に」
- challenging「大変な／やりがいのある」
- task「課題／仕事」
- suggest A to B「AをBに提案する」
- spell out O / spell O out「Oを綴る」

◆第3段落◆
・be done「(作業，仕事などを)終える」
・each other「お互い」
・past self「過去の自分」
・thank O for *doing*「～した[する]ことについて O に感謝する」
　[例]　He **thanked** me **for helping** him clean his room.
　　　　部屋の掃除を手伝ってくれてありがとうと彼は私に言った。
・island「島」
・pursue O「O を追い求める」
・*one's* love of *doing*「～することが好きな気持ち」
・cut A into B「A を B(形など)に切る」
・unique「ユニークな／独特の」

【設問解説】

問1　16　③
　　クラブ活動で，生徒は　16　。
① 自分が感謝していることについてのソーシャルメディアへの投稿を書いた
② 自分の家族に関して好きな点について話し合った
③ 自分の知っている誰かに感謝の手紙を書かなければならなかった
④ 自分自身の過去についての短いエッセイを詳しく書いた
　　第1段落第2文「昨日のクラブ活動で，先生は私たちに，30 分かけて外国語で，誰に宛てて手書きで感謝の手紙を書きなさいと言いました」より，③が正解。①，②については述べられていないので，不可。④は，同段落第3文に「友だち，親，祖父母，あるいは自分自身に向けて書いてもいいのです」と述べられているが，短いエッセイを書くようにとは言われていないので，不可。

問2　17　③
　　あなたは，このブログの筆者が　17　とわかった。
① 自分の手紙に美しい島と空を描いた
② 宿題を終えるために友だちから電話を借りなければならなかった
③ 新しい料理の作り方を覚え，手紙をハートの形にした
④ 画家になりたいと思っていて，友だちに応援してくれたことへの感謝を表した
　　第2段落第1文「私はホストファミリーのお母さんに宛てて書くことにしました，というのは，おいしいスープの作り方を教えてくれたことに感謝して

いたからです」および，第3段落最終文「手紙をユニークな形に切ったのは私だけでした」と写真から，ブログの筆者と思われる女子が手紙をハート形に切ったとわかるので，③が正解。①は，第3段落第3文「別の友だちは美しい島の絵を描いて，その上にメッセージを書きました」より，美しい島を描いたのは筆者の友人だとわかるので，不可。②は，第2段落最終文の「というのも，日本語の単語を書くときは，いつでもスマホが漢字の候補を出してくれるからです」と関連するが，友人から電話を借りたとは述べられていないので，不可。④は，第3段落第4文「彼女がその手紙を私にくれて，絵を描くことが好きな気持ちを失わないで，と励ましてあげたことに対する私への感謝を表したときにはびっくりしました」より，絵を描くことが好きなのは筆者の友人だとわかるので，不可。

B
【全訳】
あなたは留学雑誌で次の記事を見つけました。

まったく新しいゲーム
マーチン・ヘムズワース（サッカーコーチ）

　ジュンコが私たちの学校に初めてやって来たとき，彼女が話せたことといえばサッカーのことばかりでした。彼女は学校の制服を着る必要がもはやなくなったことをとても喜んでいましたが，それは大好きなサッカー選手のジャージを着ることができるということだったからでした。彼女はさっそく学校のサッカーチームに入ったのですが，最初の試合は悲惨な結果に終わりました。彼女がゴールめがけてボールを蹴ろうとしたまさにそのとき，ディフェンダーが誤って彼女を倒してしまいました。ジュンコは激しく転倒して腕を折ってしまい，病院に行ってギプスをはめなければならなくなったのです。翌日，学校で彼女は惨めな様子でした。

　彼女の同級生の1人であるクリスが，昼休みの時間に彼女のところにやってきました。「君は数学や理科が得意だと聞いたんだけど。僕たちチェス部のチームに加わってくれる賢い人を探しているんだ」ジュンコは笑ってこう言いました。「チェスのチーム？　私はアスリートなのよ！　くだらないゲームに割く時間なんてないわ」クリスは傷ついた様子でした。「じゃあ，気が変わったら，気楽に僕たちのところに来てね」

　その週末，ジュンコはホストファミリーの犬の散歩をしているとき，クリスが通りをジョギングしているのを見かけました。彼女は彼を呼び止めて，こう言いました。「マラソン大会か何かのためにトレーニングしているの？」「いや」とクリスは答えました。「運動がチェスをよりうまく指すのに役立つんだ。他のどのスポーツともまったく変わらないよ」ジュンコは顔を赤らめて謝ろうとしました。「わたし…知らなかったわ。ひょっとしたら，あなたのクラブの集まりにやっぱり出させてもらうことになるかも」

　翌週，ジュンコは放課後に残って，生まれて初めてチェスをしました。彼女はたちまちゲームのやり方を覚え，ゲームと練習の両方を楽しみました。数週間後，彼女はトーナメントに出場し，2位になったのです。

　それから数日後，ギプスが外されました。昼休みに私は彼女がクリスと笑っているのを見かけたので，私たちと一緒にまたサッカーをしたいかどうか尋ねました。「いいえ，結構です。国内で1番のチェスプレーヤーになるまで休まないつもりです」と彼女は答えました。

【語句・構文解説】
・the following A「次の A」
・study-abroad magazine「留学雑誌」
・a whole new A「まったく新しい A」
◆第1段落◆
・all she could talk about「彼女が話せたことのすべて」she 以下は all を修飾する節。

・not ... anymore「もはや…ない／これ以上…ない」
・school uniform「学校の制服」
・jersey「ジャージ」
・immediately「即座に／さっそく」
・join O「O に加わる／参加する」
・end in A「A の結果で終わる」
・disaster「悲惨な結果／災難」

— 89 —

・be about to *do*「まさに～しようとする」

　［例］　Junko **was** just **about to go** to bed when the phone rang.

　　　　ジュンコがまさに寝ようとしたときに電話が鳴った。

・shoot A at B「B めがけて A を蹴る／シュートする」

・defender「ディフェンダー／守備の選手」

・accidentally「誤って／たまたま」

・knock over O／knock O over「O を倒す」

・fall「倒れる」

・cast「ギプス」

・look＋形容詞「～に見える」

・miserable「惨めな／悲惨な」

◆第2段落◆

・approach O「O に近づく」

・be good at A「A が得意である」

・look for A「A を探す」

・smart「賢い／頭の良い」

・athlete「アスリート／運動選手」

・silly「くだらない／ばかげた」

・hurt「傷ついた」形容詞。

・feel free to *do*「遠慮なく～する／気楽に～する」

・change *one's* mind「気が変わる」

◆第3段落◆

・walk O「O(犬など)を散歩させる」

・see O *doing*「O が～しているのを見る」

・train「トレーニングする／訓練する」

・marathon「マラソン(大会)」

・reply O「O と答える／返事する」

・exercise「運動／体操」

・help O to *do*「O が～するのを助ける／O が～するのに役立つ」

　［例］　A friend's father **helped** Albert **to get** the job.

　　　　アルバートがその仕事に就くのを友人の父親が助けた。

・just like any other A「他のどの A ともまったく変わらない」

・turn red「(顔が)赤くなる」

・apologize「謝る／謝罪する」

・realize「気がつく／悟る」

・after all「やはり／結局」

◆第4段落◆

・stay「留まる」

・for the first time「(生まれて)初めて」

・both A and B「A と B の両方とも」

・participate in A「A に参加する」

　［例］　A lot of athletes are expected to **participate in** the event.

　　　　多くのアスリートがその大会に参加することが予想されている。

・tournament「トーナメント」

・get second place「2位になる」

◆第5段落◆

・remove O「O を取り除く」

・ask O if SV …「O に…かどうか尋ねる」

・rest「休む／休憩する」

・the number one A「1番の A」

【設問解説】

問1　18　①

　最初のサッカー試合の後，ジュンコは（　A　）なった。週末にクリスと会ったとき，彼女は（　B　）なったが，ギプスが外れた後，彼女は（　C　）なった。18

① (A)　憂うつに　　　　(B)　恥ずかしく
　 (C)　やる気に

② (A)　憂うつに　　　　(B)　やる気に
　 (C)　恥ずかしく

③ (A)　恥ずかしく　　　(B)　憂うつに
　 (C)　やる気に

④ (A)　恥ずかしく　　　(B)　やる気に
　 (C)　憂うつに

⑤ (A)　やる気に　　　　(B)　憂うつに
　 (C)　恥ずかしく

⑥ (A)　やる気に　　　　(B)　恥ずかしく
　 (C)　憂うつに

　第1段落第3～6文で「最初の試合は悲惨な結果に終わりました。…翌日，学校で彼女は惨めな様子でした」と述べられているので，(A)には「憂うつに」が入る。第3段落に週末のクリスとの出会いが語られ，第6文に「ジュンコは顔を赤らめて謝ろうとしました」とあるので，(B)には「恥ずかしく」が入る。第5段落第4文でギプスがとれた後のジュンコの言葉として「国内で1番のチェスプレーヤーになるまで休まないつもりです」とあるので，(C)には「やる気に」が入る。したがって，①が正解。

問2　19　②

　新しい学校でジュンコを最初に喜ばせたのは19ということだった。

① 優れたチェスのチームがある

② **自分のお気に入りの服が着られる**

③ 自分が数学と理科が得意だと気がついた

④ サッカー部が彼女を温かく迎え入れた

— 90 —

第1段落第2文「彼女は学校の制服を着る必要が
もはやなくなったことをとても喜んでいましたが,
それは大好きなサッカー選手のジャージを着ること
ができるということだったからでした」より,②が
正解。①は,第2段落第4〜6文でジュンコが
「チェスのチーム？ 私はアスリートなのよ！ くだ
らないゲームに割く時間なんてないわ」と言ってい
るので,不可。③は,第2段落第2文にクリスの言
葉として「君は数学や理科が得意だと聞いたんだけ
ど」とあるが,ジュンコが気づいたことではないの
で,不可。④は,第1段落第3文に「彼女はさっそ
く学校のサッカーチームに入った」とあるが,温か
く迎えられたとは述べられていないので,不可。

問3 20 ④

この話から,あなたはジュンコが 20 というこ
とがわかった。

① 最初のサッカーの試合でディフェンダーを倒し
てしまったことを,その相手に謝った
② 最初のサッカーの試合でゴールを決めそこな
い,次の試合に向けてトレーニングを始めた
③ チェス部に入り,チェスのルールが難しくて,
短時間では覚えられないと気づいた
**④ 新しい友人ができ,運動とチェスの関係につい
て学んだ**

第2・3段落から,ジュンコがクリスと友だちに
なり,運動とチェスの関係を教えられたことがわか
るので,④が正解。①は,第1段落第4文「彼女（＝
ジュンコ）がゴールめがけてボールを蹴ろうとした
まさにそのとき,ディフェンダーが誤って彼女を倒
してしまいました」より,不可。②は,第1段落第
5・6文に「ジュンコは激しく転倒して腕を折って
しまい,病院に行ってギプスをはめなければならな
くなったのです。翌日,学校で彼女は惨めな様子で
した」とあり,次の試合に向けてトレーニングを始
めたとは述べられていないので,不可。③は,第4
段落第2文「彼女はたちまちゲームのやり方を覚
え,ゲームと練習の両方を楽しみました」より,不
可。

第４問　読解問題（グラフ）
【全訳】
　あなたは様々な国の人々の貯蓄習慣について調べています。あなたは２つの記事を見つけました。

定年後の生活に備える貯蓄　　　　　　　　　　　　　　　マシュー・マーフィー
　　　　　　　　　　　　　　　　　　　　　　　　　　　　　　　　　　2020年１月

　世界人口の22％以上が2050年までに60歳を超えることになる ── これは2015年の２倍近い割合である。これらの人々の多くは定年後の生活のために少なくともわずかな額の貯金をしている。しかし，それは十分だろうか？　人々は通例65歳頃に退職するが，平均余命はどんどん長くなっている。もしこの傾向が続けば，ほとんどの人が，働かなくなったときに自活するための貯蓄をより多く必要とすることになる可能性が高い。

　「定年後の生活の格差」とは，貯金して備えた定年後の年数と，この先に生きると予想される年数との差である。下のグラフは，６つの国のこの差に関する2019年のデータを示している。貯蓄習慣は国別，性別で様々であるが，すべての国で人々が貯蓄のある年数を超えて長生きすることになりそうなことは明らかである。人々が特に長生きする日本のような国々では，退職者が自活するために蓄えた財産の分を最高20年も超えて生きることもある。

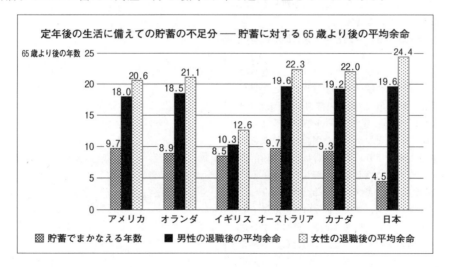

　世界経済フォーラムによると，定年後の生活の格差は主要先進８か国で2015年に総額70兆ドルあり，2050年には400兆ドルに膨らむことになる。女性は男性よりも普通長生きなので，それは女性にとってより大きな問題となる。

　私の意見では，人々はより早い年齢から貯金を始めるべきだ。小学校では，お金を稼げる年齢になったらすぐに良い習慣を取り入れられるよう，生徒に貯金の仕方を教えるべきだ。中学・高校の生徒は，大人になったときに賢い選択ができるように，家や車，その他大きな費用のかかる物を売買することについて学ぶべきだ。人々はまた，政府や年金制度に頼らなくてもいいように，自分の財産をうまく管理する方法を教えられるべきである。

第3回

| 「定年後の生活に備える貯蓄」への意見 | Q. O. |

2020年2月

　ファイナンシャルアドバイザーをしている私は，定年退職された方々を相手に10年以上仕事をしてきました。働くのをやめたときに自活できるほど貯金していない人が多いと知っても驚きませんでした。マシュー・マーフィーの記事によると，私の母国の人々は定年後の生活のための貯蓄が9年分にわずかに満たず，男性と女性との間の平均余命の差は2.6年です。

　早くから貯蓄を始めることの重要性についてもっと多くの人が知っておく必要があります。マシュー・マーフィーが述べているように，自分のお金をうまく投資する仕方を一度も学んだことがないので，それをやっていない人が多いのです。それに，人々が退職したときに政府が十分な年金を支給できないかもしれません。年金のためのお金は，働いているより若い人々が払っている税金が元になっています。多くの先進国で人口の高齢化が進んでいるので，このような税金で退職者を支えるのに十分な働き手がいない状況が間もなく訪れるかもしれません。

　生徒に貯金の仕方を教えるのに加えて，彼らが退職する頃に生活がどのようになっているのかについてもっと多くのことを知るよう，私たちは奨励すべきです。祖父母と一緒に時を過ごし，老齢に伴う様々な問題について考えることが，人々により多く貯金することを促すと，調査の結果でわかっています。人々はまた，定年後どのような生活を送りたいか，よく考えるべきです。もし世界旅行をしたいとか，いい家に住みたいとか，子どもや孫の生活の支えになりたいとかということであれば，貯蓄をしているときにそれらの費用を考慮に入れる必要があります。

【語句・構文解説】
・do research on A「Aについて調査する」
・(money) saving habit「貯蓄習慣」
・article「記事」
＜マシュー・マーフィーの記事＞
・save for A「Aに備えて蓄える」
・retirement「定年後の生活／退職」
◆第1段落◆
・more than A「A以上／Aより多く」
・nearly twice「2倍近く／ほぼ2倍」
・the percentage that it was in 2015「2015年時点の割合」 that以下はthe percentageを修飾する関係代名詞節。
・at least「すくなくとも」
・typically「通例／典型的に」
・retire「退職する」
・around the age of A「A歳頃に」
・the average life expectancy「平均余命」
・trend「傾向／流行」
・continue「続く／継続する」
・it is likely that SV ...「…となる可能性が高い」

［例］ **It is** very **likely that** the event will be postponed.
　　　その大会は延期となる可能性がとても高い。
・savings「貯蓄」
・support *oneself*「自活する」
◆第2段落◆
・retirement gap「定年後の生活の格差」
・be expected to *do*「～すると予想されている」
・A below「下のA」
・differ「異なる」
・gender「(社会的)性」
・likely「たぶん／おそらく」
・outlive O「Oより長生きする」
・particularly「特に／とりわけ」
・long lived「長命の」
・retiree「退職者」
・up to A「(最高)Aまで」
［例］ The car can seat **up to** seven people.
　　　その車は最大7人まで乗ることができる。
・beyond A「Aを超えて」
・financial means「財産／資産」

— 93 —

◆グラフ◆
- deficit「不足金額／赤字」
- A vs. B「A に対する B ／ A 対 B」（vs.＝versus）
- Netherlands「オランダ／ネーデルラント」 なお，the Kingdom of the Netherlands が Holland（オランダ）の正式名称である。
- cover O「O をまかなう」
- male「男性の」
- additional「追加の」 ここでは「定年退職した後に加わる」という意味。
- female「女性の」

◆第3段落◆
- the World Economic Forum「世界経済フォーラム」
- total O「合計で O になる」
- trillion「兆」
- key「重要な」
- developed nation「先進国」
- increase to A「A にまで増える」

◆第4段落◆
- in my opinion「私の意見では」
- primary school「小学校」
- so that S can *do*「…することができるように」
- adopt O「O を採用する／取り入れる」
- as soon as SV ...「…するとすぐに」
- 形容詞＋enough to *do*「〜するほど…」
  〔例〕 The hall was large **enough to accommodate** 1,000 people.
  そのホールは 1,000 人収容できるほど広かった。
- earn money「お金を稼ぐ」
- major expense「大きな費用のかかる物」
- make a choice「ある選択をする」
- smart「賢い」
- as an adult「大人になったとき」
- manage O「O を管理する／やりくりする」
- finance「財政（状況）／資金」
- depend on A「A に依存する／頼る」
- government「政府」
- pension「年金」

＜Q. O. の記事＞
◆第1段落◆
- financial advisor「ファイナンシャルアドバイザー」
- spend O *doing*「O（時間）をかけて〜する／〜するのに O（時間）を費やす」
- work with A「A を相手に仕事をする」
- retired「定年退職した」
- enough A to *do*「〜するのに十分な A」

- home country「母国／祖国」
- slightly「わずかに」
- less than A「A 未満」

◆第2段落◆
- mention O「O と述べる」
- invest O「O を投資する」
- come from A「A が元になっている／ A に由来する」
- taxes paid by younger working people「働いているより若い人々が払っている税金」 paid 以下は taxes を修飾する過去分詞句。
  tax「税金」
- support O「O を支える／養う」

◆第3段落◆
- in addition to A「A に加えて」
- encourage O to *do*「O に〜するように勧める／励ます」
- what S be like「S がどのようなものか」
- spend time with A「A と一緒に時を過ごす」
- grandparent「祖父［母］」
- come with A「A に伴う」
- consider O「O を検討する／よく考える」
- help *do*「〜するのに役立つ」
- grandchild「孫」
- account for A「A を考慮に入れる」

【設問解説】
問1 ［21］ ②
　　マシュー・マーフィーとファイナンシャルアドバイザーのどちらも ［21］ については述べていない。
① 私たちが定年後の生活に備えるのに教育がどう役立ちうるか
② **どのように寿命を延ばすかについての教訓**
③ 高齢化する先進国の人口
④ 男性と女性の寿命の差
　　寿命の延ばし方については，2 人のどちらも触れていないので，②が正解。①は，マシュー・マーフィーが第 4 段落で，ファイナンシャルアドバイザーの Q. O. が第 2 段落第 1・2 文で触れている。③は，マシュー・マーフィーが第 2・3 段落で，Q. O. が第 2 段落第 5 文で触れている。④は，マシュー・マーフィーが第 3 段落第 2 文で，Q. O. が第 1 段落第 3 文で触れている。

問2 ［22］ ②
　　ファイナンシャルアドバイザーは ［22］ の出身である。
① カナダ
② **オランダ**

③　イギリス

④　アメリカ

　ファイナンシャルアドバイザーの Q. O. は第1段落最終文で「マシュー・マーフィーの記事によると，私の母国の人々は定年後の生活のための貯蓄が9年分にわずかに満たず，男性と女性との間の平均余命の差は2.6年です」と述べており，グラフを見るとオランダがこれに当てはまるので，②が正解。

問3　23　③

　これらの記事によると，定年後の生活に備えるために人々は次の事柄のどの2つをすべきか。23（最も適当な組合せを①～⑥の中から1つ選べ。）

A．**できるだけ早い時期に良い貯蓄習慣を身に付けること**

B．いい家に投資すること

C．祖父母を経済的に支えること

D．**老齢に伴う問題について考えること**

　定年後の生活に備えるために人々がすべきことについては，マシュー・マーフィーが第4段落第1文で「私の意見では，人々はより早い年齢から貯金を始めるべきだ」と述べており，Q. O. も第2段落第1文で「早くから貯蓄を始めることの重要性についてもっと多くの人が知っておく必要があります」と述べているので，Aがそれに該当する。また，Q. O. が第3段落第2文で「祖父母と一緒に時を過ごし，老齢に伴う様々な問題について考えることが，人々により多く貯金することを促すと，調査の結果でわかっています」と述べているので，Dがそれに該当する。したがって，③（A and D）が正解。Bは，マシュー・マーフィーが第4段落第3文で「中学・高校の生徒は，大人になったときに賢い選択ができるように，家や車，その他大きな費用のかかる物を売買することについて学ぶべきだ」と述べているが，いい家に投資すべきだとは言っていないので，不可。Cは，Q. O. が第3段落第2文で「祖父母と一緒に時を過ごし，老齢に伴う様々な問題について考えること」について触れているが，祖父母を経済的に支えるとは言っていないので，不可。

問4　24　③，25　①

　マシュー・マーフィーは 24 と述べており，ファイナンシャルアドバイザーは 25 と述べている。（各空所に異なる選択肢を選べ。）

①　**定年後の生活を想像することが重要だ**

②　人々は祖父母が経済的な問題を解決してくれると当てにすることができる

③　**十分なお金を持っていない高齢者の数が増えることになる**

④　労働者はもっと年を取るまで定年を延長すべきだ

⑤　若い人は高齢者を養うために子どもをより多く持つべきだ

　マシュー・マーフィーは第2段落第3文で「貯蓄習慣は国別，性別で様々であるが，すべての国で人々が貯蓄のある年数を超えて長生きすることになりそうなことは明らかである」と述べているので，24 には③が入る。一方，ファイナンシャルアドバイザーの Q. O. は第3段落第2・3文で「祖父母と一緒に時を過ごし，老齢に伴う様々な問題について考えることが，人々により多く貯金することを促すと，調査の結果でわかっています。人々はまた，定年後どのような生活を送りたいか，よく考えるべきです」と述べているので，25 には①が入る。

問5　26　④

　両方の記事の情報に基づいて，あなたは宿題のレポートを書く予定である。あなたのレポートに最も適切なタイトルは「 26 」だろう。

①　定年後の生活にお金をどのように使うことができるか

②　男性は女性よりも多く貯金すべきだ

③　政府の年金を受給するための規定

④　**定年後の生活に備えることの重要性**

　マシュー・マーフィーと Q. O. はともに「定年退職した後の長く続く生活の準備を早い時期から始めるようにすべきだ」ということについて述べている。レポートのタイトルもこれに関連するものが適切であるので，④が正解。①については，Q. O. が最終文で触れているだけなので，不可。②と③については，いずれの記事にも述べられていないので，不可。

— 95 —

第5問 読解問題（歴史）
【全訳】
　あなたのグループは，以下の雑誌記事の情報を使って「パスタの歴史」というタイトルのポスター・プレゼンテーションの準備をしています。

　1929年，アメリカのパスタ製造業者の協会が一般の人々を麺に夢中にさせようと考えた。彼らは雑誌に，イタリアのベニス出身の商人で，13世紀にアジアを探検したマルコポーロに関する興味深い物語を載せた。その物語の中で，マルコポーロはある中国人の家ではじめてパスタを目にする。料理人は彼にその麺は「スパ・ゲット」と呼ばれていると話した。そして，その物語によると，それが有名なイタリアのパスタ「スパゲティ」の語源だというのだ。

　その話の筆者はその物語を「伝説」だと言った。しかし，多くのイタリア人が失望したことに，多くの人はそれを事実だと解釈したし，その詳細な情報が1938年の映画「マルコポーロの冒険」のワンシーンの基となったときには特にそうだった。イタリア人はパスタが中国ではなく，イタリアで考案されたものだと主張することが多い。イタリア人は，現在イタリアの領土となっている地域で作られた紀元前4世紀の芸術をその証拠として引き合いに出す。その絵には板，小麦粉を入れる袋，その他パスタを作るのに使われた可能性のある道具が描かれている。しかし，多くの歴史家は，そうした道具はパンや焼き菓子を作るのにも用いられた可能性があると言っている。しかしまた彼らは，1295年にマルコポーロが中国からヨーロッパに戻って来るまでに，イタリアですでにパスタが人々によって食べられていたと歴史の記録文書に記されていることを指摘して，マルコポーロの物語に異議を唱えている。

　パスタや麺は広義では，穀物粉と水か卵を混ぜ合わせて，生地にし，様々な形に切られ，たいていは湯の中に入れて茹でることで加熱調理されるものだと定義できる。穀物をこのようなやり方で調理したことに関する，文字で書かれた最も初期の言及は3世紀，つまりほぼ1,800年前に書かれた中国の書物の中に見つけることができる。そして2005年には考古学者が，碗に入った長くて細い黄色の麺を中国北西部の10フィートの土と岩の下から見つけたのだ。専門家は，そのパスタが紀元前20世紀からずっと地中に保存されていたと推定している。

　そうだとすると，中国がパスタを考案し，それを世界の他の地域に伝えていったのだろうか？　ほとんどの場合歴史学者は，中国の麺が貿易のルートを通って他のアジア諸国やトルコへ伝播していったらしいという点で意見が一致する。この伝播がいつ起こったのかは完全にわかっているわけではないが，日本で麺に関する最初の言及が現れるのは8世紀である。

　しかし，パスタはことによると世界中のいくつかの場所で時を違えて「考案されて」いたのかもしれない。5世紀に，エルサレムの文筆家がパスタに言及し，それを「イトリウム」や「イトリヤァ」と呼んでいる。この料理は中国の麺とは何ら歴史的なつながりはないように思える。しかしながら，イタリアの一地方であるシシリーの一部の地域で今でも「スパゲティ」を指す語として使われている「トリ」という語は，エルサレムの文献で使われていた語に由来するようだ。したがって，イタリアの有名な料理はおそらく9世紀あたりのある時期に中東からイタリアにやって来たのであろう。そこから，レシピがヨーロッパ中に広がったのだ。17世紀には，イギリス人がパスタを北アメリカに持ち込んだ。

　今日，パスタはほとんどいたるところで見られる。パスタは安価で，満腹感があり，調理に時間がかからず，乾燥させて長期間保存しておくことが可能だ。全粒粉で作られたパスタは食物繊維と各種ビタミンも含んでいる。パスタの起源がどこであろうと，こうした特質がパスタを世界中の多くの文化における料理の重要な要素としているのだ。

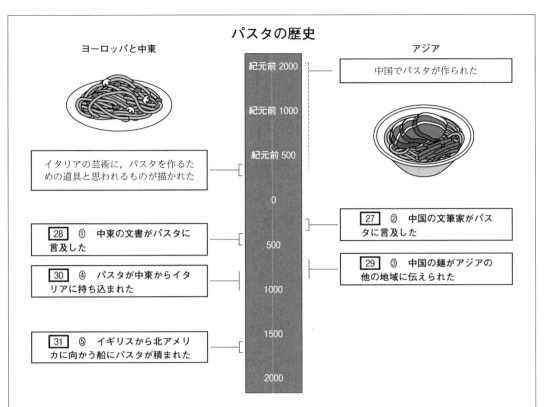

パスタ：事実と虚構

▶ 20 世紀に，アメリカのある組織がパスタの起源について，面白いけれども誤った物語を広めた。

▶ イタリア人はパスタはイタリアで考案されたと主張しているが，複数の事実がこの主張と矛盾する： 32

A．ある種のパスタを意味するイタリア語の単語は中東に起源があるようだ。
C．約 4,000 年前の麺が 2005 年に中国で発見された。

パスタの通った 2 つの経路

▶ 歴史学者はパスタを考案したのは 1 つの国民や文化ではない可能性が高いと考えている。

▶ パスタはおそらく 33 ③ 交易のためにやって来た中国の人々によってアジアの大部分に伝えられたのであろう。

▶ 数か所における古代の料理人のおかげで，今日世界中の人々が便利で健康的な食べ物が食べられる。以下がその利点の例である： 34

A．乾燥パスタは良い状態で貯蔵できる。
B．パスタは価格があまり高くない。
C．パスタは満腹感がある。
F．一部の種類のパスタには重要な栄養素が含まれている。

【語句・構文解説】
・prepare O「O の準備をする／O を調理する」
・A entitled B「B というタイトルの A」
・article「記事」
・A below「以下の A」
◆第 1 段落◆
・association「協会」
・get O excited「O を夢中にさせる／興奮させる」
・the public「一般の人々／大衆」
・noodle「麺」
・They published a colorful story in a magazine about Marco Polo, a merchant from Venice, Italy, who explored Asia in the 13th century.「彼らは雑誌に，イタリアのベニス出身の商人で，13 世紀にアジアを探検したマルコポーロに関する興味深い物語を載せた」 a merchant from Venice, Italy は Marco Polo の補足説明。who 以下は Marco Polo を補足説明する関係代名詞節。
  publish O「O を発表する／出版する」
  colorful「興味深い／多彩な」
  Marco Polo「マルコポーロ」 (1254-1324) 中国各地を歴訪し『東方見聞録』を口述により著した。
  merchant「商人」
  Venice「ベニス」 運河とゴンドラで有名なイタリア北東部の湾岸都市。
  explore O「O を探検する」
・for the first time「初めて」
・cook「料理人」
・the story goes「その物語によると」
◆第 2 段落◆
・legend「伝説」
・to the disappointment of A「A が失望したことに」
  (＝to A's disappointment)
  ［例］ **To the disappointment of** my father, the book was out of stock.
       父ががっかりしたことに，その本は売り切れだった。
・read O as C「O を C だと解釈する」
・particularly「特に」
・detail「詳細」
・basis「基礎／論拠」
・claim that SV ...「…と主張する」
・pasta was not invented in China, but in Italy「パスタが中国ではなく，イタリアで考案されたものだ」
  not A, but B「A ではなくて B」
  ［例］ He won the race **not** on luck, **but** on his ability.

彼は運ではなくて実力でそのレースに勝利した。
  invent O「O を考案する／発明する」
・evidence「証拠」
・point to A「A を引き合いに出す／指摘する」
・art from the 4th century B.C. made in the area that is now Italy「現在イタリアの領土となっている地域で作られた紀元前 4 世紀の芸術」 made 以下は art を修飾する過去分詞句。that is now Italy は area を修飾する関係代名詞節。
・flour sack「小麦粉を入れる袋」
・other items that might have been used to make pasta「その他パスタを作るのに使われた可能性のある道具」 that 以下は other items を修飾する関係代名詞節。
  item「品目」 ここでは道具のこと。
  might have *done*「〜したかもしれない」 過去に対する推量。(＝may have *done*)
・historian「歴史学者」
・could have *done*「〜した可能性がある」 過去の可能性。
・baked goods「焼き菓子」
・challenge O「O に異議を唱える／挑む」
・pointing out that by the time Polo came back to Europe from China in 1295, the written historical record shows that people were already eating pasta in Italy「1295 年にマルコポーロが中国からヨーロッパに戻って来るまでに，イタリアですでにパスタが人々によって食べられていたと歴史の記録文書に記されていることを指摘して」 この部分は全体が分詞構文。pointing out の目的語である that 節内は by the time ... in 1295 が副詞節，the written historical record が主語，shows が動詞で，that people ... の部分が目的語である。
  point out that SV ...「…ということを指摘する」
  by the time SV ...「…するまでに／…する頃には」
  ［例］ **By the time** she was four, Sally could read.
       4 歳の頃にはサリーは文字を読むことができた。
  record「記録」
◆第 3 段落◆
・Pasta and noodles can be broadly defined as a mixture of grain flour and water or eggs, which is made into a dough, cut into shapes, and cooked, usually by boiling in water.「パスタや麺は広義では，穀物粉と水か卵を混ぜ合わせて，生地にし，様々な形に切られ，たいていは湯の中に入れて茹で

― 98 ―

ることで加熱調理されるものだと定義できる」
which 以下は a mixture of grain flour and water
or eggs の補足説明。
broadly「広義では／広く」
define O as C「O を C だと定義する」
mixture of A and B「A と B の混合物」
grain flour「穀物粉／穀粉」
dough「生地／練り粉」
cut O into shapes「O を様々な形に切る」
・reference to A「A への言及」
・a Chinese book written in the 3rd century A.D.,
nearly 1,800 years ago「3 世紀，つまりほぼ 1,800
年前に書かれた中国の書物」 written 以下は a
Chinese book を修飾する過去分詞句。nearly ...
ago は the 3rd century A.D. を補足説明している。
nearly「ほぼ／ほとんど」（＝almost）
・archaeologist「考古学者」
・dirt「土／ほこり」
・a bowl of A「碗に入った A」
・long, thin, yellow noodles「長くて細い黄色の麺」
long, thin, yellow はすべて noodles を修飾してい
る。
・expert「専門家」
・estimate (that) SV ...「…と推定する」
・preserve O「O を保存する」
・earth「土」

◆第 4 段落◆
・introduce A to B「A を B に伝える／紹介する」
・the rest of A「A の残り」
・mostly「ほとんどの場合／たいていは」
・seem to have *done*「～したように思える」
　［例］　Our dog **seems to have caught** a cold.
　　　　うちの犬，風邪をひいたみたいだ。
・spread along A「A に沿って広がる」
・trade route「貿易のルート」
・Turkey「トルコ」
・When this happened is not entirely clear「この伝
播がいつ起こったのかは完全にわかっているわけで
はない」 When this happened は名詞節でこの部
分の主語。
not entirely「完全に～というわけではない」 部分
否定。
・show up「現れる」

◆第 5 段落◆
・Jerusalem「エルサレム」 古代パレスチナの都市，
ユダヤ教，キリスト教，イスラム教の聖地。
・dish「料理」

・have a connection to A「A とつながりがある」
・However, the word "trii," still used for "spaghetti"
in some parts of Sicily, a region of Italy, seems to
have been derived from the word used in the
Jerusalem source.「しかしながら，イタリアの一地
方であるシシリーの一部の地域で今でも『スパゲ
ティ』を指す語として使われている『トリ』という
語は，エルサレムの文献で使われていた語に由来す
るようだ」 still used ... Italy は the word "trii" を
補足説明する過去分詞句。a region of Italy は
Sicily を補足説明する。used in the Jerusalem
source は the word を修飾する過去分詞句。
Sicily「シシリー／シチリア」 イタリア南方の，シ
シリー島と周辺の島から成る州。
region「地域」
be derived from A「A に由来する」
source「文献／源」
・the Middle East「中東」 リビアからアフガニスタ
ンに及ぶ諸国。
・some time around A「A あたりのある時期に」
・recipe「レシピ」

◆第 6 段落◆
・inexpensive「安価な／高価ではない」
・filling「満腹感のある／腹持ちの良い」
・dry O「O を乾燥させる」
・store O「O を保存する／蓄積する」
・Pasta made from whole grains contains fiber and
vitamins as well.「全粒粉で作られたパスタは食物
繊維と各種ビタミンも含んでいる」 made from
whole grains は Pasta を修飾する過去分詞句。
whole grain「全粒(粉)」 胚芽，皮などを取り除い
ていない穀物。
contain O「O を含む」
fiber「食物繊維」
vitamin「ビタミン」
A as well「A も」
・no matter where S come from「S の起源がどこで
あろうと／S がどこから来ようとも」
・quality「特質／性質」
・cuisine「料理」

◆ポスター◆
・fiction「虚構」
・false「誤った／事実に反する」
・multiple「複数の」
・contradict O「O と矛盾する」
・benefit「利点／恩恵」

【設問解説】

問1 27 ②, 28 ①, 29 ③, 30 ④,
31 ⑤

あなたのグループのメンバーがパスタの歴史において重要な出来事を挙げた。出来事が起きた順に，空所 27 ～ 31 にそれらを入れよ。

① 中東の文書がパスタに言及した 28
② 中国の文筆家がパスタに言及した 27
③ 中国の麺がアジアの他の地域に伝えられた 29
④ パスタが中東からイタリアに持ち込まれた 30
⑤ イギリスから北アメリカに向かう船にパスタが積まれた 31

第3段落第2文「穀物をこのようなやり方で調理したことに関する，文字で書かれた最も初期の言及は3世紀，つまりほぼ1,800年前に書かれた中国の書物の中に見つけることができる」より，27 が②，第4段落第2・3文「ほとんどの場合歴史学者は，中国の麺が貿易のルートを通って他のアジア諸国やトルコへ伝播していったらしいという点で意見が一致する。この伝播がいつ起こったのかは完全にわかっているわけではないが，日本で麺に関する最初の言及が現れるのは8世紀である」より，29 が③，第5段落第2文「5世紀に，エルサレムの文筆家がパスタに言及し，それを『イトリウム』や『イトリヤァ』と呼んでいる」より，28 が①，第5段落第5文「したがって，イタリアの有名な料理はおそらく9世紀あたりのある時期に中東からイタリアにやって来たのであろう」より，30 が④，第5段落第7文「17世紀には，イギリス人がパスタを北アメリカに持ち込んだ」より，31 が⑤である。

問2 32 ②

ポスターを完成させるのに最も適切な組合せを選べ。32

A．**ある種のパスタを意味するイタリア語の単語は中東に起源があるようだ。**
B．麺料理は8世紀には北ヨーロッパで食べられていた。
C．**約4,000年前の麺が2005年に中国で発見された。**
D．マルコポーロが中国からイタリアに最初のパスタを持ち込んだという確固たる証拠がある。

第3段落第3・4文「そして2005年には考古学者が，碗に入った長くて細い黄色の麺を中国北西部の10フィートの土と岩の下から見つけたのだ。専門家は，そのパスタが紀元前20世紀からずっと地中

に保存されていたと推定している」より，Cと，第5段落第4文「しかしながら，イタリアの一地方であるシシリーの一部の地域で今でも『スパゲティ』を指す語として使われている『トリ』という語は，エルサレムの文献で使われていた語に由来するようだ」より，Aが空所に当てはまる。したがって，②（A and C）が正解。Bについては述べられていないので，不可。Dは，第2段落第1文「その話の筆者はその物語を『伝説』だと言った」に関連するが，「伝説」とは事実かどうか不明なものということであり，確固たる証拠があるとは言えないので，不可。

問3 33 ③

ポスターを完成させるのに最も適切な選択肢を選べ。33

① トルコ経由で到着したイタリア人の商人
② 穀物の使い方を学んでいる地元の料理人
③ **交易のためにやって来た中国の人々**
④ 中東からやって来た船

第4段落第2文「ほとんどの場合歴史学者は，中国の麺が貿易のルートを通って他のアジア諸国やトルコへ伝播していったらしいという点で意見が一致する」より，中国から交易のためにやって来た人が麺をアジア諸国に伝えたと考えられるので，③が正解。①，②については述べられていないので，不可。④については第5段落第5文「したがって，イタリアの有名な料理はおそらく9世紀あたりのある時期に中東からイタリアにやって来たのであろう」に関連するが，これはアジアに伝えられた経緯を述べた文ではないので，不可。

問4 34 ⑦

ポスターを完成させるのに最も適切な組合せを選べ。34

A．乾燥パスタは良い状態で貯蔵できる。
B．パスタは価格があまり高くない。
C．パスタは満腹感がある。
D．パスタは良質のタンパク源である。
E．パスタには健康に良い脂肪が多く含まれる。
F．**一部の種類のパスタには重要な栄養素が含まれている。**

第6段落第2文「パスタは安価で，満腹感があり，調理に時間がかからず，乾燥させて長期間保存しておくことが可能だ」より，A，B，Cが，同段落第3文「全粒粉で作られたパスタは食物繊維と各種ビタミンも含んでいる」よりFが当てはまる。したがって，⑦（A，B，C and F）が正解。D，Eは上記第3文に関連するが，タンパク質や脂質が含まれるとは述べられていないので，不可。

— 100 —

第3回

第6問　読解問題（論説文）

A

【全訳】

　あなたは授業に向けて，暦の歴史についてのグループ発表を行う準備をしています。あなたは以下の記事を見つけました。

暦の発達

[1]　世界の半数以上の人にとって，1月は1年のうち最も寒く暗い時期だ。では，なぜ地球が太陽の周りを公転する最も新しい旅の始まりとして1月が選ばれたのだろうか。暦年を1月1日に始める慣例は過去2,000年にわたってゆっくりと発達した。この慣例の基盤は古代ローマから始まった。

[2]　「カレンダー」という語は，月の初めの日を意味する「カレンダエ」というラテン語に由来する。ローマ人は社会的，政治的生活を行っていくのに暦を用いた。農民は毎週最終日に市場で商品を販売し，お金を借りている人は毎月初めの日に返済しなければならなかった。月が新月から満月になり，また満月から新月になるまでの月の満ち欠けにおよそ29.5日かかるが，ローマの太陰暦は3月から12月までの29日か30日から成る10か月で構成されていた。12月と3月の間の時期は，1年のうち最も寒く暗い季節だったので，名前が付けられていなかった。

[3]　伝説によると，ローマの最初の王はロムルスという名の戦いが好きな戦士だった。彼は神マルスの息子で，3月という月はこの神にちなんで名付けられている。慣例的に，執政官と呼ばれるローマの政治指導者はロムルスの父に敬意を表すために3月に就任し，そこで1年が始まった。3月はまた，その頃に作物が育ち始めるので，農繁期の始まりでもあった。

[4]　しかし，ヌマがローマの王になり，紀元前715年から673年にわたってローマを統治したとき，彼は1月と2月を暦に加えた。1月は，物事の始まりの神である，ローマの神ヤヌスにちなんで名付けられている。ヌマは重要な行事が1月に行われることを望んだが，そのことで多くの偉大な著述家や哲学者が暦について討論をすることになった。プルタルコスという名の有名なギリシャの著述家はヌマの提案を支持した。彼は次のように書き記した。新年は，普通12月21日頃の1年で最も日が短い日の後に始まるべきである。そうすれば，新年を迎えた後は，日がだんだん長くなるのだ。紀元前153年までには，ローマの執政官は3月ではなく1月1日に就任するのが慣例となっていた。

[5]　しかしながら，ヌマ暦には1年が355日しかないという問題があった。1月が一貫して毎年同じ時期に来るのを確実にするために，ローマ人は数年ごとに彼らの暦に1つ余分な月を加えなければならなかった。紀元前46年に，ローマの政治家であり将軍であったユリウス・カエサルが1年を365日とするユリウス暦を開発した。ユリウス暦はより厳密に太陽の周期に合わせるために，4年に一度1日余分な日を含んでいた。この暦は著しい進歩だったが，それでも128年ごとに，太陽の周期とは1日分のずれが生じた。さらに，次の1,400年間に新年の始まりの日とみなされる日は数回変えられた。これによってカトリック教会は，彼らにとっ

－101－

て最も重要な祝日であるイースターがいつ祝われるべきなのかを決めるのが困難になった。

[6]　このような問題を解決するために，ローマ教皇グレゴリウス 13 世は 1582 年にグレゴリオ暦を導入した。この暦は 1 月 1 日を 1 年の最初の日と宣言し，イースターの日がどのように選ばれるかを定めた。一部の集団，特にプロテスタント系キリスト教徒は，ユリウス暦を引き続き何百年も使用した。また，イギリス人は 1752 年まで 3 月 25 日を新年の始まりの日として祝ったが，その年ついにグレゴリオ暦を採用した。多くの正教会は第一次世界大戦までユリウス暦を使っていたし，今日に至るまでそれを使い続けている教会もある。

【語句・構文解説】
・prepare for A「A の準備をする」
・presentation「発表／プレゼンテーション」
・article「記事」
・A below「以下の A」
・development「発達」
◆第 1 段落◆
・population「人々／人口」
・choose O「O を選ぶ」
・tradition「慣例／伝統」
・calendar year「暦年」
・develop「発達する」
・over A「A（期間など）にわたって」
・foundation「基盤／基礎」
・ancient「古代の」
・Roman「ローマ人／ローマの」
◆第 2 段落◆
・come from A「A が元になっている／A に由来する」
・organize O「O を行う／組織化する」
・social「社会的な」
・political「政治的な」
・goods「商品」
・market「市場」
・owe O「O（お金など）を借りている」
・pay back O / pay O back「O を返済する」
・it takes O for A to *do*「A が～するのに O（時間）かかる」
・cycle「循環する」
・the lunar calendar「太陰暦」　月の満ち欠けに基づいて 1 か月を定める仕組みの暦のこと。
・name O「O を名付ける」
◆第 3 段落◆
・legend「伝説」
・a battle-loving warrior named Romulus「ロムルスという名の戦いが好きな戦士」　named Romulus は a battle-loving warrior を修飾する過去分詞句。

battle-loving「戦いが好きな」
warrior「戦士／勇士」
・He was the son of the god Mars, after whom the month of March is named.「彼は神マルスの息子で，3 月という月はこの神にちなんで名付けられている」　after whom 以下は，the god Mars を補足説明する関係代名詞節。
name A after B「B にちなんで A を名付ける」
・traditionally「慣例的に／従来から」
・Rome's political leaders, called consuls「執政官と呼ばれるローマの政治指導者」　called consuls は Rome's political leaders を補足説明する過去分詞句。
consul「（古代ローマの）執政官」
・take office「就任する」
・honor O「O に敬意を表す／O に名誉を与える」
・crop「作物」
◆第 4 段落◆
・rule「統治する／支配する」
・add A to B「A を B に加える」
　[例]　She **added** special spices **to** the soup.
　　　　彼女はスープに特別なスパイスを加えた。
・Numa wanted important events to occur in January, which led to a calendar debate between many great writers and philosophers.「ヌマは重要な行事が 1 月に行われることを望んだが，そのことで多くの偉大な著述家や哲学者が暦について討論をすることになった」　which 以下は，前の節の内容を補足説明する関係代名詞節。
want O to *do*「O に～してもらいたい」
occur「行われる／起こる」
lead to A「A につながる」
　[例]　His careless driving **led to** the accident.
　　　　彼の不注意な運転がその事故につながった。
debate「討論／ディベート」
philosopher「哲学者」
・A famous Greek writer named Plutarch「プルタル

－ 102 －

コスという名の有名なギリシャの著述家」 named Plutarch は A famous Greek writer を修飾する過去分詞句。

・support O「O を支持する」

・proposal「提案」

・around A「A 頃に／およそ A」

・instead of ~「~ではなく／~の代わりに」

◆第 5 段落◆

・last「続く」

・make sure that SV ...「…することを確実にする／必ず…するようにする」

　[例] **Make sure that** you send in your application in time.

　　　　必ず期限内に願書を提出するようにしなさい。

・consistently「一貫して／矛盾なく」

・fall「(時節などが)来る」

・extra「余分な」

・every few years「数年ごとに」

・politician「政治家」

・general「将軍」

・develop O「O を開発する」

・the Julian calendar「ユリウス暦」

・include O「O を含む」

・match O「O と調和する」

・solar year「太陽の周期／太陽年」

・closely「厳密に／ぴったりと」

・while SV ...「…だが／…けれども」

・significant「著しい／重要な」

・improvement「改良／改善／進歩」

・still「それでも」

・fall out of sync with A「A と同調しなくなる」

・by A「A の分だけ」

・additionally「さらに／加えて」

・the date considered to be New Year's Day「新年の始まりの日とみなされる日」 considered to be New Year's Day は the date を修飾する過去分詞句。

　date「日(付)」

　consider O to be C「O を C とみなす」

・several times「数回」

・S make it＋形容詞＋for A to do「S によって A が~することが…になる／S は A が~することを…にする」

　[例] Where I work, the general mood **makes it** difficult **for** a man **to take** childcare leave.

　　　　私の会社には、男性が育児休暇を取りにくく

する雰囲気がある。

・the Catholic Church「カトリック教会」

・determine O「O を決める／判断する」

・Easter「イースター」 春分の日の後の最初の満月の次の日曜日に当たり、キリストの復活を祝う祭。

・celebrate O「O を祝う」

◆第 6 段落◆

・Pope Gregory XIII「ローマ教皇グレゴリウス 13 世」(1502-1585)

・introduce O「O を導入する」

・the Gregorian calendar「グレゴリオ暦」

・declare O to be C「O を C だと宣言する」

・establish O「O を定める／確立する」

・especially「特に」

・Protestant Christian「プロテスタント系キリスト教徒」

・continue to do「~し続ける」

・hundreds of A「何百もの A」

・the British celebrated March 25 as New Year's Day until 1752, when they finally adopted the Gregorian calendar「イギリス人は 1752 年まで 3 月 25 日を新年の始まりの日として祝ったが、その年ついにグレゴリオ暦を採用した」 when 以下は 1752 を補足説明する関係副詞節。

　finally「ついに」

　adopt O「O を採用する／取り入れる」

・Orthodox church「(東方)正教会」 ローマカトリック教会から分離し、東欧、中東、ロシアを中心に発展した教会。

【設問解説】

問 1　35　②

　　記事によると、ローマの太陰暦で 1 年が始まる 3 月には　35　。

① マルスに敬意を表す祭典が催された

② **農民が忙しくなった**

③ 人々が借金を払わなければならなかった

④ 月の満ち欠けが始まった

　　1 年が 3 月に始まるローマの太陰暦については、第 2・3 段落に述べられている。第 3 段落第 4 文「3 月はまた、その頃に作物が育ち始めるので、農繁期の始まりでもあった」より、②が正解。①は、第 3 段落第 2・3 文「彼は神マルスの息子で、3 月という月はこの神にちなんで名付けられている。慣例的に、執政官と呼ばれるローマの政治指導者はロムルスの父に敬意を表すために 3 月に就任し、そこで 1 年が始まった」に関連するが、祭典が催されたとは述べられていないので、不可。③は、第 2 段落第

３文後半に「お金を借りている人は毎月初めの日に返済しなければならなかった」とあるが，借金を返すのは３月に限ったことではないので，不可。④は，第２段落第４文「月が新月から満月になり，また満月から新月になるまでの月の満ち欠けにおよそ29.5日かかるが，ローマの太陰暦は３月から12月までの29日か30日から成る10か月で構成されていた」に関連するが，月の満ち欠けが３月に始まったとは述べられていないので，不可。

問2 36 ②

第４段落において，筆者がプルタルコスについて述べているのは，おそらく 36 の例を挙げるためだ。

① 季節の理解に著述家たちがなした貢献
② **人々がヌマの提案に関する討論に加わった様子**
③ 12月21日の後に日がだんだん長くなっていく仕組み
④ ヌマがヤヌスにちなんである月の名前を付けたがった理由

第３・４文「ヌマは重要な行事が１月に行われることを望んだが，そのことで多くの偉大な著述家や哲学者が暦について討論をすることになった。プルタルコスという名の有名なギリシャの著述家はヌマの提案を支持した」より，②が正解。①については述べられていないので，不可。③は，第５・６文「彼は次のように書き記した。新年は，普通12月21日頃の１年で最も日が短い日の後に始まるべきである。そうすれば，新年を迎えた後は，日がだんだん長くなるのだ」に関連するが，日が長くなる仕組みについては述べられていないので，不可。④は，第２文に「１月は，物事の始まりの神である，ローマの神ヤヌスにちなんで名付けられている」とあるが，プルタルコスには関係がないので，不可。

問3 37 ③

記事によると，ユリウス暦の問題の１つは，それが 37 ということだ。

① １月と２月を正式な月として含めなかった
② １年にたった355日しか含まれていなかった
③ **太陽と一致するように調節されなければならなかった**
④ カトリック教会に受け入れられなかった

ユリウス暦については第５段落第３文で初めて言及されている。続く第４文に「この暦は著しい進歩だったが，それでも128年ごとに，太陽の周期とは１日分のずれが生じた」とあるので，③が正解。①は，１月と２月を含まなかったのはローマの太陰暦に関連することなので，不可。②は，１年に355日

しか含まれていなかったのはヌマ暦の問題なので，不可。④については述べられていないので，不可。

問4 38 ①

この記事を最もよく要約しているのは次の記述のうちのどれか。 38

① **宗教と政治の両方が影響して１月１日が新年の始まりの日に定められた。**
② 激しい政治的討論が2,000年以上も前に暦の問題を解決した。
③ キリスト教は新年の始まりの日に最も大きな影響を及ぼすものだった。
④ 新年の始まりの日は太陰暦を維持するために特定の日に定められた。

第１段落第３文に「暦年を１月１日に始める慣例は過去2,000年にわたってゆっくりと発達した」とあり，第２～５段落では，最初古代ローマ人は１年が３月から始まる太陰暦を用いて社会的，政治的生活を行っていたのが，ヌマ暦の導入によって１月と２月が加えられ，さらに紀元前46年にユリウス・カエサルが太陽暦を開発したことが述べられている。第６段落では，1582年にローマ教皇グレゴリウス13世によるグレゴリオ暦の導入によって，１月１日を１年の最初の日とし，カトリック教会にとって最も重要なイースターを祝う日をどのように選ぶのかが定められたことが述べられている。したがって，①が正解。

— 104 —

B
【全訳】

　あなたはスマートデバイスの隆盛について調べています。スマートホームテクノロジーの最近の傾向について理解するために，次の記事を読むところです。

　モノのインターネット(IoT)とは，モノ同志が互いに直接通信し合うことができるし，インターネット上でデータを送ったり受け取ったりすることもできる，日常生活で用いるスマート製品システムのことである。そのようなデバイスにはスピーカー，煙感知器，また，自分の体重を量るのに使う体重計さえ含まれる。これらのデバイスは役に立つ機能を提供してくれるが，そのようなテクノロジーによって犯罪者が個人情報を簡単に盗めるようになるのではないかと心配している人もいる。2019年，ある警備会社は，ハッカーが所有者に気づかれずにその会社の防犯デバイスを使って写真を撮影し，ビデオを録画することができることを発見した。実際，多くの会社は，デバイスが安全かどうかよりもデバイスが提供する機能の数の方に関心を持っているように見える。しかし，そうしたリスクにもかかわらず，多くの人々はIoTで接続されたデバイスを家庭で使うようになっているのだ。

　スマートデバイスは，時間やエネルギーやお金を節約し家や財産を安全に保つことによって，人々の生活をより楽にしてくれる。ドアロック，テレビ，防犯カメラ，キッチン用品，そして掃除用の道具でさえ，声による複雑な指示に反応し，世界のどこからでもユーザーのスマートフォンによってコントロールすることができる。これらのデバイスのうち，最大のカテゴリーはビデオエンターテインメントで，それに続くのがモニタリングシステム，そして，スピーカーである。2019年から2023年の間に，スマートホームモニタリング製品の購買は倍になると予想されているが，それに対して，ビデオエンターテインメントデバイスの購買の増加は20%を少し超える程度だろう。この期間に，スマートデバイス市場全体ではおよそ70%増加すると予想されている。

　スマートデバイスは一般に，「アクティブ」と「パッシブ」というカテゴリーに分けられる。アクティブデバイスは，誰かが声による指示によって作動させるまでは，情報を記録しないことになっている。アクティブデバイスには，音楽を流したり，常に時間の経過を追ったりするなどの機能を行うことのできる，オーディオアシスタントやスマートスピーカーが含まれる。パッシブデバイスは，ユーザーからのインプットがなくても絶えず働いている。パッシブデバイスには，防犯カメラや自動照明など動作検知センサーを持ったデバイスが含まれる。アクティブかパッシブかにかかわらず，すべてのスマートデバイスがその利用の詳細に関するデータを蓄積している。しかし，スマートデバイスのユーザーは，自分の個人情報のうちどれくらいがデバイスメーカーによって集められているのかを，必ずしも把握しているわけではない。会社にとって，このような情報は実に貴重である。というのは，それによって会社は，どんな種類の商品に需要があるのか，それをどこで販売すればよいのか，それを誰が買うのかなどを知る助けになるからだ。しかしながら，どんな種類のデータが記録されていて，それが信じられないほどの量であることを消費者が知ると，多くの人はそれをプライバシーの侵害だと思う。

会社は，生活を楽にする目的で，人々にスマートデバイスを使ってもらいたいと思っているが，また，広告を通して新しい製品を買うことを客に勧めるために，IoT を使いたいとも思っている。広告主は従来からテレビ，インターネット，ラジオなどのメディアを使っているが，それに加えて，人々が何をしているのか，人々がどんな商品やサービスを求めているのかを知るために，パッシブデバイスからの情報を使うようになっている。例えば，もしある家庭でいつもより多くの人がいることを動作検知センサーが感知すると，ピザの広告を表示するようスマート冷蔵庫に指示するかもしれない。すると，ボタンに触れるだけで，その冷蔵庫は近くの宅配ピザ業者に注文を送ることもあるだろう。これは氷山の一角で，消費者，デバイスメーカー，広告主の複雑な関係がどのように発展していくかは時が経ってみなければわからないだろう。

【語句・構文解説】

- rise「隆盛／繁栄」
- smart「スマートな／コンピューター制御の」
- device「デバイス／機器」
- the following A「次の A」
- article「記事」
- latest「最近の」
- trend「傾向／流行」

◆第1段落◆

- The Internet of Things「モノのインターネット」様々な物がインターネットに接続され，情報を交換し合いながら，相互に連絡し合う仕組みのこと。略して IoT とも言う。
- refer to A「A を指す」
- object「物」
- communicate with A「A と通信する」
- each other「お互い」
- A as well as B「A，そして B／B だけでなく A もまた」
- online「インターネット上で／オンラインで」
- include O「O を含む」
- smoke alarm「煙感知器」
- scales you can use to weigh yourself「自分の体重を量るのに使う体重計」 you 以下は scales を修飾する節。
  scale「体重計」
  weigh O「O の重さを量る」
- provide O「O を提供する／用意する」
- function「機能／働き」
- be worried that SV ...「…ではないかと心配している」
- S make it＋形容詞＋for A to do「S によって A が～することが…になる／S は A が～することを…

にする」
- criminal「犯罪者／犯人」
- steal O「O を盗む」
- personal「個人的な」
- security company「警備会社」
- hacker「ハッカー」 通信回線を通して，不法に他のコンピュータシステムへ侵入したり，内部データやプログラムを破壊したりする人。
- security device「防犯デバイス」
- record O「O を録画する／記録する」
- without A doing「A が～しないまま／A が～しないうちに」
- be aware of A「A のことを知っている」
- indeed「実際／確かに」
- concerned with A「A に関心があって」
- features their devices offer「デバイスが提供する機能」 their devices offer は features を修飾する節。
  feature「機能／特徴」
- secure「安全な」
- despite A「A にもかかわらず」（＝in spite of A）
  [例] **Despite** her age, Ellen's very active.
  　　エレンは高齢にもかかわらず，とても元気だ。
- choose to do「～するようになる／～する方を選ぶ」
- A-connected「A で接続された」

◆第2段落◆

- save A B「A(人)の B(時間，お金など)を節約する」
- belongings「財産／持ち物」
- security camera「防犯カメラ」
- equipment「用品／器具」
- respond to A「A に反応する」
- complex「複雑な」
- command「指示／命令」

— 106 —

- category「カテゴリー／種類」
- ~, followed by A「~で，それに続くのが A である」
- monitoring system「モニタリングシステム／監視システム」
- purchase「購買」
- product「製品」
- be expected to *do*「~すると予想されている」
- double「倍になる」
- ~, while ...「~だが一方…」
- by A「A（数値）分だけ」
- a little over A「A を少し超えた」
- market「市場」

◆第3段落◆
- generally「一般に」
- divide A into B「A を B に分ける／分割する」
  [例] My mother **divided** the cake **into** three pieces.
  お母さんはケーキを3つに分けた。
- active「アクティブな／能動的な」
- passive「パッシブな／受動的な」
- be not supposed to *do*「~しないことになっている」
- turn on O / turn O on「O（テレビ，明かりなど）をつける」
  [例] "I feel a little cold."
  "I'll **turn on** the heater then."
  「ちょっと寒いんだけど」
  「じゃあ，暖房を入れよう」
- perform O「O を行う」
- keep track of A「A（事態の成り行きなど）との接触を保つ／見失わない」
- constantly「絶えず／常に」
- at work「働いて」
- input「インプット／入力」
- motion sensor「動作検知センサー」 人の動きなどを感知するセンサー。
- automatic lighting「自動照明」
- regardless of A「A にかかわらず／A に関係なく」
  [例] The club welcomes all new members **regardless of** age.
  そのクラブは年齢に関係なく新メンバーを全員歓迎する。
- store O「O を蓄積する／保存する」
- detail「詳細」
- not always「必ずしも…というわけではない」 部分否定。

- realize wh-節「…を把握している／理解している」
- collect O「O を集める」
- invaluable「きわめて貴重な」
- help O to *do*「O が~するのを助ける／O が~するのに役立つ」
- determine O「O を決める／判断する」
- in demand「需要がある」
- consumer「消費者」
- incredible「信じられない」
- volume「量」
- invasion「侵害」

◆第4段落◆
- want O to *do*「O に~してもらいたい」
- encourage O to *do*「O に~するように勧める／励ます」
- customer「客」
- advertising「広告」
- advertiser「広告主」
- traditionally「従来から／慣例的に」
- detect O「O を感知する／検知する」
- a larger-than-usual group of people「いつもより多くの人」
- refrigerator「冷蔵庫」
- display O「O を表示する／陳列する」
- advertisement「広告」
- with the touch of a button「ボタンに触れるだけで」
- nearby「近くの」
- delivery「配達」
- the tip of the iceberg「氷山の一角」 ここでは，ほんの一例に過ぎないという意味。
- only time will tell wh-節「…は時が経ってみなければわからないだろう」
  [例] **Only time will tell** what will happen next.
  次に何が起きるかは時が経ってみなければわからないだろう。
- relationship「関係」
- evolve「発展する／進化する」

【設問解説】
問1 | 39 | ①
記事によると，モノのインターネット | 39 | 。
① のおかげでスマートデバイスはお互いに情報を送り合うことができる
② のおかげで人々はウェブ上でお互いに意思伝達ができる
③ にはオーディオ機器や防犯デバイスは含まれているが，健康器具は含まれていない

— 107 —

④　のために悪意を持ったハッカーは個人情報を盗むことができない

　第1段落第1文「モノのインターネット（IoT）とは，モノ同志が互いに直接通信し合うことができるし，インターネット上でデータを送ったり受け取ったりすることもできる，日常生活で用いるスマート製品システムのことである」より，①が正解。②は，上記の第1文より，モノのインターネットは人間どうしが意思伝達をするためのものではないとわかるので，不可。③は，第1段落第2文「そのような（＝IoTで接続された）デバイスにはスピーカー，煙感知器，また，自分の体重を量るのに使う体重計さえ含まれる」より，不可。④は，第1段落第4文「2019年，ある警備会社は，ハッカーが所有者に気づかれずにその会社の防犯デバイスを使って写真を撮影し，ビデオを録画することができることを発見した」より，不可。

問2　 40 　④
　次の4つのグラフの中で，状況を最もよく表しているものはどれか。 40
　④

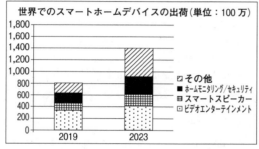

　第2段落第4・5文「2019年から2023年の間に，スマートホームモニタリング製品の購買は倍になると予想されているが，それに対して，ビデオエンターテインメントデバイスの購買の増加は20％を少し超える程度だろう。この期間に，スマートデバイス市場全体ではおよそ70％増加すると予想されている」より，④が正解。なお，①は，ビデオエンターテインメントがこの期間に減少しているので，不可。②は，スマートデバイス全体の増加が70％ではなく，ビデオエンターテインメントの増加も20％ではないので，不可。③は，ホームモニタリングの増加が倍でないので，不可。

問3　 41 ・ 42 　④・⑤
　記事によると，次のうちのどの2つが，今日のスマートデバイスの状況について説明しているか。
　（選択肢を2つ選べ。順不同。） 41 ・ 42
① 広告主はパッシブデバイスによって消費者に個人的なメッセージを送る方を好む。
② 自動照明など動作検知センサーの付いたデバイスはアクティブデバイスと呼ばれる。
③ モノのインターネットによる広告利益はすでに，テレビとラジオの広告利益を合わせたものよりも大きい。
④ パッシブデバイスは人々が気づかないうちに情報を集めるために使うことができる。
⑤ スマートデバイスの利点には，離れたところからドアをロックしたり，部屋を掃除する時間を節約したりすることが含まれる。

　第3段落第4～7文にはパッシブデバイスでは，ユーザーからのインプットがなくても働いていて，どれだけの情報が集められたかをユーザーはわからないと述べられているので，④は正解。第2段落第1・2文「スマートデバイスは，時間やエネルギーやお金を節約し家や財産を安全に保つことによって，人々の生活をより楽にしてくれる。ドアロック，テレビ，防犯カメラ，キッチン用品，そして掃除用の道具さえ，声による複雑な指示に反応し，世界のどこからでもユーザーのスマートフォンによってコントロールすることができる」より，⑤は正解。①，③については述べられていないので，不可。②は，第3段落第5文「パッシブデバイスには，防犯カメラや自動照明など動作検知センサーを持ったデバイスが含まれる」より，不可。

問4　 43 　③
　この記事に最も適したタイトルは 43 である。
① 世界でのスマートデバイス使用の相違
② スマートデバイスを使って家に盗みに入られるのを防ぐ方法
③ **スマートデバイスの利点と欠点**
④ 人々が便利さよりもプライバシーを選ぶ理由

　この文章には，スマートデバイスには家にいなくても家庭の中の様々なことができるなど多くの利点もあるが，個人情報が知らない間に集められているといった欠点もあることについて書かれているので，③が正解。①，④については述べられていないので，不可。②は，第2段落第1・2文に触れられているだけで，最も適したタイトルとは言えないので，不可。

第4回 解答・解説

設問別正答率

解答番号	1	2	3	4	5	6	7	8	9	10
配点	2	2	2	2	2	2	2	2	2	2
正答率(%)	47.2	79.3	83.0	56.4	58.4	90.1	60.7	79.2	81.9	83.2
83.2	11	12	13	14	15	16	17	18	19	20
配点	2	2	2	2	2	2	2	2	2	2
正答率(%)	60.2	76.5	66.7	71.8	59.4	65.7	22.4	74.1	86.4	83.1
解答番号	21	22	23	24-25	26	27-31	32	33	34	35
配点	3	3	4	3	3	5	5	5	5	3
正答率(%)	58.5	45.4	61.8	57.5	78.7	61.8	48.5	32.6	38.9	44.3
解答番号	36	37	38	39	40	41-42	43			
配点	3	3	3	3	3	3	3			
正答率(%)	65.6	32.7	57.5	51.3	54.5	23.2	64.8			

設問別成績一覧

設問	設 問 内 容	配 点	全 体	現 役	高 卒	標準偏差
合計		100	58.3	57.6	66.8	20.7
1	読解問題(メモ, お知らせ)	10	6.5	6.4	7.2	2.6
2	読解問題(ウェブサイト, 記事)	20	14.6	14.5	15.8	4.6
3	読解問題(ブログ, 雑誌)	10	6.6	6.6	7.1	2.5
4	読解問題(グラフ)	16	9.7	9.5	11.2	5.1
5	読解問題(伝記)	20	9.1	8.9	11.1	5.9
6	読解問題(論説文)	24	11.8	11.6	14.5	6.4

(100点満点)

問題番号	設問		解答番号	正解	配点	自己採点
第1問	A	問1	1	④	2	
		問2	2	④	2	
	B	問1	3	①	2	
		問2	4	①	2	
		問3	5	④	2	
第1問 自己採点小計					(10)	
第2問	A	問1	6	④	2	
		問2	7	②	2	
		問3	8	②	2	
		問4	9	①	2	
		問5	10	④	2	
	B	問1	11	③	2	
		問2	12	①	2	
		問3	13	③	2	
		問4	14	②	2	
		問5	15	①	2	
第2問 自己採点小計					(20)	
第3問	A	問1	16	③	2	
		問2	17	①	2	
	B	問1	18	⑤	2	
		問2	19	②	2	
		問3	20	①	2	
第3問 自己採点小計					(10)	
第4問		問1	21	④	3	
		問2	22	③	3	
		問3	23	⑤	4	
		問4	24	⑤	3※	
			25	②		
		問5	26	①	3	
第4問 自己採点小計					(16)	

問題番号	設問		解答番号	正解	配点	自己採点
第5問		問1	27	②	5※	
			28	①		
			29	④		
			30	⑤		
			31	③		
		問2	32	③	5	
		問3	33	③	5	
		問4	34	②	5	
第5問 自己採点小計					(20)	
第6問	A	問1	35	①	3	
		問2	36	③	3	
		問3	37	②	3	
		問4	38	④	3	
	B	問1	39	④	3	
		問2	40	④	3	
		問3	41 - 42	②-⑤	3※	
		問4	43	②	3	
第6問 自己採点小計					(24)	
自己採点合計					(100)	

(注)　※は，全部正解の場合のみ点を与える。

－(ハイフン)でつながれた正解は，順序を問わない。

第4回

第1問 読解問題（メール，お知らせ）

A

【全訳】

　イギリス出身の交換留学生があなたの家族とともに暮らしています。金曜日の午後，彼は日本語の先生からメールを受け取り，それをあなたは彼のために英語に翻訳しました。

生徒のみなさんへ

　明日早く，私たちの町に大きな台風が来そうなので，午前中の授業はすべて中止になります。午後に授業のある人は，明日コミュニティセンターのウェブサイトを確認してください。コミュニティセンターは午後から開館する予定ですが，変更になる可能性もあります。多くの人が，明日予定していたそば屋さんでの昼食をとても楽しみにしていたと思います。残念ながら，電車やバスが一部運休となるかもしれないので，別の日にしなければなりません。他に空いている日を私宛てにメールで知らせてください。全員から連絡をもらってから，みなさんに新しい日程を連絡します。

気をつけてね
ユウコ

【語句・構文解説】

・exchange student「交換留学生」
・receive O「O を受け取る」
・translate A into B「A を B に翻訳する」
　［例］ **Translate** the following sentence **into** English.
　　　　次の文を英語に訳しなさい。

◆メール◆

・major「（規模などが）大きな」
・typhoon「台風」
・hit O「（台風・地震などが）O（場所）を襲う」
・cancel O「O を中止にする」
・community center「コミュニティセンター」
・website「ウェブサイト」
・plan to *do*「～する予定だ」
・be excited about A「A にワクワクしている／A をとても楽しみにしている」
・the lunch we had planned at the soba restaurant tomorrow「明日予定していたそば屋さんでの昼食」we 以下は the lunch を修飾する節。
・unfortunately「残念ながら」

・let me know O「私に O を知らせる」
・other days you are free「他に空いている日」 you are free は other days を修飾する節。
・update O「O（人）に最新情報を提供する」
・hear from A「A から連絡をもらう」
　［例］ I haven't **heard from** Ellen for more than a year.
　　　　もう 1 年以上もエレンから連絡がない。
・stay safe「気をつけている／安全でいる」
　stay＋形容詞「～のままでいる」

【設問解説】

問1 　**1** 　④
　　先生は生徒に 　**1** 　ことを連絡している。
　① 土曜日の日本語の授業がすべて中止になる
　② 今週末は異なる場所で授業が行われる
　③ 生徒は午後の授業の準備をしておかなければならない
　④ **午前中コミュニティセンターは閉館される**
　　第 1 ～ 3 文「明日早く，私たちの町に大きな台風が来そうなので，午前中の授業はすべて中止になります。午後に授業のある人は，明日コミュニティセ

— 111 —

ンターのウェブサイトを確認してください。コミュニティセンターは午後から開館する予定ですが，変更になる可能性もあります」より，④が正解。①は，上記の文より，土曜日のすべての授業が中止になるかどうかは不明なので，不可。②については，述べられていないので，不可。③は，上記の文より，必ず授業があるとは限らないので，不可。

問2 ２ ④

先生はまた，生徒に ２ ほしいと思っている。
① 自分が利用する電車やバスが運行されるかどうかを確かめて
② どんな種類のレストランを訪れたいかを決めて
③ レストランまで公共交通機関を利用して
④ **いつ昼食を一緒にとれるかを知らせて**

第5・6文「残念ながら，電車やバスが一部運休となるかもしれないので，別の日にしなければなりません。他に空いている日を私宛てにメールで知らせてください」より，④が正解。①は，上記の文に関連するが，電車やバスの運行を確かめるようには指示していないので，不可。②，③については，述べられていないので，不可。

— 112 —

B

【全訳】

あなたは住んでいる町の英語のウェブサイトを訪れ，興味深い告知を見つけました。

特別行事：新しい公立図書館の開館

　来年早々に，私たちの町は新しい公立図書館をオープンします。これは，あらゆる年齢の方々が公共教育に参加できるすばらしい機会になります。私たちは地元のクラブと近くの大学の外国人講演者にプレゼンテーションをお願いしています。

　この図書館が提供する利点について知っていただくために，この町在住の外国人学生に来館してほしいと考えています。日本人学生もまた参加大歓迎です。

プログラムスケジュール

1月26日	開館祝賀会
1月28日	図書館のサービスについての2つのプレゼンテーション 　(1) 図書館カードの登録，(2) 本の借り方
1月30日	カワイ高等学校の外国語クラブとの交流会
2月2日	大学での勉強についてのプレゼンテーション 　日本語で書かれた資料を使う研究の方法
2月5日	日本語学習者による詩の朗読
2月9日	当館における日本語の授業についてのプレゼンテーション

●プレゼンテーションは英語で行われます。また，行事はすべて午後5時開始です。

●外国人学生は，学生証を提示すれば無料の図書館バッグがもらえます。

授業と行事の詳細をお知りになりたい方は，<u>ここ</u>をクリックしてください。

▶▶<u>公立図書館ホームページ</u>

【語句・構文解説】

・website「ウェブサイト」
・notice「告知／お知らせ」
・event「イベント／行事」
・public library「公立図書館」
・exciting「ワクワクする（ような）／（人を）興奮させる」

・opportunity for A to do「Aが〜できる機会／チャンス」
　[例] The new rule will provide **opportunities for** young people **to express** their opinions.
　その新しい規則によって若者たちは意見表明

できる機会を与えられることになる。

- people of all ages「あらゆる年齢の人々」
- participate in A「A に参加する」
  ［例］ Ellen had long wanted to **participate in** the fancy dress parade.
  エレンは以前からずっとその仮装行列に参加したがっていた。
- public education「公共教育」
- invite O to *do*「O に～するよう依頼する／O を招いて～してもらう」
- local「地元の」
- nearby「近くの［に］」
- make a presentation「プレゼンテーションをする／発表する」
- benefit「利点」
- offer O「O を提供する」
- be welcome to *do*「～するのを歓迎される／自由に～してよい」
  ［例］ Cat lovers **are welcome to contact** us with unique ideas.
  ネコの愛好家の皆さんが個性的なアイデアをこちらにお寄せくださることを歓迎します。
- program schedule「プログラムスケジュール／行事予定表」
- reception「祝賀会」
- register for A「A の登録をする」
- exchange event「交流会」
- do research「研究する／リサーチする」
- material「資料／材料」
- poetry reading「詩の朗読（会）」
- hold O「O（行事）を行う／開く」
- present O「O を提示する」
- student ID「学生証」
- free「無料の」

【設問解説】

問1 ３ ①

　このイベントの1つの目的は ３ もらうことである。

① **外国人学生にこの図書館について知って**
② 高校生に図書館カードを手に入れて
③ 高校教師にこの図書館を訪れて
④ 日本人にプレゼンテーションをして

　プログラムスケジュールの上にある説明の第2段落第1文に「この図書館が提供する利点について知っていただくために，この町在住の外国人学生に来館してほしいと考えています」とあるので，①が正解。②は，図書館カードについては1月28日の

プレゼンテーションで取り上げられているが，高校生を特に対象としているとは述べられていないので，不可。③と④は，説明の第1段落第3文に「私たちは地元のクラブと近くの大学の外国人講演者にプレゼンテーションをお願いしています」とあるので，不可。

問2 ４ ①

　行事参加者は ４ 機会が得られる。

① **大学での研究の仕方を学ぶ**
② 自分たち自身の文化についてプレゼンテーションをする
③ 学生たちと語り合うためカワイ高校を訪れる
④ 日本語と自分の母語の両方で詩を書く

　プログラムスケジュールの2月2日に「大学での勉強についてのプレゼンテーション　日本語で書かれた資料を使う研究の方法」が取り上げられているので，①が正解。②は，そのような内容のプレゼンテーションは予定されていないので，不可。③は，1月30日にカワイ高校の生徒との交流会があるが，上の説明の第1段落第3文の「私たちは地元のクラブと近くの大学の外国人講演者にプレゼンテーションをお願いしています」より，カワイ高校を訪れるのではないことがわかるので，不可。④は，2月5日に「日本語学習者による詩の朗読」が行われる予定だが，「詩を書く」行事は予定されていないので，不可。

問3 ５ ④

　このイベントに出るすべての人は ５ ことになる。

① 自分の身分証を見せなければならない
② 無料で図書館バッグを受け取る
③ 日本語の授業を受ける
④ **夕方に図書館を訪れる**

　注意書きの1つ目の後半に「また，行事はすべて午後5時開始です」とあるので，④が正解。①と②は，注意書きの2つ目に「外国人学生は，学生証を提示すれば無料の図書館バッグがもらえます」とあって，すべての出席者が対象ではないので，不可。③は，プログラムスケジュールの2月9日に日本語の授業についてのプレゼンテーションはあるが，日本語の授業そのものを受けるわけではないので，不可。

第4回

第2問　読解問題（ウェブサイト，記事）
A
【全訳】
　あなたは同級生に，彼らがたぶん食べてみたことがないと思われる外国料理を紹介したいと思っています。あるウェブサイトで，あなたは次のレシピを見つけました。

簡単なアフリカの料理

変わり映えのしない，炊いただけのご飯に「さよなら」を言いましょう。ナイジェリアの人々が何百年もの間このレシピを愛してきましたが，それはお祝いの席にも毎日の食事にもうってつけです。

ナイジェリア風ジョロフ・ライス
材料（約4人分）

A	野菜スープストック　2カップ	お米　4カップ	
B	玉ねぎ　1個	赤パプリカ　6個	中くらいのトマト　6個
	乾燥させたローリエ　2枚	油　大さじ3杯	カレー粉　大さじ2杯
C	塩　大さじ1杯		

手順

ステップ1：Aを作る
1. 米を水でとぎ，それを中型鍋に入れて，野菜スープストックで炊く。
2. 鍋に蓋をし，中火で12分間炊く。米はまだ固く，完全には火が通っていない。
3. 米を火から下ろし，置いておく。

ステップ2：Bを作る
1. トマトとパプリカを合わせてブレンダーに入れる。滑らかになるまで1分間混ぜ合わせる。
2. 玉ねぎを薄く切り（または冷凍のオニオンスライスを使い），大きめのフライパンに入れて油で5分間炒める。
3. その鍋にローリエとカレー粉を加え，2分間かき混ぜる。その後，ブレンダーにかけておいたものを加える。
4. このソースを10分間加熱する。

ステップ3：AとBとCを一緒にしてコンロの火にかける
1. 大型鍋でAとBとCを合わせ，かき混ぜる。
2. 鍋に蓋をし，弱火にかけて10分毎にかき混ぜながら40分間加熱する。
3. 味見をして，必要な場合は塩を加える。熱いうちに出す。

レビューとコメント

Top_chef222　*2019年6月25日 11:23*
玉ねぎの味がよくわかります！ ご飯を少し焦がすと，おいしくて香ばしい風味が加わりますよ。

African_Kitchen　*2019年5月9日 10:22*
わが家の子どもたちはこの料理が大好きです。時間があるときには，鶏肉を炒め，ご飯の上に乗せ，ちゃんとした食事にするのが私のお気に入りです。

【語句・構文解説】
- introduce A to B「A に B を紹介する」
- dish「(一皿の)料理」
- probably「たぶん／おそらく」
- website「ウェブサイト」
- the following A「次の A」
- recipe「料理(法)」
- boring「退屈な／つまらない」
- Nigerian「ナイジェリア人／ナイジェリア風の」
- hundreds of A「何百もの A」
- perfect for A「A にうってつけの／完璧な」
- both A and B「A と B との両方」
- celebration「お祝い／祝賀(会)」
- meal「食事」
- jollof rice「ジョロフ・ライス」 ピラフに似た，アフリカの料理。
- ingredient「材料／素材」
- serve O「(料理などが) O (人数) 分である」
- soup stock「スープストック」 スープの素として使われる出し汁。
- red bell pepper「赤パプリカ」
- medium「中くらいの大きさの」
- dried「乾燥させた」
- bay leaf「ローリエ／ベイリーフ」 月桂樹の葉。
- curry powder「カレー粉」
- instruction「(調理の)手順」
- rinse O「O をさっと洗う／すすぐ」
- boil O「O を炊く／煮る／沸騰させる」
- pot「鍋」
- cover O「O に蓋をする」
- cook on medium [low] heat「中[弱]火で加熱調理する」
- not completely「完全に～というわけではない」 部分否定。
- remove A from B「B から A を取り除く／取り出す」
  [例] We **removed** the names of old members **from** the list and added those of new ones to it.
        私たちは古い会員の名前をリストから除き，新しい会員の名前をそれに加えた。
- set aside O / set O aside「O をわきに置く」
- combine A and B「A と B を合わせる／混ぜる」
- blender「ブレンダー／ミキサー」
- blend「混ぜ合わせる」
- until smooth「滑らかになるまで」
- slice O「O を薄く切る／スライスする」

- frozen pre-sliced onion「冷凍のオニオンスライス」
- fry O「O を炒める」
- pan「フライパン」
- add A to B「B に A を加える」
- stir「かき混ぜる」
- mixture「混ぜ合わされた物」
- heat O「O を加熱する」
- put together O / put O together「O を一緒にする」
- stove「コンロ」
- every 10 minutes「10 分毎に」
- taste (O)「(O を)味見する／味わう」
- if needed「必要なら」
  [例] Check the noodles and add some water **if needed**.
        麺をチェックし，必要なら水を足しなさい。
- serve hot「熱いうちに出す」
- review「レビュー／評価」
- burn「焦げる」
- smoky「香ばしい／いぶしたような香りがする」
- flavor「風味／味」
- on top of A「A の上に」
- full meal「ちゃんとした食事」

【設問解説】

問1 ⑥ ④

　　もし ⑥ たいなら，このレシピはよいだろう。

　① 魚と一緒にご飯を食べ
　② 冷んやりした昼食を楽しみ
　③ 外国の飲み物を味わい
　④ 伝統的な料理を試し

　　一番上の料理紹介文の第2文に「ナイジェリアの人々が何百もの間このレシピを愛してきました」とあるので，④が正解。①は，材料に魚が含まれていないので，不可。②は，手順の Step 3 の3に「熱いうちに出す」とあるので，不可。③は，このレシピが飲み物を作るためのものではないので，不可。

問2 ⑦ ②

　　手順に従うと，この料理は ⑦ で食べる用意ができるはずだ。

　① およそ50分
　② 少なくとも70分
　③ ちょうど80分
　④ 1時間半以上

　　手順の中のはっきりと所要時間の書かれている部分に注意すると，ステップ1の2で12分，ステップ2の1で1分，2で5分，3で2分，4で10分，ステップ3の2で40分かかることがわかる。これらを足すと，12＋1＋5＋2＋10＋40＝70 となるの

— 116 —

で，最短でも 70 分の時間がかかることがわかるので，②が正解。①は，上記の計算より 20 分も短いので，不可。③は，70 分よりは長いものの，「ちょうど」80 分とは言えないので，不可。④は，上記の計算で出た最短時間の 70 分にさらに 20 分以上かけたことになるが，手順を読む限りは余分に 20 分以上かかるかどうかは不明なので，不可。

問3 ⑧ ②

このレシピに従う人は，もし ⑧ なら，野菜を細かく切る必要がない。
① トマトの缶詰を買う
② **冷凍のオニオンスライスを買う**
③ カレー粉を使う
④ 野菜スープストックを使う

手順の中で野菜に関する説明は Step 2 の 1 と 2 にあり，1 には「トマトとパプリカを合わせてブレンダーに入れる」，2 では「玉ねぎを薄く切り（または冷凍のオニオンスライスを使い），大きめのフライパンに入れて油で 5 分間炒める」とある。2 より，冷凍のオニオンスライスを買えば野菜を細かく切る作業が不要となるので，②が正解。①は，材料 B の「中くらいのトマト 6 個」より，「トマトの缶詰」を使わないことがわかるので，不可。③と④は，野菜を細かく切るか切らないかには関係のないことなので，不可。

問4 ⑨ ①

ウェブサイトによると，このレシピに関する 1 つの**事実**（意見ではない）は，それが ⑨ ということだ。
① **肉をまったく含まない**
② ワクワクする外国の料理である
③ 子どもと一緒に簡単に作れる
④ 鶏肉と合わせるとよりおいしくなる

材料の中に肉がまったく含まれていないので，①が正解。②は，最初の紹介文に「変わり映えのしない，炊いただけのご飯に『さよなら』を言いましょう。ナイジェリアの人々が何百年もの間このレシピを愛してきました」とあるが，「ワクワクする」という点が事実ではなく意見なので，不可。③は，African_Kitchen のコメントに「わが家の子どもたちはこの料理が大好きです」とあるが，「子どもと一緒に作る」とは述べられていないので，不可。④は，African_Kitchen のコメントに「時間があるときには，鶏肉を炒め，ご飯の上に乗せ，ちゃんとした食事にするのが私のお気に入りです」とあるが，事実ではなく意見なので，不可。

問5 ⑩ ④

ウェブサイトによると，このレシピに関する 1 つの**意見**（事実ではない）は，それが ⑩ ということだ。
① 子ども向けではない
② ナイジェリア以外で人気である
③ 2 つの鍋と 1 つのフライパンが必要だ
④ **少し焦げていると味がよくなる**

Top_chef222 のコメントに「ご飯を少し焦がすと，おいしくて香ばしい風味が加わりますよ」とあるので，④が正解。①と②については，述べられていないので，不可。③は，Step 1 で中型鍋，Step 2 でフライパン，Step 3 で大型鍋が使われているが，事実であって意見ではないので，不可。

B

【全訳】

　あなたの英語の先生が，次の授業で行われる討論の準備をする助けとなるように，1つの記事を渡してくれました。この記事の一部がコメントの1つとともに，以下に示されています。

公共交通機関への動物との同乗が認められることに

アンナ・ワイズ，ニューヨーク
2017年12月19日・午後4時7分

　ニューヨーク州では2018年から，緊急事態の際には市のバスや鉄道にペットの乗車が認められるようになる。緊急事態には激しい暴風雨，危険な病気，市への攻撃などが含まれうる。類似の法律は隣接するニュージャージー州にすでに存在している。この法律には猫や犬などの家庭で飼われる一般的なペットは含まれるが，馬や豚などの家畜は含まれないだろう。

　「ニューヨークの人々の多くはペットを家族の一員と考えています」とアンドリュー・クオモ知事は述べた。「2013年の危険な暴風雨の間に，ペットを連れていくことができないという理由で自宅を離れることを拒否する人がいました。そのようなことは二度と起きないようにしたいのです」

　しかし，新ルールに反対する人々もいる。市の交通運輸委員会のメンバーであるドン・レイゼルは次のように述べた。「この法律はやっかいな問題を引き起こします。暴風雨が近づいているとき，バスにあと2人の人間が乗れるスペースしかなくて1人が犬を連れていきたいとなったとき，どうするのでしょう。動物は人間と同じ権利を持ってはいません」彼はさらに「一部の動物は十分に訓練を受けておらず，人に襲いかかることもあります」とも述べた。

7コメント

最新

ジョージ・ウィンストン　2018年3月22日・午後7時12分

ニューヨークには動物の輸送以上に対処しなければならないはるかに大きな問題があります。寝泊りする場所を持たない人も多いし，ニューヨーク市の大気汚染はひどいことになっています。知事は動物輸送問題よりもこれらの問題を考えるべきです。

【語句・構文解説】
・article「記事」
・help O do「O が～するのを助ける」
・prepare for A「A の準備をする」
・debate「討論」
・below「下に」
・Animals Allowed on Public Transportation「公共交通機関への動物との同乗が認められることに」新聞や雑誌の見出しでは be 動詞が省略されることがある。この部分は Animals Will Be Allowed on Public Transportation と同意である。
　allow O「O を認める／許す」
　public transportation「公共交通機関」

◆第 1 段落◆
・board O「O に乗る」
・in the case of A「A の場合に」
・emergency「緊急事態」
・starting in A「A から／A 以降」
・include O「O を含む」
・serious「深刻な／重大な」
・storm「暴風雨／嵐」
・disease「病気」
・attack「攻撃」
・similar「類似の」
・law「法律」
・already「すでに」
・exist「存在する」
・neighboring「隣接した」
・common「一般的な」
・household pet「家で飼われているペット」
・farm animal「家畜」

◆第 2 段落◆
・governor「知事」
・refuse to do「～することを拒否する」
・leave O「O を離れる」
・make sure (that) SV ...「確実に…するようにする」
　[例] We should **make sure** resources are used more effectively if that happens again.
　　　私たちは、またそんなことが起こった場合には、確実に資源がもっと有効に使われるようにすべきだ。
・happen「起こる」

◆第 3 段落◆
・be opposed to A「A に反対している」
　[例] The military **was opposed to** the plan.
　　　軍部はその計画に反対だった。
・board「委員会」

・open a can of worms「やっかいな問題を引き起こす」
　[例] Your remark **opened a can of worms**. You should have left it as it was.
　　　君の発言はやっかいな問題を引き起こした。それはそのままにしておくべきだった。
・two more people「あと 2 人の人」
・the same A as B「B と同じ A」
・right「権利」
・human being「人間」
・train O「O を訓練する」
・attack O「O を攻撃する」

◆コメント◆
・deal with A「A に対処する」
・pollution「汚染」
・instead「その代わりに」

【設問解説】
問 1 ⑪ ③
　記事で説明されている規則によると、ニューヨーク州の人々は ⑪ ことができる。
　① 病気にかかっている動物をバスで病院まで運ぶ
　② お金を払って、ペットを公共交通機関で連れていく
　③ **激しい暴風雨のときに、飼い猫をバスで連れていく**
　④ 疫病の流行が起こったら、豚を電車で運ぶ
　第 1 段落第 1・2 文「ニューヨーク州では 2018 年から、緊急事態の際には市のバスや鉄道にペットの乗車が認められるようになる。緊急事態には激しい暴風雨、危険な病気、市への攻撃などが含まれうる」より、③が正解。①と②は、「緊急事態の際」という条件が選択肢に含まれていないことに加え、①は「病気にかかっている動物」、②は「お金を払って連れていく」という点がそれぞれ本文に述べられていないので、不可。④は、第 1 段落最終文「この法律には猫や犬などの家庭で飼われる一般的なペットは含まれるが、馬や豚などの家畜は含まれないだろう」より、不可。

問 2 ⑫ ①
　討論において、あなたのチームは「動物を公共交通機関に乗せることを認めるべきだ」という主張を支持する。記事の中で、あなたのチームに有益な 1 つの意見（事実ではない）は ⑫ というものだ。
　① **動物は人間の家族の一員のようである**
　② ニューヨーク州のほとんどの人は、少なくとも 1 匹のペットを家で飼っている
　③ 人々は緊急時に自宅を離れることを拒否した

— 119 —

④ 2013年以降，ニューヨーク市はずっと危険になっている

第2段落第1文のアンドリュー・クオモ知事の発言「ニューヨークの人々の多くはペットを家族の一員と考えています」より，①が正解。②と④については，述べられていないので，不可。③は，第2段落第2文に「2013年の危険な暴風雨の間に，ペットを連れていくことができないという理由で自宅を離れることを拒否する人がいました」とあるが，これは事実であって意見ではないので，不可。

問3　13　③

相手方のチームは反対の立場に立つ。記事の中で，このチームに有益な1つの**意見**（事実ではない）は　13　というものだ。

① 動物と人間は同じ権利を持っている

② 公共の場で行儀良くふるまうよう訓練されている動物はいない

③ **バスのスペースは人間のために取っておくべきだ**

④ 人よりもペットの方が多く列車に乗ることになるだろう

第3段落第3・4文ドン・レイゼルの発言「暴風雨が近づいているとき，バスにあと2人の人間が乗れるスペースしかなくて1人が犬を連れていきたいとなったとき，どうするのでしょう。動物は人間と同じ権利を持ってはいません」より，「動物より人間を優先すべきだ」と述べられていることがわかるので，③が正解。①は，第3段落第4文「動物は人間と同じ権利を持ってはいません」より，不可。②は，第3段落最終文のドン・レイゼルの発言「一部の動物は十分に訓練を受けておらず，人に襲いかかることもあります」より，すべての動物が行儀良くふるまわないとまでは言えないので，不可。④については述べられていないので，不可。

問4　14　②

記事の第3段落にある "open a can of worms" は　14　ということを意味する。

① 人が病気になることを引き起こす

② **問題を引き起こす機会を作る**

③ 最終的な決断をし，行動を起こす

④ 人が成功するのを妨げる

緊急時にペットを公共交通機関に乗せてもよいというニューヨーク州の新しい法律に対して反対の立場をとるドン・レイゼルは，第3段落第2文で「この法律は open a can of worms」と述べた後，第3・4文で「暴風雨が近づいているとき，バスにあと2人の人間が乗れるスペースしかなくて1人が犬を連

れていきたいとなったとき，どうするのでしょう。動物は人間と同じ権利を持ってはいません」と述べ，さらに最終文で「一部の動物は十分に訓練を受けておらず，人に襲いかかることもあります」と述べている。この第3文以降で述べられていることは，動物を公共交通機関に乗せることで引き起こされうる具体的な問題であると言える。したがって，This law opens a can of worms. を「この法律はやっかいな問題を引き起こす」と解釈すると自然な流れとなるので，②が正解。

問5　15　①

ジョージ・ウィンストンのコメントからすると，彼は記事で述べられている法律に対して　15　。

① **賛成も反対もしていない**

② 一部賛成している

③ 大いに賛成している

④ まったく賛成していない

ジョージ・ウィンストンはコメントの中で，「ニューヨークには，記事で論じられている法律を実施する以上に重要な問題がある」と述べているが，この法律自体には賛成も反対もしていない。したがって，①が正解。

第3問　読解問題(ブログ，ウェブサイト)
A
【全訳】
あなたはアメリカにいる交換留学生が書いたブログの中に次の記事を見つけました。

買い物リスト

3月16日　火曜日

　土曜日に，私のホストファミリーのお母さんから，お店に一走りしていくつか買い物をしてきてほしいと頼まれました。彼女はリストに，卵，パン，マッシュルーム，ワイン1本，ホストファミリーの妹のためのキャンディと書きました。

　出かけている間に，私は自分のお金でもう1つあるものを買いました。家族のペットであるハンナのためのプレゼントです。私は動物が大好きで，このかわいらしい小型犬は，私が何かあげると大喜びします。

　家に帰る途中で，近所で飼われている別の犬を見かけました。チョコという名前の美しい大型犬です。この子はつやのある黒い毛をしていて，人が大好きです。チョコの飼い主が撫でてもいいと言ってくれました。あいにく，チョコはとても興奮して，私に飛びつき，私はバランスを崩してしまいました。それからチョコは私の買い物袋に鼻を突っ込みました。私はとても驚いて袋を落としてしまいました。

　嫌な音がしました。袋の中をのぞくと，卵が割れ，ワインがいたるところにこぼれているのがわかりました。それで私は店に戻って，お母さんの買い物リストにあるものをいくつかもう1度買わなければなりませんでした。

　2回目の買い物から家に帰る途中で，またチョコと飼い主を見かけました。今回は通りの反対側から手を振るだけにしましたが，飼い主は大きな声で「ゴメンね！」と言ってくれました。

【語句・構文解説】
- the following A 「次のA」
- blog 「ブログ」
- exchange student 「交換留学生」

◆第1段落◆
- ask O to do 「Oに~するように頼む」
- pick up O / pick O up 「Oを買う／手に入れる」
- a bottle of A 「ビン1本のA」

◆第2段落◆
- ~ as well 「~もまた」

◆第3段落◆
- on *one's* way home 「家に帰る途中で」

[例] I ran into a teacher from my elementary school **on my way home.**
　家に帰る途中で小学校のときの先生と偶然会った。
- neighborhood 「近所」
- a big, beautiful dog named Choco 「チョコという名前の美しい大型犬」　named Choco は a big, beautiful dog を修飾する過去分詞句。
- shiny 「つやのある」
- fur 「(動物の)毛」
- owner 「飼い主」
- pet O 「Oを撫でる／かわいがる」

・unfortunately「あいにく／残念ながら」
・so＋形容詞＋that SV …「とても～なので…」
・jump up on A「A に飛びつく」
・put O off balance「O のバランスを失わせる」
・put A in B「A を B に入れる」
・drop O「O を落とす」

◆第 4 段落◆
・awful「嫌な／恐ろしい」
・look in A「A をのぞく」
・spill out「こぼれる」
・all over again「もう 1 度」

◆第 5 段落◆
・wave「手を振る」
・from across A「A の反対側から／A の向こう側から」
　　［例］　She spoke to me **from across** the table.
　　　　　　彼女はテーブルの向こう側から私に話しかけてきた。

【設問解説】
問 1 　16　 ③
　近所の人の飼い犬のチョコは 16 。
① キャンディとパンをすべて食べた
② プレゼントをもらうと興奮する
③ **撫でられるのが好きだ**
④ 買い物袋を奪って走り去った
　第 3 段落第 2 ～ 4 文「この子（＝近所の犬のチョコ）はつやのある黒い毛をしていて，人が大好きです。チョコの飼い主が撫でてもいいと言ってくれました。あいにく，チョコはとても興奮して，私に飛びつき，私はバランスを崩してしまいました」より，③が正解。①，②，④については述べられていないので，不可。

問 2 　17　 ①
　あなたは，このブログの筆者が 17 とわかった。
① **ホストマザーの頼み事を聞いてあげ，飼い犬のためにビスケットを買った**
② 家に帰る途中で滑って転んだとき買い物袋を落とした
③ 店に戻って，すべてを再び買わなければならなかった
④ 買い物に行き，近所の犬を見るといつも撫でてあげた
　第 1 段落第 1・2 文に「土曜日に，私のホストファミリーのお母さんから，お店に一走りしていくつか買い物をしてきてほしいと頼まれました。彼女はリストに，卵，パン，マッシュルーム，ワイン 1

本，ホストファミリーの妹のためのキャンディと書きました」，第 2 段落第 1 文に「出かけている間に，私は自分のお金でもう 1 つあるものを買いました。家族のペットであるハンナのためのプレゼントです」とあり，写真を見るとリストにあるもの以外にドッグフードのビスケットを買ったことがわかるので，①が正解。②は，第 3 段落第 4 ～ 6 文「あいにく，チョコはとても興奮して，私に飛びつき，私はバランスを崩してしまいました。それからチョコは私の買い物袋に鼻を突っ込みました。私はとても驚いて袋を落としてしまいました」より，不可。③は，第 4 段落第 3 文「それで私は店に戻って，お母さんの買い物リストにあるものをいくつかもう 1 度買わなければなりませんでした」より，「すべてを再び買わなければならなかった」わけではないので，不可。④は，第 5 段落「2 回目の買い物から家に帰る途中で，またチョコと飼い主を見かけました。今回は通りの反対側から手を振るだけにしましたが，飼い主は大きな声で『ゴメンね！』と言ってくれました」より，「近所の犬を見るといつも撫でてあげた」とは言えないので，不可。

第4回

B
【全訳】
　あなたは留学雑誌で，次の記事を見つけました。

食べ物を尊重すること
フルカワ・ユカ（大学生）

　先月，私は夏の交換プログラムの一環として，外国から来た高校生たちに日本語を教えました。最も優秀な生徒の１人であるスティーブは，到着した瞬間から学ぶことに心を躍らせていました。彼はそれまでに日本の人気テレビ番組をたくさん見ていて，滑稽な漫画を描いてクラスの仲間を感心させていました。

　ある週末スティーブは，繁華街に新しくできたハンバーガー屋さんに，アヤという名前の日本人の友だちと一緒に行く予定でした。スティーブは危険な地域がいくつかある大きな都市で育ったので，列車で繁華街まで行って大丈夫なんだろうかと心配していました。でもアヤは，自分の住んでいる町ではほとんど心配はいらないのよ，と彼に話しました。

　スティーブとアヤは食事をしながらおしゃべりをしてとても楽しく過ごしました。でも，店を出た後でスティーブは，まだお腹が空いているよと言いました。２人はコンビニに立ち寄り，そこでスティーブはおにぎりを１つ買いました。彼は駅に向かって歩きながら，それを食べ始めました。すると突然，アヤが話すのをやめました。

　「どうかしたの，アヤ」とスティーブは尋ねました。

　「ごめんね，スティーブ。お腹が空いているのはわかるけど，歩きながらものを食べるのはよくないわ」と彼女は答えました。そして，日本では歩きながら食べるのはマナー違反だとされていると説明しました。また，歩きながら食べることは食べ物への敬意を欠くとお母さんがいつも言っていたとも話しました。スティーブは顔を赤らめ，自分の行いを詫びましたが，アヤは微笑んで，知らなかったのだから問題ないわと彼に言いました。

　それからアヤは，自分がロシアでホームステイをしたときにホストファミリーを侮辱してしまった話をスティーブにしました。到着した初日に，彼女は12本の花をホストファミリーにあげたのですが，相手はすごく動転してしまったのです。ロシアの文化では，偶数の本数の花は不幸をもたらしかねないのです。アヤ自身も文化的なことで勘違いをしたという話を聞いて，スティーブの緊張もほぐれ，２人はそれぞれの家に戻るまで一緒にいるのを楽しみました。

【語句・構文解説】
・the following A「次のA／以下のA」
・study-abroad「留学の」
・respect O「Oを尊重する」
◆第１段落◆
・exchange program「交換プログラム」
・Steve, one of the top students, was excited about

learning「最も優秀な生徒の１人であるスティーブは，学ぶことに心を躍らせていました」　one of the top students は Steve を補足説明する名詞句。
be excited about A「Aについて興奮している」
・from the moment SV ...「…する瞬間から」
　［例］**From the moment** she met him, she was in love with him.

— 123 —

彼に出会った瞬間から，彼女は彼に恋をしていた。

・impress A with B「B で A に感銘を与える」

［例］He **impressed** the world **with** his invention.
その発明で彼は世界に感銘を与えた。

・the class「クラスの皆」
・funny「滑稽な／おかしな」
・drawing「絵」

◆第2段落◆

・downtown「繁華街の／繁華街に」
・a Japanese friend of his named Aya「アヤという名前の日本人の友だち」 named Aya は a Japanese friend of his を修飾する過去分詞句。
・be not sure (that) SV ...「…ということに自信がない」

［例］I am **not sure** I locked the door.
鍵をかけたかどうか自信がない。

・there was little need to worry「心配する必要はほとんどなかった」 to worry は little need を修飾する不定詞句。

◆第3段落◆

・have a great time *doing*「～してとても楽しく過ごす」

［例］Our kids **had a great time splashing** around.
子どもたちは水遊びをしてとても楽しく過ごした。

・rice ball「おにぎり」
・suddenly「突然」

◆第4・5段落

・What's wrong?「どうしたの？」
・reply O「O と返事をする」
・explain that SV ...「…ということを説明する」
・consider O (to be) C「O を C と考える」
・bad manners「マナー違反／行儀が悪いこと」
・show respect for A「A に敬意を表する」

［例］**Show respect for** the rights of others.
他人の権利を尊重せよ。

・turn red「赤くなる」
・apologize for A「A のことで謝る」
・behavior「行い／振る舞い」

◆第6段落◆

・insult O「O を侮辱する」
・dozen「12 の／1 ダースの」
・get upset「気が動転する／イライラする」

［例］I **get** very **upset** about trivial matters.
私はちょっとしたことでとても動揺してしま

います。

・an even number of A「偶数個の A」
・bad luck「不幸」
・confusion「勘違い／混乱」
・help *do*「～するのに役立つ／～するのを助ける」
・ease A's tension「A の緊張を和らげる」
・enjoy A's company「A と一緒にいるのを楽しむ」

［例］I **enjoy** her **company** very much.
彼女と一緒にいるとすごく楽しい。

・each other「お互い」

【設問解説】

問1 18 ⑤

この記事によると，スティーブの気持ちは次の順で変化した。 18

① 興奮して→恥ずかしくて→楽しくて→心配で→ほっとして

② 興奮して→恥ずかしくて→ほっとして→楽しくて→心配で

③ 興奮して→楽しくて→恥ずかしくて→ほっとして→心配で

④ 興奮して→ほっとして→心配で→楽しくて→恥ずかしくて

⑤ **興奮して→心配で→楽しくて→恥ずかしくて→ほっとして**

⑥ 興奮して→心配で→ほっとして→楽しくて→恥ずかしくて

第1段落第2文「最も優秀な生徒の1人であるスティーブは，到着した瞬間から学ぶことに心を躍らせていました」より「興奮して」，第2段落第2文「スティーブは危険な地域がいくつかある大きな都市で育ったので，列車で繁華街まで行って大丈夫なんだろうかと心配していました」より「心配で」，第3段落第1文「スティーブとアヤは食事をしながらおしゃべりをしてとても楽しく過ごしました」より「楽しくて」，第5段落第5文「スティーブは顔を赤らめ，自分の行いを詫びました」より「恥ずかしくて」，第6段落最終文「アヤ自身も文化的なことで勘違いをしたという話を聞いて，スティーブの緊張もほぐれ」より「ほっとして」いることがわかる。したがって，⑤が正解。

問2 19 ②

スティーブは 19 せいで友だちを不快にさせた。

① あまりにたくさん食べ物を食べた

② **歩きながら食べた**

③ くだらない漫画を描いた

④ あまりに大声で話した

— 124 —

第5段落第2文「お腹が空いているのはわかるけど，歩きながらものを食べるのはよくないわ」より，②が正解。友だちであるアヤが不快に思っていると読み取れる箇所はこの部分だけなので，①，③，④は，不可。

問3 20 ①

この記事から，あなたはスティーブが 20 とわかった。

① それまで行ったことのない場所に行き，友人から日本の礼儀作法を学んだ
② ハンバーガーを食べた後も物足りなくて，別のレストランに日本食を食べに行った
③ 自分の国の人気テレビ番組について，日本人の生徒に語った
④ アメリカ料理を食べたかったが，失礼にならないように日本食を食べることに同意した

第2段落第1・2文「ある週末スティーブは，繁華街に新しくできたハンバーガー屋さんに，アヤという名前の日本人の友だちと一緒に行く予定でした。スティーブは危険な地域がいくつかある大きな都市で育ったので，列車で繁華街まで行って大丈夫なんだろうかと心配していました」，および，第5段落第3～5文「そして，日本では歩きながら食べるのはマナー違反だとされていると説明しました。また，歩きながら食べることは食べ物への敬意を欠くとお母さんがいつも言っていたとも話しました。スティーブは顔を赤らめ，自分の行いを詫びましたが，アヤは微笑んで，知らなかったのだから問題ないわと彼に言いました」より，①が正解。②は，第3段落第3文に「2人はコンビニに立ち寄り，そこでスティーブはおにぎりを1つ買いました」とあるが，「別のレストランに日本食を食べに行った」とは述べられていないので，不可。③と④については述べられていないので，不可。

第4問　読解問題(グラフ)
【全訳】
　あなたは仮想現実(VR)と拡張現実(AR)の進歩について調べています。あなたは2つの記事を見つけました。

変化する現実　　　　　　　　　　　　　　　　　　　　　　　ダナ・ペトロフ
　　　　　　　　　　　　　　　　　　　　　　　　　　　　　　　2020年2月

　様々な必要性を満たすためにVRやARを使う人や企業が増えている。VRとは，ユーザーがヘッドセットを装着するかその他の技術を用いて現実とはまったく異なる世界を見たり，その世界の音を聞いたり，その世界と相互作用する場合を言う。ARとは，機器を用いて，ユーザーが見ている現実の世界にさらに情報を加える場合を言う。VRの方が昔からある技術だが，現在，ARほど多くのアプリケーションがあるわけではない。

　アメリカで最近行われた調査によると，ARもVRも今後数年間伸びてはいくものの，進歩のペースは異なるとのことだ。グラフは年ごとのARとVRのユーザー数を表しており，VRのユーザーはヘッドセット利用者とそれを利用していないユーザーに分類されている。

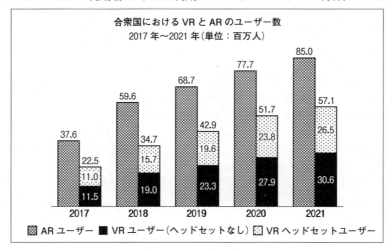

　ARとVRは，娯楽目的にも，実際的な体験をする目的にも利用可能だ。ARのプログラムの中には，スマホの画面をタップしてバーチャルのサッカーボールを蹴るといった具合に，ユーザーが現実の世界の中でビデオゲームができるようにするものもある。VRのヘッドセットを装着すれば，兵士が実際に危険にさらされることなく，危険な状況を想定した訓練を行うことができる。

　VRのヘッドセットを装着すると疎外感を感じるという理由で，ヘッドセットを着けるのが嫌いだと人々は述べてきた。システムによっては，ヘッドセットの代わりに高価な3D画像プロジェクターを利用することでその問題に対処するものもある。しかし私の意見では，VRヘッドセットもプロジェクターもお金の無駄遣いである。ARの方がはるかに体験しやすい。何ら追加の装置がなくてもスマホで使うことができるからだ。より多くの人にアプローチをしたいと考えている企業は，ARを使ったスマホアプリに焦点を絞るべきである。

「変化する現実」への意見	Y. S.

2020 年 3 月

　私は医師免許を所持している医師で，医学部にいたときから AR と VR の技術を丹念に追ってきた。私が仕事を始めた頃は，VR ユーザーのうち，ヘッドセットを使用している人と使用していない人との数の差が 400 万人未満で，VR と AR を採用しているユーザー数の違いはほぼ 2,600 万人であった。ダナ・ペトロフの記事によると，VR は AR よりも進歩のペースが遅いということだ。平均的な人が利用しやすいのが AR であるという点に関しては同意するが，VR にはダナ・ペトロフが話題にしなかったユニークなアプリケーションが数多く存在する。

　私にとって VR が特に有用なのは，馴染みのない種類の外科手術の訓練を行うときだ。実際の患者に害を及ぼす潜在的な可能性の心配をすることなく，ミスを犯しては別の方法を試してみることができる。インターネットに接続されたアプリケーションもあるので，地球の裏側にいる他の医師を観察し，そこから学ぶことも VR なら可能なのだ。将来，VR を利用することで，医師は生きている患者の心臓，肺，その他の臓器の中をバーチャルに歩き回ることができるようになるだろう。これができれば，医師が診断を下したり，様々な病気に対する効果的な治療法を考え出したりする助けとなるだろう。

　スポーツを愛する者として私はまた，VR 技術が進歩してフィールドのどの地点からでも試合を観戦できるようになる可能性もとても楽しみにしている。VR はアスリートに対しても，いろいろな視点から試合における様々なプレーの現実的なシミュレーションを提供することで支援を行うだろう。

【語句・構文解説】
・do research on A「A について調べる」
・development「進歩／発達」
・virtual reality「仮想現実／バーチャルリアリティー」
・augmented reality「拡張現実」
・article「記事」

＜ダナ・ペトロフの記事＞
◆第 1 段落◆
・business「企業／商売」
・meet A's needs「A の要求[ニーズ]を満たす」
　［例］ It is impossible to **meet** everyone's **needs** at once.
　　　全員の要求を一度に満たすのは無理だ。
・various「様々な／いろいろな」
・put on A / put A on「A を装着する／身につける」
　［例］ A flight attendant demonstrated how to **put on** a life jacket.
　　　客室乗務員が救命胴衣の着用の仕方を実演した。
・headset「ヘッドセット」

・interact with A「A と相互作用する」
・completely「まったく／完全に」
・device「機器」
・add A to B「A を B に加える」
・additional「追加の」
・view「見ているもの／眺め」
・currently「現在(は)／今」
・application「応用／アプリ(ケーション)」

◆第 2 段落◆
・recent「最近の」
・at a ～ rate「～の速さで／割合で」
　［例］ Those countries are industrializing **at** varying **rates**.
　　　それらの国は工業化のペースがまちまちだ。
・The graph shows the number of users of AR and VR per year, where VR users are divided into those who use a headset and those who do not.「グラフは年ごとの AR と VR のユーザー数を表しており，VR のユーザーはヘッドセット利用者とそれを利用しないユーザーに分類されている」where 以下は The graph に補足説明を加える関係

副詞節。those who ...「…する人々」が２度用いられ、２つ目の those who do not は後ろに use a headset が省略されている。

per A「A ごとに／A につき」

divide A into B「A を B に分類する／分ける」

◆グラフ◆
・million「百万」

◆第３段落◆
・entertainment「娯楽／エンターテインメント」
・A as well as B「A も B も／B だけでなく A も」
・practical「実際的な」
・allow O to *do*「O が～できるようにする／O が～するのを許可する」
　[例] This device **allows** a computer **to** communicate with other computers.
　　　この装置を使えばコンピュータ間の通信が可能になる。
・video game「ビデオゲーム」
・tap on A「A をタップする／A を軽くたたく」
・soldier「兵士」
・train「訓練を行う」
・situation「状況」
・without *doing*「～することなく」
　[例] He left **without saying** a word.
　　　彼は一言も言わずに出て行った。
・actually「実際に」

◆第４段落◆
・state that SV ...「…とはっきり述べる」
・dislike *doing*「～するのが嫌いだ」
・make O *do*「O に～させる」
　[例] A ten-minute nap **made** me **feel** better.
　　　10分寝たら気分がよくなった。
・feel isolated「疎外感を感じる」
・address O「O(問題など)に対処する／取り組む」
・make use of A「A を利用する」
　[例] **Make** good **use of** this opportunity.
　　　この機会を十分に活用しなさい。
・expensive「高価な」
・image projector「プロジェクター／画像映写機」
・instead of A「A の代わりに」
　[例] You can use milk **instead of** cream in this recipe.
　　　このレシピではクリームの代わりに牛乳を使うこともできます。
・in my opinion「私の意見では」
・a waste of A「A の無駄遣い／浪費」
・much＋比較級「はるかに～／ずっと～」比較級の

意味を強める。
・extra「追加の／余分な」
・equipment「装置／装備」
・reach O「O にアプローチする／影響を与える」
・focus on A「A に焦点を絞る」
　[例] Our discussion **focused on** pollution problems.
　　　私たちの議論は汚染問題に焦点を絞って行われた。
・app「アプリ」(＝application)

<Y. S. の記事>
◆第１段落◆
・licensed「免許を受けた」
・medical doctor「医師」
・follow O「O を追う」
・closely「丹念に／密接に」
・medical school「医学部／医科大学」
・less than A「A 未満／A 以下」
・the gap between A and B「A と B との差」
・adoption「採用」
・almost「ほぼ／もう少しで」
・agree that SV ...「…ということに同意する」
・access O「O を利用する／O に接近する」
・unique「ユニークな／独特の」
・discuss O「O を取り上げる／O について議論する」

◆第２段落◆
・especially「特に」
・useful「有用な」
・perform surgery「外科手術を行う」
・unfamiliar「馴染みのない」
・method「方法」
・potentially「潜在的に」
・cause harm to A「A に害を及ぼす」
・patient「患者」
・connect A to B「A を B に接続する」
　[例] The phone **was connected to** a speaker.
　　　電話機はスピーカーに接続されていた。
・halfway across the world「地球の反対側に／世界を半周したところに」
　halfway「中間に」
　across the world「世界を一周して」
・lung「肺」
・organ「臓器」
・help O *do*「O が～するのを助ける」
・make a diagnosis「診断を下す」 diagnoses は diagnosis の複数形。
　[例] The doctor never **made** a false **diagnosis**.

— 128 —

その医師は決して誤診をしなかった。
・come up with A「Aを考え出す」
　［例］ While he was taking a bath, he **came up with** a good idea.
　　　彼は入浴中に名案を思いついた。
・effective「効果的な」
・treatment for A「Aに対する治療法」
・disease「病気」

◆第3段落◆
・be excited about A「Aにワクワクしている／Aをとても楽しみにしている」
・position「地点／位置」
・field「フィールド」
・assist O「Oを支援する」
・athlete「アスリート／運動選手」
・offer A B「AにBを提供する」
・realistic「現実的な」
・simulation「シミュレーション／模擬実験」
・a variety of A「様々なA」
・angle「視点／角度」

【設問解説】
問1　21　④
　ダナ・ペトロフも医師も　21　について述べていない。
① ARの機器やプログラムの例
② ヘッドセットなしでVRを体験する方法
③ プロのアスリートがVRからどのように恩恵を得ることができるか
④ **VRの年齢別の使用者数**
　Y. S.の記事の第1段落第1文に「私は医師免許を所持している医師で」とあるので，設問中の「医師」とはY. S.のことを指すとわかる。ダナ・ペトロフもY. S.も「VRの年齢別の使用者数」については記事の中で触れていないので，④が正解。①はダナ・ペトロフの記事の第3段落第2文「ARのプログラムの中には，スマホの画面をタップしてバーチャルのサッカーボールを蹴るといった具合に，ユーザーが現実の世界の中でビデオゲームができるようにするものもある」，および第4段落第4文「ARの方がはるかに体験しやすい。何ら追加の装置がなくてもスマホで使うことができるからだ」で述べられているので，不可。②はダナ・ペトロフの記事の第4段落第2文「システムによっては，ヘッドセットの代わりに高価な3D画像プロジェクターを利用することでその問題に対処するものもある」で述べられているので，不可。③はY. S.の記事の第3段落最終文「VRはアスリートに対しても，い

ろいろな視点から試合における様々なプレーの現実的なシミュレーションを提供することで支援を行うだろう」で述べられているので，不可。

問2　22　③
　医師が働き始めたのは　22　であった。
① 2017年
② 2018年
③ **2019年**
④ 2020年
　Y. S.の記事の第1段落第2文に「私が仕事を始めた頃は，VRユーザーのうち，ヘッドセットを使用している人と使用していない人との数の差が400万人未満で，VRとARを採用しているユーザー数の違いはほぼ2,600万人であった」とある。これに合致する年をダナ・ペトロフの記事の中のグラフで探すと，2019年のグラフがVRのヘッドセット使用者と非使用者の差が370万人，ARユーザーとVRユーザーの数の差が2,580万人で，上記の記述に一致する。したがって，③が正解。

問3　23　⑤
　記事によると，ARがVRよりも早く進歩している理由の一部は　23　からだ。（最も適切な組合せを①〜⑥の中から1つ選べ。）
A．ARの機器はVRの機器より長く利用されている
B．**ARはスマホで簡単に利用できる**
C．ARを通してプロスポーツを観ることができる
D．**VRは他の人とつながっていないと人に感じさせる**
　ダナ・ペトロフの記事の第4段落第4文「ARの方がはるかに体験しやすい。何ら追加の装置がなくてもスマホで使うことができるからだ」より，Bが当てはまる。また，ダナ・ペトロフの記事の第4段落第1文「VRのヘッドセットを装着すると疎外感を感じるという理由で，ヘッドセットを着けるのが嫌いだと人々は述べてきた」より，Dも当てはまる。したがって，⑤（B and D）が正解。Aはダナ・ペトロフの記事の第1段落最終文「VRの方が昔からある技術だが，現在，ARほど多くのアプリケーションがあるわけではない」に関連するが，選択肢ではVRとARが逆になっているので，不可。CはY. S.の記事の第3段落第1文「スポーツを愛する者として私はまた，VR技術が進歩してフィールドのどの地点からでも試合を観戦できるようになる可能性もとても楽しみにしている」に関連するが，これはARではなくVRに関する話題であり，かつまだ実用化されていないことなので，不可。

問4 24 ⑤, 25 ②

　　ダナ・ペトロフは VR が 24 と述べており，医師はそれが 25 と述べている。（各空所に異なる選択肢を選べ。）

① 医学生が授業料を節約することを可能にする

② **医師が医学の技術を安全に身につけるのに役立つ**

③ 今日の医師が人の心臓をリアルタイムで見ることを可能にした

④ 3D のアプリがあるおかげで大学生の間で人気がある

⑤ **兵士に命の危険がある状況をリスクなしに経験させる**

　　24 は，ダナ・ペトロフの記事の第3段落最終文「VR のヘッドセットを装着すれば，兵士が実際に危険にさらされることなく，危険な状況を想定した訓練を行うことができる」より，⑤が正解。25 は，Y. S. の記事の第2段落第1・2文「私にとって VR が特に有用なのは，馴染みのない種類の外科手術の訓練を行うときだ。実際の患者に害を及ぼす潜在的な可能性の心配をすることなく，ミスを犯しては別の方法を試してみることができる」より，②が正解。③は，Y. S. の第2段落第4文に「将来，VR を利用することで，医師は生きている患者の心臓，肺，その他の臓器の中をバーチャルに歩き回ることができるようになるだろう」とあるが，これは将来の話であり，すでに可能になっているわけではないので，不可。①と④については，どちらの記事にも述べられていないので，不可。

問5 26 ①

　　両方の記事の情報に基づいて，あなたは宿題のレポートを書く予定である。あなたのレポートに最も適切なタイトルは「 26 」だろう。

① **AR と VR：各々独自の有用性**

② 拡張現実の将来の利用法

③ 未来の医師：全員が AR を利用するだろう

④ なぜ仮想現実は姿を消しつつあるのか

　　2つの記事はどちらも，AR と VR に関して，それぞれの有用性を語っている。ダナ・ペトロフは AR と VR の両方の有用性について，Y. S. は主に VR の有用性について語っている。レポートのタイトルもこれに関連するものが適切であると考えられるので，①が正解。②と③は，VR についての話題が含まれないので，不可。さらに，Y. S. の記事では VR を用いた外科手術の訓練について述べられているが，すべての医師が AR を利用するとは述べられていないので，不可。④については述べられていないので，不可。

第4回

第5問　読解問題（伝記）
【全訳】
　あなたのグループは，以下の雑誌記事の情報を使って，「写真術を発明した人」というタイトルのポスター・プレゼンテーションの準備をしています。

　フランス人アーティストのルイ・ダゲールは，現実の世界を画像にとらえる最初の方法の1つを考案したとき，世界を永遠に変えた。ダゲールは1787年にフランスで生まれた。13歳のときに，フランス人初のパノラマ画家である，ピエール・プレヴォの下に送られ，建築，劇場のデザイン，パノラマ絵画について学んだ。1804年までに，ダゲールは演劇において架空の世界を作り出す技術に熟練していた。彼はまた，劇場をデザインすることでも有名になった。

　まもなくダゲールは画像と照明に興味を持つようになった。1822年に，彼が「ジオラマ」を発明したのはよく知られている。「ジオラマ」とは建物や物体や風景を非常に詳細に描いた3Dペインティングである。アーティストが絵画の後ろで光を動かし，それを見た人は自分が異なる場所や時間にいる姿を想像して楽しんだ。1829年頃，ダゲールはジョセフ・ニエプスと一緒に写真術という考えに取り組み始めた。ニエプスは1825年に世界初の永久的な「写真」を制作していた。1830年代までに，カメラ・オブスクラと呼ばれる，一方の端にレンズが付いている木製の箱の装置を使ってガラスに像を投影する方法が開発されていた。しかし，ガラスの上にその像を固定させておく方法がなかった。ニエプスは1833年に亡くなったが，ダゲールが彼の取り組みを引き継いだ。

　数年後，ダゲールは，金属板に像を固定する方法を開発したとき，おそらく彼の最も有名な大躍進となることを遂げたのだ。ダゲレオタイプと呼ばれるこれらの画像は，金属板を感光性のある化学物質に浸し，それからそれを像にさらすことによって制作された。1838年，ダゲールは初めての人物写真として知られている，パリで靴を磨いてもらっている男の写真を撮影した。彼のダゲレオタイプは1839年1月9日にフランス科学アカデミーと一般大衆に公開された。この瞬間は，現代の写真術の誕生と広く見なされている。公開と引き換えに，ダゲールにはフランス政府から終身年金が与えられた。フランス人はダゲレオタイプという方法を自由に使用することが許されたが，ダゲールはイギリスではその発明に特許を申請した。彼はイギリス政府が特許を購入することを望んだが，計画が上手くいくことはなかった。

　残念ながら，ダゲレオタイプは高価で，ほとんどの人には手の届かないものだった。また，簡単に複写することもできなかった。写真術が発明された当時は，絵を描くことの方が，人や出来事の画像を制作する最も一般的な方法であり，写真術よりも芸術性の高い形態であると人々は信じていた。そういうわけで，ジャーナリストやマスメディアが写真術を利用し始めてようやく，人々は史実を正確に記録することに対する写真術の価値を理解したのだ。

　ダゲールはまた，人々が芸術や科学のツールとしても写真術を使用することを奨励した。ダゲールは多くの彫像の写真を撮ったが，それは彫像が白く，光をよく反射するからだった。彼はまた，貝殻，化石，動物，さらには月さえも画像にとらえたので，それらを科学者たちが後に研究することができた。

　1839年3月8日，ダゲールの研究室が全焼した。彼のダゲレオタイプのほとんどが失われ，

— 131 —

彼のオリジナル作品のうちの 25 点しか残らなかった。このことは一見すると悲劇的な事故だったように思える。しかし，彼の保険会社が損害に対し多額の保険金を支払ったので，ダゲールにとってはまったくの災難というわけではなかったのかもしれない。写真術への貢献を認められ，ダゲールの名前は，エッフェル塔が 1889 年に建設されたとき，そこに刻まれた 72 人の名前のうちの 1 つとなった。

写真術を発明した人

■ルイ・ダゲールの生涯

時期	出来事
1787	ダゲールがフランスで生まれた
1800-1820	27 ② ダゲールがフランス人初のパノラマ画家の下で学び始めた ↓ 28 ① ダゲールが劇場をデザインすることで有名になった
1821-1830	29 ④ ダゲールが写真撮影技術を開発し始めた
1831 年以降	30 ⑤ ダゲールが自分の発明品を使って人物の写真を撮った ↓ 31 ③ ダゲールが大火事で多くの作品を失った ↓ ダゲールの名前がエッフェル塔に刻まれた

ルイ・ダゲール

■ダゲールについて

▶ダゲールは次のことが起きたときにお金を得た： 32 ③
　A．彼が保険会社から支払いを受け取った。
　D．フランス政府が彼に年金を与えた。

▶ダゲレオタイプの作成に加えて，ダゲールは次の理由でも有名である。 33 ③
　彼は絵画と照明を使ったショーを開発した。

■写真術の価値

▶最初，人々は写真術を芸術の 1 つの形態として評価しなかった。
▶人々は，次の出来事が起きたときに写真術は価値があると気づき始めた： 34 ②
　A．ダゲレオタイプが科学者にとって有用なツールとなった。
　F．記者が実際の出来事を撮影するのに写真術を使用した。

【語句・構文解説】
- prepare O「O の準備をする」
- poster presentation「ポスター・プレゼンテーション」
- A entitled B「B というタイトルの A」
- invent O「O を発明する／考案する」
- photography「写真術」
- article「記事」
- A below「以下の A」

◆第1段落◆
- capture O「O を撮影する／とらえる」
- image「画像／像」
- panorama painter「パノラマ画家」
- architecture「建築」
- theatre「劇場」 アメリカ英語では theater と綴られる。
- panorama painting「パノラマ絵画」
- be proficient in A「A に熟練している」
- skill「技術」
- theatrical「劇場の」
- illusion「幻想」
- well-known「非常に有名な」

◆第2段落◆
- it wasn't long before S＋過去形「まもなく…した」
  ［例］ **It was not long before** the famous actor turned up.
  　　まもなくその有名な俳優が姿を現した。
- famously「よく知られているように」
- object「物体」
- landscape「風景」
- in great detail「詳細に」
- behind A「A の後ろで」
- entertain O「O を楽しませる」
- viewer「見る人／見物人」
- imagine O「O を想像する」
- work on A「A に取り組む」
  ［例］ Let's **work on** this task together.
  　　一緒にこの仕事に取り組みましょう。
- permanent「永久的な」
- photograph「写真」
- develop O「O を開発する」
- a way to *do*「～する方法」
- project A onto B「A を B に投影する」
- a device called the *camera obscura*「カメラ・オブスクラと呼ばれる装置」 called 以下は device を修飾する過去分詞句。
  device「装置」

- a wooden box with a lens at one end「一方の端にレンズが付いている木製の箱」 この部分は the *camera obscura* と同格になっている。
  at one end「一方の端に／片方に」
- there is no way to *do*「～する方法がない」
  ［例］ **There is no way to find** his house.
  　　彼の家を見つけ出す方法がない。
- make O *do*「O に～させる」
- stay C「C のままである」
- fixed「固定した／定着した」
- continue O「O を続ける」

◆第3段落◆
- perhaps「おそらく」
- breakthrough「大躍進」
- method「方法」
- fix A onto B「A を B に固定する／定着させる」
- These images, called daguerreotypes「ダゲレオタイプと呼ばれるこれらの画像」 called 以下は These images を補足説明する過去分詞句。
  daguerreotype「ダゲレオタイプ」
- create O「O（芸術品など）を制作する」
- dip A into B「A を B に浸す」
- photosensitive chemical「感光性のある化学物質」
- expose A to B「A を B にさらす」
- a picture of a man having his shoes shined in Paris「パリで靴を磨いてもらっている男の写真」 having 以下は a man を修飾する現在分詞句。
  have O *done*「O を～してもらう」
  ［例］ I **had** my luggage **carried** to my room.
  　　私は荷物を部屋まで運んでもらった。
- present A to B「A を B に公開する」
- the general public「一般大衆」
- moment「瞬間」
- widely「広く」
- regard O as C「O を C だとみなす」
- modern「現代の」
- in exchange for A「A と引き換えに」
- presentation「公開」
- lifetime「終身の」
- pension「年金」
- government「政府」
- allow O to *do*「O が～できるようにする／O が～するのを許可する」
- freely「自由に」
- apply for a patent「特許を申請する」
- work out「上手くいく」

— 133 —

◆第4段落◆
・unfortunately「あいにく／残念ながら」
・expensive「高価な」
・unaffordable「(高額すぎて)手が届かない」
・copy O「O を複写する」
・at the time of A「A の頃に」
・common「一般的な」
・form「形態」
・thus「そういうわけで／だから」
・it is not until ～ that SV ...「～してようやく[はじめて]…する」
　[例] **It was not until** he got home **that** he realized he had lost his wallet.
　　　彼は帰宅してはじめて，財布を失くしたことに気がついた。
・the media「マスメディア／マスコミ」
・make use of A「A を利用する」
・value「価値」
・accurately「正確に」
・record O「O を記録する」
・historical「歴史上の」
◆第5段落◆
・encourage O to *do*「O に～するように促す／奨励する」
　[例] She **encouraged** me **to keep** practicing the piano.
　　　彼女は私にピアノの練習を続けるよう奨励した。
・artistic「芸術的な」
・scientific「科学的な」
・tool「ツール／手段」
・statue「彫像」
・reflect O「O を反射する」
・He also captured images of shells, fossils, animals, and even the moon, which scientists were able to study later.「彼はまた，貝殻，化石，動物，さらには月さえも画像にとらえたので，それらを科学者たちが後に研究することができた」 which 以下は images of shells, fossils, animals, and even the moon を補足説明する関係代名詞節。
　shell「貝殻」
　fossil「化石」
◆第6段落◆
・laboratory「研究室」
・burn down「全焼する」
・almost all of A「A のほとんどすべて」
・destroy O「O を破壊する／壊す」

・original「最初の／初期の」
・remain「残る」
・tragic「悲劇的な」
・at first glance「一見すると」
　[例] **At first glance** he looks kind, but actually he is cruel.
　　　彼は一見すると親切そうに見えるが，実は冷酷だ。
・insurance company「保険会社」
・pay A B「A に B(お金など)を支払う」
・sum「額」
・damage「損害／被害」
・may have *done*「～だったかもしれない」 過去に関する推量を表す。
・not completely「まったく～というわけではない」 部分否定。
・disastrous「災難を引き起こす／悲惨な」
・in recognition of A「A を認められて」
・contribution「貢献」
・the 72 names inscribed on the Eiffel Tower「エッフェル塔に刻まれた 72 人の名前」 inscribed 以下は，the 72 names を修飾する過去分詞句。
　inscribe O「O を刻む」
・construct O「O を建設する」
◆ポスター◆
・the following「次のこと／以下の事柄」
・in addition to *doing*「～することに加えて」
・at first「最初は／初めのうちは」
・appreciate O「O を評価する」
・realize that SV ...「…ということに気づく／…ということを理解する」
・valuable「価値のある」
【設問解説】
問1 　27　②，　28　①，　29　④，　30　⑤，
　　　31　③

　あなたのグループのメンバーがダゲールの生涯において重要な出来事を挙げた。出来事が起こった順に，空所　27　～　31　にそれらを入れよ。
① ダゲールが劇場をデザインすることで有名になった　28
② ダゲールがフランス人初のパノラマ画家の下で学び始めた　27
③ ダゲールが大火事で多くの作品を失った　31
④ ダゲールが写真撮影技術を開発し始めた　29
⑤ ダゲールが自分の発明品を使って人物の写真を撮った　30
　第1段落第2・3文「ダゲールは 1787 年にフラン

— 134 —

スで生まれた。13歳のときに，フランス人初のパノラマ画家である，ピエール・プレヴォの下に送られ，建築，劇場のデザイン，パノラマ絵画について学んだ」より，ダゲールがプレヴォの下で学び始めたのは1800年頃だとわかるので，27 は②。同段落第4・5文「1804年までに，ダゲールは演劇において架空の世界を作り出す技術に熟練していた。彼はまた，劇場をデザインすることでも有名になった」より，28 が①。第2段落第4文「1829年頃，ダゲールはジョセフ・ニエプスと一緒に写真術という考えに取り組み始めた」より，29 が④。第3段落第3文「1838年，ダゲールは初めての人物写真として知られている，パリで靴を磨いてもらっている男の写真を撮影した」より，30 が⑤。第6段落第1・2文「1839年3月8日，ダゲールの研究室が全焼した。彼のダゲレオタイプのほとんどが失われ，彼のオリジナル作品のうちの25点しか残らなかった」より，31 は③が正解。

問2 32 ③

ポスターを完成させるための最も適切な組合せを選べ。32

A．彼が保険会社から支払いを受け取った。
B．彼がエッフェル塔を撮影してお金を受け取った。
C．多くのアーティストが彼の技術を画像制作の一般的な方法にした。
D．フランス政府が彼に年金を与えた。

第6段落第4文「しかし，彼の保険会社が損害に対し多額の保険金を支払ったので，ダゲールにとってはまったくの災難というわけではなかったのかもしれない」より，Aと，第3段落第6文「公開と引き換えに，ダゲールにはフランス政府から終身年金が与えられた」より，Dが空所に当てはまる。したがって，③（A and D）が正解。BとCについては述べられていないので，不可。

問3 33 ③

ポスターを完成させるのに最も適当な選択肢を選べ。33

① 彼は人を初めて動画にとらえた。
② 彼は多くのすばらしい美術館を建設した。
③ 彼は絵画と照明を使ったショーを開発した。
④ 彼は世界初の永久的な写真を撮った。

第2段落第2・3文「1822年に，彼が『ジオラマ』を発明したのはよく知られている。『ジオラマ』とは建物や物体や風景を非常に詳細に描いた3Dペインティングである。アーティストが絵画の後ろで光を動かし，それを見た人は自分が異なる場所や時間

にいる姿を想像して楽しんだ」より，③が正解。①については，述べられていないので，不可。②は，第1段落最終文に「彼はまた，劇場をデザインすることでも有名になった」とあるが，「美術館を建設した」わけではないので，不可。④は，第2段落第5文に「ニエプスは1825年に世界初の永久的な『写真』を制作していた」とあるので，不可。

問4 34 ②

ポスターを完成させるための最も適切な組合せを選べ。34

A．ダゲレオタイプが科学者にとって有用なツールとなった。
B．ダゲレオタイプは簡単に複写したり共有したりすることができた。
C．人々が自分を画像に残す方法を持っていた。
D．人々がエッフェル塔の実物そっくりの写真を見た。
E．人々が日常生活を記録するためにダゲレオタイプを使用した。
F．記者が実際の出来事を撮影するのに写真術を使用した。

第5段落最終文「彼はまた，貝殻，化石，動物，さらには月さえも画像にとらえたので，それらを科学者たちが後に研究することができた」より，Aと，第4段落最終文「そういうわけで，ジャーナリストやマスメディアが写真術を利用し始めてようやく，人々は史実を正確に記録することに対する写真術の価値を理解したのだ」より，Fが空所に当てはまる。したがって，②（A and F）が正解。Bは，第4段落第2文「また，（ダゲレオタイプは）簡単に複写することもできなかった」より，不可。CとEは，第4段落第1文「残念ながら，ダゲレオタイプは高価で，ほとんどの人には手の届かないものだった」より，不可。Dについては述べられていないので，不可。

第6問　読解問題（論説文）

A

【全訳】

　あなたは授業に向けて，日本の医療についてのグループ発表を行う準備をしています。あなたは以下の記事を見つけました。

外国人の医療費未払いと日本の医療制度

[1]　日本は国民が健康であること，そして優れた医療制度で有名だ。その制度によって補償を受けている日本人は，医療費全額の10～30％を払うだけでよい。しかしながら，この制度は，必ずしも日本にいる外国人が医療費を払う助けとなってくれるわけではない。そのため，日本で外国人に緊急治療が必要になると，病院と患者の両方が問題に直面することがある。例えば2016年には，外国人患者に治療を行ったが医療費を払ってもらえなかった日本の救急病院は35％にのぼった。一般に，旅行者の医療費は，国民健康保険に加入している外国人居住者の3倍を超える。

[2]　外国人患者を治療することに関して，日本の病院には主な問題が3つある。第一に，言語の障壁があることだ。病院の職員は外国人の母語で質問をしたり，処置について外国人に説明したりすることができない場合がある。人はケガをしたり病気を患ったりしたとき，自分のケガや病気の状態と自分がこれから受ける治療のどちらについても，きちんと理解したいとたいていは考える。

[3]　第二に，病院が前もって費用を伝えないと，患者は治療に対する支払いを拒絶することがある。日本では，治療を受けた後になってはじめて治療にかかった費用を患者に教えるのが慣例だ。しかし，他の国では，費用がどれくらいになるかを教えられ，それが払うに値するかどうかを考えてからはじめて治療を受けるかどうかを決める場合がある。病院によっては，確実に医療費が支払われるように，できるだけ迅速に患者のクレジットカードの詳細を必ず確認するところもある。ところが，日本ではクレジットカードを受け付けない病院が多いが，多くの外国人は現金を持ち歩かない。

[4]　第三に，患者が医療費をまったく支払えない場合もある。これは開発途上国の患者により頻繁に起こるが，他の人にもまた起こりうる。例えば，新婚旅行中の台湾人女性が，日本を旅行中に思いがけなく子どもを出産した。早産だったため，赤ん坊には800万円に達する治療費が必要だった。旅行保険がかけてあったが，保険会社は彼女にかかった医療費を補償しなかった。運よく，病院の台湾人通訳者が人々に寄付を募り，この夫婦を救うために2,100万円が集められた。

[5]　日本政府は外国人が日本での医療を求め，その支払いをする助けとなるためのいくつかの手段を講じている。第一に，外国人の患者に様々な言語で対応できる従業員やコンピュータテクノロジーを，病院や診療所を見つける助けとなるようお金が使われている。第二に，日本を訪れる際には医療保険をかけるよう外国人に促している。現在，外国人訪問者の30％が保険をかけないで日本にやって来る。第三に，外国人患者の救急および通常の外来患者の治療の

— 136 —

両方に対処するために，全国47の都道府県で医療施設の設置が進められている。最後に，病院に対して，現金だけでなくクレジットカードによる支払いも受け入れるよう促している。

[6] また，日本の通関港でも，未払いの医療費を減らすために対策が講じられている。医療費未払いのある外国人の中には，いったん出国したら二度と日本への入国は許されない者も出てくることになる。ところが，日本の人口は減っているので，外国人患者を受け入れない限り存続できない病院もある。この国に住む外国人とこの国を訪れる外国人の数が増えるにつれて，日本はこれらの医療問題に対処するための更なる方法を見つけなければならないだろう。

【語句・構文解説】
・prepare for A「Aの準備をする」
・presentation「発表／プレゼンテーション」
・healthcare「医療／健康管理」
・article「記事」
・A below「以下のA」
・medical「医療の／医学の」
・debt「未払い／負債」

◆第1段落◆
・be famous for A「Aで有名だ」
・population「人々／人口」
・excellent「優れた」
・cover O「(保険が)Oを補償する／賄う」
・only need to *do*「～するだけでよい」
・cost「費用」
・help O *do*「Oが～するのを助ける」
・bill「費用／勘定」
・emergency「救急／緊急(事態)」
・patient「患者」
・encounter O「Oに直面する／遭遇する」
・care for A「Aを治療する／Aの世話をする」
・typically「一般に」
・A times as ～ as ...「...のA倍～」
 ［例］The diameter of the earth is about four **times as** large **as** that of the moon.
    地球の直径は月のおよそ4倍の大きさだ。
・resident「居住者／住民」
・national health insurance「国民健康保険」

◆第2段落◆
・when it comes to *doing*「～することに関して／～することになると」
 ［例］**When it comes to fixing** machines of this kind, George shows excellent skill.
    この手の機械の修理にかけては，ジョージは優れた腕を持っている。
・treat O「Oを治療する」
・main「主な」

・barrier「障壁／障害」
・explain A to B「AをBに説明する」
・procedure「処置／手順」
・native language「母語」
・injured「ケガをしている」
・the treatment they are being given「自分がこれから受ける治療」 they以下はthe treatmentを修飾する節。
 be動詞＋being＋過去分詞「これから～される／今～されている」
 treatment「治療」

◆第3段落◆
・refuse to *do*「～することを拒絶する」
・pay for A「Aの支払いをする」
・in advance「前もって」
・common practice「慣例／慣習」
・only after SV ...「...してはじめて」
 ［例］People realize the importance of health **only after** they lose it.
    人は健康を失ってはじめてその大切さを知る。
・whether or not to *do*「～すべきかどうか」
・consider O「Oを考える」
・be worth *doing*「～するに値する」
・make sure to *do*「必ず～する」
 ［例］We want to **make sure to meet** the deadline.
    必ず締め切りには間に合わせたい。
・confirm O「Oを確認する」
・detail「詳細」
・as ～ as possible「できるだけ～」
・be sure that SV ...「確実に...であるようにする」
・accept O「Oを受け付ける」
・carry O「Oを持ち歩く」

◆第4段落◆
・simply ... not「まったく...ない」
・While ～, SV ...「～だが...」

— 137 —

- happen「起こる」
- frequently「頻繁に」
- developing nation「開発途上国」
- ～ as well「～もまた」
- Taiwanese「台湾人の」
- unexpectedly「思いがけなく」
- give birth「出産する」
- due to A「A のために／A が原因で」
  ［例］ **Due to** sickness, some students are absent from school.
    病気のために，何人かの生徒が学校を欠席している。
- premature birth「早産」
- require O「O を必要とする」
- amount to A「(総計が) A に達する／のぼる」
- million「百万」
- take out O / take O out「O (保険) をかける」
- travel insurance「旅行保険」
- expense「費用」
- fortunately「運よく」
- translator「通訳者／翻訳者」
- ask O to *do*「O に～するように頼む」
- the public「人々／一般大衆」
- offer O「O を提供する」
- donation「寄付」
- raise O「O (お金) を集める」

◆第5段落◆
- government「政府」
- take measures to *do*「～するための手段を講じる」
- seek O「O を求める」
- clinic「診療所」
- employee「従業員」
- respond to A「A に対応する」
- various「様々な／いろいろな」
- encourage O to *do*「O が～するように促す／奨励する」
- medical insurance「医療保険」
- presently「現在」
- institution「施設／組織」
- establish O「O を設ける／設立する」
- prefecture「都道府県」
- handle O「O に対処する／O を扱う」
- regular「通常の／普通の」
- outpatient「外来患者」
- payment「支払い」
- in addition to A「A だけでなく／A に加えて」
  ［例］ Students at this university have to learn a

foreign language **in addition to** English.
   この大学の学生は，英語に加えて外国語を1つ学ばなければならない。

◆第6段落◆
- port of entry「通関港」 入国管理事務所のある港または空港のこと。
- reduce O「O を減らす」
- unpaid「未払いの」
- allow O to *do*「O が～できるようにする／O が～することを許可する」
- re-enter O「O に再び入る」
- decline「減る」
- stay open「存続する／営業を続ける」 stay＋形容詞で「～のままでいる」という意味を表す。
- unless SV ...「…しない限り」
- foreigners living in and visiting the country「この国に住む外国人とこの国を訪れる外国人」 living in (the country) と visiting the country は，どちらも foreigners を修飾する現在分詞句。
- increase「増える」
- additional「更なる／追加の」
- deal with A「A に対処する」
  ［例］ It may be very difficult for the students to **deal with** this problem.
    その学生たちがこの問題に対処するのは，かなり難しいかもしれない。

【設問解説】
問1 ⑤ 35 ①
　記事によると，日本で外国人が医療費を払わない場合がある理由の1つは， 35 ということだ。
① **治療の前に請求書を見ることがない**
② 自国の保険で賄えると予想している
③ 日本人の2倍の金額を払わなければならない
④ たいていクレジットカードよりも現金を持ち歩いている
　第3段落第1・2文「第二に，病院が前もって費用を伝えないと，患者は治療に対する支払いを拒絶することがある。日本では，治療を受けた後になってはじめて治療にかかった費用を患者に教えるのが慣例だ」より，①が正解。②については，述べられていないので，不可。③は，第1段落第2・3文「その制度によって補償を受けている日本人は，医療費全額の10～30％を払うだけでよい。しかしながら，この制度は，必ずしも日本にいる外国人が医療費を払う助けとなってくれるわけではない」に関連するが，外国人訪問者が日本人の2倍の治療費を払うとは述べられていないので，不可。④は，第3段落最

— 138 —

終文「ところが，日本ではクレジットカードを受け付けない病院が多いが，多くの外国人は現金を持ち歩かない」より，不可。

問2 36 ③

第4段落で，筆者は 36 外国人の例を挙げるために，台湾人の女性について述べている可能性が最も高い。

① 特別な治療を求めて日本に来た

② 医者と十分に意思疎通ができなかった

③ **治療のために払う十分なお金を持っていなかった**

④ 治療費全額を賄うために旅行保険を使った

第1・2文「第三に，患者が医療費をまったく支払えない場合もある。これは開発途上国の患者により頻繁に起こるが，他の人にもまた起こりうる」とあり，その後に台湾人女性の例が挙げられているので，③が正解。①と②については，述べられていないので，不可。④は，第5文「旅行保険がかけてあったが，保険会社は彼女にかかった医療費を補償しなかった」より，不可。

問3 37 ②

記事によると，外国人が医療費を払えないケースを減らすための政府の解決策の1つは 37 ことである。

① 国民健康保険に加入させる

② **それぞれの地域に外国人のための特別な病院を作る**

③ 料金が未払いの人々が国から出ることを許可しない

④ 必ずすべての病院に人間の通訳者がいるようにしておく

第5段落第5文「第三に，外国人患者の救急および通常の外来患者の治療の両方に対処するために，全国47の都道府県で医療施設の設置が進められている」より，②が正解。①は，同段落第3文に「第二に，日本を訪れる際には医療保険をかけるよう外国人に促している」と述べられているが，国民健康保険について述べられているわけではないので，不可。③は，第6段落第2文に「医療費未払いのある外国人の中には，いったん出国したら二度と日本への入国は許されない者も出てくることになる」とあるが，「国から出ることを許可しない」とは述べられていないので，不可。④は，第5段落第2文「第一に，外国人の患者に様々な言語で対応できる従業員やコンピュータテクノロジーを，病院や診療所を見つける助けとなるようお金が使われている」とあるが，すべての病院に人間の通訳者がいるようにし

ておくとは述べられていないので，不可。

問4 38 ④

この記事を最もよく要約しているのは次の記述のうちのどれか。 38

① 外国人旅行者は，旅行保険を持っている場合には，日本で治療を求めるよう促される。

② 外国人の未払いの医療費によって，日本のすべての人々の医療費が上がっている。

③ 日本の国民健康保険制度は，他の国の医療の模範になるべきだ。

④ **日本政府は，日本で医療を受ける外国人訪問者によって起こる問題を解決しようとしている。**

第1段落では，外国人旅行者にとって日本の医療費が高いこと，第2～4段落では，外国人が治療を受ける際の日本の病院の問題点について述べられ，第5～6段落では，外国人が日本で医療を利用しその支払いをする助けとなるために，政府が行っている取り組みについて述べられている。したがって，④が正解。①，②，③については，述べられていないので，不可。

B

【全訳】

　あなたは，長期にわたる人間の食事の傾向を調べています。国連がなぜもっと虫を食べるように勧めているのかを理解するために，次の記事を読むところです。

　世界の人口が増加するにつれて，人類は食料を確保する新しい方法を探さなければならなくなるだろう。国連は2013年に，昆虫が将来世界にとって最高の食料源になるであろうということを述べた報告を発表した。タンパク源として肉を好む人が多いが，ウシのような動物は，飼育するのに大量の飼料と水，エネルギーを必要とする。栄養分に関しては，昆虫はウシが必要とする資源と比べると，ほんのわずかしか必要としない。これは，昆虫が変温動物であり，体温を保つためにエネルギーを使わないからである。また，昆虫は最大77％がタンパク質でできている。

　昆虫はまた，1年のうち従来からの作物が手に入らない時期に食料源として手に入るかもしれない。例えば，メキシコの一部の地域では，人々はわずかな農地で暮らし，野山の植物を食べている。こうした植物は春から秋にかけては豊富にあるが，冬の間は見つけるのがより困難になる。また，冬にはトウモロコシとマメの2品種しか手に入らないので，各家庭では食料を見つけるのに苦労しているし，これらの作物は2月から9月の間はまったく収穫できない。ところが昆虫は，6種から11種が1年を通じて容易に手に入るのであり，こうした地域の人々に食物を与えるのに役立ちうる。

　いくつかの点で，昆虫食運動はうまくいっている。昆虫は西洋の典型的な食事には含まれないが，世界全体では20億人以上の人がほぼ毎日昆虫を食べている。例えば，カメルーンでは，油で揚げたシロアリを，学生が学校が終わった後に好んで食べている。また，何百万ものハエの幼虫を飼育し，栄養に富むその排泄物を販売している会社もある。この栄養に富む物質は魚の飼料として使うことができ，その魚が消費者に売られることになる。特にこのように虫を利用する方法はまだ珍しいものの，虫を直接食べるよりも西洋人にはおそらく受け入れられやすいであろう。

　しかし，昆虫を食べることが世界全体で一般化するにはまだ時間がかかる。西洋人は，昆虫を不衛生の象徴であるとみなしているので，昆虫を食べたがらないし，伝統的に昆虫を摂取している一部の非西洋人の集団では，西洋の食習慣を採り入れることが続いている。さらに，作物に害を与える昆虫を駆除するために農民が殺虫剤を使用すると，その化学物質は死ななかった昆虫とそれを摂取する人を毒する可能性がある。

　それでもなお，昆虫を食べることを拒絶する人が食事の一部として昆虫を認めるようになる可能性はある。アメリカ合衆国のある大学は毎年「虫ビュッフェ」を開催し，人々に初めて昆虫を食べてみるように促している。多くの人は最初嫌がっているものの，昆虫がバターで炒められるのを見ると，試してみることをいとわないことが多い。国連食糧農業機関は，世界全体で昆虫を食べる人の数を増やすために，現在昆虫を食べている人々が西洋の食事へ切り替えたくなる気持ちを抑えるよう促すことに取り組んでいる。また，利益が出るように昆虫を収穫し飼育する方法を模索している。さらに，食用畜産養殖農家がニワトリやウシ，魚のような動物

に，虫以外のタンパク源ではなく虫を与えるようになることに期待をかけている。

【語句・構文解説】
・trend「傾向／動向」
・diet「食事／（日常の）飲食物」
・over time「長期にわたる」
・the following A「次の A」
・article「記事」
・the United Nations「国連」
・recommend that S do ...「…するように勧める」
・bug「虫」
◆第 1 段落◆
・population「人口」
・increase「増加する」
・humans「人類／人間」
・look for A「A を探す」
・way to do「～する方法」
・feed O「O に食物を与える」
・publish O「O を発表する／出版する」
・a report in 2013 stating that insects will be the best food source for the world in the future「昆虫が将来世界にとって最高の食料源になるであろうということを述べた 2013 年の報告」 stating 以下は a report を修飾する現在分詞句。
　state that SV ...「…と述べる」
　insect「昆虫」
　source「源」
・protein「タンパク質」
・raise O「O を飼育する／育てる」
・cow「ウシ」
・require O「O を必要とする」
・in terms of A「A に関しては／A の観点から」
　［例］　The job is great **in terms of** salary, but it has many disadvantages.
　　　　その仕事は給料に関しては素晴らしいが，良くない点も多い。
・nutrition「栄養分」
・fraction「ほんのわずか／一部」
・the resources required by cows「ウシが必要とする資源」 required 以下は the resources を修飾する過去分詞句。
　resources「資源」
・cold-blooded「変温の／冷血の」
・stay＋形容詞「～のままである」
・be made up of A「A から成り立っている」
　［例］　Up to 70% of your total body weight **is**

made up of water.
　　　　全体重の最大 70％が水でできている。
・up to A「最大 A」
◆第 2 段落◆
・available「手に入る／利用できる」
・when traditional crops are not「従来からの作物が手に入らない時期に」 not の後ろに available が省略されている。
　traditional「従来の／伝統的な」
　crop「作物」
・farm「農場」
・wild「野山の／野生の」
・plant「植物」
・abundant「豊富な」
・be hard to do「～するのが困難である」
　［例］　His handwriting **is very hard to read**.
　　　　彼が書いた文字はとても読みづらい。
・struggle to do「～するのに苦労する／～しようと苦闘する」
・species「（生物の）種」
・not ... at all「まったく…でない」
・harvest O「O を収穫する」
・there are between six and eleven species of insects readily available throughout the year that could help feed the people in these areas「昆虫は，6 種から 11 種が 1 年を通じて容易に手に入るのであり，こうした地域の人々に食物を与えるのに役立ちうる」 that 以下は between six and eleven species of insects を修飾する関係代名詞節。
　readily「容易に」
　help do「～するのに役立つ／～するのを助ける」
◆第 3 段落◆
・in some ways「いくつかの点で」
・do well「うまくいく」
・typical「典型的な」
・billion「10 億」
・worldwide「世界全体で」
・daily「毎日」
・Cameroon「カメルーン」 西アフリカにある共和国。
・deep-fried「油で揚げた」
・termite「シロアリ」
・raise O「O を育てる」
・millions of A「何百万もの A」

— 141 —

- fly「ハエ」
- larvae＜larva「幼虫」の複数形
- waste product「排泄物」
- be rich in A「A に富んでいる」
  [例]　Lemons **are rich in** vitamin C.
  　　　レモンにはビタミン C が豊富である。
- nutrient「栄養」
- material「物質」
- consumer「消費者」
- this particular A「特にこの A」
- method「方法」
- rare「珍しい」
- acceptable「受け入れられる」
- Westerner「西洋人」

◆第4段落◆

- have a long way to go before SV ...「…するには時間がかかる」
  [例]　The country **has a long way to go before** it is stable again.
  　　　その国が再び安定するには時間がかかる。
- common「一般的な」
- be reluctant to *do*「～したがらない／しぶしぶ～する」
  [例]　The teacher **was reluctant to admit** he was wrong.
  　　　その先生は自分が間違っていることを認めたがらなかった。
- see O as C「O を C とみなす」
- symbol「象徴」
- hygiene「衛生」
- traditionally「伝統的に」
- consume O「O を摂取する／食べる」
- continue to *do*「～し続ける」
- adopt O「O を取り入れる」
- eating habit「食習慣」
- furthermore「さらに／その上」
- pesticide「殺虫剤」
- hurt O「O に害を与える」
- chemical「化学物質」
- poison O「O を毒する」
- surviving「生き残っている」

◆第5段落◆

- hope that SV ...「…する可能性」
- those who ...「…する人々」
- refuse to *do*「～することを拒絶する」
- grow to *do*「～するようになる」
- appreciate O as C「O を C と認める」

- hold O「O を開催する」
- buffet「ビュッフェ／立食の食事」
- encouraging people to try insects for the first time「人々に初めて昆虫を食べてみるように促している」　分詞構文。
  encourage O to *do*「O に～するように促す／奨励する」
  for the first time「初めて」
- while SV ...「…だが」
- at first「最初は」
  [例]　**At first** I didn't like him but now I do.
  　　　初めは彼のことが好きではありませんでしたが，今では好きです。
- fry O「O を炒める」
- butter「バター」
- be willing to *do*「～するのをいとわない」
  [例]　If you **are willing to fly** at night, you can get a cheaper ticket.
  　　　夜間便が嫌でなければ，もっと安いチケットが買えます。
- increase O「O を増やす」
- the number of people eating insects worldwide「世界全体で昆虫を食べる人の数」　eating insects は people を修飾する現在分詞句。
- the United Nations Food and Agriculture Organization「国連食糧農業機関」
- persuade O to *do*「O が～するよう促す／O を説得して～させる」
- currently「現在」
- resist O「O を抑える／O に抵抗する」
- the temptation to *do*「～したい気持ち」
- switch to A「A に切り替える」
- search for A「A を模索する／探す」
- profitably「利益が出るように」
- A rather than B「B ではなく A／B よりむしろ A」

【設問解説】

問1　39　④

　　昆虫が世界の飢餓の問題に対する可能性のある解決策であると人々が考えているのは，39 からだ。

① 昆虫を食べることは，肉を食べることよりも健康に良い
② 昆虫の数が世界の多くの地域で増加している
③ 発展途上国の人々には他の選択肢がなくなりつつある
④ 昆虫はウシやブタほど多くの資源を必要としない

第1段落第3・4文「タンパク源として肉を好む

人が多いが，ウシのような動物は，飼育するのに大量の飼料と水，エネルギーを必要とする。栄養分に関しては，昆虫はウシが必要とする資源と比べると，ほんのわずかしか必要としない」より，④が正解。①，②，③については述べられていないので，不可。

問2 40 ④
次の4つのグラフの中で，メキシコの状況を最もよく表しているものはどれか。40

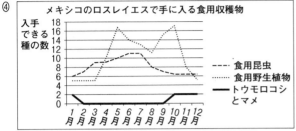

「食用野生植物」の線が，第2段落第2・3文「例えば，メキシコの一部の地域では，人々はわずかな農地で暮らし，野山の植物を食べている。こうした植物は春から秋にかけては豊富にあるが，冬の間は見つけるのがより困難になる」の内容に一致しているグラフは②と④である。「トウモロコシとマメ」の線が，第2段落第4文「また，冬にはトウモロコシとマメの2品種しか手に入らないので，各家庭では食料を見つけるのに苦労しているし，これらの作物は2月から9月の間はまったく収穫できない」の内容と一致しているグラフは③と④である。「食用昆虫」の線が，第2段落最終文「ところが昆虫は，6種から11種が1年を通じて容易に手に入るのであり，こうした地域の人々に食物を与えるのに役立ちうる」の内容に一致しているグラフは④である。したがって，④が正解。

問3 41 ・ 42 ②・⑤．
記事によると，次のうちどの2つが，昆虫に関する現在の状況について説明しているか。(選択肢を2つ選べ。順不同。) 41 ・ 42
① 現在，魚の養殖のために虫やその排泄物を飼料として使っている会社がたくさんある。
② **西洋の食事を採り入れることで，昆虫を食べる量が少なくなっている人がいる。**
③ 国連は畜牛農家に，ウシの代わりに昆虫を飼育するように促している。
④ 昆虫を駆除するために殺虫剤を使用することが人間に有害であることは，明らかにされていない。
⑤ **西洋人は，昆虫が不潔であると考えているの**で，食べない傾向にある。

第4段落第2文後半「伝統的に昆虫を摂取している一部の非西洋人の集団では，西洋の食習慣を採り入れることが続いている」より，②は正解。第4段落第2文前半「西洋人は，昆虫を不衛生の象徴であるとみなしているので，昆虫を食べたがらない」より，⑤は正解。①は，第3段落第4・5文「また，何百万ものハエの幼虫を飼育し，栄養に富むその排泄物を販売している会社もある。この栄養に富む物質は魚の飼料として使うことができ，その魚が消費者に売られることになる」と関連するが，続く第6文に「特にこのように虫を利用する方法はまだ珍しい」とあるので，不可。③は，第5段落最終文「(国連食糧農業機関は)さらに，食用畜産養殖農家がニワトリやウシ，魚のような動物に，虫以外のタンパク源ではなく虫を与えるようになることに期待をかけている」に関連するが，「昆虫を飼育するように促している」わけではないので，不可。④は，第4段落最終文「さらに，作物に害を与える昆虫を駆除するために農民が殺虫剤を使用すると，その化学物質は死ななかった昆虫とそれを摂取する人を毒する可能性がある」より，不可。

問4 43 ②
この記事に最も適したタイトルは 43 である。
① 昆虫の生食の危険性
② **食品としての昆虫の実際的価値**
③ 家畜の飼料として昆虫を利用すること
④ なぜ西洋人はより多くの昆虫を食べているのか
第1段落で国連の報告書を紹介する形で食料源としての昆虫の可能性について述べ，第2段落ではその具体例を挙げ，第3・4段落では昆虫食の現状と問題点，第5段落では促進のための取り組みについて述べられている。したがって，こうした内容をまとめている②が正解。③については，第3段落と第5段落最終文で触れられているだけなので，不可。

MEMO

第5回 解答・解説

設問別正答率

解答番号	1	2	3	4	5	6	7	8	9	10
配点	2	2	2	2	2	2	2	2	2	2
正答率(%)	74.3	49.8	68.6	83.5	67.2	55.2	30.4	82.4	40.3	52.2
解答番号	11	12	13	14	15	16	17	18	19	20
配点	2	2	2	2	2	2	2	2	2	2
正答率(%)	63.2	33.6	50.8	41.0	72.6	77.6	68.0	48.1	66.2	74.1
解答番号	21	22	23	24-25	26	27-31	32	33	34	35
配点	3	3	4	3	3	5	5	5	5	3
正答率(%)	30.3	31.4	34.7	7.5	41.5	45.3	24.0	54.7	41.5	44.8
解答番号	36	37	38	39	40	41-42	43			
配点	3	3	3	3	3	3	3			
正答率(%)	39.4	32.1	41.6	33.2	46.2	6.3	23.1			

設問別成績一覧

設問	設 問 内 容	配 点	平均点	標準偏差
合計		100	45.0	18.6
1	読解問題(メモ, お知らせ)	10	6.9	2.6
2	読解問題(レシピ, ウェブサイト)	20	10.4	4.6
3	読解問題(ブログ, 雑誌)	10	6.7	3.0
4	読解問題(グラフ)	16	4.7	3.9
5	読解問題(伝記)	20	8.3	6.3
6	読解問題(論説文)	24	8.0	5.0

（100点満点）

問題番号	設問		解答番号	正解	配点	自己採点
第1問	A	問1	1	②	2	
		問2	2	②	2	
	B	問1	3	①	2	
		問2	4	②	2	
		問3	5	②	2	
第1問　自己採点小計					(10)	
第2問	A	問1	6	③	2	
		問2	7	④	2	
		問3	8	①	2	
		問4	9	①	2	
		問5	10	④	2	
	B	問1	11	②	2	
		問2	12	②	2	
		問3	13	④	2	
		問4	14	②	2	
		問5	15	③	2	
第2問　自己採点小計					(20)	
第3問	A	問1	16	③	2	
		問2	17	③	2	
	B	問1	18	⑤	2	
		問2	19	②	2	
		問3	20	③	2	
第3問　自己採点小計					(10)	
第4問		問1	21	④	3	
		問2	22	②	3	
		問3	23	④	4	
		問4	24	③	3 ※	
			25	⑤		
		問5	26	④	3	
第4問　自己採点小計					(16)	

問題番号	設問		解答番号	正解	配点	自己採点
第5問		問1	27	④	5 ※	
			28	②		
			29	①		
			30	③		
			31	⑤		
		問2	32	②	5	
		問3	33	③	5	
		問4	34	④	5	
第5問　自己採点小計					(20)	
第6問	A	問1	35	①	3	
		問2	36	③	3	
		問3	37	③	3	
		問4	38	②	3	
	B	問1	39	④	3	
		問2	40	②	3	
		問3	41 - 42	④-⑤	3 ※	
		問4	43	②	3	
第6問　自己採点小計					(24)	
自己採点合計					(100)	

（注）　※は，全部正解の場合のみ点を与える。
　　　－（ハイフン）でつながれた正解は，順序を問わない。

第5回

第1問　読解問題（メモ，お知らせ）

A

【全訳】

　あなたはカナダの留学プログラムで，初めて体験するスクールバンドのコンサートの準備をしています。楽団長のロバートから，コンサートの日についての情報が書かれた短い手紙を受け取りました。

楽団員のみなさんへ

　今度の土曜日のコンサートに備えて，大変努力してきました。きっと，先生方，ご友人，親御さん，そしてコンサートにいらっしゃる他の方々にとって素晴らしい演奏になることでしょう！ 発表の当日は，黒のズボンと白いシャツを着用して午後5時までに集まってください。5時30分までには楽器の準備を終えて，6時きっかりにコンサートホールに入場できるよう並んでいてください。今週の木曜日にバンドの授業で全曲を練習しますから，遅れないようにしてください！ コンサートが終わったらすぐに音楽室で祝賀会があり，全員に食べ物と飲み物が用意されます。

心をこめて
ロバートより

【語句・構文解説】

・prepare for A「Aのために準備をする」
・study abroad program「留学プログラム」
・receive O「Oを受け取る」
・note「短い手紙／メモ」
・band director「楽団長」
・I am sure (that) SV ...「きっと…だろう」
　［例］**I'm sure** his new business will be successful.
　　　　彼の新しいビジネスはきっとうまくいくよ。
・performance「演奏」
・everyone else「他のすべての人」
・attend「（コンサート・会合などに）来る／出席する」
・(be) dressed in A「Aを身につけて」
・finish *doing*「〜し終える」
・prepare O「Oを準備する」
・instrument「楽器」
・line up「並ぶ」
・enter O「Oに入る」

・exactly「きっかり」
・practice O「Oを練習する」
・be late「遅れる」
・right after A「Aの直後に」
・celebration「祝賀会」
・Sincerely「心をこめて／敬具」　手紙の結び文句。

【設問解説】

問1 　1 　②

　ロバートは学生たちに 　1 　忘れないようにさせたい。

　① コンサートのための練習の仕方について
　② **コンサートのスケジュールについて**
　③ ウォーミングアップをどこでやるか
　④ コンサートに誰が招待されているか

　手紙にはコンサート当日のスケジュールが述べられているので，②が正解。①は，「木曜日に練習をすること」については述べられているが，「練習の仕方」には触れていないので，不可。③については述べられていないので，不可。④は，「教師，友人，親

— 147 —

などが来る」とは述べられているが,「誰が招待され
ているか」は述べられていないので,不可。

問2 　[2] 　②

　　ロバートはまた,生徒たちに [2] ことを知って
もらいたいと思っている。

① 　バンドは生徒の先生と友だちから構成されてい
　　る

② 　コンサートのすぐ後にパーティーがある

③ 　午後5時30分までに着替えを終えるべきであ
　　る

④ 　コンサートの直前に全曲を練習する

　手紙の最終文「コンサートが終わったらすぐに音
楽室で祝賀会があり,全員に食べ物と飲み物が用意
されます」より,②が正解。①のようなことは述べ
られていないので,不可。③は,「黒のズボンと白い
シャツを着用して午後5時までに集まってくださ
い」と指示があるので,不可。④は,「今週の木曜日
にバンドの授業で全曲を練習します」より,不可。

— 148 —

B

【全訳】

あなたは地元の大学の英語のウェブサイトを訪れ、次のお知らせを見つけました。

特別講座：マンガの創作法

　次の土曜日に、当大学の美術教師の1人が漫画の描き方の授業を行います。参加者は当日、プロのマンガの作成者がストーリーに命を吹き込むのに用いる道具と方法について学びます。また、美術科によって提供される高品質のペンと紙を用いて描く練習もします。

　この講座は交換留学生向けのものです。マンガのキャラクターの描き方の習得に関心がある方は、下のリンクを使って当講座への登録をしてください。

マンガ講座のスケジュール

午前8時－午前9時	開会の挨拶 マンガの歴史
午前9時－午前11時30分	人を描く：髪の毛、手、体勢
午前11時30分－午後12時30分	昼食
午後12時30分－午後2時	人を描く：顔の構造と感情
午後2時－午後3時	衣服をリアルに描く
午後3時－午後4時30分	動物を描く：マスコット
午後4時30分－午後5時	閉会の言葉と集合写真

● このイベントは日本人の学生も参加できます。ただし、活動はすべて英語で行われます。

● 参加人員は学生20名限定で、すぐに埋まってしまいます。今日登録して、満員になる前に講座の席を確保してください。

この講座への参加に関する詳細は、<u>こちら</u>をクリックしてください。

▶▶ <u>大学のホームページ</u>

【語句・構文解説】

・website「ウェブサイト」
・local「地元の」
・following「次の」
・notice「お知らせ／告知」
・special course「特別講座」
・how to *do*「～の仕方」
・create O「Oを創作する／創造する」
・manga「マンガ」
・draw O「Oを描く」
・participant「参加者」
・spend O *doing*「～してOを過ごす」
　［例］ He **spent** too much time **watching** TV.
　　彼はテレビを見て時間を使いすぎた。
・tool「道具」
・method「方法」
・professional「プロの」
・creator「作成者／クリエーター」
・bring O to life「Oに命を吹き込む」
・practice *doing*「～する練習をする」
・using high-quality pens and paper provided by the art department「美術科によって提供される高品質のペンと紙を用いて」 分詞構文。provided 以下は pens and paper を修飾する過去分詞句。
　high-quality「高品質の」
　art department「美術科」

- exchange student「交換留学生」
- be interested in A「A に関心がある」
- character「キャラクター／登場人物」
- register「登録する」
- using the link below「下のリンクを使って」　分詞構文。
  - A below「下の A」
- schedule「スケジュール／予定」
- welcome「歓迎」
- introduction「紹介」
- body position「体勢／体の姿勢」
- structure「構造」
- emotion「感情」
- make O *do*「O が〜するようにする」
- clothes「衣服」
- look＋形容詞「〜に見える」
- mascot「マスコット」
- closing remarks「閉会の言葉」
- group photo「集合写真」
- be open to A「A が参加できる」
- ... as well「…もまた／その上…」
  - ［例］　She learned French, and German **as well**.
    - 彼女はフランス語と，その上ドイツ語も習得した。
- activity「活動」
- held＜hold O「O を行う」の過去分詞
- be limited to A「A に限定されている」
- fill up「埋まる／満席になる」
  - ［例］　By seven o'clock the restaurant was beginning to **fill up**.
    - 7時までにそのレストランは満席になり始めた。
- quickly「すぐに」
- join O「O に参加する」
- click「クリックする」

【設問解説】
問1　**3**　①

このお知らせの目的は　**3**　人を見つけることである。
① **マンガに関心のある交換留学生の**
② マンガの歴史を研究している
③ マンガを描くことに関する授業の手伝いができる
④ マンガの発表の仕方に関するアドバイスを求めている

第1段落第2文「参加者は当日，プロのマンガの作成者がストーリーに命を吹き込むのに用いる道具と方法について学びます」と，第2段落第1・2文「この講座は交換留学生向けのものです。マンガのキャラクターの描き方の習得に関心がある方は，下のリンクを使って当講座への登録をしてください」より，①が正解。

問2　**4**　②

講座に参加する学生は，　**4**　を学ぶ。
① 刺激的なストーリーの書き方
② **マンガのキャラクターを描く方法**
③ どのような種類の芸術を他の人々は好むのか
④ 他のマンガ作家とどこで出会えるのか

マンガ講座のスケジュールに「人を描く：髪の毛，手，体勢」「人を描く：顔の構造と感情」「衣服をリアルに描く」「動物を描く：マスコット」とあるので，②が正解。①は，第1段落第2文に「参加者は当日，プロのマンガの作成者がストーリーに命を吹き込むのに用いる道具と方法について学びます」とあるが，「刺激的なストーリーの書き方」を学ぶとは述べられていないので，不可。③，④のようなことは述べられていないので，不可。

問3　**5**　②

もしも参加者が　**5**　ならば，講座に関して困ることがあるかもしれない。
① 二十歳を越えている
② **英語をあまり理解できない**
③ マンガを描く用具を持ってくるのを忘れる
④ オンラインで講座に登録する

マンガ講座のスケジュールの下に「活動はすべて英語で行われます」とあるので，②が正解。①は，年齢に関しては述べられていないので，不可。③は，第1段落第3文に「美術科によって提供される高品質のペンと紙を用いて描く練習もします」とあるので，不可。④は，第2段落第2文「マンガのキャラクターの描き方の習得に関心がある方は，下のリンクを使って当講座への登録をしてください」とあるので，不可。

第5回

第2問　読解問題（レシピ，ウェブサイト）
A
【全訳】
　あなたは妹の誕生日パーティーのために，何か特別なものを作りたいと思っています。あるウェブサイトで，おいしそうな料理のレシピを見つけました。

簡単なランチのレシピ

特別な行事のための最も人気のある料理の１つをここに紹介します。この料理は３年連続で人気を保っています。この驚きの組合せがおいしく，フレッシュで，健康的だと思うことでしょう。

チキン・ベリー　サンドイッチ

材料（約４人分）

A	ブルーベリー200g	砂糖70g	レモン果汁大さじ１杯
B	鶏肉200g	バター大さじ２杯	塩コショウ
C	きざんだセロリ大さじ２杯	サワークリーム大さじ４杯	ハチミツ大さじ２杯
D	薄切りパン		

手順

<u>ステップ１：Aを作る</u>

1．ブルーベリー，砂糖，レモン果汁を鍋に入れます。
2．20分間弱火で煮て，ブルーベリージャムを作ります。ときどきかき混ぜることを忘れないでください。
　＊ブルーベリージャムを買えば，このステップは省くことができます。

<u>ステップ２：Bを作る</u>

1．フライパンでバターを熱し，溶かします。
2．フライパンに鶏肉を入れ，片側10分ずつ焼きます。塩コショウを振りかけます。
3．鶏肉に完全に火が通ったら，フライパンから取り出します。
4．AとBの両方を冷蔵庫で30分間冷やします。

<u>ステップ３：BとCを合わせ，Dで仕上げる</u>

1．AとBを冷蔵庫から取り出します。Bを小さく切ります。
2．大きなボウルでBとCを混ぜ合わせます。
3．混ぜ合わせたものを１枚のパンに塗ります。
4．もう１枚のパンにAを塗ります。
5．それらでサンドイッチを作ります。

レビューとコメント

saladqueen　*2019年7月15日 18:10*
私の家族全員がこの料理が気に入ったわ！ 完璧な味の組合せね。セロリは入れないほうがおいしいわ。

Ramadash72　*2019年8月1日 12:03*
僕はこれを作るときはいつでも，数日間食べられるように材料を2倍にするよ。2日目も初日とまったく同じくらいおいしいよ！

【語句・構文解説】
・website「ウェブサイト」
・recipe「レシピ」
・dish「料理」
・occasion「行事／機会」
・back for the third year in a row「3年連続で」
　in a row「連続して」
・combination「組合せ」
・tasty「おいしい」
・refreshing「フレッシュな／さっぱりした」
・healthy「健康的な」
・ingredient「材料」
・serve O「(料理などが)O(人数)分である」
・lemon juice「レモン果汁」
・chopped「きざんだ」
・celery「セロリ」
・sour cream「サワークリーム」 クリームに乳酸菌を加えて発酵させたもの。
・honey「ハチミツ」
・slice「(パンなどの)薄切りの1枚」
・instruction「手順」
・pot「(深い)鍋」
・over a low heat「弱火で」
・forget to do「～することを忘れる」
　[例] Don't **forget to call** the dentist in the afternoon.
　　　　午後に忘れずに歯医者に電話してね。
・stir O「Oをかき混ぜる」
・once in a while「ときどき」
・skip O「Oを省く」
・heat O「Oを熱する」
・pan「フライパン」
・melt「溶ける」
・add A to B「AをBに加える」
　[例] She **added** special herbs **to** the salad.
　　　　彼女はサラダに特別なハーブを加えた。

・season with A「A(調味料)で味付けする」
・fully「完全に」
・remove A from B「AをBから取り出す／AをBから取り除く」
　[例] The waiter **removed** the dishes **from** the table quickly.
　　　　ウエイターはすばやくテーブルから皿を片付けた。
・chill O「Oを冷やす」
・refrigerator「冷蔵庫」
・put A and B together「AとBを合わせる」
・cut O into small pieces「Oを小さく切る」
・mix A with B「AをBと混ぜ合わせる」
・spread O「Oを(薄く)塗る」
・mixture「混ぜたもの／混合物」
・the other A「もう一方のA」
・flavor「味」
・without A「Aなしで」
・whenever SV ...「…するときはいつでも」
　[例] **Whenever** he comes, he brings me some presents.
　　　　彼は来るたびに，私にプレゼントを持ってきてくれる。
・double O「Oを2倍にする」
・so that S can do「Sが～できるように」
・several「いくつかの」
・delicious「おいしい」
・on day two「2日目に」

【設問解説】
問1　6　③
　このレシピは，もしあなたが 6 ことを望むならよい。
　① たくさんの異なる野菜を食べる
　② すぐに体重を減らす
　③ **何か甘いものを作る**
　④ 火を使わずに料理する

材料にブルーベリー，砂糖，ハチミツが含まれていて，甘いものが出来上がるとわかるので，③が正解。①は，材料に含まれている野菜はセロリのみだとわかるので，不可。②は，材料に鶏肉やバターなどが使われていて，「すぐに体重が減る」とは考えられないので，不可。④は，ステップ2の1．「フライパンでバターを熱し，溶かします」などから，不可。

問2 　7　　④

この手順に従えば，ステップ2を仕上げるのに約　7　かかるはずだ。

① 10分
② 30分
③ 40分
④ **50分**

鶏肉を片面焼くのに10分間が必要なので両面で20分間，さらに，ブルーベリージャムと鶏肉を冷蔵庫で30分間冷やすとあるので，合計で50分間必要となる。したがって，④が正解。

問3 　8　　①

このレシピを作る間に時間を省きたい人は　8　かもしれない。

① **ブルーベリージャムを買う**
② 強火でブルーベリーを調理する
③ 鶏肉を冷凍する
④ より小さいボウルを使う

ステップ1に「＊ブルーベリージャムを買えば，このステップは省くことができます」とあるので，①が正解。②，③については本文に述べられていないので，不可。④はステップ3の2．に「大きなボウルでBとCを混ぜ合わせます」と述べられているが，「より小さいボウルを使う」とは述べられていないので，不可。

問4 　9　　①

ウェブサイトによれば，このレシピについての1つの（意見でなく）**事実**は，それが　9　ということである。

① **何年も人気がある**
② 2日目が1番おいしい
③ 他のサンドイッチよりもおいしい
④ クリーミーすぎでも濃厚すぎでもない

冒頭のレシピの紹介で，第1文に「この料理は3年連続で人気を保っています」とあるので，①が正解。②は，「レビューとコメント」のRamadash72のコメントに「2日目も初日とまったく同じくらいおいしいよ」と書かれているが，「2日目が1番おいしい」とは述べられていないし，意見であって事実ではないので，不可。③，④は，本文に述べられて

いないので，不可。

問5 　10　　④

ウェブサイトによれば，このレシピについての1つの（事実でなく）**意見**は，それが　10　ということである。

① すぐに食べるとよりおいしい
② ベジタリアン向けではない
③ 複数のボウルを必要とする
④ **材料を1つ入れないほうがよりおいしい**

「レビューとコメント」のsaladqueenのコメントに「セロリは入れないほうがおいしいわ」と書かれているので，④が正解。①，②，③は，そのような意見は述べられていないので，不可。

— 153 —

B
【全訳】
　あなたの英語の先生が，次の授業で行われる討論の準備をする助けとなるように，1つの記事を渡してくれました。この記事の一部がコメントの1つとともに，下に示されています。

週4日制を模索する学校が増加中

メリッサ・ガーバー，デンバー在住
2019年3月29日・午後1:07

経費を節約し，質の高い教師を確保するために，アメリカのいたるところでますます多くの学区が学校週4日制に移行しつつある。学校のある4日間は，生徒は朝早めに登校し，午後は遅めに下校する。このスケジュールによって，教師は前と変わらず1週間当たりの規定の時間を働くことになるが，授業の準備をし，教師として成長するための様々な機会に参加する余分の時間を得ることができる。

週4日にすることは生徒にも恩恵がある。学校が4日しかないと授業に出席する生徒が増えることが研究によって示されているし，このようなスケジュールによってテストの得点に何らかの悪い影響が出るという証拠もない。高校の校長であるジャネット・コーリーは，「3日ある週末は休暇ではありません。この時間を勉強し，リラックスすることに賢く使う生徒は，授業でもっと集中することができるようになるのです」と言っている。

しかし一部の人々にとっては，週4日を提案する学校は問題を招き寄せることになる。ある親は，「働く親が子どもの面倒をみるために毎週1日仕事を休むなんてできるとは思えません」と言う。また，学校が子どもに昼食を提供してくれるのを子どもが当てにしているという理由から，不安になっている家族もある。週4日制の学校は，毎週5日目に，一部の生徒に何らかの活動を提供する必要があるかもしれない。

9コメント

最新

デイヴィッド・ベニオン　2019年4月5日・午後6:12
週4日に移行したことは，私たちの学校によって行われた改革の中でも最高のものでした。息子は以前よりも成績がよくなっているし，はるかに疲れなくなっているようです。それに私自身，彼と過ごす時間が長くなったのがうれしいですね！　ありがたいことに，私は週1日在宅で仕事をするのは難しくないんです。

【語句・構文解説】
・article「記事」
・prepare for A「A の準備をする」
・debate「討論／ディベート」
・below「下に」
・explore O「O を模索［探求］する」
◆第 1 段落◆
・in order to *do*「~するために」
・save O「O を節約する」
・keep O「O を確保する」
・high-quality「質の高い」
・school district「学区」
・across A「A のいたるところで／A 中で」
・switch to A「A に移行する」
・work a full week「1 週間当たりの規定の時間働く」
・extra「余分の／追加の」
・participate in A「A に参加する」
・professional「職業（上）の」
・development「成長／発展」
・opportunity「機会」
◆第 2 段落◆
・benefit「恩恵／利点」
・..., as well「…もまた」
・attend O「O に出席する」
・evidence that SV ...「…という（ことを示す）証拠」
・have（a）~ effect on A「A に~な影響を及ぼす」
　［例］　That experience has **had a** bad **effect on** her.
　　　　　その経験は彼女に悪い影響を及ぼした。
・negative「よくない／マイナスの」
・principal「校長」
・vacation「休暇」
・wisely「賢く」
・focus「集中する」
◆第 3 段落◆
・schools proposing four-day weeks「週 4 日を提案する学校」　proposing 以下は schools を修飾する現在分詞句。
・ask for trouble「困ったことになる／災難を招く」
　［例］　Driving in a snowstorm is **asking for trouble**.
　　　　　吹雪の中を車で行くなんて，自ら災難を招くようなものだ。
・Says one parent, ...「ある親は…と言う」　V＋S の語順になっている。
・imagine that SV ...「…ということを想像する」
・take a day off「1 日休みをとる」

・concerned「不安になっている／心配している」
・depend on A to *do*「A が～するのを当てにする」
　［例］　We can **depend on** him **to help** us.
　　　　　私たちは彼が助けてくれるのを当てにできる。
・provide A with B「A に B を提供する」
　［例］　We **provided** the people **with** food.
　　　　　私たちはその人たちに食料を供給した。
・offer O「O を提供する」
・activity「活動」
◆コメント◆
・move to A「A に移行する」
・the best move our school ever made「私たちの学校が今まで行った中で最高の改革」　our school ever made は the best move を修飾する節。
　move「措置／手段」
・grade「成績」
・plus「それに加えて」
・spend time with A「A と一緒に過ごす」
・luckily「幸運にも」
・work from home「在宅で仕事をする」
・one day a week「週 1 日」

【設問解説】
問 1　11　②
　　記事によると，学校週 4 日制によって教師は，11 で恩恵を受ける。
　①　以前よりも週末に長い時間寝ること
　②　**準備や自己の向上により多くの時間を使うこと**
　③　学校の行き帰りの交通費を節約すること
　④　部活動により多くの時間を使うこと
　　第 1 段落最終文「このスケジュールによって，教師は前と変わらず 1 週間当たりの規定の時間を働くことになるが，授業の準備をし，教師として成長するための様々な機会に参加する余分の時間を得ることができる」より，②が正解。①，③，④については述べられていないので，不可。
問 2　12　②
　　討論において，あなたのチームは「すべての学校は週 4 日制に移行すべきだ」という主張を支持する。記事の中で，あなたのチームに有益な 1 つの（事実でなく）意見は 12 ということだ。
　①　長い時間勉強することはいつも悪い成績につながる
　②　**賢明な生徒は長い週末から恩恵を受けるだろう**
　③　生徒は優れた時間管理能力を身につける必要がある
　④　いくつかの研究は，学校が週 4 日になると欠席

— 155 —

する生徒が減るということを示している

第2段落最終文に，高校の校長であるジャネット・コーリーによる「3日ある週末は休暇ではありません。この時間を勉強し，リラックスすることに賢く使う生徒は，授業でもっと集中することができるようになるのです」という意見があることから，賢明な生徒は週4日制によって学力向上という恩恵を受けることができると言えるので，②が正解。①，④は，第2段落第2文の内容に関連するが，この文で述べられているのは事実であって意見ではないので，不可。③については述べられていないので，不可。

問3 [13] ④

相手方のチームは反対の立場に立つ。記事の中で，このチームに有益な1つの（事実でなく）**意見**は [13] ということだ。

① 週4日になると，多くの生徒が塾に通うことになるだろう
② 生徒がどちらのスケジュールを好むのか，選ばせるほうがよい
③ 学校にいる時間が長いとストレスがかかりすぎるので，多くの生徒にとって対処できないだろう
④ **働く親は自分たちのスケジュール調整に困難をきたすだろう**

第3段落第2文に「ある親は，『働く親が子どもの面倒をみるために毎週1日仕事を休むなんてできるとは思えません』と言う」という意見が述べられているので，④が正解。①，②，③については述べられていないので，不可。

問4 [14] ②

記事の第3段落にある "asking for trouble" は [14] ということを意味する。

① 生徒を心配させる
② **問題を引き起こす可能性が高い**
③ 他の誰かと口論を始める
④ いかにして危険を回避できるだろうかと考える

asking for trouble というフレーズは第3段落の第1文にあって，この段落全体の内容を要約する，いわゆるトピックセンテンスの中に含まれている。第3段落第2文以降で述べられている意見は，「学校が週4日制に移行すると一部の家庭では困った問題が起きる」という内容であり，asking for trouble は「問題を引き起こすことになる／困ったことになる」のような意味であると考えられる。したがって，②が正解。

問5 [15] ③

デイヴィッド・ベニオンのコメントからすると，

彼は記事で述べられた意見に対して [15] 。

① 特に意見はない
② 一部賛成している
③ **大いに賛成している**
④ まったく同意していない

デイヴィッド・ベニオンのコメントには，「学校が週4日に移行することで子どもの成績が上がり，疲れにくくなったことに加え，自分も子どもと過ごす時間が増えて喜んでいる」とある。これは記事に大いに賛成していることを示しているので，③が正解。

— 156 —

第3問　読解問題(ブログ，雑誌)
A
【全訳】
あなたは自分の学校のある女子学生が書いたブログの中に次の記事を見つけました。

ブラジル人からの贈り物
5月15日　火曜日

　私は先月，ツアーガイドのアルバイトを始めました。私の仕事は，外国人観光客を案内してこの市の1番良い観光地のいくつかを巡り，本物の日本文化を体験してもらうことです。この前の週末には，ブラジルから来た旅行者のグループの案内をしました。

　彼らはみな同じ国から来たのですが，ブラジルの違った地域から各自で日本に来ていました。午前中，私は彼らを竹林とお寺に連れて行きました。空には雲ひとつなく，旅行者たちは素晴らしい写真を何枚か撮ることができました。昼食をとって，私の一番好きなショッピング街の1つを訪れた後，私は彼らのために日本の伝統的な茶会を催しました。

　茶会の後，私は観光客の1人ひとりにお土産として小さな箱入りの和菓子を渡しました。すると，ブラジル人の1人がお返しに贈り物をくれたので私は驚きました。彼は，次のワールドカップで日本とブラジルがサッカーの試合をするときにそれを着るようにと言いました。それから私たちは一緒に写真を撮り，旅行者たちは午後の時間を過ごすために各自のホテルに帰りました。

　来週は，ナイジェリアから来る何人かの人のガイドをする予定です。他の文化について学べるのが待ちきれません！

【語句・構文解説】
・following「次の／下記の」
・blog「ブログ」
・female student「女子学生」
・gift「贈り物」
◆第1段落◆
・part-time job「アルバイト／パートタイムの仕事」
・tour guide「ツアーガイド／観光ガイド」
・show A around B「Aを案内してBを巡る」
・foreign tourist「外国人観光客」
・sight「観光地／名所」
・authentic「本物の／本格的な」
・cultural「文化の」
・experience「体験／経験」
・this past weekend「この前の週末に」

・host O「O(客)を接待する／O(行事)を主催する」
◆第2段落◆
・alone「1人で」
・take A to B「AをBに連れて行く」
・bamboo forest「竹林」
・temple「寺」
・cloud「雲」
・get to *do*「~できる／~する機会を得る」
　［例］　We **got to see** the President.
　　　　私たちは大統領に会うことができた。
・a visit to A「Aへの訪問」
・favorite「大好きな」
・shopping district「ショッピング街」
・perform O「Oを催す／行う」
・traditional「伝統的な」

・tea ceremony「茶会」

◆第3段落◆

・sweets「菓子」

・surprise O「O(人)を驚かせる」

・by *doing*「~することで」

・in return「お返しに」

　[例]　The kind villagers didn't ask for anything **in return**.

　　　　親切な村人たちはお返しに何も求めなかった。

・wear O「O(服など)を着る」

・watch O *do*「O が~するのを見る」

・the World Cup「ワールドカップ」

・return to A「A に戻る」

◆第4段落◆

・be scheduled to *do*「~する予定になっている」

　[例]　The mayor **is scheduled to go** to Thailand next month.

　　　　市長は来月タイに行く予定だ。

・guide O「O(客)を案内する」

・Nigeria「ナイジェリア」　アフリカ西部の国。

・can't wait to *do*「~するのが待ちきれない」

　[例]　I **can't wait to see** you again.

　　　　またお会いするのが待ちきれません。

【設問解説】

問1　16　③

　ガイドツアーの間に，16 。

①　雨が降ったので，そのグループは外出できなかった

②　客の1人が筆者にお茶をふるまった

③　**旅行者たちは良い天気のもとで写真を撮った**

④　旅行者たちは昼食の前に買い物に出かけた

　第2段落第3文に「空には雲ひとつなく，旅行者たちは素晴らしい写真を何枚か撮ることができました」とあるので，③が正解。①は，上記の文より，不可。②は，第2段落最終文に「私は彼らのために日本の伝統的な茶会を催しました」とあり，茶会を催したのは筆者なので，不可。④は，上記の文に「昼食をとって，私の一番好きなショッピング街の1つを訪れた後…」とあるので，不可。

問2　17　③

　あなたは，このブログの筆者が 17 とわかった。

①　有名なサッカー選手の何人かと一緒にお茶を飲み，食事をした

②　まる1年，ツアーガイドの仕事をしている

③　**外国から来た人たちと話をし，シャツをもらっ**た

④　ある都市に旅行し，日本とブラジルのサッカーの試合を見た

　第3段落第2~4文に「すると，ブラジル人の1人がお返しに贈り物をくれたので私は驚きました。彼は，次のワールドカップで日本とブラジルがサッカーの試合をするときにそれを着るようにと言いました。それから私たちは一緒に写真を撮り…」とあり，ブログの写真からその贈り物がシャツだと確認できるので，③が正解。②は，第1段落第1文に「私は先月，ツアーガイドのアルバイトを始めました」とあるので，不可。①，④のような内容はブログに述べられていないので，不可。

— 158 —

B

【全訳】

　あなたは地元の海外留学用雑誌で次の記事を見つけました。

心を通わせるにはお腹から

キムラ　トモヨ（指導助手）

　故郷を離れて一人暮らしをしていると，海外交換留学生が友だちを作るのは困難なことがあります。しかし，私自身の教え子の１人が学んだように，人間関係を築き，文化を分かち合うのに最も良い方法の１つは，一緒に料理をすることです。

　今年，私たちの学校に在籍する生徒の家庭のうちの１軒が，韓国出身のジヨンという名前の海外交換留学生のホストファミリーを務めました。彼の日本語の能力は非常にすぐれていましたが，学校に通い始めてからの最初の数か月間，彼は無口で，他の生徒に話しかけるのを恐れている様子でした。一緒にサッカーをしているときでさえそうだったのです。私は，多くの生徒が韓国に興味を持っていることを知っていたので，彼に韓国文化のクラブを始めてはどうかと提案しました。ジヨンは韓国文化に興味を持つ生徒がいるかどうか不安がっていましたが，挑戦してみようと思うと言いました。

　次の週，クラブのポスターが学校の講堂に貼られました。ポスターには，クラブは２週間に１回，放課後に集まって一緒に韓国料理を作ると告知されていました。何人かの生徒がジヨンに，クラブ活動の間，ある韓国人アーティストの曲をかけてもいいか尋ねているのを私は耳にしました。その女性アーティストは50年前に人気があっただけなので，クラスメイトが彼女を知っていると聞いて，ジヨンはとても驚いていました。

　最初のクラブ活動で，ジヨンはみんなに韓国風パンケーキである，チヂミの作り方を教えました。いつもお母さんがすることだからと言って，彼はスパイスを多めに加えました。日本人の生徒たちは，あらゆる種類の韓国料理の材料の味をとても楽しみました。１人の日本人生徒が，お返しに日本風のパンケーキである，お好み焼きの作り方を教えてあげるとジヨンに言いました。ジヨンは新しい友達がたくさんできるのに加えて，日本食の作り方を学べると喜びました。１週間後に彼に会ったときには，彼は熱心な様子でした。彼は，次の活動ではキムチの作り方を教えるつもりだと言っていたのです！

【語句・構文解説】

・following「次の／下記の」
・local「地元の」
・stomach「お腹／胃」
・teaching assistant「指導助手」

◆第１段落◆
・alone「１人で」
・foreign exchange student「海外交換留学生」
・build O「O（人間関係など）を築く」

・relationship「（人間）関係」
・share O「O を分かち合う／O を共有する」

◆第２段落◆
・host O「O（留学生）のホストファミリーを務める／O（客）を泊める」
・A named B「B という名の A」
・South Korea「韓国」
・skill「能力」
・excellent「非常にすぐれた」

・seem C「C に見える」
・quiet「無口な／静かな」
・(be) afraid to *do*「〜するのを恐れている／恐くて〜できない」
　［例］　The student **was afraid to ask** questions.
　　　　その学生は質問をするのを恐れていた。
・be interested in A「A に興味を持っている」
・suggest that S *do*「S に…してはどうかと提案する」
・be doubtful if SV …「…ではないかと不安である」
・give it a try「挑戦してみる」
◆第3段落◆
・appear「掲示される／現れる」
・hall「講堂」
・advertise that SV …「…を告知する／…を宣伝する」
・once every two weeks「2週間に1回」
・meet「集まる」
・hear O *do*「O が〜するのを耳にする」
・ask O if SV …「…かどうかを O に尋ねる」
・play music「音楽をかける」
・a certain A「ある（特定の）A」
　［例］　They always meet at **a certain** time, but it's different every week.
　　　　彼らはいつも時間を決めて会うが，その時間は週ごとに変わる。
◆第4段落◆
・how to *do*「〜の仕方」
・add O「O を加える」
・extra「余分な」
・taste O「O を味わう／O を食べる」
・all sorts of A「あらゆる種類の A」
・ingredient「材料」
・in return「お返しに」
・be glad that SV …「…を喜ぶ」
・in addition to *doing*「〜するのに加えて」
・enthusiastic「熱心な」
【設問解説】
問1　18　⑤
　　この話によると，ジョンの気持ちは次の順で変化した。18
① 内気で→熱心で→喜んで→驚いて→不安で
② 内気で→熱心で→不安で→驚いて→喜んで
③ 内気で→喜んで→驚いて→熱心で→不安で
④ 内気で→喜んで→驚いて→不安で→熱心で
⑤ **内気で→不安で→驚いて→喜んで→熱心で**
⑥ 内気で→不安で→熱心で→驚いて→喜んで

　　第2段落第2文に「学校に通い始めてからの最初の数か月間，彼は無口で，他の生徒に話しかけるのを恐れている様子でした。一緒にサッカーをしているときでさえそうだったのです」より，ジョンは初め「内気」であったことがわかる。次に，第2段落第4文「ジョンは韓国文化に興味を持つ生徒がいるかどうか不安がっていましたが，挑戦してみようと思うと言いました」より，「不安」で，第3段落第4文「その女性アーティストは50年前に人気があっただけなので，クラスメイトが彼女を知っていると聞いて，ジョンはとても驚いていました」より，「驚いて」いたことがわかる。さらに，第4段落第5文「ジョンは新しい友達がたくさんできるのに加えて，日本食の作り方を学べると喜びました」より，「喜んで」いて，第4段落第6文「1週間後に彼に会ったときには，彼は熱心な様子でした」より，「熱心」になっていたことがわかるので，⑤が正解。

問2　19　②
　　何人かの生徒はジョンに彼らが　19　ことができるか尋ねた。
① 韓国のアーティストを特集するポスターをデザインする
② **今では人気のない音楽をかける**
③ ジョンと韓国語を話す練習をする
④ 一緒にテレビで韓国のドラマを観る

　　第3段落第3・4文「何人かの生徒がジョンに，クラブ活動の間，ある韓国人アーティストの曲をかけてもいいか尋ねているのを私は耳にしました。その女性アーティストは50年前に人気があっただけなので，クラスメイトが彼女を知っていると聞いて，ジョンはとても驚いていました」より，②が正解。①，③，④はいずれも，本文で述べられていないので，不可。

問3　20　③
　　この話から，あなたはジョンが　20　ということがわかった。
① 友達とサッカーをすることと，ホストファミリーのために料理をすることを楽しむ
② 日本を以前に訪れたことはなく，韓国のバンドで楽器を演奏している
③ **韓国料理の作り方を教え始めて，新しい友達ができた**
④ 友達と日本語を話すことがもっと上手ならいいのにと思っている

　　第4段落第5文「ジョンは新しい友達がたくさんできるのに加えて，日本食の作り方を学べると喜びました」と書かれているので，③が正解。①は，第

第5回

　２段落第２文に「一緒にサッカーをしている」ことについては述べられているが，「ホストファミリーのために料理をする」とは述べられていないので，不可。❷は，そのようなことは述べられていないので，不可。❹は，第２段落第２文に「彼の日本語の能力は非常にすぐれていました」と述べられているので，不可。

第4問　読解問題（グラフ）
【全訳】
　あなたは合衆国で学ぶ留学生について調べています。あなたは2つの記事を見つけました。

合衆国の学校で学ぶ留学生　　　　　　　　　　　　　　　　　エイダ・ブルックス
　　　　　　　　　　　　　　　　　　　　　　　　　　　　　　　2018年2月

　合衆国の大学の多くは，1つの重要なセールスポイントとして留学生の在籍者数が多いことを強調している。多様性のあるキャンパスが，学生全員により多くの学びの機会を提供しており，彼らの多くはグローバル経済の中で成功するのに役立つ文化の知識を身につけたいと望んでいる。留学生が多いことは，世界でのアメリカの学校の評判を良くすることになる。
　2012年以来，合衆国の学校に在籍する留学生の人数は着実に増加してきた。しかし，アメリカ国立科学財団が最近行った報告によると，この傾向に変化が起きており，このことがアメリカの多くの教育機関に懸念を抱かせている。2016年と2017年の間で，学部生として在籍する留学生の数が2.2パーセント減少し，大学院課程の在籍者数はさらに急激な減少を示した。

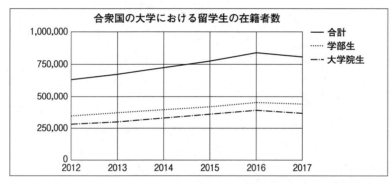

　この傾向が続けば，多くのアメリカの大学院課程が困難に陥ることになるだろう。というのは，留学生が在籍者のかなり大きな部分を構成しているからだ。2015年には，合衆国で科学と工学を学ぶ大学院生の3分の1より多くが外国出身者で，コンピュータ科学，経済学，工学，そして数学のすべての博士号の50パーセントを彼らが獲得した。在籍者減少をもたらしている要因の中には，学生ビザの発行数の減少と合衆国の大学授業料の値上がりが含まれている。
　私見を述べれば，合衆国の学校はまず第1に費用の問題に取り組まなければならない。合衆国で勉強したいと思う外国人学生が費用面の問題に直面しなければ，ビザを手に入れるのが難しいとしても，彼らが留学を諦める可能性は低くなるだろう。

「合衆国の学校で学ぶ留学生」への意見　　　　　　　　　　　　　S. Y.

2018 年 3 月

　私は留学生として合衆国で勉強した経験がありますが，合衆国で勉強している留学生の数が減っていることを知ってもさほど驚きませんでした。きっとそうした変化はある程度は，授業料が値上がりし，ビザの制度が厳しくなっているせいでしょうが，奨学金プログラムの削減も１つの要因だと考えます。

　2007 年に，私が大学院に入るためサウジアラビアから合衆国に来たとき，本国政府の新しい留学奨学金プログラムの支援を受けました。私の妹が学部生として学ぶために合衆国に行った年までには，そのプログラムはさらに人気のあるものになっていました。彼女は合衆国で学ぶ５万人を超えるサウジアラビア人の１人だったわけですが，５万人という数が，75 万人を超える留学生がそこで学ぶことに貢献したことは確かでしょう。その翌年には，さらに多くの留学生が合衆国の学校に通っていました。ところが，エイダ・ブルックスさんの記事によると，合衆国の留学生の数がピークに達したその同じ年に，我が国のプログラムは奨学金の提供数を減らし始めたのです。

　私が大学院を修了した頃までには，大学には私のプログラムと他の学部のどちらにも他に多くの留学生がいました。言語の壁，ホームシック，そしてビザの問題といったようなよく似た難題に直面する留学生たちのしっかりしたコミュニティーがあることは助けになりました。勉学のためになんとかして合衆国にやって来る留学生たちのために，在籍学生の減少傾向が増加に転じ，他の留学生たちのコミュニティーが提供してくれる支援制度が失われないことを願うばかりです。

【語句・構文解説】
- do research on A「A について調べる」
- international student「留学生」
- article「記事」

＜エイダ・ブルックスの記事＞
- attend O「O に通う／出席する」

◆第１段落◆
- college「(単科)大学」
- university「(総合)大学」
- highlight O「O を強調する」
- level「水準」　ここでは「数の多さ」を表す。
- enrollment「在籍者数／入学(者数)」
- key「重要な」
- selling point「セールスポイント」
- diverse「多様な」
- offer O「O を提供する」
- opportunity「機会／チャンス」
- hope to *do*「～することを望む」
  - ［例］ I **hope to make** good friends in the new school.
  新しい学校で良い友達ができることを望んでいる。
- gain O「O を身につける／獲得する」
- cultural knowledge「文化に関する知識」
- help O *do*「O が～するのに役立つ」
- global economy「グローバル経済」
- a high number of A「非常に多くの A」
- improve O「O を良くする／改良する」
- reputation「評判」

◆第２段落◆
- the number of A has been growing「A の数が増え続けている」
  - ［例］ **The number of** traffic accidents involving senior drivers **has been growing**.
  高齢のドライバーがからむ交通事故の数が増え続けている。
- enrolling in U.S. schools「合衆国の学校に在籍する」
  直前の international students を修飾する現在分詞句。
  enroll in A「A に在籍[入学]する」

- steadily「着実に」
- recent「最近の」
- report「報告(書)」
- the National Science Foundation「アメリカ国立科学財団」
- show O「O を示す」
- change in A「A の変化」
- trend「傾向／流行」
- has many American educational institutions concerned「アメリカの多くの教育機関に懸念を抱かせる」
  have O C「O を C の状態にする」
  educational institution「教育機関」
  concerned「懸念を抱いた／心配している」
- undergraduate「学部生」
- drop「減少する」
- graduate program「大学院課程」
- even＋比較級「さらに～」
- steep「急激な／険しい」

◆第3段落◆
- continue「続く」
- be in trouble「困った状況になる」
- make up O / make O up「O を構成する」
- significant「かなりの／重要な」
- portion of A「A の一部分」
- more than A「A より多く」（＝over A）
- a third of A「A の 3 分の 1」
- graduate student「大学院生」
- studying science and engineering「科学と工学を学んでいる」 直前の graduate students を修飾する現在分詞句。
  engineering「工学」
- be from A「A の出身である」
- earn O「O を獲得する」
- doctoral degree「博士号」
- computer science「コンピュータ科学」
- economics「経済学」
- factor「要因」
- contributing to the drop「在籍者減少をもたらしている」 直前の Factors を修飾する現在分詞句。
  contribute to A「A の一因となる／A に寄与する」
  ［例］ It is ironic that air-conditioning **contributes to** global warming.
  　　　エアコンが地球温暖化の一因になっているのは皮肉だ。
- include O「O を含んでいる」
- decrease in A「A の減少」

- student visas issued「発行される学生ビザ」 issued は直前の student visas を修飾する過去分詞。
  issue O「O を発行する／交付する」
- rising「増えている／高騰している」
- cost「費用」
- tuition「授業料」

◆第4段落◆
- in my opinion「私の意見では」
  ［例］ **In my opinion**, the boy is innocent.
  　　　私の意見では，その少年は無罪だ。
- deal with A「A に取り組む」
- issue「(社会的な)問題／課題」
- face O「O に直面する」
- financial「金銭の／財政上の」
- be less likely to *do*「～する可能性がより低い」
  ［例］ The President **is less likely to be** reelected.
  　　　大統領が再選される可能性はより低いだろう。
- give up「諦める／断念する」
- despite A「A にも関わらず」
- difficulty in *doing*「～することの難しさ」
- obtain O「O を手に入れる／取得する」

＜S. Y. の意見＞
- opinion on A「A についての意見」

◆第1段落◆
- not altogether「まったく…というわけではない」部分否定。
- be surprised to *do*「～して驚く」
- down「減少した／低下した」
- I'm sure (that) SV ...「きっと…だと思う」
  ［例］ **I'm sure** that the boy is telling a lie.
  　　　きっと少年は嘘をついていると思う。
- partially「ある程度は／部分的に」
- be due to A「A のせいである／A が原因である」
  ［例］ His failure must **be due to** his carelessness.
  　　　彼が失敗したのは不注意が原因にちがいない。
- tight「厳しい／厳格な」
- cut to A「A の削減」
- scholarship program「奨学金プログラム」

◆第2段落◆
- Saudi Arabia「サウジアラビア」
- graduate school「大学院」
- support O「O を支援する」
- government「政府」
- by the year that ...「…する年までに」
- program「プログラム／教育課題」

— 164 —

- Saudi「サウジアラビア人」
- studying in the U.S.「合衆国で学んでいる」 直前の over 50,000 Saudis を修飾する現在分詞句。
- a number that ...「…する数字」 コンマの前の over 50,000 に補足的説明を加えている。
- certainly「確かに」
- there「そこでの」 ここでは in the U.S. のこと。
- the following year「その翌年」
- according to A「A によると」
  - 〔例〕 **According to** the TV report, the politician married a former newscaster.
    - テレビの報道によると，その政治家は元ニュースキャスターと結婚した。
- in the same year that ...「…するのとまったく同じ年に」
- hit *one's* peak「最大に達する」

◆**第3段落**◆
- by the time SV ...「…するときまでには」
  - 〔例〕 **By the time** he was seven, he had become a famous actor in Japan.
    - 彼は7歳になる頃までには，日本で有名な役者になっていた。
- department「学部」
- helpful「役に立つ」
- substantial「しっかりした／堅固な」
- community「コミュニティー／共同体」
- similar「よく似た／類似の」
- challenge「難題」
- A, such as B「たとえば B のような A」
  - 〔例〕 The zoo has many cute animals, **such as** pandas and koalas.
    - その動物園には，パンダやコアラのようなかわいい動物がたくさんいる。
- language barrier「言語の壁」
- homesickness「ホームシック」
- for the sake of A「A（の利益）ために」
  - 〔例〕 Please stop drinking and smoking **for the sake of** our children.
    - 子どもたちのために，どうか酒とたばこをやめてください。
- do manage to *do*「なんとか（やりくりして）～する」
  do manage の do は manage を強調する助動詞。
- the trend of dropping student enrollment「在籍学生の減少傾向」 dropping は student enrollment を修飾する現在分詞。
- reverse「逆転する」
- so that SV ...「その結果…する／…するように」

- support system「支援制度」
- provide O「O を提供する」

【設問解説】
問1 ┃21┃ ④
　エイダ・ブルックスと S. Y. のどちらも ┃21┃ には言及していない。
① 合衆国の大学に通う費用の増加
② 留学生が利用できる奨学金
③ 留学生が大学にもたらす利点
④ 合衆国の大学の数
　④の「合衆国の大学の数」については，エイダ・ブルックスと S. Y. のどちらも触れていないので，④が正解。①は，エイダ・ブルックスが第3段落最終文で「在籍者減少をもたらしている要因の中には…合衆国の大学授業料の値上がりが含まれている」と述べ，S. Y. も第1段落第2文で「きっとそうした変化はある程度は，授業料が値上がりし…ているせいでしょう」と述べているので，不可。②は，S. Y. が第1段落第2文で「奨学金プログラムの削減も1つの要因だと考えます」と述べているので，不可。③は，エイダ・ブルックスが第1段落最終文で「留学生が多いことは，世界でのアメリカの学校の評判を良くすることになる」と述べているので，不可。

問2 ┃22┃ ②
　S. Y. の妹は ┃22┃ 年に合衆国で学部生として勉強し始めた。
① 2014
② 2015
③ 2016
④ 2017
　S. Y. は第2段落第3文で「彼女は合衆国で学ぶ5万人を超えるサウジアラビア人の1人だったわけですが，5万人という数が，75万人を超える留学生がそこで学ぶことに貢献したことは確かでしょう」と述べており，グラフの Total「合計」の折れ線を見ると 750,000 を超えているのは 2015 年～2017 年の間なので，S. Y. の妹はその中のどれかの年に留学を始めたことになる。続く第4文では「その翌年には，さらに多くの留学生が合衆国の学校に通っていました」と述べており，グラフによると，2015 年から 2016 年へは増加しているが，2016 年から 2017 年へは減少しているので，2015 年が留学開始の年だとわかる。したがって，②が正解。

問3 ┃23┃ ④
　これらの記事によると，合衆国の留学生数の減少をもたらしている要因の中には ┃23┃ が含まれる。
（最も適当な組合せを①～⑥の中から1つ選べ。）

— 165 —

A．経済不況

B．奨学金プログラムの減少

C．合衆国の大学の学費の値上がり

D．合衆国の大学の数の減少

　S. Y. は第1段落第2文の後半で「奨学金プログラムの削減も1つの要因だと考えます」と述べているので，B．の「奨学金プログラムの減少」が要因の1つになる。次に，エイダ・ブルックスは第3段落最終文で「在籍者減少をもたらしている要因の中には，学生ビザの発行数の減少と合衆国の大学授業料の値上がりが含まれている」と述べているので，C．の「合衆国の大学の学費の値上がり」も要因の1つになる。これに対し，A．の「経済不況」とD．の「合衆国の大学の数の減少」については2人とも述べていない。したがって，④（B・C）が正解。

問4　24　③　25　⑤

　エイダ・ブルックスは留学生が　24　と述べており，S. Y. は彼らが　25　と述べている。（各空所に異なる選択肢を選べ。）

① 科学よりも数学を勉強する可能性がより高い

② 合衆国の学生よりも多くの学生グループに参加する

③ **他の学生に学びの機会を提供する**

④ 合衆国の学生よりも多くの奨学金を受ける

⑤ **自分の国を思ってときどき寂しくなる**

　エイダ・ブルックスは第1段落第2文前半で「多様性のあるキャンパスが，学生全員により多くの学びの機会を提供しており…」と述べているので，24　には③が入る。一方，S. Y. は第3段落第2文で「言語の壁，ホームシック，そしてビザの問題といったようなよく似た難題に直面する留学生たち」と述べ，ホームシックに言及しているので，25　には⑤が入る。①，②，④のようなことはどちらの記事にも述べられていないので，いずれも不可。

問5　26　④

　両方の記事の情報に基づいて，あなたは宿題のレポートを書く予定である。あなたのレポートに最も適切なタイトルは「　26　」だろう。

① 留学生として自分のコミュニティーを見つけること

② 合衆国の博士課程の50パーセントを留学生が占めている

③ 学部生として留学するか，大学院生として留学するか
　　・A vs. B「A対B／Aに対してB」

④ **合衆国の学校が留学生の在籍数の減少に直面している**

　エイダ・ブルックスは第2段落最終文で「2016年と2017年の間で，学部生として在籍する留学生の数が2.2パーセント減少し，大学院課程の在籍者数はさらに急激な減少を示した」と述べており，S. Y. は第1段落第1文で「合衆国で勉強している留学生の数が減っていることを知ってもさほど驚きませんでした」と述べている。両方の記事の共通のテーマが「合衆国の留学生の減少傾向」なので，レポートのタイトルもこれに関連するものが適当である。したがって，④が正解。①は，S. Y. の記事では第3段落で「コミュニティー」について述べられているが，エイダ・ブルックスの記事には述べられていないので，不可。②は，エイダ・ブルックスが第3段落第2文で「コンピュータ科学，経済学，工学，そして数学のすべての博士号の50パーセントを彼らが獲得した」と述べているが，S. Y. の記事ではこのことについて述べられていないので，不可。③は，学部留学か大学院留学かの選択については，2つの記事のどちらにも述べられていないので，不可。

第5回

第5問　読解問題（伝記）
【全訳】
　あなたのグループは，以下の雑誌記事の情報を使って，「女性パイロットの新たな高みに到達する」というタイトルのポスター発表の準備をしています。

　エイミー・ジョンソンは，英国からオーストラリアへの単独飛行を成し遂げた最初の女性パイロットであった。ジョンソンは，1903年魚商の家に生まれ，子ども時代をイングランドのヨークシャーで過ごした。近くの大学で経済学を学び，空を飛ぶことに関心を持ったが，最初は趣味に過ぎなかった。ジョンソンは，秘書の仕事をして稼いだお金を使い，操縦訓練を受け，飛行機の製作と操縦法を学んだ。彼女は機械装置を扱うことにかけては生まれつきの才能に恵まれ，空を飛ぶことに関心を持ってからまもなく，1929年，パイロットの免許を取得した。彼女は，父親から金銭的な援助を得て最初の飛行機ジェイソン号を購入した。あまり経験はなかったが，ジョンソンは世界記録を破りたいとすぐに心に決め，国をまたがる飛行経路に目標を定めた。

　英国からオーストラリアへの最初の飛行は，10年ほど前の1919年にオーストラリア政府がパイロットの競技会を開催したときに達成されていた。男性からなる4チームが競い，勝利を収めたチームはその旅を成し遂げるのに28日を要した。英国からオーストラリアへの最初の単独飛行は1928年，オーストラリア人のパイロット，バート・ヒンクラーによって達成されたが，彼は18日を要した。2年後にジョンソンは，ジェイソン号を操縦し，9,500マイルの飛行を19日と半日で終えた。彼女は，その経路を見事に単独で成し遂げた最初の女性パイロットとなり，この偉業によってジョンソンはほぼ一夜にして有名になった。彼女は，英国国王を含む多くの有名人からお祝いのメッセージを受け取った。注目すべき飛行であったため，ジェイソン号は今日なおロンドンのある博物館で保管されている。

　最初の大きな成功の後，ジョンソンは記録的な時間で極限飛行を成し遂げようと競い続けた。翌年，彼女と副操縦士はロンドンからモスクワまで1日かからずに飛行した最初のチームになった。このペアは引き続きモスクワからシベリアを越え，最終的には東京に到達し，英国から日本への最速飛行の新記録を打ち立てた。1932年にはジョンソンはまた，ロンドンから南アフリカのケープタウンまでの飛行でさらにもう1つの単独飛行の記録を打ち立てた。その後すぐに，彼女と当時の夫――ジム・モリソンという名前のスコットランド人のパイロットで，一緒に操縦した飛行の最中に彼女にプロポーズしたのだ――はオーストラリアへの公式レースの一部として，英国からインドへの最速時間の新記録を打ち立てた。

　1940年，モリソンと離婚した2年後，ジョンソンは第二次世界大戦中，英国空軍を助ける組織に加わった。軍用機が損傷し修理が必要なときに，戦場と整備施設の間で，軍用機を輸送するその組織の一等操縦士になった。1941年，この仕事を行っているときに，嵐に遭遇し，彼女の飛行機は海に墜落した。彼女が落下するのを近くにいた船の船員が何人か目撃し，彼女を救助しようと試みたが失敗に終わった。ジョンソンの遺体は発見されることはなかった。こうした事情によって，エイミー・ジョンソンは記録破りの女性パイロットであることに加えて，戦争の英雄としても記憶されている。彼女にちなんだ名前を付けられた建物が英国にはいく

— 167 —

つかあるし，今日多くの女性パイロットを奮い立たせる人物であるとみなされている。

女性パイロットの新たな高みに到達する

■エイミー・ジョンソンの生涯

時期	出来事
1900年代	ジョンソンはヨークシャーで生まれ育った
1920年代	27 ④ ジョンソンは秘書として働いた ↓ 28 ② ジョンソンはパイロットの免許を取った
1930年代以降	29 ① ジョンソンは記録的な時間で英国から日本に飛行した ↓ 30 ③ ジョンソンは英国からインドへの最速の飛行時間を記録した ↓ 31 ⑤ ジョンソンは英国空軍に協力した

エイミー・ジョンソン

■ジェイソン号に関して

▶ジェイソン号はジョンソンの最初の飛行機であった： 32 ②
　A．パイロット1人だけによる9,000マイルを超える歴史的な飛行を行った。
　C．部分的には父親の出してくれたお金で購入された。
▶ジェイソン号はロンドンの，ある博物館に保管されている。

■エイミー・ジョンソンの遺産

▶エイミー・ジョンソンの言葉： 33 ③
　「新たな目標を定めて自分自身に挑戦することを，決してやめてはいけません。」
▶ジョンソンは次の理由で賞賛されている： 34 ④
　A．ジョンソンは飛行時間の様々な世界記録を樹立した。
　D．ジョンソンは第二次世界大戦中，損傷した飛行機を輸送した。
　E．ジョンソンは英国からオーストラリアまで飛行した最初の女性パイロットであった。

【語句・構文解説】
・prepare O「Oを準備する」
・poster presentation「ポスター発表」
・A titled B「BというタイトルのA」
・achieve O「Oに到達する／Oを達成する」
・height「高み／高さ」
・female「女性の」
・using information from the magazine article below
「以下の雑誌記事の情報を使って」 分詞構文。
article「記事」
A below「以下のA」
◆第1段落◆
・complete O「Oを成し遂げる」
・solo「単独の」
・flight「飛行」
・Born in 1903 to a family of fish merchants「1903

年魚商の家に生まれ」　分詞構文。

(be) born to A「A に生まれる」

［例］　She was **born to** a very musical family.

　　　　彼女はとても音楽が好きな一家に生まれた。

merchant「商人」

・spend O「O を過ごす」

・childhood「子ども時代」

・Yorkshire「ヨークシャー」　イングランド北東部の旧州。

・economics「経済学」

・nearby「近くの」

・become interested in A「A に関心を持つようになる」

・hobby「趣味」

・Using the money that she earned from her job as a secretary「秘書の仕事をして稼いだお金を使い」　分詞構文。that 以下は the money を修飾する関係代名詞節。

earn O「O を稼ぐ」

secretary「秘書」

・buy *oneself* O「O のお金を自分で出す」

・how to *do*「～の仕方」

・operate O「O を操縦［操作］する」

・naturally「生まれつき」

・talented「才能がある」

・when it comes to A「A のこととなると」

［例］　**When it comes to** computers, Roy knows everything.

　　　　コンピュータのこととなると，ロイは何でも知っている。

・mechanical「機械的な」

・device「装置」

・obtain O「O を取得する／獲得する」

・license「免許／ライセンス」

・purchase O「O を購入する」

・financial assistance「金銭的な援助」

・experience「経験」

・quickly「すぐに」

・decide that SV ...「…と心に決める／…ということを決定する」

・break a world record「世界記録を破る」

・set *one's* goal on A「目標を A に定める」

◆第 2 段落◆

・Britain「英国／大ブリテン島」　イギリスを構成する諸島中の主島。イングランド・ウェールズ・スコットランドを含む。

・around A「およそ A」

・hold O「O を開催する」

・competition「競技会」

・compete「競う／競争する」

・winning A「勝利を収めた A」

・take O to *do*「～するのに O（時間）を要する」

［例］　He **took** a week **to finish** the report.

　　　　彼はそのレポートを仕上げるのに 1 週間要した。

・accomplish O「O を達成する」

・A later「A（時間）後に」

・successfully「見事に」

・journey「経路」

・alone「単独で」

・accomplishment「偉業」

・make O C「O を C にする」

・overnight「一夜にして／一晩で」

・receive O「O を受け取る」

・message of congratulations「お祝いのメッセージ」

・including A「A を含む」

・because of A「A（理由）のために」

・remarkable「注目すべき」

・preserve O「O を保管する／保存する」

◆第 3 段落◆

・major「大きな」

・success「成功」

・continue *doing*「～し続ける」

・extreme「極限の／極端な」

・record time「記録的な時間」

・following「次の」

・copilot「副操縦士」

・in less than A「A（時間）かからずに／A 未満で」

・onward「先へ／前へ」

・across A「A を越えて」

・Siberia「シベリア」

・eventually reaching Tokyo and setting a new record for the fastest flight from Britain to Japan「最終的には東京に到達し，英国から日本への最速飛行の新記録を打ち立てた」　分詞構文が and で並列されている。

eventually「最終的に／結局は」

reach O「O に到達する」

・Cape Town「ケープタウン」　南アフリカ共和国の南西部の都市。

・right after A「A の後すぐに」

［例］　I usually go home **right after** school.

　　　　私はたいてい，放課後すぐに帰宅します。

・then-husband「当時の夫」

— 169 —

- Scottish「スコットランド人の」
- A named B「B という名前の A」
- propose to A「A にプロポーズする」
- a flight they piloted together「一緒に操縦した飛行」 they 以下は a flight を修飾する節。
  pilot O「O(飛行)を行う／O を操縦して飛ぶ」
- official「公式の」

◆第 4 段落◆
- divorce O「O と離婚する」
- join O「O に加わる」
- organization「組織／団体」
- the Royal Air Force「英国空軍」
- World War II「第二次世界大戦」
- the first officer「一等操縦士／ファースト・オフィサー」 エイミー・ジョンソンが第二次世界大戦中に勤めていた空輸補助部隊という民間組織の役職名。
- transport O「O を輸送する」
- military aircraft「軍用機」
- battlefield「戦場」
- maintenance facility「整備工場」
- become damaged「損傷する」
- repair「修理」
- while *doing*「～している間」
- be caught in A「A(嵐など)にあう」
  ［例］ I **was caught in** a shower on the way home.
  　　　家に帰る途中でにわか雨にあった。
- storm「嵐」
- crash into A「A に墜落する／衝突する」
- ocean「海／大洋」
- crew member「船員」
- see O *do*「O が～するのが見える」
- fall「落下する」
- fail in A「A に失敗する」
- attempt to *do*「～しようという試み」
- rescue O「O を救助する」
- body「死体」
- due to A「A(理由)のために」
- circumstances「事情／状況」
- remember A as B「A を B として記憶する」
- war hero「戦争の英雄」
- in addition to A「A に加えて」
- record-breaking「記録破りの」
- several「いくつかの」
- name A after B「B にちなんで A を名付ける」
  ［例］ The street was **named after** a former

mayor.
　　その通りは元市長にちなんで名づけられた。
- consider O C「O が C であるとみなす」
- inspirational「奮い立たせるような」
- figure「人物」

◆ポスター◆
- raise O「O を育てる」
- A and beyond「A 以降」
- legacy「遺産」
- statement「言葉」
- celebrate A for B「B のことで A を賞賛する」

【設問解説】
問 1 27 ④ 28 ② 29 ① 30 ③ 31 ⑤

あなたの属するグループのメンバーがジョンソンの生涯において重要な出来事を挙げた。出来事が起きた順に,空所 27 ～ 31 にそれらを入れよ。
① ジョンソンは記録的な時間で英国から日本に飛行した 29
② ジョンソンはパイロットの免許を取った 28
③ ジョンソンは英国からインドへの最速の飛行時間を記録した 30
④ ジョンソンは秘書として働いた 27
⑤ ジョンソンは英国空軍に協力した 31

記事の第 1 段落第 4 文「ジョンソンは,秘書の仕事をして稼いだお金を使い,操縦訓練を受け,飛行機の製作と操縦法を学んだ」より, 27 が④,第 1 段落第 5 文の「空を飛ぶことに関心を持ってからまもなく,1929 年,パイロットの免許を取得した」より, 28 が②である。第 3 段落第 2・3 文「翌年,彼女と副操縦士はロンドンからモスクワまで 1 日かからずに飛行した最初のチームになった。このペアは引き続きモスクワからシベリアを越え,最終的には東京に到達し,英国から日本への最速飛行の新記録を打ち立てた」より, 29 が①,第 3 段落最終文の「その後すぐに,彼女と当時の夫…はオーストラリアへの公式レースの一部として,英国からインドへの最速時間の新記録を打ち立てた」より, 30 が③である。第 4 段落第 1 文「1940 年,モリソンと離婚した 2 年後,ジョンソンは第二次世界大戦中,英国空軍を助ける組織に加わった」より, 31 が⑤である。

問 2 32 ②

ポスターを完成させるための 2 つの記述の最も適切な組み合わせを選べ。 32
A. パイロット 1 人だけによる 9,000 マイルを超える歴史的な飛行を行った。

— 170 —

B．英国からオーストラリアへの最速移動の記録を打ち立てた。

C．部分的には父親の出してくれたお金で購入された。

D．女性によって所有された最初の飛行機であった。

第2段落第4・5文「2年後にジョンソンは，ジェイソン号を操縦し，9,500マイルの飛行を19日と半日で終えた。彼女は，その経路を見事に単独で成し遂げた最初の女性パイロットとなり」よりAと，第1段落第6文「彼女は，父親から金銭的な援助を得て最初の飛行機ジェイソン号を購入した」よりCが空所に当てはまる。したがって，②(A，C)が正解。Bは，第2段落第3・4文より，英国からオーストラリアへの飛行には，「バート・ヒンクラーが18日，ジョンソンは19日と半日」かかっているので，不可。Dは，第1段落第6文には，ジェイソン号は「ジョンソンの最初の飛行機」とあり，「女性によって所有された最初の飛行機」とは述べられていないので，不可。

問3 ┃33┃ ③

次の言葉のうちジョンソンが述べた可能性が最も高いものはどれか。┃33┃

① 空を飛ぶことは，その経路をともに進む副操縦士がいるとよりやりがいがあります

② 私は記録を破ることには関心がありませんでした，ただ世界を見て回りたかっただけでした

③ 新たな目標を定めて自分自身に挑戦することを，決してやめてはいけません

④ 間違いなく，バート・ヒンクラーは最愛の人です

記事の第1段落最終文に「あまり経験はなかったが，ジョンソンは世界記録を破りたいとすぐに心に決め，国をまたがる飛行経路に目標を定めた」とあり，第2・3段落では，ジョンソンが様々な飛行時間の記録を打ち立てたことが述べられているので，③が正解。①は，ジョンソンが打ち立てた記録は必ずしも副操縦士と行った飛行によるものではなかったので，不可。②は，③と反対の内容なので，不可。④は，第2段落の内容より，不可。

問4 ┃34┃ ④

ポスターを完成させるのに最も適切な組み合わせを選べ。┃34┃

A．ジョンソンは飛行時間の様々な世界記録を樹立した。

B．ジョンソンは航空学校を首席で卒業した。

C．ジョンソンは新しい型の飛行機の翼を考案した。

D．ジョンソンは第二次世界大戦中，損傷した飛行機を輸送した。

E．ジョンソンは，英国からオーストラリアまで飛行した最初の女性パイロットであった。

F．ジョンソンはパイロットの免許を取得した最初の女性であった。

「ジョンソンがいくつかの飛行時間の世界記録を打ち立てたこと」について述べた第2・3段落よりAと，第4段落第1・2文「1940年，モリソンと離婚した2年後，ジョンソンは第二次世界大戦中，英国空軍を助ける組織に加わった。軍用機が損傷し修理が必要なときに，戦場と整備施設の間で，軍用機を輸送するその組織の一等操縦士になった」よりDと，第2段落第5文「彼女は，その経路(＝英国からオーストラリアへの経路)を見事に単独で成し遂げた最初の女性パイロットとなり」よりEが空所に当てはまる。したがって，④(A，D，E)が正解。B，C，Fのようなことは述べられていないので，不可。

— 171 —

第6問　読解問題（論説文）
A
【全訳】
　あなたは授業のために，マチュピチュに関するグループ発表の準備をしています。以下の記事を見つけました。

論争の的となっているマチュピチュの新空港

[1]　ペルー政府は先ごろ，はるか昔にインカ族が暮らしていた都市，マチュピチュの有名な古代遺跡の近くに新たに国際空港を建設する計画を発表した。政府は，計画中の空港が完成すれば，目下必要とされている遺跡への観光客の増加をうながし，ペルー経済を発展させることになると主張している。しかし，考古学者と歴史学者は，空港が建設されれば，マチュピチュが人間の活動によって破壊される深刻な危険にさらされるだろうと心配している。観光産業の促進と遺跡の保存をめぐる対立が激しい論争を招いている。

[2]　現在，マチュピチュ遺跡を訪れたい観光客は，46マイル離れたクスコ市まで飛行機で行かなければならない。そこからは，数日かけてインカの聖なる谷を歩いて行くことも，あるいは，アグアスカリエンテスという小さな都市まで列車で行くこともでき，その都市からは遺跡までのバスが出ている。多くの観光客はこの行程が，遺跡を訪れるための重要な一部だと考えていて，時間をかけて美しい景色を味わって楽しむ。一方，他の観光客，例えば，体調が悪い人たちや，あまり時間のない人たちは，この古代都市までのもっと早くて簡単な行き方をより好むだろう。

[3]　観光産業はペルーで3番目に大きな産業であり，マチュピチュは間違いなく最も人気のある観光地である。提案されている空港は，観光産業をペルーで2番目に大きな産業にするためのペルー政府によるもっと大きな計画の一部である。外国からの訪問者の数を増やせば，観光地の近くの地元の経済が上向きになるだろうし，ペルーはいまだに発展途上国なので，国の経済成長にとって観光産業は欠かせないのだ。

[4]　また一方で，もしマチュピチュが人間の活動量が増えることによって破壊されたら，旅行者を引きつけるものは何もなくなってしまうだろう。考古学者は，着陸する飛行機による低空飛行がやがてその地域に害を及ぼすだろうと主張している。より多くの人が訪れることに伴って起こる騒音公害と大気汚染もまたマチュピチュを危機にさらすだろう。さらに，空港が出来ることによってその地域の主要な水源のいくつかが減らされてしまうことも予想される。その地域の古代の民族の歴史を保存することを望む科学者や歴史学者とともに，ツアーガイドたちもその計画をやめさせようと闘っている。

[5]　空港そのものだけではなく，観光産業の成長による影響を心配している人々もいる。その主張によれば，マチュピチュにはすでに十分な数の旅行者が訪れていて，ひょっとしたら現状のままでも多すぎるくらいだということだ。1983年にマチュピチュを世界遺産に指定して以来，ユネスコはこの地を訪れる年間の観光客の割合が着実に増えているのを見てきており，考古学上の保存について懸念するようになっている。2017年にはその遺跡に150万人を超え

－172－

る旅行者が訪れたが，これはその保護のためにユネスコが推奨する訪問者数のほぼ2倍である。ペルー政府は遺跡への1日当たりの訪問者数を2,500人までと限っているが，ユネスコはマチュピチュを崩壊の危機に瀕した遺跡のリストに加えることを検討している。

[6]　考古学者と保護論者が新しい空港の建設に異議を唱えている一方で，計画の初期段階はすでに始まっている。この問題については，ペルー国民の間でも意見が分かれているようだ。その地域の人々の中には地価が高騰したことによってすでに利益を受け始めている者もいるし，また新しい家やホテルも建てられつつある。作業が中止されないかぎり，2023年には空港の操業が始まるとペルー政府は見込んでいる。この古代都市の運命が決まるのも時間の問題にすぎないかもしれない。

【語句・構文解説】

- presentation「発表／プレゼン」
- Machu Picchu「マチュピチュ」 ペルー南部，アンデス山脈中にあるインカの都市遺跡。
- article「記事」
- A below「以下のA」
- under debate「論争中の」

◆第1段落◆

- government「政府」
- recently「先ごろ／最近」
- announce O「Oを発表する」
- ancient「古代の」
- ruins「遺跡／廃墟」
- a city where the Inca people lived long ago「はるか昔にインカ族が暮らしていた都市」 この部分は，前の the famous ancient ruins of Machu Picchu に説明を加えている。where 以下は a city を修飾する関係副詞節。
- claim that SV ...「…だと主張する」
- proposed「計画[提案]されている」
- tourism「観光客／観光産業」
- improve O「Oを発展[向上]させる」
- economy「経済」
- archaeologist「考古学者」
- historian「歴史学者」
- worry that SV ...「…と心配する」
- construction「建設」
- put A at risk of *doing*「Aを～する危険にさらす」
  ［例］ These chemicals may **put** the environment **at** serious **risk of being** damaged.
  　　　 これらの化学薬品は環境が被害を受けるという深刻な危険にさらす恐れがある。
- serious「深刻な」
- destroy O「Oを破壊する」

- activity「活動」
- conflict between A and B「AとBの間の対立／紛争」
- promote O「Oを促進する」
- preserve O「Oを保存する」
- lead to A「Aを招く／引き起こす」
  ［例］ Stress **leads to** high blood pressure.
  　　　 ストレスがたまると血圧が上がる。
- hot「（論争などが）激しい」

◆第2段落◆

- currently「現在」
- tourist「旅行者／観光客」
- either A or B「AかBのどちらか」
- hike「歩いて行く」
- the Sacred Valley of the Incas「インカの聖なる谷」 マチュピチュの近くにある谷で，遺跡が立ち並ぶ地域。ウルバンバの谷とも呼ばれる。
- several「いくつかの」
- a small city from which the ruins are accessible by bus「そこから遺跡まではバスで行くことができる小さな都市」 この部分は前の Aguas Calientes に説明を加えている。from which 以下は a small city を修飾する関係代名詞節。
  accessible「行くことができる」
- consider O to be C「OをCだと考える」
  ［例］ She **is considered to be** a great writer.
  　　　 彼女は優れた作家だと考えられている。
- journey「行程」
- enjoy *doing*「～することを楽しむ」
- take *one's* time to *do*「時間をかけて～する」
- experience O「Oを味わう／経験する」
- scenery「景色」
- such as A「例えばAのような」
- those not in good physical condition or with little

time「体調が悪い人たちや，あまり時間のない人たち」 not in good physical condition と with little time は those（＝people）を修飾する前置詞句。 physical「身体的な」
・prefer O「O をより好む」
・access to A「A へ行くこと」

◆第3段落◆
・the third-largest A「3 番目に大きな A」
・industry「産業」
・easily「（最上級などを強めて）間違いなく」
・destination「観光地／目的地」（＝tourist destination）
・part of A「A の一部」
・Peruvian「ペルーの」
・make O C「O を C にする」 O は tourism で，C は Peru's second-largest industry である。
・the number of A「A の数」
・local「地元の」
・developing country「発展途上国」
・be vital for A「A にとって不可欠な」
　［例］ His help **is vital for** the success of this project.
　　　　この計画が成功するには彼の助けが不可欠です。
・national「国の」
・economic growth「経済成長」

◆第4段落◆
・on the other hand「また一方で」
・level「量」
・attract O「O を引きつける」
・low flight「低空飛行」
・land「着陸する」
・cause damage to A「A に害を及ぼす」
・over time「やがて／時がたてば」
・noise pollution「騒音公害」
・air pollution「大気汚染」
・accompany O「O に伴う」
・crowd「人々／群集」
・furthermore「さらに」
・be expected to *do*「～すると予想されている」
・reduce O「O を減らす」
・water source「水源」
・along with A「A とともに」
・peoples「（様々な）民族」
・region「地域」
・tour guide「ツアーガイド／観光ガイド」
・fight to *do*「～するために闘う」
・project「計画／プロジェクト」

◆第5段落◆
・be worried about A「A について心配している」
・not only A but also B「A だけでなく B もまた」
　［例］ **Not only** John **but also** his brother likes to play soccer.
　　　　ジョンだけでなく兄もサッカーをするのが好きだ。
・A itself「A それ自体」
・effect「影響」
・growth in A「A の成長」
・argue that SV ...「…だと主張する」
・receive O「（場所に）O（人）が訪れる」
・possibly「ひょっとしたら」
・as it is「現状のままでも」
・declare O to be C「O を C だと宣言する」
・World Heritage Site「世界遺産（登録地）」
・UNESCO「ユネスコ／国連教育科学文化機関」 教育・科学・文化を通じて国際協力を促進し，世界の平和と安全に貢献することを目的とする。
・watch A *do*「A が～するのを見る」
・annual「年間の」
・rate「割合」
・steadily「着実に」
・become concerned about A「A について懸念する」
・archaeological「考古学上の」
・preservation「保存」
・million「百万」
・almost twice the number of visitors that UNESCO recommends for its protection「その保護のためにユネスコが推奨する訪問者数のほぼ2倍」 この部分は，前の more than 1.5 million visitors に補足説明を加えている。that 以下は the number of visitors を修飾する関係代名詞節。
　twice the number of A「A の数の2倍」
　recommend O「O を推奨する」
　protection「保護」
・set a limit of A「A を限界と決める」
・per day「1日当たり」
・consider *doing*「～することを検討する／～しようと考える」
・add A to B「A を B に加える」
　［例］ Why don't you **add** some more salt **to** the soup?
　　　　スープにもう少し塩を加えてはどう？
・endangered「崩壊[絶滅]の危機にさらされた」

◆第6段落◆
・while SV ...「…する一方で」

— 174 —

- preservationist「保護論者」
- question O「O に異議を唱える」
- initial「初期の」
- phase「段階」
- citizen「国民／市民」
- divided「分かれた／分裂した」
- benefit from A「A から利益を得る」
  ［例］ Only a handful of people **benefit from** this tax cut.
  この減税で恩恵を受けるのは一握りの人間だけだ。
- rising「上がっている」
- property value「地価」
- unless SV ...「…しない限り」
  ［例］ You can't enter **unless** you are a member.
  メンバーでない限り入場できません。
- halt O「O を止める」
- project that SV ...「…と見込む」
- be open for business「操業される」
- It may be only a matter of time before SV ...「…するのは時間の問題にすぎないかもしれない」
- the fate of A is sealed「A の運命が決められる」
  fate「運命」
  seal O「O（運命など）を決める」

【設問解説】

問1 35 ①
　記事によると，新しい空港を作るべきかどうかが議論されているのは，35 からだ。
① **空港が古代の観光地に損害を及ぼすかもしれない**
② 人々が建設による騒音を心配している
③ 建設中は人々がマチュピチュを訪問することができない
④ 空港の建設に資金を提供するために増税される
　第 1 段落第 3 文「考古学者と歴史学者は，空港が建設されれば，マチュピチュが人間の活動によって破壊される深刻な危険にさらされるだろうと心配している」より，①が正解。②は，第 4 段落第 3 文には「騒音」について書かれているが，これは「旅行者が引き起こす騒音」であるので，不可。③，④のようなことは述べられていないので，不可。

問2 36 ③
　マチュピチュまで陸路で旅することは，36 。
① その地域を訪れる大半の旅行者に多大な困難をもたらす
② 乗客が素晴らしい景色を楽しむことができないので，不快なことである

③ **多くの人々によって訪問の重要な部分だとみなされている**
④ 何年も前に列車による行程に取って代わられた
　第 2 段落第 3 文「多くの観光客はこの行程が，遺跡を訪れるための重要な一部だと考えていて，時間をかけて美しい景色を味わって楽しむ」より，③が正解。①は，第 2 段落最終文に「他の観光客，例えば，体調が悪い人たちや，あまり時間のない人たちは，この古代都市までのもっと早くて簡単な行き方をより好むだろう」とあるが，「大半の旅行者に多大な困難をもたらす」とは述べられていないので，不可。②は，上記第 2 段落第 3 文より，不可。④は，第 2 段落第 2 文に，この行程を「列車で行くこともできる」と書かれているが，「何年も前に列車による行程に取って代わられた」とは述べられていないので，不可。

問3 37 ③
　第 4 段落で，筆者は 37 の例として，ツアーガイドについて触れている。
① その地域の主な水源について心配している専門家
② 低空飛行する飛行機の悪影響を知っている専門家
③ **歴史的な遺跡の崩壊について心配している人々**
④ 低空飛行の影響についてあまり知らない人々
　第 2 ～ 4 文には「飛行機の低空飛行，騒音公害や大気汚染によるマチュピチュへの害，そして，主要な水源が減ることが心配されている」ことが述べられており，最終文では「ツアーガイドたちもその計画をやめさせようと闘っている」と述べられていて，ツアーガイドはマチュピチュの崩壊を心配していると考えられるので，③が正解。①，②は，ツアーガイドはこうした分野の専門家ではないので，不可。④は，このようなことは述べられていないので，不可。

問4 38 ②
　この記事を最もうまく要約しているのは次の文のうちのどれか。38
① マチュピチュの近くの都市クスコの市民は新空港の建設に反対している。
② **悪影響が起こる可能性があるにもかかわらず，マチュピチュの近くに新しい国際空港の建設が計画されている。**
③ ペルー経済の将来は，もはやマチュピチュへの観光客の増加には依存しなくなるだろう。
④ 重要な文化的遺産を保存するために，多くの旅行者がマチュピチュを訪問しないよう求められて

— 175 —

いる

　第1～3段落には「マチュピチュの近くに新空港
を建設する計画があることと，それに関わる諸事
情」，第4～5段落には「飛行機の低空飛行や多くの
旅行者の訪問による遺跡への被害」，第6段落には
「反対運動にもかかわらず建設計画は進行している」
ことが述べられているので，❷が正解。❶は，クス
コの市民が新空港の建設に反対しているとは述べら
れていないので，不可。❸は，第3段落最終文に
「ペルーにとって観光産業は不可欠である」と述べ
られているので，不可。❹のようなことは述べられ
ていないので，不可。

B
【全訳】
　あなたは環境汚染の影響について調べています。北米の五大湖における有害物質の濃度の変化に関する次の記事を読むところです。

　北米の中東部に位置する五大湖は，世界最大の淡水連結湖群を形成している。カナダと合衆国の国境にあり，多くの魚類の生息地であるこれらの湖は，長きにわたり，両国の商業漁業と観光漁業の両方を支えてきた。

　1970年代にこれらの産業が危機に瀕したのだが，それは，農薬の一種，つまり昆虫を駆除するのに使われる物質であるトキサフェンが，五大湖の魚を分析する中で現れ始めたころだ。トキサフェンの使用が広まったのは1972年のことで，この年には，広く使われていた農薬のDDTが，ネズミの繁殖に関する問題や鳥の卵殻が薄くなっていくことなど，野生動物に有害な影響を及ぼすという理由で禁止されたのである。

　困ったことに，トキサフェンも様々な問題を引き起こした。この物質は，はるか遠くのアメリカ南部の綿花農場から風に乗って，五大湖まで飛んできた。そしてゆっくりと分解し，魚やその他の動物の脂肪組織に蓄積していった。1977年，ミシガン湖のマスに含まれるトキサフェンの濃度が6,000ナノグラムもの高濃度であることが，検査によってわかった。ヒューロン湖ではその値は9,000に近かった。当時，安全濃度についての人間に関する具体的なデータは不足していたが，動物での検証では，この物質はがんと関係があり，肝臓や腎臓，神経系に害を及ぼす可能性があることをすでに示していたため，専門家はこれらの値を深刻だと考えた。科学者，衛生当局者，環境活動家たちは，五大湖産の魚を食べる人は危険な濃度の農薬にさらされている可能性があると警告し始めた。

　1980年代には，合衆国の五大湖地方の州政府や地方政府およびカナダがトキサフェンを禁止し，1990年には合衆国のあらゆる地域で，それを使用することがもはや許されなくなった。しかしそれにもかかわらず，この農薬は分解するのに長い時間がかかるため，五大湖の魚に含まれる濃度は数年間上昇し続けた。

　しかし1990年代半ばには，五大湖での検出結果で，有望な改善が示された。そして，2009年には世界中どこにおいてもトキサフェンの売買および使用がもはや法的にできなくなったのだが，この年までには五大湖すべての湖で濃度が著しく下がっていた。これは特にエリー湖に当てはまり，エリー湖ではトキサフェンがかろうじて検出できるほどしかなかった。2009年における濃度は，スペリオル湖が五大湖の中で最も高かった。これは，ニューヨークのクラークソン大学の土木環境工学教授であるトーマス・ホールセンによると，スペリオル湖が五大湖の中で最も大きく，温度が低いからであるということだ。湖の大きさが大きいことで，空中に漂っているトキサフェンにとってはより大きな標的となるし，冷たい水は，より温かい水ほどにはこの化学物質をすばやく放出することがない。

　トキサフェンを構成する有害物質が五大湖から放出されると，それらはどこへ行くのだろうか。残念なことだが，ホールセンによれば，それらはしばらく世界中をただ移動し続けることになり，その結果，以前は五大湖の魚の中に濃縮されていたトキサフェンの一部がおそらくど

こか他の水域や土壌に入り込んでいるということだ。しかし最終的には，この化学物質は分解し，消滅する，ということである。

【語句・構文解説】
・effect「影響」
・environmental「環境の」
・pollution「汚染」
・following「次の」
・article「記事」
・changing「変わりつつある」
・level「濃度」
・harmful「有害な」
・substance「物質」
・North America's Great Lakes「北米の五大湖」 アメリカ合衆国とカナダの国境付近に連なる5つの湖の総称。スペリオル湖，ミシガン湖，ヒューロン湖，エリー湖，オンタリオ湖からなる。

◆第1段落◆
・(be) located in A「A に位置して（いる）」
・mid-east「中東部の」
・region「地域」
・interconnected「連結した」
・freshwater「淡水」
・border「国境」
・home to A「A の生息地」
・species「(生物)種」
・support O「O を支える」
・industry「産業」
・commercial and tourism fishing「商業漁業と観光漁業」

◆第2段落◆
・threatened「脅かされて」
・toxaphene「トキサフェン」 琥珀（こはく）色をした蝋（ろう）状の非水溶性固体。殺虫剤などに用いられる。
・a pesticide, or substance used to control insects「農薬の一種，つまり昆虫を駆除するのに使われる物質」 used 以下は substance を修飾する過去分詞句。or は直前の語を言い換えるために用いられた接続詞。
　pesticide「農薬／殺虫剤」
　control O「O を駆除する／制御する」
　insect「昆虫」
・show up「現れる」
・test「分析／検出」
・expand「広まる」

・DDT「ディーディーティー」 無色結晶性の防疫用，農薬用殺虫剤。米国では 1973 年以降，農薬としての使用は禁止された。
・ban O「O を禁止する」
・because of A「A という理由で」
・the harmful effects it had on wildlife「それ（＝DDT）が野生動物に及ぼす有害な影響」 it 以下は the harmful effects を修飾する節。
　have a ～ effect on A「A に～な影響を及ぼす」
　〔例〕　That violent movie may **have a** negative **effect on** young people.
　　　その暴力的な映画は若者によくない影響を及ぼすかもしれない。
　wildlife「野生動物」
・including A「A を含んで」
・reproductive「繁殖の」
・mice＜mouse「ネズミ」の複数形
・thinning「薄くなること」
・eggshell「卵殻」

◆第3段落◆
・unfortunately「残念なことに」
・cause O「O を引き起こす」
・... as well「…もまた」
・travel to A「A に移動する」
・on the wind「風に乗って」
・from as far away as A「A という遠く離れた場所から」
　〔例〕　The volunteers came **from as far away as** Canada.
　　　そのボランティアたちははるか遠くのカナダからやって来た。
・cotton farm「綿花農場」
・break down「分解する」
・accumulate「蓄積する」
・fatty tissue「脂肪組織」
・testing「検査」
・concentration level「濃度／濃縮レベル」
・as high as A「A という高い値」
・nanogram「ナノグラム」 10 億分の1グラム。
・Lake Michigan「ミシガン湖」 五大湖の1つで全域がアメリカ合衆国に含まれる。面積は五大湖の中で3番目の大きさ。
・trout「(魚の)マス」
・Lake Huron「ヒューロン湖」 五大湖の1つで，五

― 178 ―

大湖の中で面積が 2 番目に大きい。
・be close to A「A に近い」
・concrete「具体的な」
・lacking「不足している」
・link A to B「A を B に結びつける」
・cancer「がん」
・cause harm to A「A に害をおよぼす」（＝do harm to A）
・liver「肝臓」
・kidney「腎臓」
・nervous system「神経系」
・expert「専門家」
・find O C「O を C と考える」
・distressing「深刻な／悩ませる」
・health official「衛生当局者」
・environmental activist「環境活動家」
・raise the alarm that SV ...「…と警告を発する」
・be exposed to A「A にさらされる」
　［例］　The old bicycle **was exposed to** the rain.
　　　　その古い自転車は雨ざらしになっていた。

◆第 4 段落◆
・A as well as B「B だけでなく A も／A も B も」
・local「地方の／地元の」
・government「政府」
・no longer「もはや～ない」
・allow O「O を許可する」
・take a long time to *do*「～するのに時間がかかる」
・nonetheless「それにもかかわらず」
・continue to *do*「～し続ける」
・rise「上がる」

◆第 5 段落◆
・promising「（前途）有望な」
・improvement「向上／改善」
・legally「法的に」
・fall「（数値などが）下がる／低下する」
・significantly「著しく／大いに」
・especially「特に」
・be true for A「A に当てはまる」
・Lake Erie「エリー湖」　五大湖の 1 つで，面積は五大湖中第 4 位。
・present「ある／存在する」
・barely「かろうじて」
・detectable「検知できる」
・Lake Superior「スペリオル湖」　五大湖の 1 つで，世界最大の淡水湖。
・according to A「A によると」
・professor「教授」

・civil and environmental engineering「土木環境工学」
・make O C「O を C にする」
・target「標的」
・airborne「空中に漂っている／空中を運ばれる」
・release O「O を放出する」

◆第 6 段落◆
・make up O／make O up「O を構成する」
・unfortunately, says Holsen, ...「残念なことだが，ホールセンによれば…」　says Holsen は VS の語順になっている。
・for a while「しばらくの間」
・keep *doing*「～し続ける」
・formerly「以前は」
・concentrate O「O を濃縮する」
・likely「おそらく」
・body of water「水域」
・soil「土壌」
・eventually「最終的に／結局は」
・disappear「消える」

【設問解説】
問 1　 39 　④
　　1972 年に農薬の DDT が禁止された結果， 39 。
　① 　肝臓がんが減り，それが環境活動家にたたえられた
　② 　綿花の生産が減り，それが南部の農家には厳しい状況となった
　③ 　昆虫の数が増え，それが鳥や魚には好都合であった
　④ 　**トキサフェンの使用が増え，それが五大湖に蓄積した**
　　第 2 段落第 2 文「トキサフェンの使用が広まったのは 1972 年のことで，この年には，広く使われていた農薬の DDT が，ネズミの繁殖に関する問題や鳥の卵殻が薄くなっていくことなど，野生動物に有害な影響を及ぼすという理由で禁止されたのである」と，第 3 段落第 2・3 文「この物質は，はるか遠くのアメリカ南部の綿花農場から風に乗って，五大湖まで飛んできた。そしてゆっくりと分解し，魚やその他の動物の脂肪組織に蓄積していった」より，④が正解。①～③のようなことは述べられていないので，不可。

— 179 —

問2 40 ②

次の4つのグラフの中で，状況を最もよく表しているものはどれか。40

②

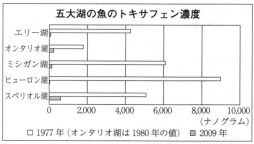

第3段落第4文より，1977年におけるミシガン湖のトキサフェン濃度は6,000ナノグラム，ヒューロン湖が9,000ナノグラム近くであったことがわかる。また，第5段落第3・4文より，2009年における値は，エリー湖が「かろうじて検出できるほどしかなかった」，スペリオル湖が「五大湖の中で最も高かった」ことがわかる。よって，これらに当てはまる値をもつグラフの②が正解。

問3 41 ・ 42 ④・⑤

記事によると，トキサフェンの使用と特性について説明しているもの2つは次の記述のうちどれか。（選択肢を2つ選べ。順不同。）41 ・ 42

① トキサフェンは，鳥の卵殻が薄くなる原因となり得る。
② トキサフェンが合法なのは，今や世界のほんの少しの場所のみである。
③ トキサフェンは，完全に分解したり消滅したりすることが絶対にない。
④ トキサフェンは，温かい水よりも冷たい水に長くとどまる。
⑤ トキサフェンは，1990年には合衆国の全域で違法であった。

第5段落の最終文に「冷たい水は，より温かい水ほどにはこの化学物質をすばやく放出することがない」とあるので，④は正解。第4段落第1文に「1990年には合衆国のあらゆる地域で，それ（＝トキサフェン）を使用することがもはや許されなくなった」とあるので，⑤は正解。①は，第2段落第2文に，鳥の卵殻が薄くなった原因はトキサフェンではなくDDTであると述べられているので，不可。②は，第5段落第2文に「2009年には世界中どこにおいてもトキサフェンの売買および使用がもはや法的にできなくなった」と述べられているので，不可。③は，最終段落最終文に「しかし最終的には，この化学物質（＝トキサフェン）は分解し，消滅する」とあるので，不可。

問4 43 ②

この記事に最適なタイトルは 43 である。

① 「魚に含まれる有害物質は健康上の利益よりも重要だ」
　・outweigh O「Oより重要である」
② 「農薬を禁止する法的措置によって実際に結果が出ている」
③ 「農業における化学的な農薬に代わる自然の代替物」
④ 「五大湖の商業漁業」

この文章は，五大湖の魚に検出されるトキサフェンの濃度が，トキサフェンの売買，使用を法的に禁止して以降，劇的に低下したことを説明したものである。したがって，②が正解。

大学入学共通テスト

'21第1日程　解答・解説

（2021 年 1 月実施）

受験者数　　476,174
平　均　点　　58.80

(100点満点)

問題番号	設問		解答番号	正解	配点	自己採点
第1問	A	問1	1	①	2	
		問2	2	②	2	
	B	問1	3	④	2	
		問2	4	④	2	
		問3	5	③	2	
第1問 自己採点小計					(10)	
第2問	A	問1	6	②	2	
		問2	7	②	2	
		問3	8	①	2	
		問4	9	③	2	
		問5	10	⑤	2	
	B	問1	11	④	2	
		問2	12	④	2	
		問3	13	②	2	
		問4	14	②	2	
		問5	15	①	2	
第2問 自己採点小計					(20)	
第3問	A	問1	16	③	3	
		問2	17	②	3	
	B	問1	18	④	3 ※	
			19	②		
			20	①		
			21	③		
		問2	22	②	3	
		問3	23	②	3	
第3問 自己採点小計					(15)	
第4問		問1	24	①	2	
			25	⑤	2	
		問2	26	②	3	
		問3	27	②	3	
		問4	28	②	3	
		問5	29	④	3	
第4問 自己採点小計					(16)	

問題番号	設問		解答番号	正解	配点	自己採点
第5問		問1	30	③	3	
		問2	31	④	3	
		問3	32	④	3 ※	
			33	③		
			34	⑤		
			35	①		
		問4	36 - 37	①-③	3 ※	
		問5	38	①	3	
第5問 自己採点小計					(15)	
第6問	A	問1	39	④	3	
		問2	40	③	3	
		問3	41	④	3	
		問4	42	②	3	
	B	問1	43	③	3	
		問2	44	③	3	
		問3	45 - 46	③-⑤	3 ※	
		問4	47	④	3	
第6問 自己採点小計					(24)	
自己採点合計					(100)	

(注)　※は，全部正解の場合のみ点を与える。

－（ハイフン）でつながれた正解は，順序を問わない。

2021年度第1日程

第1問
A
【全訳】
　あなたの寮のルームメートのジュリーが，頼み事を書いたメッセージをあなたの携帯電話に送ってきました。

【語句】
◆指示文◆
・dormitory「寮」
・text message「携帯メッセージ」
・mobile phone「携帯電話」
◆本文◆
・save O「O（データなど）をコンピュータに保存する」
・USB memory stick「USB メモリースティック」
　コンピュータに接続してデータの読み書きをするための装置。
・on top of A「Aの上に」
・look for A「Aを探す」
・just in case「念のために」
・did＋動詞の原形「ちゃんと／たしかに」　did は動詞を強調している。
・at the bottom of A「Aの底に」

・What a relief!「安心したわ！」
・Thanks anyway.「いずれにしてもありがとう」
　相手の親切が無駄になったときなどに，相手へのねぎらいとして用いる。

【設問解説】
問1 　1 　①
　ジュリーの頼み事は何だったか。 1
① 彼女の USB のメモリースティックを持って来ること。
② 歴史の宿題を提出すること。
③ 彼女に USB のメモリースティックを貸すこと。
④ 歴史の宿題をプリントアウトすること。
　ジュリーの最初のメッセージより，彼女の頼み事は「歴史の宿題を保存した USB のメモリースティックを図書館まで届けてもらうこと」だとわかるので，正解は①。

— 183 —

問2 2 ②

　ジュリーの2回目のメッセージに対して，あなた
は何と返信するか。 2

① 　心配ないわ。見つかるわ。

② 　**それを聞いて本当にうれしいわ。**

③ 　もう一度，バッグの中を見てみて。

④ 　きっとがっかりしたでしょうね。

　「探したけど，USB のメモリースティックが見つ
からなかった」というあなたのメッセージに対し
て，ジュリーは「ちゃんと持っていたわ。バッグの
底にあったの。安心したわ！ いずれにしてもあり
がとう」と言っているので，あなたは「それを聞い
て本当にうれしいわ」と返信するのが自然である。
よって，正解は②。

B
【全訳】
　あなたの大好きなミュージシャンが日本でコンサートツアーをする予定で，あなたはファンクラブに入会しようと考えています。あなたはファンクラブの公式サイトを閲覧します。

タイラークイック　ファンクラブ

　タイラークイック(**TQ**)ファンクラブの会員になると楽しいことがいっぱいです！　最新のニュースをいつでも知ることができ，たくさんあるファンクラブ会員の楽しいイベントに参加することができます。新たに会員になる方は全員，新規会員パックを受け取ります。パックには会員証，無料のサイン入りポスター，**TQ**の3枚目のアルバム**「スピーディングアップ」**1枚が含まれています。ファンクラブへご入会後に，新規会員パックがあなたのご自宅へ発送され，1週間ほどで到着します。

　TQは世界中で愛されています。どの国からも入会でき，会員証は1年間有効です。**TQ**ファンクラブはペイサー，スピーダー，ズーマーの3つのタイプの会員形態があります。

　以下の会員オプションから選んでください。

特典(♪)	会員オプション		
	ペイサー(20ドル)	スピーダー(40ドル)	ズーマー(60ドル)
定期発行のEメールとオンラインマガジンのパスワード	♪	♪	♪
コンサートツアー日程の先取り情報	♪	♪	♪
TQの週刊ビデオメッセージ	♪	♪	♪
月1度の絵はがき		♪	♪
TQファンクラブカレンダー		♪	♪
特別サイン会への招待			♪
コンサートチケットの20％割引			♪

◇5月10日までに入会すると，会員費が10ドル割引になります！
◇新規会員パックには1つにつき4ドルの配達費用がかかります。
◇入会後1年すると，更新または会員のランクアップが50％割引で行えます。

ペイサー，スピーダー，ズーマーのどの会員の方も，**TQ**ファンクラブの活動を楽しむことでしょう。詳しい内容をお知りになりたい方，ご入会希望者は<u>こちら</u>をクリックしてください。

【語句】
◆指示文◆
・think of *doing*「～しようと考える」
・official「公式の」

◆本文◆
・keep up with A「A(情報など)に遅れないでついていく」
・latest「最新の」

・take part in A「Aに参加する」
・contain O「Oを含む」
・free「無料の」
・a copy of A「A（CD・本など）の1枚［冊］」
・deliver O「Oを発送する」
・～ or so「～かそこら」
・date「日程」
・invitation to A「A（イベントなど）への招待」

【設問解説】
問1　3　④
　　　新規会員パックは　3　。
①　TQ の1枚目のアルバムを含んでいる
②　5月10日に配達される
③　配達費用が10ドル必要である
④　**到着までおよそ7日間かかる**
　　　第1段落最終文「ファンクラブへご入会後に，新
規会員パックがあなたのご自宅へ発送され，1週間
ほどで到着します」より，正解は④。

問2　4　④
　　　新規のペイサー会員の特典は何か？　4
①　コンサートチケットの割引とカレンダー
②　定期発行のEメールとサイン会への招待
③　ツアー情報と毎月のはがき
④　**ビデオメッセージとオンラインマガジンの利用**
　　　表のペイサーの列には，「定期発行のEメールと
オンラインマガジンのパスワード」と「TQ の週刊
ビデオメッセージ」に♬の記号があるため，正解は
④。

問3　5　③
　　　ファンクラブ会員になって1年経つと，　5　が
できる。
①　50ドルの料金でズーマーになること
②　4ドルで新規会員パックをもらうこと
③　**半額で会員の更新をすること**
④　無料で会員のランクアップ
　　表の下に「◇入会後1年すると，更新または会員
のランクアップが50%割引で行えます」とあること
から，正解は③。

— 186 —

第２問
A
【全訳】
　英国の学校祭のバンドコンテストを担当する学生として，あなたはランキングを理解し説明するために，３人の審査員の点数とコメントをすべて調べています。

審査員の最終平均点				
項目 バンド名	演奏 (5.0)	歌 (5.0)	曲のオリジナル性 (5.0)	合計 (15.0)
グリーンフォレスト	3.9	4.6	5.0	13.5
サイレントヒル	4.9	4.4	4.2	13.5
マウンテンペア	3.9	4.9	4.7	13.5
サウザンドアンツ	（棄権）			

審査員の個別のコメント	
ホッブス氏	サイレントヒルは演奏がうまく，また聴衆と本当につながっているようでした。マウンテンペアのボーカルは素晴らしかったです。私はグリーンフォレストの独創的な曲が気に入りました。すごく良かったです！
レイさん	サイレントヒルは素晴らしい演奏を見せてくれました。聴衆が彼らの音楽に反応している様子は信じられないほどでした。サイレントヒルはきっと人気が出ると思います！　マウンテンペアは素晴らしい歌声でしたが，ステージはあまり興奮するものではありませんでした。グリーンフォレストは素敵な新しい曲を披露してくれましたが，もっと練習が必要だと思います。
ウェルズさん	グリーンフォレストは新しい曲で，私はとても気に入りました！大ヒットするのではないかと思います！

審査員の総合評価（ホッブス氏の要約）

　各バンドの合計点は同じですが，それぞれのバンドは非常に異なっています。レイさんと私はバンドにとっては演奏が最も大切なポイントだということで意見が一致しました。ウェルズさんもそれに賛同しました。そのため，１位は簡単に決定されます。

　２位と３位を決めるのに，ウェルズさんは曲のオリジナル性が歌のうまさよりも重要視されるべきだと言いました。レイさんと私はこの意見に賛同しました。

【語句】
◆指示文◆
・in charge of A「Aの担当の」
・competition「コンテスト／競技会」
・judge「審査員」
◆本文◆
・connected with A「Aとつながった」
・amazing「素晴らしい／驚くべき」
・incredible「信じられない」
・audience「(コンサートの)聴衆」
・respond to A「Aに反応する」
・first place「1位」
・determine O「Oを決定する」

【設問解説】
問1　6　②
　審査員の最終平均点によると，歌が一番うまかったのはどのバンドか。6
① グリーンフォレスト
② **マウンテンペア**
③ サイレントヒル
④ サウザンドアンツ
　審査員の最終平均点の「歌」の項目では，マウンテンペアが5点中4.9点を取っていて最高点なので，正解は②。

問2　7　②
　好意的なコメントと批判的なコメントの両方を述べたのはどの審査員か。7
① ホッブス氏
② **レイさん**
③ ウェルズさん
④ 彼らの誰でもない
　レイさんは「マウンテンペアは素晴らしい歌声でしたが，ステージはあまり興奮するものではありませんでした。グリーンフォレストは素敵な新しい曲を披露してくれましたが，もっと練習が必要だと思います」など，好意的コメントと批判的コメントの両方を述べているので，正解は②。

問3　8　①
　審査員の個別のコメントの中の1つの**事実**は8ということである。
① **すべての審査員がグリーンフォレストの曲をほめた**
② グリーンフォレストはもっと練習する必要がある
③ マウンテンペアは歌がとても上手である
④ サイレントヒルは将来有望である
　ホッブス氏の「私はグリーンフォレストの独創的

な曲が気に入りました」，レイさんの「グリーンフォレストは素敵な新しい曲を披露してくれました」，ウェルズさんの「グリーンフォレストは新しい曲で，私はとても気に入りました！」というコメントより，審査員全員がグリーンフォレストの曲をほめているので，正解は①。なお，他の選択肢はすべて事実ではなく意見なので，不可。

問4　9　③
　審査員のコメントと総合評価の中の1つの**意見**は9というものである。
① 評価された各バンドは同じ合計点であった
② オリジナル性についてのウェルズさんの提案は賛同された
③ **サイレントヒルは聴衆と本当につながっていた**
④ 審査員のコメントがランキングを決定した
　ホッブス氏の「サイレントヒルは演奏がうまく，また聴衆と本当につながっているようでした」というコメントより，正解は③。①，②はいずれも意見ではなく事実なので，不可。④はコメントだけで決定したわけではなく，また意見ではないので，不可。

問5　10　⑤
　審査員の総合評価によると，最終ランキングは次のうちのどれか。10

	1位	2位	3位
①	グリーンフォレスト	マウンテンペア	サイレントヒル
②	グリーンフォレスト	サイレントヒル	マウンテンペア
③	マウンテンペア	グリーンフォレスト	サイレントヒル
④	マウンテンペア	サイレントヒル	グリーンフォレスト
⑤	**サイレントヒル**	**グリーンフォレスト**	**マウンテンペア**
⑥	サイレントヒル	マウンテンペア	グリーンフォレスト

　「レイさんと私はバンドにとっては演奏が最も大切なポイントだということで意見が一致しました。ウェルズさんもそれに賛同しました。そのため，1位は簡単に決定されます」より，審査員の最終平均点の「演奏」が4.9点で最も高かったサイレントヒルが1位である。また，「2位と3位を決めるのに，ウェルズさんは曲のオリジナル性が歌のうまさよりも重要視されるべきだと言いました。レイさんと私はこの意見に賛同しました」より，「曲のオリジナル性」が5.0点のグリーンフォレストが2位で，4.7点のマウンテンペアが3位である。よって，正解は⑤。

B

【全訳】

　あなたは自分が今，交換留学生として勉強している英国の学校の方針の変更について耳にしました。オンラインフォーラムで方針に関する議論を読んでいます。

新しい学校の方針　＜2020年9月21日に投稿＞

宛先：P. E. バーガー

投稿者：K. ロバーツ

バーガー博士へ

　すべての生徒を代表して，セント・マークス・スクールへのご就任を歓迎します。先生はビジネス経験のある初めての校長先生だと聞いていますので，先生のご経験が当校の力になることを望んでいます。

　私は，先生が放課後の活動スケジュールについて提案しておられる変更についての懸念を表明したいと思います。エネルギーの節約は重要ですし，これから暗くなるのがだんだん早くなることもわかっております。こういう理由で，先生は活動スケジュールを1時間半短くされたのですか。セント・マークス・スクールの生徒は勉学と放課後の活動のどちらにも，とても真剣に取り組んでいます。これまでと同じように午後6時まで学校に残りたい，という希望が多くの生徒からありました。そのため，この突然の方針の変更について考え直していただくようお願いします。

よろしくお願いします。

ケン・ロバーツ

生徒代表

— 189 —

件名：新しい学校の方針 ＜2020年9月22日に投稿＞
宛先：K. ロバーツ
投稿者：P. E. バーガー

ケン君へ

　　心のこもった投稿，本当にありがとう。君は特にエネルギー費用と学校活動に関する生徒の意見について，いくつかの重要な懸念を述べていますね。

　　新しい方針はエネルギーの節約とは関係ありません。この決定は2019年の警察の報告に基づいてなされました。報告によると，大きな犯罪が5％増えたことによって，私たちの都市は前よりも安全ではなくなっています。私は生徒たちを守りたいと思っているために，彼らに暗くなる前に帰宅してもらいたいのです。

よろしく。
P. E. バーガー
校長

【語句】
◆指示文◆
　・policy「方針」
　・exchange student「交換留学生」
◆本文◆
　・post O「Oを投稿する」
　・on behalf of A「Aを代表して」
　・concern about A「Aについての懸念」
　・Is this why ～?「こういう理由で～なのですか」
　・take A seriously「Aに真剣に取り組む／Aを真面目に考える」
　・a number of A「多くのA／いくらかのA」
　・as they have always done「これまでずっとそうしてきたように」
　・think again about A「Aについて考え直す」
　・many thanks for A「Aを本当にありがとう」
　・especially「特に」
　・have nothing to do with A「Aとは関係がない」
　・due to A「Aが原因で」
【設問解説】
問1　11　④
　　ケンは新しい方針が　11　と考えている。

① 生徒をもっと勉強させることができる
② 学校の安全を高めるかもしれない
③ 直ちに導入されるべきだ
④ **放課後の活動時間を減らす**
　　ケン・ロバーツからの投稿の第2段落第1～3文「私は，先生が放課後の活動スケジュールについて提案しておられる変更についての懸念を表明したいと思います…こういう理由で，先生は活動スケジュールを1時間半短くされたのですか」より，新しい方針は放課後の活動時間を減らすものであるとわかる。よって，正解は④。

問2　12　④
　　フォーラムへのケンの投稿で述べられている1つの**事実**は　12　というものである。

① この方針についてもっと多くの議論が必要である
② 校長の経験が学校を良くしつつある
③ 学校は生徒の活動について考えるべきだ
④ **新しい方針を歓迎しない生徒がいる**
　　ケンの投稿の第2段落第5文「これまでと同じように午後6時まで学校に残りたい，という希望が多くの生徒からありました」より，正解は④。他の選

択肢はすべて事実ではなく意見であるため，不可。

問3 ☐13 ②

方針の目的がエネルギーを節約することだと考えているのは誰か。☐13

① バーガー博士

② ケン

③ 市

④ 警察

ケンの投稿の第2段落第2〜3文「エネルギーの節約は重要ですし，これから暗くなるのがだんだん早くなることもわかっております。こういう理由で，先生は活動スケジュールを1時間半短くされたのですか」より，正解は②。

問4 ☐14 ②

バーガー博士は ☐14 という**事実**に基づいて新しい方針を立てている。

① 早く帰宅することは重要である

② 市内の安全性が低下した

③ 学校は電気を節約しなければならない

④ 生徒は保護が必要である

バーガー博士の投稿の第2段落第2〜3文「この決定は2019年の警察の報告に基づいてなされました。報告によると，大きな犯罪が5％増えたことによって，私たちの都市は前よりも安全ではなくなっています」より，正解は②。なお，①と④は事実ではなく意見であるため，不可。

問5 ☐15 ①

ケンが新しい方針に反対するのを助けるために，あなたは何について調査するだろうか。☐15

① 犯罪率とそれの地元の地域との関係

② エネルギー予算と学校の電力費用

③ 学校の活動時間の長さ対予算

④ 放課後の活動をする生徒の勉強時間

校長のバーガー博士が学校の方針を変更したのは「エネルギーの節約」のためではなく，「増加する犯罪から生徒を守りたい」ためであるため，ケンが新しい方針に反対する助けとなるには「犯罪率とそれの地元の地域との関係」について調査するのがよいとわかる。よって，正解は①。

第3問

A
【全訳】
　あなたは英国のホテルに滞在する予定です。旅行のアドバイスに関するサイトのQ&A欄で役に立つ情報を見つけました。

私は2021年3月に，キャッスルトンのホーリートゥリーホテルに滞在しようと考えています。このホテルはお勧めですか，また，バクストン空港からそこまでは簡単に行けますか。

（リズ）

回答
はい，ホーリートゥリーホテルはすごくお勧めです。そこには2回宿泊しました。値段は高くなく，サービスは素晴らしかったです！　それに，素敵な朝食が無料でついています。（アクセス情報についてはこちらをクリックしてください）

そこへ行ったときの私自身の経験をお話しします。

1度目の訪問のとき，私は地下鉄を利用しましたが，安くて便利です。電車は5分ごとに出ます。空港からは，レッドラインに乗ってモスフィールドまで行きました。ヴィクトリア行きのオレンジラインへの乗り換えは通常はおよそ7分なのですが，行き方がはっきりわからなかったので，余分に5分かかりました。ヴィクトリアからは，ホテルまでバスで10分で行けました。

2度目は，ヴィクトリアまで急行バスで行ったので，乗り換えの心配はありませんでした。ヴィクトリアでは，2021年の夏まで道路工事をやっているという掲示がありました。市バスは10分ごとに来ますが，現在は市バスだとホテルまでは通常の3倍の時間かかります。歩くこともできますが，天気が悪かったのでバスを利用しました。

楽しいご滞在を！

（アレックス）

— 192 —

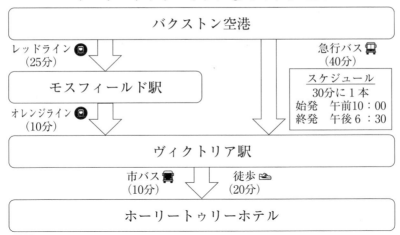

【語句】
◆本文◆
- consider *doing*「〜しようと考える」
- recommend O「Oを勧める」
- brilliant「素晴らしい」
- experience of *doing*「〜した経験」
- underground「地下鉄」
- every five minutes「5分ごとに」
- transfer to A「Aへ乗り換える」
- take O「O(時間)かかる」
- direction「(ある場所への)行き方／方向」
- extra「余分の」
- express bus「急行バス」
- notice「掲示」
- say (that) SV ...「…だと書いてある」
- it takes A times as 〜 as usual to *do*「…するのにいつものA倍(時間が)かかる」

【設問解説】
問1 16　③

アレックスの回答から，アレックスは 16 とわかる。

① ホテルの便利な位置を評価している
② キャッスルトンへの最初の訪問ではヴィクトリア駅で道に迷った
③ **ホテルが値段の割に価値があると考えている**
④ 2回とも空港から同じルートを利用した

回答の第1段落第3〜4文「値段は高くなく，サービスは素晴らしかったです。それに，素敵な朝食が無料でついています」より，正解は③。

問2 17　②

あなたは2021年3月15日の午後2時に，空港から公共交通機関で出発しようとしている。ホテルまで最も早く行く方法はどれか。 17

① 急行バスと市バス
② **急行バスと徒歩**
③ 地下鉄と市バス
④ 地下鉄と徒歩

「ホーリートゥリーホテルまでのアクセス」によると，バクストン空港からヴィクトリア駅までは急行バスで40分，ヴィクトリア駅からホーリートゥリーホテルまでは徒歩で20分かかり，合計で60分でホテルまで行ける。これが最も早い行き方であるため，正解は②。①は，回答の第4段落より，市バスは2021年の夏までは道路工事のため通常の3倍，つまり30分かかり，40＋30で70分になるため，不可。また，③の地下鉄は，レッドラインとオレンジラインを足すと35分だが，アレックスは第3段落で乗り換えに7分に加えて余分に5分，つまり12分かかったと言っている。初めてそこを訪れるリズも同様に，空港からヴィクトリア駅まで35＋12で47分かかる可能性がある。さらに，市バスだと通常の3倍の30分かかり，合計で47＋30で77分になるため，不可。④は地下鉄で47分，徒歩で20分かかり，合計で67分になるため，不可。

B

【全訳】

あなたのクラスメートが，学校の会報の中の，英国から来た交換留学生が書いた次のメッセージを見せてくれました。

ボランティア求む！

みなさん，こんにちは。私はロンドンから来た交換留学生のセーラ・キングです。今日は，ある大事なことをみなさんにお伝えしたいと思います。

みなさんはサクラ国際センターについて聞いたことがあるかもしれません。そこでは，日本人と外国人の住民がお互いのことを知る貴重な機会を提供しています。料理教室やカラオケコンテストなど，人気のある催しが毎月行われています。ところが，深刻な問題があります。建物が老朽化しつつあり，高額の修理が必要なのです。センターを維持する資金を募る助けとなるために，多くのボランティアが必要です。

私はこの問題について数か月前に知りました。町で買い物をしているとき，何人かの人たちが募金活動をしているのを見かけたのです。活動リーダーのケイティーに話しかけると，状況を説明してくれました。私がいくらかのお金を寄付すると，彼女は感謝してくれました。町長に資金援助を頼んだのですが，彼らの要請は断られたと彼女は話しました。そのため，募金を始めるしか仕方がなかったのです。

先月，私はセンターでアートに関する講義を受けました。そこでもまた人々が寄付金を集めようとしていたので，私も協力することに決めました。私が彼らに加わって通行人に寄付を求めると，彼らは喜びました。私たちは一生懸命やりましたが，多くのお金を集めるには私たちだけでは足りませんでした。ケイティーはあの建物はもうあまり長くは利用できないだろうと，涙ながらに私に話しました。私はもっと何かをする必要があることを感じました。そのとき，協力するのをいとわない学生が他にもいるかもしれないという考えが浮かんだのです。ケイティーはこれを聞いて喜びました。

さあ，みなさん，サクラ国際センターを救うための募金活動に加わってくださいませんか。今日，私にEメールをください！ 交換留学生としての私の日本での時間は限られていますが，私はそれを最大限に活かしたいのです。協力し合うことによって，本当に違いを生み出すことができるのです。

3Aクラス
セーラ・キング(sarahk@sakura-h.ed.jp)

セーラ・キング

【語句】
◆指示文◆
・following「次の」
・newsletter「会報」
◆第1段落◆
・A wanted「A求む」 広告で用いられる表現。
・share A with B「AをBに伝える／AをBと共有する」
◆第2段落◆
・hear of A「Aのことを聞く／耳にする」
・provide O「Oを提供する」
・resident「住民」
・A such as B「(例えば) Bのような A」
・hold O「Oを催す」
・require O「Oが必要である」
・raise O「O (お金) を集める」
・fund「資金」
・maintain O「Oを維持する」
◆第3段落◆
・take part in A「Aに参加する」
・fund-raising campaign「募金活動」
・donate O「Oを寄付する」
・ask A for B「AにBを求める」
・town mayor「町長」
・financial assistance「資金援助」
・reject O「Oを断る」
・have no choice but to *do*「～するしか仕方がない」
◆第4段落◆
・passer-by「通行人」
・donation「寄付」
・be willing to *do*「～するのをいとわない」
・be delighted to *do*「～して嬉しい」
◆第5段落◆
・limited「限られている」
・make the most of A「Aを最大限に利用する」
・make a difference「違いを生み出す」
【設問解説】
問1 18 ④ 19 ② 20 ① 21 ③
以下の出来事 (①～④) を起きた順に並べよ。
① セーラはセンターの催しに出席した。
② セーラはセンターにお金を寄付した。
③ セーラはケイティーに提案をした。
④ 活動家たちは町長に助けを求めた。
　第3段落第4～5文に「私がいくらかのお金を寄付すると、彼女は感謝してくれました。町長に資金援助を頼んだのですが、彼らの要請は断られたと彼

女は話しました」より、最初は④、次に②が来る。同段落第5文の they had asked ... は過去完了時制になっていることから、第4文の I donated some money より以前の出来事であることに注意。次に、第4段落第1文「先月、私はセンターでアートに関する講義を受けました」とあり、その後、同段落第7～8文に「そのとき、協力することをいとわない学生が他にもいるかもしれないという考えが浮かんだのです。ケイティーはこれを聞いて喜びました」とあるため、①と③が続く。よって、正解は④→②→①→③。

問2 22 ②
　セーラのメッセージより、サクラ国際センターは 22 とわかる。
① 外国の住民に金銭的援助をしている
② **友情を育てるための機会を提供している**
③ 地域社会向けの会報を発行している
④ 交換留学生を英国に派遣している
　第2段落第2文「そこ (=サクラ国際センター) では、日本人と外国人の住民がお互いのことを知る貴重な機会を提供しています」より、正解は②。

問3 23 ②
　あなたはセーラのメッセージを読んで、活動に協力しようと決めた。まず初めに何をすればよいか。
23
① センターの催しについて宣伝する。
② **より詳しい情報を得るためにセーラと連絡をとる。**
③ 学校でボランティア活動を組織する。
④ 新しい募金活動を始める。
　セーラは第5段落第1文で「さあ、みなさん、サクラ国際センターを救うための募金活動に加わってくださいませんか」と述べた後、次の文で、「今日、私にEメールをください！」と言っているので、正解は②。

第4問
【全訳】
　あなたの英語の先生であるエマは，姉妹校からやって来る生徒たちをもてなすための一日のスケジュールの計画を立てる手伝いを，あなたとクラスメートのナツキに頼みました。あなたはスケジュールの草稿を書くことができるように，ナツキとエマのEメールのやり取りを読んでいます。

こんにちは，エマ先生

来月12人のゲストと出かける日のスケジュールについて，アイデアと質問がいくつかあります。先生が言われたように，どちらの学校の生徒も，午前10時からわが校の集会場でプレゼンテーションを行うことになっています。そのため，私は添付の時刻表を見ています。ゲストのみなさんは午前9時39分にアズマ駅に到着して，そこからはタクシーを拾って学校まで行くのですか。

私たちはまた午後の活動についても話し合っています。何か科学に関係のあるものを見学してはどうでしょうか。案は2つありますが，もし3つ目の案が必要なら知らせてください。

来月，ウエストサイド水族館で行われる特別展示についてお聞きになりましたか。海のプランクトンから作る新しいサプリメントに関するものです。それが良い選択だと思います。人気のある展示なので，訪問に最適の時間は一番混んでいないときでしょう。水族館のホームページで見つけたグラフを添付します。

イーストサイド植物園では，地元の大学と共同して，植物から電気を作る興味深い方法を開発しています。運よく，担当教授がその日の午後の早い時間にそれについての短い講演を行うのです！　行きませんか？

ゲストのみなさんは何かお土産が欲しいでしょうね。ヒバリ駅の隣のウエストモールが最適だと思いますが，一日中お土産を持ち歩きたくはないですね。

最後に，アズマを訪問する人は誰もが，私たちの学校の隣のアズマ・メモリアルパークの，町のシンボルである像を見るべきだと思いますが，スケジュールがうまく行きません。また，昼食の予定がどうなっているか教えてもらえませんか。

よろしくお願いします。
ナツキ

こんにちは，ナツキ

Eメールをありがとう！ すごく頑張ってくれていますね。あなたの質問に答えると，彼らは午前9時20分に駅に到着して，そこからはスクールバスに乗ります。

午後の2つのメインの行き先の水族館と植物園は，どちらの学校も科学教育に力を入れているし，このプログラムの目的は生徒の科学の知識を高めることなので，良いアイデアです。しかし，念のために，3つ目の提案を用意しておく方が賢明でしょうね。

お土産は一日の最後に買いましょう。モールに午後5時に着くバスに乗ればいいわ。そうすれば，買い物に1時間近くかけられるし，それでもなお，ゲストのみなさんは夕食のために午後6時半までにホテルに戻ることもできます。ホテルはカエデ駅から歩いてほんの数分のところですから。

昼食については，学校のカフェテリアがお弁当を用意します。あなたが書いていた像の下で食べられます。雨だったら，屋内で食べましょう。

提案を出してくれて本当にありがとう。あなたたち2人でスケジュールの原案を作ってもらえますか？

よろしくね。
エマ

添付された時刻表：

電車の時刻表
カエデ駅 ― ヒバリ駅 ― アズマ駅

駅	電車番号			
	108	109	110	111
カエデ駅	8:28	8:43	9:02	9:16
ヒバリ駅	8:50	9:05	9:24	9:38
アズマ駅	9:05	9:20	9:39	9:53

駅	電車番号			
	238	239	240	241
アズマ駅	17:25	17:45	18:00	18:15
ヒバリ駅	17:40	18:00	18:15	18:30
カエデ駅	18:02	18:22	18:37	18:52

添付されたグラフ：

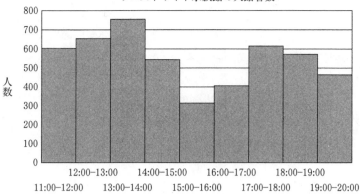

ウエストサイド水族館の入館者数

【語句】
◆指示文◆
- help O do「Oが～するのを手伝う」
- host O「Oをもてなす／Oの接待をする」
- sister school「姉妹校」
- exchange「やり取り／交換」
- so that S can do「～できるように」
- draft O「Oの草稿を書く」

<ナツキからエマへのEメール>
◆第1段落◆
- day out「出かけること／遠足」
- be supposed to do「～することになっている」
- assembly hall「集会場」
- attached「添付された」
- timetable「時刻表」

◆第2段落◆
- How about doing?「～してはいかがでしょうか」
- related to A「Aに関係のある」
- let O know「Oに知らせる」

◆第3段落◆
- exhibition「展示／展覧会」
- aquarium「水族館」
- food supplement「サプリメント」
- choice「選択」
- least ～「最も～でない」
- attach O「Oを添付する」

◆第4段落◆
- botanical garden「植物園」
- local「地元の」
- professor「教授」
- in charge「担当している」
- give a talk「講演[スピーチ]をする」

- Why don't we do?「～しませんか？」

◆第5段落◆
- souvenir「土産」
- next to A「Aの隣の」
- carry around O / carry O around「Oを持ち歩く」
  ［例］She always **carries around** her smartphone.
  彼女はいつもスマートフォンを持ち歩いている。
- all day「一日中」

◆第6段落◆
- statue「像」
- work out O / work O out「Oを何とかする」

<エマからナツキへのEメール>
◆第1段落◆
- in answer to A「Aに答えて」

◆第2段落◆
- place emphasis on A「Aを重要視する」
- improve O「Oを高める／改善する」
- just in case「念のために」

◆第3段落◆
- allow O「O（時間）の余裕を与える」
- ～ minutes' walk from A「Aから歩いて～分のところ」

◆第4～5段落◆
- mention O「Oについて述べる」
- draft「原案／草稿」

【設問解説】
問1 24 ①   25 ⑤
姉妹校からのゲストは 24 番の電車で到着し、 25 番の電車に乗ってホテルに戻る。

① 109
② 110
③ 111
④ 238
⑤ 239
⑥ 240

　ナツキからエマへのEメールの第1段落最終文より，ゲストはアズマ駅に到着することがわかる。エマからナツキへのEメールの第1段落最終文「あなたの質問に答えると，彼らは午前9時20分に駅に到着して，そこからはスクールバスに乗ります」より，アズマ駅に9時20分に到着するのは109番の電車なので，24 の正解は①。同じEメールの第3段落第2～最終文「モールに午後5時に着くバスに乗ればいいわ。そうすれば，買い物に1時間近くかけられるし，それでもなお，ゲストのみなさんは夕食のために午後6時半までにホテルに戻ることもできます。ホテルはカエデ駅から歩いてほんの数分のところですから」より，ヒバリ駅を18時に出発してカエデ駅に18時22分に到着する239番の電車に乗ればよいので，25 の正解は⑤。なお，④の238番はヒバリ駅を17時40分に出発し，買い物に1時間かけることができないため，不可。

問2　26　②

　草稿のスケジュールを最も良く完成させるのはどれか。26

A：水族館　　　　　B：植物園
C：モール　　　　　D：学校

① D→A→B→C
② **D→B→A→C**
③ D→B→C→A
④ D→C→A→B

　ナツキからエマへのEメールの第1段落第2文「先生が言われたように，どちらの学校の生徒も，午前10時からわが校の集会場でプレゼンテーションを行うことになっています」より，最初が「学校」である。第4段落第2文には，イーストサイド植物園に関して「運よく，担当教授がその日の午後の早い時間にそれについての短い講演を行うのです！」とあるので，2番目が「植物園」である。第3段落第4文には，ウエストサイド水族館に関して，「人気のある展示なので，訪問に最適の時間は一番混んで

いないときでしょう」とあり，添付された「ウエストサイド水族館の入館者数」のグラフによると，最も入館者が少ないのは15～16時なので，3番目が「水族館」である。そして，エマからナツキへのEメールの第3段落第1～2文に「お土産は一日の最後に買いましょう。モールに午後5時に着くバスに乗ればいいわ」とあるので，最後が「モール」である。よって，正解は②。

問3　27　②

　雨天でない限り，ゲストは昼食を 27 で食べることになる。

① 植物園
② **学校の隣の公園**
③ 駅の隣の公園
④ 校庭

　ナツキからエマへのEメールの第6段落第1文の「最後に，アズマを訪問する人は誰もが，私たちの学校の隣のアズマ・メモリアルパークの，町のシンボルである像を見るべきだと思います」と，エマからナツキへのEメールの第4段落「昼食については，学校のカフェテリアがお弁当を用意します。あなたが書いていた像の下で食べられます。雨だったら，屋内で食べましょう」より，正解は②。

問4　28　②

　その日，ゲストは 28 移動し**ない**。

① バスで
② **タクシーで**
③ 電車で
④ 徒歩で

　ナツキからエマへのEメールの第1段落最終文「ゲストのみなさんは午前9時39分にアズマ駅に到着して，そこからはタクシーを拾って学校まで行くのですか」に対して，エマは，第1段落最終文で「あなたの質問に答えると，彼らは午前9時20分に駅に到着して，そこからはスクールバスに乗ります」と答えているし，これ以外でもタクシーを利用するとは述べられていないので，正解は②。

問5　29　④

　3つ目の選択肢として，あなたのプログラムに最もふさわしいのはどれだろうか。29

① ヒバリ・アミューズメントパーク
② ヒバリ美術館
③ ヒバリ城
④ **ヒバリ・スペースセンター**

　エマからナツキへのEメールの第2段落第1文に「どちらの学校も科学教育に力を入れているし，このプログラムの目的は生徒の科学の知識を高めるこ

となので，良いアイデアです」とあることから，3
つ目の訪問先の案は科学に関係のある場所がふさわ
しい。よって，正解は④。

第5問
【全訳】
　あなたは，国際ニュースレポートを利用して，英語のオーラルプレゼンテーションコンテストに参加する予定です。あなたのプレゼンテーションの準備のために，以下のフランスのニュース記事を読みなさい。

　5年前，サビーネ・ロウアス夫人は自分の馬を失った。馬が老齢で死ぬまで，彼女はその馬と20年を過ごした。そのとき，彼女は別の馬を所有することは二度とできないだろうと感じた。寂しい気持ちから，彼女は何時間ものあいだ，近くの乳牛牧場で牛を見て過ごした。そしてある日，彼女は農場主に牛の世話の手伝いをしてもよいかと尋ねた。

　農場主は同意し，サビーネは働き始めた。彼女はすぐに牛たちの1頭と友情をはぐくんだ。その牛が妊娠すると，他の牛たちよりも多くの時間をその牛とともに過ごした。牛の赤ん坊が生まれると，赤ん坊はサビーネのあとをついて回るようになった。あいにく，農場主は雄牛── オスの牛 ──を乳牛牧場で飼うことに興味がなかった。農場主は309と名付けたその赤ん坊の雄牛を肉市場に売ろうと計画していた。サビーネはそういうことにならないようにしようと決めて，雄牛とその母親を買ってもよいかと農場主に尋ねた。農場主は同意し，彼女は2頭を買った。それから，サビーネは309を町まで散歩に連れていくようになった。およそ9か月後，ついに牛たちを移してもよいという許可が出ると，牛たちはサビーネの農場に移った。

　それから間もなく，サビーネはポニーを買わないかと持ちかけられた。初め彼女はその馬を手に入れたいかどうか，自分でもわからなかったが，以前飼っていた馬の記憶はもはや辛いものではなくなっていたため，そのポニーを買いとってレオンと名付けた。それから昔やっていた趣味を再びやってみることに決め，障害飛越の訓練を彼に行い始めた。彼女は309をアストンと改名し，アストンは時間のほとんどをレオンと過ごし，この2頭は本当に親しい友達になった。ところが，サビーネはレオンとの日々の決まった訓練にアストンが特別な注意を払うとは予期していなかったし，アストンが芸をいくつか覚えるとも期待していなかった。若い雄牛はすぐに命令に従って歩いたり，ギャロップで駆けたり，立ち止まったり，後ろ向きに歩いたり，振り返ったりできるようになった。彼はまさに馬のように，サビーネの声に反応した。そして，体重が1300キロもあったにもかかわらず，サビーネを背中に乗せて1メートルの高さの障害の飛び越え方を覚えるのにたったの18か月しかかからなかった。アストンはレオンを見ていなければ，そういったことは覚えなかったかもしれない。さらに，アストンは距離感をつかみ，飛ぶ前にステップを調節することができた。彼はまた自分の欠点に気付き，サビーネの助けがなくてもそれを正した。それは最も優れたオリンピック級の馬だけができることである。

　今や，サビーネとアストンは彼の技能を披露するために，ヨーロッパ中の週末の市や馬の品評会に行っている。サビーネは語る。「お客さんの受けはいいです。たいてい，人々はすごくびっくりし，アストンの体が大きく，馬よりもずっと大きいので，最初は少し怖がることがあります。たいていの人は角の生えた雄牛にあまりに近づくのを嫌がります。でも，いったん彼の本当の性質を知り，芸をするのを見ると，『うわー，本当にすごく美しいですね』としばしば

─ 201 ─

言ってくれます」

「見てください！」と言って，サビーネはスマートフォンのアストンの写真を見せる。そして，続けてこう述べる。「アストンがまだ幼いころ，人間に慣れるようにと，私はよく，犬のように彼にリードを付けて散歩させたものでした。おそらくは，そのために彼は人間を嫌がらないのでしょう。彼はとてもおとなしいので，特に子どもは彼を見て，近づく機会を持つのが本当に好きなのです」

この数年のあいだに，障害飛越をする大きな体の雄牛のニュースは急速に広まり，オンラインのフォロワーはどんどん増えていて，今やアストンは大きな呼び物になっている。アストンとサビーネはときには家から200から300キロも旅をする必要があるが，それは宿泊をしなければならないことを意味する。アストンは馬小屋で寝なければならないのだが，そこは実際，彼には十分な大きさがない。

「彼はそれが気に入りません。だから，小屋で一緒に寝てやらねばならないのです」とサビーネは言う。「でも，ほら，目が覚めて体の位置を変えるときなど，私を押しつぶしてしまわないようとても気を付けてくれるのですよ。本当に思いやりがあるのです。アストンはときには寂しくなって，レオンとあまりに長く離れていることを嫌がります。でも，それ以外はとても満足しています」

プレゼンテーション用スライド

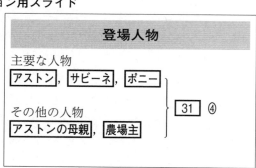

2021年度第1日程

現在のアストン

アストンは今：
・障害飛越をする雄牛である。
・サビーネとともに市やイベントに出かける。
・ 38 ①　どんどん多くのファンができている。

【語句】
◆指示文◆
・take part in A「Aに参加する」
・following「以下の」
・in preparation for A「Aの準備のために」
◆第1段落◆
・lose O「Oを失う」
・spend A with B「BとともにA（時間）を過ごす」
・die of A「A（原因）で死ぬ」
・own O「Oを所有する」
・out of loneliness「寂しい気持ちから」
・spend O *doing*「～してO（時間）を過ごす」
［例］She often **spends** the weekend **playing** tennis with her friends.
　　　彼女はよく週末は友達とテニスをして過ごす。
・nearby「近くの」
・milk farm「乳牛牧場」
・ask O if SV ...「Oに…かどうか尋ねる」
・help *do*「～するのを手伝う」
・look after A「Aの世話をする」
◆第2段落◆
・quickly「すぐに」
・develop a friendship with A「Aとの友情をはぐくむ」
・pregnant「妊娠している」
・be born「生まれる」
・follow around O / follow O around「Oのあとをついて回る」
・unfortunately「あいにく／残念ながら」
・be interested in A「Aに興味がある」
・keep O「O（動物）を飼う」
・bull「雄牛」
・male「オスの／男性の」
・sell A to B「AをBに売る」
・meat market「肉市場」
・decide (that) SV ...「…だと決める」
・let O *do*「Oに～させる」　let that happen の

that は「農場主が 309 を肉市場に売ること」を指す。
・take O for walks「Oを歩かせる／散歩させる」
・～ later「～後に」
・at last「ついに／とうとう」
・permission to *do*「～してもよいという許可」
・move O「Oを移す」
・move to A「Aに移る／引っ越す」
◆第3段落◆
・soon after「それから間もなく」
・offer A B「A（人）にBを買わないかと持ちかける／申し出る」
・pony「ポニー／小型の馬」
・at first「初めは」
・be not sure if SV ...「…かどうかわからない」
・memory「記憶／思い出」
・no longer「もはや～ない」
・painful「辛い」
・accept O「Oを受け入れる」
・name O C「OをCと名付ける」
・return to A「Aに戻る」
・train A for B「A（人・動物）にBの訓練を行う」
・show jumping「（馬の）障害飛越」
・rename O C「OをCと改名する」
・close friend「親しい友達／親友」
・expect O to *do*「Oが～すると予期する」
・pay close attention to A「Aに特別の［細心の］注意を払う」
・routine「日々の決まり事／日課」
・nor＋倒置の語順「また～でもない」　she had expected ... という文が, had she expected ... という倒置の語順になっている。
［例］I have never been abroad, **nor do I want to**.
　　　私は海外に行ったこともないし, 行きたいとも思わない。
・pick up O / pick O up「O（技術など）を覚える／身につける」

— 203 —

［例］ Children quickly **pick up** new things.
子どもは新しいことを覚えるのが早い。

・master O「Oができるようになる／Oを習得する」
・gallop「(馬などが)ギャロップで駆ける」
・backwards「後ろへ」
・turn around「振り返る」
・on command「命令に従って」
・respond to A「Aに反応する」
・despite A「Aにもかかわらず」
・weigh C「重さがCである」
・it takes A B to *do*「Aが～するのにB(時間)かかる」
・leap over A「Aを飛び越える」
・with A on *one's* back「Aを背中に乗せて」
・might never have *done* without *doing*「～しなかったら…しなかったかもしれない」 仮定法過去完了。
・moreover「さらに」
・distance「距離」
・adjust O「Oを調節する」
・fault「欠点」
・correct O「Oを正す／訂正する」
・the very best A「まさに最高のA」
・Olympic-standard「オリンピック級の」

◆第4段落◆
・show off O／show O off「Oを披露する／見せびらかす」
［例］ Bob always wants to **show off** his new car.
ボブはいつも買ったばかりの車を見せびらかしたがる。
・reaction「反応」
・mostly「たいてい」
・surprised「驚いて」
・a bit ～「少し～」
・scared「怖がる」
・much＋比較級「ずっと～」
・get close to A「Aに近づく」
・horn「角」
・once SV ...「いったん…すると」
・nature「性質」
・see O *doing*「Oが～しているのを見る」

◆第5段落◆
・continue「続ける」
・used to *do*「よく～したものだ」
・on a lead「リードを付けて」
・so that S will ［can］ *do*「～する［できる］ように」

［例］ Write the passage clearly **so that** everybody **can** understand it.
誰もが理解できるように，文章をわかりやすく書きなさい。
・get used to A「Aに慣れる」
［例］ I have not yet **got used to** my smartphone.
私はまだスマートフォンに慣れていない。
・that's why SV ...「そういうわけで…」
・mind O「Oを嫌がる」
・calm「おとなしい／落ち着いた」
・in particular「特に」
・be close to A「Aに近づく」

◆第6段落◆
・massive「巨大な」
・spread「(ニュースなどが)広まる」
・rapidly「急速に」
・major「(重要度などが)大きな」
・attraction「(ショウなどの)呼び物」
・growing number of A「どんどん増え続けるA」
・follower「フォロワー」
・stay overnight「宿泊する／外泊する」
・～ enough for A「Aにとって十分～な」

◆第7段落◆
・you know「ほら～」
・wake up「目が覚める」
・be careful not to *do*「～しないよう気を付ける」
・crush O「Oを押しつぶす」
・gentle「思いやりがある／優しい」
・other than A「A以外は」
［例］ He sometimes gets angry, but **other than** that, he's good-natured.
彼はときには腹を立てることもあるが，それ以外は性質の良い人だ。

◆スライド◆
・Who's Who?「登場人物」 言葉通りには「誰が誰であるか」という意味。
・pre-fame「有名になる前の」

【設問解説】
問1 30 ③
あなたのプレゼンテーションの最も良いタイトルはどれか。 30
① 動物好きな人がポニーの命を救う
② アストンの夏の障害飛越ツアー
③ **馬のように振る舞う雄牛，アストンに出会おう**
④ 農場主と牛の関係
この記事は，ある雄牛がまるで馬のように障害飛越をして人々を驚かせるようになった出来事につい

— 204 —

てであるため，正解は③。

問2 $\boxed{31}$ ④

「登場人物」のスライドに入る組み合わせとして最適なものはどれか。$\boxed{31}$

	主要な人物	その他の人物
①	309, アストン, 農場主	サビーネ, ポニー
②	アストン, アストンの母親, サビーネ	309, 農場主
③	アストン, レオン, 農場主	アストンの母親, サビーネ
④	**アストン, サビーネ, ポニー**	**アストンの母親, 農場主**

　サビーネと，彼女が飼っている雄牛のアストンとポニーがこの話の主要な登場人物である。アストンの母親と農場主は物語の前半に登場するだけなので，主要な人物とは言えない。よって，正解は④。

問3 $\boxed{32}$ ④ $\boxed{33}$ ③ $\boxed{34}$ ⑤ $\boxed{35}$ ①

「有名になる前の物語」のスライドを完成させるために，4つの出来事を起きた順番に選べ。$\boxed{32}$ ～ $\boxed{35}$

① **アストンがジャンプを覚える。**
② **サビーネとアストンが一緒に何百キロも旅する。**
③ **サビーネが309とその母親を買う。**
④ **サビーネが近所の農場に働きに行く。**
⑤ **サビーネが309を散歩に連れ出す。**

　第1段落には，サビーネが自分の馬を失った寂しさから近所の乳牛牧場で牛を見て過ごし，そこの農場主に牛の世話の手伝いをしてもよいか尋ねたことが書かれている。そして，第2段落第1文には「農場主は同意し，サビーネは働き始めた」とあるため，$\boxed{32}$ には④が入る。同段落第6～8文「農場主は309と名付けた赤ん坊の雄牛を肉市場に売ろうと計画していた。サビーネはそういうことにならないようにしようと決めて，雄牛とその母親を買ってもよいかと農場主に尋ねた。農場主は同意し，彼女は2頭を買った」より，$\boxed{33}$ には③が入る。同段落第9文「それから，サビーネは309を町まで散歩に連れていくようになった」より，$\boxed{34}$ には⑤が入る。第3段落第8文「そして，体重が1300キロもあったにもかかわらず，サビーネを背中に乗せて1メートルの高さの障害の飛び越え方を覚えるのにたったの18か月しかかからなかった」より，$\boxed{35}$ には①が入る。なお，第4段落第1文「今や，サビーネとアストンは彼の技能を披露するために，ヨーロッパ中の週末の市や馬の品評会に行っている」と第6段落第2文の「アストンとサビーネはときには家から200から300キロも旅をする必要がある」より，②は「アストンとサビーネが品評会に出かけるようになる」より後の出来事なので，不可。

問4 $\boxed{36}$・$\boxed{37}$ ①・③

「アストンの能力」のスライドに入る最も適切な2つの項目を選べ。（順不同。）$\boxed{36}$・$\boxed{37}$

① **自分で誤りを正す**
② ポニーと並んで跳躍する
③ **乗り手を背中に乗せて跳躍する**
④ 馬より早く芸を覚える
⑤ 写真のためにポーズをとる

　第3段落第11文「彼はまた自分の欠点に気付き，サビーネの助けがなくてもそれを正した」より，①と，第3段落第8文「そして，体重が1300キロもあったにもかかわらず，サビーネを背中に乗せて1メートルの高さの障害の飛び越え方を覚えるのにたったの18か月しかかからなかった」より，③が正解。

問5 $\boxed{38}$ ①

「現在のアストン」のスライドを最も適切な項目で完成させよ。$\boxed{38}$

① **どんどん多くのファンができている**
② サビーネをとても裕福にした
③ とても有名なので，もはや人を怖がらせることはない
④ 一年のほとんどの夜を馬用のトレーラーで過ごす

　第6段落第1文「この数年のあいだに，障害飛越をする大きな体の雄牛のニュースは急速に広まり，オンラインのフォロワーはどんどん増えていて，今やアストンは大きな呼び物になっている」より，正解は①。

— 205 —

第6問
A
【全訳】
　あなたはスポーツにおける安全についてのクラスでのプロジェクトに取り組んでいて，次の記事を見つけました。あなたはそれを読んで，見つけたことをクラスメートに発表するためにポスターを作っています。

アイスホッケーをより安全にする

　アイスホッケーはさまざまな人々によって，世界中で楽しまれているチームスポーツである。このスポーツの目的は「パック」と呼ばれる固いゴムのディスクをホッケースティックで運び，相手チームのネットに入れることだ。それぞれのチームが6人の選手からなる2つのチームが，この急速なペースのスポーツを，固くて滑りやすい氷のリンクで行う。選手は時速30キロに達することもあるスピードで滑りながら，パックを空中に飛ばす。こうしたペースでは，選手とパックのどちらも深刻な危険の原因になり得る。

　このスポーツはスピードが速く，また，氷のリンクの表面も滑りやすいため，選手が転倒したりお互いにぶつかり合ったりして，さまざまなケガにつながりやすい。選手を保護するために，ヘルメットやグラブ，そして肩，ひじ，脚を守るパッドなどの用具がここ何年かで導入されている。これらの努力にもかかわらず，アイスホッケーでは脳震とうを起こす率が高い。

　脳震とうは脳の機能の仕方に影響を及ぼす脳への損傷であり，頭や顔や首またはその他の部分への直接または間接の衝撃によって引き起こされ，ときには一時的な意識の喪失を招くこともある。あまり深刻でない場合は，しばらくのあいだ，選手はまっすぐに歩けなかったり，はっきり物が見えなかったりし，また，耳鳴りを生じることもある。軽い頭痛がするだけだと思い込んで，脳に損傷が起きたことに気づかない者もいる。

　ケガの深刻さに気づかないことに加えて，選手はコーチがどう思うかを気にしがちだ。昔は，コーチは痛くてもプレーするタフな選手をより好んでいた。言い換えれば，負傷した選手がケガの後でプレーをやめるのは理にかなっているように見えるだろうが，多くの選手はそうしなかった。ところが最近では，脳震とうは一生続く深刻な影響を及ぼすおそれがあることがわかっている。脳震とうの病歴のある人は集中したり眠ったりすることに困難を伴うことがある。さらに，そういう人は憂うつや気分の変化などの心理的問題に苦しむことがある。場合によっては，選手は嗅覚障害や味覚障害を患うこともある。

　ナショナルホッケーリーグ(NHL)はカナダとアメリカ合衆国のチームで構成されていて，脳震とうに対処するためのより厳しい規則やガイドラインを設けている。例えば2001年には，NHLはシールド――顔を守るためにヘルメットに取り付ける透明のプラスチック板――の着用を導入した。最初，それは任意で，多くの選手が身に着けなかった。ところが，2013年からは義務づけられた。それに加えて，2004年には，NHLは故意に別の選手の頭にぶつかった選手には，一時出場停止や罰金などより厳しいペナルティーを課し始めた。

　NHLはまた2015年に，脳震とう監視者システムを導入した。このシステムでは，ライブス

トリーミングや録画によるリプレーを見ている NHL の審判員が，それぞれの試合中に目で見てわかる脳震とうの兆候がないか見ている。最初は，医療訓練を受けていない 2 人の脳震とう監視者が，競技場で試合を監視していた。次の年には，医療訓練を受けた 1 人から 4 人の脳震とう監視者が加えられた。彼らはニューヨークのリーグ本部から，それぞれの試合を監視した。選手が脳震とうを起こしたと監視者が判断した場合，その選手は試合から外され，医者による診察を受けるために「安静室」に運ばれる。その選手は医者の許可が出るまで試合に戻ることを許されない。

　NHL はアイスホッケーをより安全なスポーツにするために，多くの進歩を遂げてきた。脳震とうが起こる原因とその影響についてより多くのことがわかってきているので，NHL は必ずや選手の安全を確保するためのさらなる対策を取ることだろう。安全が高まることによって，アイスホッケーの選手とファンが増えることにもつながるだろう。

アイスホッケーを安全にする

アイスホッケーとは何か。
- 選手は相手チームのネットに「パック」を入れることによって点を獲得する
- それぞれのチームに6人の選手
- 速いスピードで氷の上で行われるスポーツ

主な問題点：脳震とうが起こる割合の高さ

脳震とうの定義
脳の機能の仕方に影響を及ぼす脳への損傷

影響

短期的影響
- 意識の喪失
- まっすぐ歩くことの困難さ
- 39 ④ **不明瞭な視力**
- 耳鳴り

長期的影響
- 集中力の問題
- 40 ③ **睡眠障害**
- 心理的問題
- 嗅覚，味覚障害

解決策

ナショナルホッケーリーグ（NHL）は
- シールド付きヘルメットを義務づける
- 危険な選手に厳しいペナルティーを与える
- 41 ④ **脳震とうの兆候を示す選手を特定する**ための脳震とう監視者を導入した

要約
アイスホッケーの選手は脳震とうを起こすリスクが高い。

そのため，NHL は 42 ② **新しい規則やガイドラインを履行している。**

【語句】
◆指示文◆
- work on A「Aに取り組む」
- following「以下の」
- present O「Oを発表する」

◆第1段落◆
- a（wide）variety of A「さまざまなA／多様なA」
- object「目的」
- rubber「ゴムの」
- engage in A「Aを行う／Aに携わる」
- fast-paced「急速なペースの／急展開の」
- slippery「滑りやすい」
- reach O「Oに達する」
- ～ kilometer per hour「時速～キロ」
- send O into the air「Oを空中に飛ばす」
- both A and B「AとBのどちらも」
- cause「原因」
- serious「深刻な」

◆第2段落◆
- surface「表面」
- make it easy for A to do「Aが～しやすくする」
- ［例］ The many illustrations **make it easy for** children **to read** the book.
  図解がたくさんあるので，その本は子どもに読みやすい。
- fall down「転倒する」
- bump into A「Aにぶつかる」
- each other「お互い」
- result in A「結果としてAに至る」
- injury「ケガ／損傷」
- in an attempt to do「～するために／～しようとして」
- equipment「用具／器具」
- A such as B「例えばBのようなA」
- introduce O「Oを導入する」
- despite A「Aにもかかわらず」（＝in spite of A）
- ［例］ They went for a walk **despite** the rain.
  彼らは雨にもかかわらず散歩に出かけた。
- effort「努力」
- rate「率／割合」
- concussion「脳震とう」

◆第3段落◆
- affect O「Oに影響を及ぼす」
- function「機能する」
- impact to A「Aへの衝撃」
- elsewhere「他のどこかへの」

- temporary「一時的な」
- consciousness「意識」
- ringing in the ears「耳鳴り」
- slight「わずかな／少しの」
- injure O「Oに損傷を与える」

◆第4段落◆
- in addition to A「Aに加えて」
- realize O「Oに気づく」
- tend to do「～しがちだ／～する傾向がある」
- prefer O「Oをより好む」
- in other words「言い換えれば」
- logical「理にかなった／論理的な」
- get hurt「ケガをする」
- many did not＝many players did not stop playing
- have ～ effect「～な影響を及ぼす」
- last「続く」
- ［例］ The meeting **lasted** five hours.
  会合は5時間続いた。
- a lifetime「一生のあいだ」
- history「病歴」
- have trouble doing「～するのに困難を伴う／～するのに苦労する」
- concentrate「集中する」
- suffer from A「A（病気など）に苦しむ」
- depression「憂うつ」
- mood「気分」
- develop O「O（病気）になる／かかる」
- disorder「障害」

◆第5段落◆
- the National Hockey League「ナショナルホッケーリーグ」 アメリカ合衆国とカナダのプロホッケー選手のリーグ。
- consist of A「Aで構成されている」
- ［例］ The committee **consists of** 12 members.
  その委員会は12人のメンバーで構成されている。
- strict「（規則などが）厳しい」
- deal with A「Aに対処する」
- A attached to B「Bに取り付けられたA」
- at first「最初は」
- optional「任意の」
- choose to do「～することを選ぶ」
- require O「Oを義務づける」
- suspension「一時出場停止」
- fine「罰金」
- deliberately「故意に／わざと」

◆第6段落◆
- spotter「監視者」＜spot O「Oを監視する」
- official「審判員」
- with access to A「Aを利用できる」
- live「ライブの／（放送などが）生の」
- watch for A「Aがないかと見る／Aを監視する」
- visible「目で見てわかる」
- indication of A「Aの兆候」
- medical training「医療訓練」
- monitor O「Oを監視する」
- add O「Oを加える」
- head office「本部／本社」
- suffer O「O（苦痛・損害など）を受ける」
- remove A from B「AをBから取り除く」
- quiet room「安静室」
- examination「診察／検査」
- allow O to do「Oが～することを許可する」
　［例］　You **are** not **allowed to smoke** in this area.
　　　　 この地域での喫煙は禁じられている。
- permission「許可」

◆第7段落◆
- make progress「進歩を遂げる」
- take measures to do「～するための対策を取る」
- ensure O「Oを確実にする」
- lead to A「Aにつながる」
　［例］　Careless driving may **lead to** a serious accident.
　　　　 不注意な運転は重大事故につながることがある。

【設問解説】
問1　39　④
　ポスターの　39　に入れるのに最適な選択肢を選べ。
①　攻撃的な振る舞い
②　思考障害
③　人格の変化
④　**不明瞭な視力**
　第3段落第2文「あまり深刻でない場合は，しばらくのあいだ，選手はまっすぐに歩けなかったり，はっきり物が見えなかったりし，また，耳鳴りを生じることもある」より，正解は④。

問2　40　③
　ポスターの　40　に入れるのに最適な選択肢を選べ。
①　視力の喪失
②　記憶力の問題
③　**睡眠障害**

④　不安定な歩き方
　第4段落第5文「脳震とうの病歴のある人は集中したり眠ったりすることに困難を伴うことがある」より，正解は③。

問3　41　④
　ポスターの　41　に入れるのに最適な選択肢を選べ。
①　選手が試合に戻ることを許可する
②　脳震とうを起こした選手を診察する
③　脳震とうを引き起こした選手に罰金を課す
④　**脳震とうの兆候を示す選手を特定する**
　第6段落第2文「このシステムでは，ライブストリーミングや録画によるリプレーを見ているNHLの審判員が，それぞれの試合中に目で見てわかる脳震とうの兆候がないか見ている」などより，正解は④。

問4　42　②
　ポスターの　42　に入れるのに最適な選択肢を選べ。
①　選手がもっとタフになることを期待している
②　**新しい規則やガイドラインを履行している**
③　コーチに医療訓練を施した
④　シールドの着用を任意とした
　第5段落第1文「ナショナルホッケーリーグ（NHL）はカナダとアメリカ合衆国のチームで構成されていて，脳震とうに対処するためのより厳しい規則やガイドラインを設けている」より，正解は②。

— 210 —

B
【全訳】

　あなたは保健の授業で栄養の勉強をしています。様々な甘味料についてもっと知るために，教科書の次の文章を読むところです。

　ケーキ，キャンディー，ソフトドリンクなど，私たちのほとんどが甘いものが大好きだ。実際，若い人たちは英語で，何かが「良い」という意味で「スィート！」と言う。甘味について考えるとき，私たちはサトウキビやテンサイなどの植物から採る普通の白砂糖を想像する。ところが，科学の発見によって，甘味料の世界は変化した。現代では他の多くの植物から砂糖を取り出すことができる。最もわかりやすい例がトウモロコシである。トウモロコシは豊富で安く，加工がしやすい。高果糖液糖(HFCS)は普通の砂糖よりおよそ 1.2 倍甘いが，カロリーが非常に高い。科学をさらに一歩進めて，過去 70 年のあいだに科学者は様々な人工甘味料を開発した。

　最近の米国国民健康栄養調査では，平均的アメリカ人のエネルギー摂取量の 14.6% は「添加糖類」からのものであると結論づけた。添加糖類とは，自然食品から得られるのではない砂糖を指す。例えばバナナは自然食品だが，クッキーには添加糖類が含まれている。添加糖類のカロリーの半分以上は甘味飲料やデザートから摂取するものだ。多くの添加糖類は過度の体重の増加やその他の健康問題を含む，身体に良くない影響を及ぼすおそれがある。こうした理由から，多くの人は飲み物やお菓子やデザートには低カロリーの代用品を選ぶのである。

　白砂糖に代わる自然の物にはブラウンシュガー，蜂蜜，メープルシロップなどがあるが，これらもまたカロリーは高くなりがちだ。そのため，多くの場合，人工化合物である代替の「低カロリー甘味料」(LCS)が人気となっている。今日最も一般的な LCS はアスパルテーム，アセスルファムカリウム，ステビア，スクラロースである。すべての LCS が人工というわけではなく，ステビアは植物の葉からとれるものだ。

　代替の甘味料は，熱することができないものもあるし，たいていは白砂糖よりもはるかに甘いので，料理では使いにくいことがある。アスパルテームとアセスルファムカリウムは砂糖の 200 倍の甘さだ。ステビアは 300 倍甘く，スクラロースはステビアの倍の甘さである。新しい甘味料の中にはさらに甘さの強烈なものもある。日本のある会社が最近「アドバンテーム」というものを開発したが，これは砂糖の 2 万倍の甘さである。何かを甘くするには，この物質がほんの少しあればいいのだ。

　甘味料を選ぶときには，健康に関する点を考慮することが大切だ。例えば，白砂糖を多く含むデザートを作ることは，体重の増加をもたらすおそれのある高カロリーの食べ物を生む結果になる。まさにこういう理由で LCS の方をより好む人もいる。ところが，カロリーは別にして，人工的な LCS を摂取することを他の様々な健康に関する懸念と結び付けている研究もある。LCS の中にはがんを発生させる疑いのある強い化学物質を含むものあるが，一方，記憶力や脳の発達に影響を及ぼすことが示されているものもあり，それらは特に幼い子どもや妊婦，そして高齢者には危険である可能性がある。キシリトールやソルビトールのように低カロリーの，比較的自然な代替となる甘味料も少しある。ただ残念ながら，これらは体内を極めて

ゆっくり移動するので，大量に摂取すると胃の問題を引き起こすおそれがある。

　人々は何か甘いものが欲しいときには，たとえあらゆる情報がある場合でも一般的なよりカロリーの高い砂糖のような甘味料に固執するか，それともLCSを使うべきかを決めることは難しい。現在では多くの種類のガムやキャンディーには1つかそれ以上の人工甘味料が含まれているが，それにもかかわらず，熱い飲み物に人工甘味料を入れないような人であっても，そういう商品を買うこともあるだろう。個々の人が選択肢を慎重に検討し，自分の必要性と状況に最もよく合った甘味料を選ぶ必要がある。

【語句】
◆指示文◆
・nutrition「栄養」
・passage「文章」
・sweetener「甘味料」
◆第1段落◆
・Sweet!「いいねえ！／すごい！」
・sweetness「甘味／甘さ」
・sugar cane「サトウキビ」
・sugar beet「テンサイ／サトウダイコン」
・extract A from B「BからAを取り出す／抽出する」
・obvious「わかりやすい／明らかな」
・abundant「豊富な」
・process O「Oを加工する」
・high fructose corn syrup「高果糖液糖」 トウモロコシを原料として作られる高カロリー甘味料。
・A times＋比較級＋than B「BよりA倍～な」
・regular「普通の」
・be high in A「Aが豊富である」
・take A one step further「Aをさらに一歩進める」
・a wide variety of A「様々なA」
・artificial「人工的な」
◆第2段落◆
・US National Health and Nutrition Examination Survey「米国国民健康栄養調査」
・conclude that SV ...「…だと結論づける」
・intake「摂取（量）」
・added「添加された」
・refer to A「Aのことを指す」
・be derived from A「Aから得られる／Aに由来する」
［例］ These words **are derived from** German.
　　　これらの語はドイツ語に由来する。
・whole food「自然食品」
・contain O「Oを含む」

・more than A「A以上／Aを超えた」
・sweetened「甘味の」
・have ～ effect on A「Aに～な影響を及ぼす」
・negative「良くない／否定的な」
・including A「Aを含む」
・excessive「過度の」
・gain「増加」
・substitute for A「Aに代わるもの」
◆第3段落◆
・alternative to A「Aに代わるもの」
・include O「Oを含む」
・consequently「その結果」
・chemical「化学的な」
・not all A ...「すべてのAが…とは限らない」
・leaves＜leaf「葉」の複数
◆第4段落◆
・sweetener「甘味料」
・far＋比較級「はるかに～」
・twice the A of B「Bの2倍のA」
・even＋比較級「さらに～」
・intense「強烈な」
・a tiny amount of A「少量のA」
・substance「物質」
・require O「Oを必要とする」
◆第5段落◆
・issue「点／問題」
・result in A「Aという結果を生む」
［例］ The accident **resulted in** injuries to those involved.
　　　その事故によって巻き込まれた人が負傷した。
・lead to A「Aにつながる／Aをもたらす」
・prefer O「Oをより好む」
・for this very reason「まさにこういう理由で」
・apart from A「Aを別にして」
・link A with B「AをBと結び付ける」
［例］ The police found new evidence **linking** him

with the crime.

　　警察は彼を犯罪と結び付ける新たな証拠を見つけた。

・consume O「Oを摂取[消費]する」
・concern「懸念／心配」
・chemical「化学物質」
・suspected of *doing*「～する疑いのある」
・especially「特に」
・pregnant「妊娠している」
・relatively「比較的」
・unfortunately「残念ながら」
・move through A「Aの中を移動する」
・extremely「極めて」
・stomach「胃／腹」

◆第6段落◆
・whether to *do* ～ or to *do* …「～すべきか，それとも…すべきか」
・stick to A「Aに固執する／こだわる」
　［例］　He **sticks to** his cause.
　　　　　彼はあくまでも自分の主義に固執している。
・many varieties of A「多くの種類のA」
・nonetheless「それにもかかわらず」
・item「商品／品物」
・weigh O「Oを慎重に検討する」
・option「選択肢」
・suit O「Oに合う」
・circumstance「状況」

【設問解説】
問1　43　③
　　あなたは 43 によって，現代科学が甘味料の世界を変えたことを学ぶ。
① いくつかの種類の新しくて，より甘い白砂糖を発見すること
② アメリカ人のエネルギー摂取を測定すること
③ **様々な新しい選択肢を提供すること**
④ 自然環境から多くの新たに開発された植物を使うこと
　　第1段落第4，5文「ところが，科学の発見によって，甘味料の世界は変化した。現代では他の多くの植物から砂糖を取り出すことができる」と，同段落最終文「科学をさらに一歩進めて，過去70年のあいだに科学は様々な人工甘味料を開発した」などより，正解は③。

問2　44　③
　　あなたはたった今勉強した情報を要約しています。表はどのように完成するべきか。44

甘さ	甘味料
高い ▼ 低い	アドバンテーム
	(A)　スクラロース
	(B)　ステビア
	(C)　アセスルファムカリウム，アスパルテーム
	(D)　HFCS

① (A) ステビア
　 (B) スクラロース
　 (C) アセスルファムカリウム，アスパルテーム
　 (D) HFCS
② (A) ステビア
　 (B) スクラロース
　 (C) HFCS
　 (D) アセスルファムカリウム，アスパルテーム
③ (A) **スクラロース**
　 (B) **ステビア**
　 (C) **アセスルファムカリウム，アスパルテーム**
　 (D) **HFCS**
④ (A) スクラロース
　 (B) ステビア
　 (C) HFCS
　 (D) アセスルファムカリウム，アスパルテーム

　　第4段落第2，3文「アスパルテームとアセスルファムカリウムは砂糖の200倍の甘さだ。ステビアは300倍甘く，スクラロースはステビアの倍の甘さである」より，甘味の高いものから，スクラロース，ステビア，アスパルテームとアセスルファムカリウムの順になることがわかる。また，第1段落第8文の「高果糖液糖(HFCS)は普通の砂糖よりおよそ1.2倍甘い」より，これらの中で最も甘さの低いものがHFCSとわかる。よって，正解は③。

問3　45・46　③・⑤
　　あなたが読んだ記事によると，次のうちのどれが正しいか。（2つの選択肢を選べ。順不同。）45　46
① 代替の甘味料は体重の増加を引き起こすと証明されている。
② アメリカ人は代替の甘味料からエネルギーの14.6%を得ている。
③ **植物から代替の甘味料を得ることは可能だ。**
④ ほとんどの人工甘味料は料理に使いやすい。
⑤ **キシリトールやソルビトールのような甘味料は素早く消化されない。**
　　第3段落最終文「すべてのLCSが人工というわ

— 213 —

けではなく，ステビアは植物の葉からとれるものだ」などより，③と，第5段落第6，7文「キシリトールやソルビトールのように低カロリーの，比較的自然な代替となる甘味料も少しある。ただ残念ながら，これらは体内を極めてゆっくり移動するので，大量に摂取すると胃の問題を引き起こすおそれがある」より，⑤が正解。

問4 47 ④

　筆者の立場を述べるために，最も適切なものは次のうちのどれか。 47

① 筆者は，飲み物やデザートに人工甘味料を使うことに反対である。

② 筆者は，人工甘味料は従来の甘味料に取って代わることに成功していると信じている。

③ 筆者は，将来利用するためにずっと甘い製品を考案することが大切だと述べている。

④ **筆者は，人々が自分にとって理にかなった甘味料を選ぶことを重視することを提案している。**

　最終段落，特に最終文で筆者は「個々の人が選択肢を慎重に検討し，自分の必要性と状況に最もよく合った甘味料を選ぶ必要がある」と述べているので，正解は④。

MEMO

MEMO

MEMO

MEMO

MEMO

MEMO

MEMO

MEMO

MEMO

MEMO